中國學術思想 研究輯刊

七 編

林慶彰 主編

第 2 冊

魏晉象數易學研究（上）

謝綉治 著

花木蘭文化出版社

國家圖書館出版品預行編目資料

魏晉象數易學研究(上)／謝綉治 著 — 初版 — 台北縣永和市：
花木蘭文化出版社，2010〔民 99〕
目 4+254 面；19×26 公分
（中國學術思想研究輯刊 七編；第 2 冊）
ISBN：978-986-254-161-6（精裝）
1. 易經　2. 易學　3. 研究考訂　4. 魏晉南北朝哲學
121.17　　　　　　　　　　　　　　　　99002188

ISBN - 978-986-254-161-6

9 789862 541616

中國學術思想研究輯刊
七 編 第二 冊　　　　　　　　ISBN：978-986-254-161-6

魏晉象數易學研究（上）

作　　者　謝綉治
主　　編　林慶彰
總 編 輯　杜潔祥
出　　版　花木蘭文化出版社
發 行 所　花木蘭文化出版社
發 行 人　高小娟
聯絡地址　台北縣永和市中正路五九五號七樓之三
　　　　　電話：02-2923-1455／傳眞：02-2923-1452
網　　址　http://www.huamulan.tw 信箱 sut81518@ms59.hinet.net
印　　刷　普羅文化出版廣告事業
封面設計　劉開工作室
初　　版　2010 年 3 月
定　　價　七編 24 冊（精裝）新台幣 40,000 元

魏晉象數易學研究（上）

謝綉治 著

作者簡介

謝綉治，台灣台南人。主要的研究領域集中在象數易學與道教易學上，兼研文化藝術、評論寫作等範疇。著有《周易憂患九卦之研究》、《中國哲學導論》、《平易人生》等專書。發表〈綜論《易·家人卦》與《白虎通》三綱之倫理觀〉、〈從《內德論》談儒佛的倫理思想〉、〈俞琰《易外別傳》的道教易學初探〉、〈俞琰丹道易學探微〉、〈管輅易學述論〉、〈魏晉卦變說析論〉、〈新聞評論的標題探析〉等學術論文近二十篇。

提　　要

　　本書選擇魏晉象數易學作為研究之目標，在於兼論象數易與術數易之精髓，並從中挖掘義理之要義，表現其特殊的學術意義及文化價值。主要的內涵包含三個面向：一、象數易學與義理易學論辯所展開的易學議題，如管、何之爭與孫盛、殷浩的「易象」之辯等。二、注經派的解《易》方法與思想，如各種易例的特色與人事義理之闡揚。三、占驗派的範疇內容，包括卜筮的種類、思想與納甲筮法學說的確立。

　　該書一個重要的特點便是從術數學的原理及文化史的角度去釐清術數易所體現的各種內容及思想深度，顯發聖人觀變玩占、神道設教之微旨，尤其是將一套占驗之學由「術」提昇到「學」的境界，在納甲說的基礎上，運用各種象數易學體例、卦爻之象，以及干支納甲、五行生克等方法，建立起占筮理論的系統，完成易道在人事上的落實，使「術」與「學」合而為一。此外，對於魏晉象數易學所提到的「象先意後」、「意先象後」、「象中求意」、「意中求象」、「大衍之數」、「天地之數」、「象數先後」、「陰陽運動」等諸多議題也都加以探索。

　　象數，天道之學而實人事之道。本書雖站在象數易學的立場，也不敢輕忽聖人因象通義、藉占通德的揲筮之旨，故將象數派與術數派的易學主張皆包蘊於魏晉時期象數易學的探研當中，目的在創發一個更為多元的學術視野與寬厚的學術氣象，以便開展更多的研究課題。

謝　辭

　　易道玄深難究，尤其是《周易》象數易學的幽隱堂奧，時感齟齬阻塞，不敢妄擇博論選題，於修業期間，對此領域雖感興趣濃厚，然沉潛玩索之餘，仍覺體大思精，力有未逮。賴林師文欽於課堂中，時以其對象數學深厚的學術涵養及淵博的易學知識給予學生化裁啓蒙之功，因而打開研究之視野，故有此論文之作。

　　其次，撰寫期間，黃師慶萱提供書籍研探並時予提攜勉勵，尤所銘感。而江師建俊更在象數、義理兩派爭辯的易學議題予以陶鎔啓沃，使我獲益良多，終有第三章之作與孫盛〈易象妙於見形論〉全文義疏之完成。又每於困挫不前之時，幸有林金泉教授與黃忠天教授之精神鼓舞，使論文得以順利進行，對此則不勝感念。再有山東大學林忠軍教授再三以「大器晚成」殷殷匭勉，使不失探研之信心，知遇之情，彌足珍惜，在此特爰筆誌謝。

　　再則，本論文的口試老師蔡師崇名、林師文欽、陳滿銘老師、葉政欣老師、汪中文老師皆以其精湛的研究方法及豐碩的學識對本論文提供不少的寶貴意見及諸多文獻資料，使本論文得以修正改過，減少疏略訛誤，趨於周密嚴謹。對此，學生則深致感激之意。

　　最後，要特別感謝的便是我的指導教授蔡師崇名，本論文從撰稿到成書，從目錄到結論，吾師本其睿智洞見，在全文的佈局架構、問題的考證推論、立論的邏輯思考、句法的潤色修飾乃至字體格式的統整點定，都逐一給予指點教化、糾矯匡正，方得完成此拙著。凡此點點滴滴，常讓學生哽咽欲泣，不能自已！承此師恩，終身感德，無日或忘。

第一章　緒　論

　　爲何筆者要選擇這個題目作爲研究的對象呢？主要的原因有四：一、目前尚無專著：除了作「象數易學史」的研究，把魏晉象數易學納入其中外，並無魏晉象數易學專書。類近者僅大陸王天彤先生《魏晉易學研究》，然其重點不在「象數易學」，反而是對義理易學的研究佔主要的部分。二、原創性，值得研究：從占驗派、注經派與象數、義理兩派的論辯中發現有許多豐富的議題值得研究。除了注經派的內容較爲學者所重視外，占驗派術數特色的轉變以及象數、義理兩派爭辯中有關象數諸多問題尚有一些內容未被深入探討者，故宜作進一步地鑽研。三、持續性：此時期具備比漢象數易更豐富的學術背景，如神仙道教的盛行，佛教的融入、丹道的流行以及文學藝術的勃興，都吸收《周易》象數理論成爲其哲學依據，因此從廣義的角度來看，這些領域都可成爲魏晉象數易學研究的範疇，並不會因爲這本博士論文的完成，就讓這個題目落入無用武之地。換言之，這個論文選題還可再創新三、五本博士論文。四、伸展學術之觸角：因爲有持續性、延展性，故而可藉由這個題目將魏晉象數易學的各種問題導入科學、神學、藝術、文學、風俗等不同路向作研究，使不同領域、文化和學科都能透過象數易學而有所交會碰撞，進而開闢出新的學術園地。

　　做學問是一個永續的工作，本論文雖以魏晉象數易學爲題，然因內容浩瀚博大，故先以三個內涵作爲探研之範疇：一、注經之學。二占驗之學。三象數、義理兩派論辯的象數議題。至於道教象數易、佛教象數易與文藝、文化有關的象數易，乃至於散見於《漢魏六朝三百名家集》、《全晉文》當中所

有的文學作品攸關魏晉象數易學的部分則留待將來繼續探研。

第一節　研究動機與目的

　　魏晉象數易學站在《易傳》象數與漢象數易的基礎上，從承乘據應、卦氣、八宮、世應、五行、爻辰、納甲、納支、互體、飛伏、世應、旁通，一直到卦變、半象、兩象易、之正、逸象等學說，體系十分駁雜龐大，因爲過於執泥象數，造成支離繁瑣、穿鑿附會之風，因此王弼一出掃象闡理，〔註1〕擯落象數五氣之學，挑起義理易與象數易兩派互相對立的局面，象數易學家受到衝擊，極力反對以《老》《莊》玄學解《易》，爲了維護象數易學的發展，一部分繼續漢象數學的注《易》體例，一部分則走向卜筮占驗的術數易，前者稱之爲注經派，後者稱之爲占驗派，二者共同組成魏晉象數易的風貌。然而因爲受到漢代以來術數、讖緯、占驗之學流行的影響，《易》筮方式及其內容均出現了一些變革，除了繼承京房占筮災異之學外，又雜入更多陰陽五行、生克制化、干支爻辰、五星四氣、六親九族、福德刑殺、青龍白虎等方術，形成一套推斷人類生命吉凶的方式，對後世之火珠林法及各種易占法都產生深遠的影響，此法流行於民間，因爲被術家用爲占算命理之技而始終無法登入學術殿堂，本論文以爲此法極具鑽研之價值與意義，故定名爲納甲筮法，並以種種理論證明其說乃深具學理之根據，期待將來學術界能重視此說並重新給予評價。

　　這時期的易學，不管是注經派或占驗派，都因爲受到義理易的衝擊，往往遭到後世研易者嚴厲的批評，尤其是假借《周易》筮法去推斷人類生命吉凶的占卜，更被貶爲江湖術士之技倆，這是不公允的。清‧王心敬說：

　　　　然卻不得矯言《易》不在象，不在卜筮。若《易》不關象，不知義

　　　　於何取？不屬卜筮，不知設筮何爲？於義亦未備也。〔註2〕

聖人畫卦繫辭本爲卜筮而設，不必諱言，況且援《周易》以從事筮法活動亦

〔註1〕　王弼雖然並未盡掃象數之說，甚至注《易》之時時用《易傳》象數之論。然「掃象闡理」已成爲魏晉易學界之大事，此語不可局限在字面之意義。至於王弼有關象數之論則詳見於第參章之論述當中。

〔註2〕　見清‧王心敬《豐川易說‧卷首》，經部，易類第四十五冊（總五十一冊），收錄於文淵閣《四庫全書》（台北：商務印書館，1986 年 3 月初版），頁51-392。

是古人啓示天地萬物的種種規律並藉以把握人事義理的方式之一。研究者常對《周易》義理學的探究往往給予極高的評價，而對此則予以貶抑，甚至認爲占術不足以歸乎象數之學，此乃偏頗之見，如黃宗羲說：

> 降而焦京世應、飛伏、動爻、互體、五行、納甲之變，無不具者，吾讀李鼎祚易解，一時諸儒之說，蕪穢康莊、觀象玩占之理，盡入於淫瞽方技之流，可不悲夫！有魏王輔嗣出而注《易》，……庶幾潦水盡而寒潭清矣！顧論者謂其以《老》《莊》解《易》，試讀其注，簡當而無浮義，何曾籠落元旨（玄意），故能遠歷於唐，發爲正義，其廓清之功，不可泯也。〔註3〕

這反映出黃宗羲是站在義理學的立場批評象數學。象數學固然也有蕪穢繁瑣之病，有廓清之必要，然若視之爲榛蕪穿鑿之學，則誣矣！今人簡博賢先生也認爲占術易乃象數旁支，無當易旨，故將干寶之易學歸爲此類，他說：

> 干寶既留思京房之學，而好陰陽術數之說。故其《易》注，每從占候取義，故云占術易也。……火珠林八卦六位，蓋實占筮之術，用驗災異之說，殊乖推象通辭之道，無當易旨也。〔註4〕

將術數易視爲象數旁支可也，視其無關易旨者，則不全然如此。干寶雖然以八卦六位納干支來釋《易》，然其說重視儒門義理，以人事之道當作注《易》與占《易》之要旨，故異於火珠林以八卦六位之說行占筮之術者，因此並不違背推象通辭之道。且《四庫全書》將占筮宗、機祥宗、圖書宗皆歸於象數之學，〔註5〕故視術數易視爲象數易之一支並無可厚非，重要的是當辨其術數

〔註3〕　見黃宗羲《易學象數論・自序》（台北：廣文書局，1981年2月再版），頁5。這一段話說明黃宗羲的易學立場，他認爲漢・焦京以來至唐・李鼎祚《周易集解》所引諸儒之象數學說都是《周易》之別傳、方技之流。王弼義理易學才是《周易》之正宗。

〔註4〕　見簡博賢《今存三國兩晉經學遺籍考・自序》（台北：三民書局，1986年2月初版），頁108～110。

〔註5〕　《四庫全書總目提要・經部總敍・易類一・小序》說：「《左傳》所記諸占，蓋猶太卜之遺法，漢儒言象數，去古未遠也。一變而爲京、焦，入於機祥。再變而爲陳、邵，務窮造化，易遂不切於民用。王弼盡黜象數，說以老莊。一變而爲胡瑗、程子，始闡明儒理。再變而爲李光、楊萬里，又參證史事。易遂日啓其論端。此兩派六宗，已互相攻駁。」（台北：藝文印書館，1989年1月6版），頁62～63。《四庫全書》中大致將易學分爲兩派六宗。兩派：一爲象數派。一爲義理派。六宗：占筮宗、機祥宗、圖書宗（此三者爲象數派）、老莊宗、儒理宗、史事宗（此三者爲義理派）。

源流，汰蕪存菁，取其理論思維、占筮概念、思想宗旨合乎學術風格與人事義理者則存之，若只占斷吉凶並以巫術趨避而無哲理可言者歸於「末流」之說可也。因此，吾人研究學問不可因為其術神秘、反科學，或未曾深入研究，就打入迷信或淫瞽方技之流而訾之如無物；當然，亦不可因為鑽研於此學就一味偏袒維護。魏晉象數易學的特色，捨占筮則無法窺其全豹，任何一個時代的易學發展都有其獨特的表現方式以及其賴以支撐的思想特色與理論依據，魏晉時期的象數易學無論是注經派或占驗派都從象數中汲取各種體例與思想，因此如何判斷其是非駁純才是重點。故本著客觀的態度、嚴肅的精神、樸實的方法、豐贍的資料與包容的觀點去開拓新的領域並給予客觀的評價是有其必要的。這就是本論文撰寫的動機與目的之一。

其次，從象與數的角度看魏晉象數易學家之注《易》，雖以卦變、互體、卦氣、曆法、旁通等各種易例去詮釋《周易》文辭，比擬乾坤陰陽之道及天地男女之義，然從虞翻、陸績、姚信、蜀才、干寶等人之論易義，得知他們雖重視象數易例，卻不局限在這些體例所顯示的天道變化上，反而藉由對易例的開發、對天道的領悟而推闡出注重人事的特點。即使是借《周易》行揲筮占斷的術數易，也大都依據卦象、爻象、變卦、互體、旁通等所產生的各種易象來推衍易理，並假借《周易》八卦、六十四卦之象以及《易傳》所蘊藏的陰陽之數來推論吉凶禍福，如管輅所說的棺槨之象及郭璞的納甲筮法都是《周易》取象運數的應用，然其最終的目的都在表達對人事禍福的隱憂，這是研易者的憂患意識，也是揭示《周易》哲學內涵的方式之一，故說術數易是象數易之一支，亦無不可。再者，從哲學的層次而言，王弼力倡「得意而忘象」，殷浩與孫盛辯論「易象妙於見形論」，正好凸顯《周易》與其他經典不同，其哲學是依據自身的象數易例與占卜術語而展開，沒有這些占筮體例、卦爻象的變化與吉凶悔吝之卦爻辭，就沒有象數與義理兩派的爭辯，因此只有全面通曉象、數、理、占，才能算得上是真正的《周易》研究者。〔註6〕清汪琬說：

> 易之為書也，廣大悉備，術者知數而不知理則流為方伎，儒者知理

〔註6〕 〈繫辭上傳〉：「《易》有聖人之道四焉：以言者尚其辭，以動者尚其變，以制器者尚其象，以卜筮尚其占。」辭、變、象、占缺一則不成聖人之道。又劉大鈞《納甲筮法講座・前言》一書提及張岱年先生生前曾對他說：「只有全面通曉《周易》的象、數、理、占，才能算得上是一位真正的《周易》研究者。」（廣西：廣西師範大學出版社，2006年3月第1版），頁6。

而不知數，亦未足與窮易之旨。〔註7〕

易學是象數與義理兼融者，偏於象數之法則易流於蕪雜或方技，有礙義理學的發展；反之，沒有象數作基礎，《周易》的義理則無法更深入地探討天人之際所蘊涵的理數。《周易》的特殊就在於象徵性的哲學，一切的道理皆寄蘊於象數當中，故說「聖人立象以盡意」（〈繫辭上傳〉），說明《周易》的特色就在於八卦、六十四卦的符號以及其卦畫所象徵的深蘊上，王弼倡言「忘象以得意」，其意義正好說明《周易》捨象無以成《易》的特色，〈大象傳〉與〈小象傳〉的深義也是根據卦、爻之象而推衍出來的哲理，因此只有二者並重才能正確地認識並評析象數的得失。同時，在象數體系當中，象數占卜的思維也是值得重視的問題，李光地說：

> 今人纔說《易》是卜筮之書，便以爲辱累了《易》，見夫子說許多義理，便以爲《易》只是說道理，殊不知其言吉、凶、悔、吝皆有理，而其教人之意無不在也。今人卻道聖人言理，而其中因有卜筮之說，他說理後，說從那卜筮上來作麼？〔註8〕

學者以爲卜筮非《易》之本旨，流於江湖技藝，故往往以之爲恥，殊不知聖人之道爲象、數、理、占兼備，皆在「通天下之志，定天下之業，斷天下之疑」（〈繫辭上傳〉），象、數、理三者皆可藉由占卜以達到斷疑之目的，而卜筮是人們把握義理的方式之一，象、數更是卜筮所賴以完成之憑藉，因此研究《周易》，當兼重「象數」、「義理」各個《易》學流派的發展特色，也應全面探討其象、數、理、占，故本書雖以象數爲研究對象，但也時時對象數之學提出檢討，並以哲理作爲象數最終的依歸，這就是本論文撰寫的動機與目的之二。

　　再者，從目前關於魏晉易學的研究狀況來看，對象數易學做專題研究的論文爲數甚少，有林忠軍先生的《象數易學史》一書對陸績、姚信、翟元、蜀才、干寶的象數易學作詳盡的介紹、剖析與疏解，尤其是對於《九家易》的考證，有新穎的見解與厚實的論述，實爲學術巨作，然此書從史觀出發，

〔註7〕 見清·汪琬《堯峯文鈔·卷三·納甲》，集部（別集類）第二五四冊（總一三一五冊），收錄於文津閣《四庫全書》（台北：商務印書館，1986 年 3 月初版），頁 1315-225。

〔註8〕 見李光地《周易折中·卷首·綱領二》（台北：眞善美出版社，1981 年 7 月再版），頁 81。李光地基本上推崇朱熹「兼象數天理」之學，同時也折中程頤、邵雍等之說。對於卜筮的看法則認爲聖人教民占筮，是爲了讓人民知道如何觀象玩辭、觀變玩占，懂得如何趨避，不致於民心昧然，不知吉凶之所在，因此並不排斥「用易之筮」。

以歷史發展爲線索，揭示先秦至明代各個主要的象數易學流派與易學家的象數思想、特色、發展與演變的過程，故對魏晉時期的象數易學家僅能抉擇重要的數人作研究，尚未能涵蓋所有魏晉象數學家的內容。另外，也有學者撰寫有關此一時期的易學著作，〔註9〕但所呈現的學術特色或從史學、或從考證、或兼論義理易學派、或專研義理易學，在易學的研究上確實取得不小的成就，但反觀象數方面專門的研究則幾乎沒有，其原因有四：一、玄學易是此一時期的主流思潮，易學史的著作當然必須著眼在主要的易學流派上。二、象數易學發展至此已呈顯衰微現象，很難超越漢象數學，因而乏人問津。三、此時期的易學著作絕大部分已亡佚，雖有李鼎祚之《周易集解》以及明清以來的輯佚之作，然往往因爲殘缺不全，無法得知當時易學家的整體風貌，故未易研究。四、象數易學家以易象、易數解《易》、占《易》，泥於各種體例，雜以術數之說，雖能發揮《周易》之義理深蘊，但也因爲艱深複雜、盤錯肯綮、神秘玄奧，故讓人望之卻步。然而在象數式微的時期，易學家除了注《易》之外，更爲象數易學增添陰陽五行、生克制化、六親九族、福德刑殺等更多的術數法式以及占筮易例，使這些成爲此一時期象數易學重要的特色，而這個議題正是目前研究魏晉易學者較爲闕如的一個區塊，爲增益補足此一內涵，故有此書之作，這就是本論文撰寫的動機與目的之三。

最後，因爲各個時代的研易之作，大都以流派與人物爲主體，通過對其象數學的深層分析，確實能解決以下幾個問題：如當代有那些人是屬於象數易學家？他們的象數體例爲何？有那些思想面貌？其是非得失爲何？這是以人物、流派爲主的優勢，能清楚掌握該時代的注經傾向與易學發展的特色。然而對於各個議題的意識概念、沿革發展以及意義深蘊則無法一目瞭然，更無從清晰地得知其中變化之委曲，如大衍之數在魏晉諸位易學家的注釋闡發下究竟出現那幾種說法？表現出那些理論形態與思維模式？其得失如何？想要解決此一問題，就需要改以議題爲主的方式作研究，方能使一個主題從切入點、來龍去脈與最後宗旨呈現前後一貫的完整體系，使人得以把握其中之異同與變化。有鑑於歷代研易之作，大都以人物學派爲主，本書則採用主題爲主的論述方式，期待能在前賢的基礎上，對象數易學的諸多議題作進一步地探討。這就是本論文撰寫的動機與目的之四。

〔註9〕 當代學者撰寫有關魏晉時期的易學著作，將在文獻回顧與探討的地方一一作說明。

第二節　文獻回顧與探討

目前研究象數易學的書大都將心力放在漢代象數易學與宋代圖書易學上，對於專門研究魏晉象數易學的書並不多，且多半是放在易學史的一個篇章作探討，並無專書之作。學位論文的研究也以義理易學或個人易學的鑽研為主，尚未有關於魏晉象數易學的專著。近有大陸王天彤撰寫的博士論文《魏晉易學研究》（2007 年 7 月）論及整個三國兩晉的易學，雖兼探義理易與象數易，然因重點取向的不同，其篇幅以義理易居多，象數易雖提及陸績、董遇、姚信、干寶、郭璞等人之說，但並未全面介紹這一時期的象數內涵，尚有其他象數易學家及術數易的內容留待研析。基於此，筆者認為魏晉象數易學是一個亟需開發的新領域，值得作深入的探討。

目前雖無魏晉象數易學的專著，但與本論文較為接近的學術著作也提供不少的研究成果，讓筆者積累知識、增益靈感、創發新見。然文獻探討並非凡有關者皆需列入，否則易造成兩個缺失：一、無限上綱的推衍到凡與象數易有關者無所不列，如此則失去魏晉象數的焦點。二、容易造成從書名「顧名思義」以為此書必與本論文相關而非列不可。實際上，有關象數與義理的期刊與著作汗牛充棟，然未必集中在探討魏晉象數易學，為凸顯本論文之焦點，故本論文僅茲舉其中重要的文獻加以介紹與討論。

至於與本論文相關的論文與期刊，筆者參考無數的著作，發現有些問題存在，如林忠軍先生的多篇期刊論文〈蜀才易學述評〉、〈陸績象數易學述評〉、〈干寶象數易學研究〉、〈論象數易學演變特徵及其意義〉等，雖發表在各個期刊上，然也收集在主要的著作《象數易學史》（卷一、卷二）、《易緯導讀》、《周易鄭氏學闡微》、《京氏易傳導讀》等書當中，因此筆者選擇與本論文最相關之《象數易學史》（卷二）作探討，餘者放在參考書目當中列出，期刊論文已收錄於書籍當中者則不再重複列出。其他學者有如此情形者，亦作如是處理。又如許多攸關象數的著作，看似與本論文有關，而實是以象數訓詁詮解卦爻辭，非關漢魏晉之象數；如或不然，則與本論文所要探討的主要方向不同，因此本論文也沒有列入參考書目當中，如元‧張理《易象圖書》、明‧黃道周《易象正》、明‧章潢《周易象義》、明‧朱謀㙔《周易象通》、清‧王夫之《周易大象解》等書。再如雖有些著作與本論文相關，然其卷帙浩瀚亦無法一一枚舉，如宋‧《易象意言》、明‧熊過《周易象旨決錄》、明‧黃正憲《易象管窺》、明‧陳士元《易象鉤解》、清‧黃宗炎《周易象辭》、清‧陳晉

《易象大意存解》、清・汪師韓《觀象居易傳》、清・莊存興《八卦觀象解・卦氣解》、清・譚秀撰《周易卦象彙參》、清・張惠言《周易虞氏消息》、《虞氏易言》、《虞氏易禮》、《虞氏易候》、《周易鄭氏義》、清・胡秉虔《卦本圖考》、清・方成珪《干常侍易注疏》、清・胡祥麟《虞氏易消息圖說》、清・方申《方氏易學五書》、清・黃瓚《周易漢學通義、略例》、清・任雲倬《周易互體卦變考》、清・丁晏《易經象類》、清・蔣湘南《卦氣表、卦氣證》、清・俞樾《周易互體徵》、《卦氣直日考》、清・何秋濤《周易爻辰申鄭義》、清・紀磊《周易消息》、《虞氏易象考正》、清・黃守平《易象集解》、清・陳壽熊《讀易漢學私記》、清・王定國《周易像數易知》等皆是。又近代學者有關象數、義理的載籍也同樣浩繁廣博，無法一一羅列，因此本論文的參考書目大致以徵引者為主。而文獻探討則以最接近本論文的研究者為主。

一、屈萬里《先秦漢魏易例述評》

這本書是站在王弼掃象的立場一一駁辯象數體例之妄，藉由對易例的深入鑽研以證明漢魏象數之說皆非《周易》所本有，故常以「術」稱之，屈萬里先生說：「孟喜習災異之術，好以象數說易；東漢易家，推衍其說，至三國而極⋯⋯，惟漢人象數之術，後人雖間有微辭；尚無總合諸例，條其源流，以辨其妄者，是可異也。」〔註10〕對象數易例雖持貶意，然仍以深厚的學術功力對消息卦、卦氣、互體、卦變、爻變、宮卦、世應、飛伏、爻辰、升降、納甲、半象、旁通等易例之源流、形成、變化與特色作系統且完備的介紹。然此書只論至魏代，而魏代亦僅及虞翻與王弼兩人之易例，弗及他人。故本論文則加入陸績、姚信、翟元、蜀才、干寶、韓康伯等人之說以作進一步的補充與論述。

二、朱伯崑《易學哲學史》

這本書對義理學派和象數學派的哲學研究都十分深入，雖然立足在哲學的角度來看待問題，然對象數學的內涵、發展及地位也能給予公允的批評，並主張「易學哲學的一個顯著特點，是通過對《周易》占筮體例的解釋，表

〔註10〕此引文見屈萬里《先秦漢魏易例述評・自序》（台北：學生書局，1985 年 9月 3 版），頁 1～2。屈萬里先生對漢魏象數易例是不贊成的，他認為爻體、爻辰、納甲、旁通、半象、反卦等例都是漢魏之易家巧為立說罷了，皆非《周易》所本有，故要一一駁辯之。

達其哲學觀點的，這是其它的流派所沒有的」的說法，〔註11〕認為易學哲學是依據它自身的特點卦爻象、卦爻辭及占筮體例而展開的，故朱伯崑先生十分重視占筮體例，並且把它提升為易學哲學史探討的境域，使占筮體例也成為一個新的研究課題，但他強調前題是必須有其哲學深度，若是純粹的算卦或封建的迷信就不算是易學。〔註12〕對於這樣一個論點的確給筆者一些啓示。然作為易學史的探討，朱伯崑先生必然要從每一時代的易學主流加以闡述，如漢代則以象數易學為論述的對象，而魏晉則以玄學易作為主要的探研內涵，故對於非主流的魏晉象數易學則留下空間給予後學填補，因此本論文則從此處入手以探討魏晉的占筮與義理的關聯。

三、徐芹庭《易學源流》、《魏晉七家易學之研究》

　　《易學源流》對於魏晉時期的各派、各家、各地、各時期的易學人物及著作皆能探其源流、明其特色並作考證，清楚羅列整個時期的易學著作，說明何書尚存？何者亡佚？以及這些書有那些輯佚本？整體上呈現出義理、象數並重的學術傾向，內容廣博，象、數、理、變、占兼容並畜。所列舉的魏晉象數易學家有精占筮的管輅、象數兼備的姚信、融通象數的董遇、妙於陰陽曆算的郭璞、精於象數訓詁的蜀才、歸宗於荀爽的翟元、留思於京房的干寶、論易象妙於見形的孫盛、偏重象數的九家易。然此書的重點在於源流之探討，故對每一個象數易學內涵僅能作簡易的介紹，並未作詳細的闡述。另外《魏晉七家易學之研究》一書，擇姚信、蜀才、翟元、王肅、董遇、何晏、向秀七人之易學作深入地研究，從生平、著作、體例、價值、影響等方面皆

〔註11〕見朱伯崑《易學哲學史・前言》（台北：藍燈文化事業，1981年9月初版），頁8。此段引言意謂易學哲學是依據《周易》本身象與數以吉凶悔吝等術語、範疇與命題而展開，故在此〈前言〉的第2頁他表示：「這些範疇與命題又出於對《周易》占筮體例、卦爻象的變化以及卦爻辭的解釋，從而形成一套獨特的理論思維形式」。《周易》哲學若是脫離其占筮體系與術語也不無法成就其哲學之完整性，故對占筮非排斥，乃是要提升至哲學層次。

〔註12〕朱伯崑《易學哲學史・前言》說：「占術並不是易學，但同其它類型的迷信比較起來有自己的特點。它是依據卦爻象的變化推算人的命運，其中含有種邏輯推衍和理智分析的因素，……後來的易學及其哲學，將這種因素加以發展，使《周易》逐漸變成指導人們的生活，規範人的言行以及觀察和分析問題的指南。」（台北：藍燈文化事業，1981年9月初版），頁3。意謂占筮必須提升為生命的指導原則，否則會流於巫術小技。

有豐贍的內容，然此七家中姚信、蜀才、翟元爲象數易學家，董遇兼融二者，對於其他的象數易學家則並未提及，因此也給筆者有塡補的空間，這就是本論文所以要作進一步探討的原因。

四、黃師慶萱《魏晉南北朝易學書考佚》

魏晉南北朝的易學書多半亡佚，此書可說繼張惠言《易義別錄》、孫堂《漢魏二十一家注》、馬國翰《玉函山房輯佚書》、黃奭《漢學堂經解》之後，爲第五本輯佚考證之書。徐芹庭《易學源流》在提及董遇章句時則說「輯本有張惠言、孫堂、馬國翰、黃奭、黃慶萱五家」，〔註13〕其原因就如高明先生在書的序中所說：「未輯者增之，漏輯者補之，誤輯者正之，贅輯者刪之，誤次者乙之，於是始得集其大成，而遠邁乎前哲。」這一本書考輯二十八家，屬魏晉者有十三家，從作者、著作、佚文、源流等無不逐條考證，搜其原本，審其情實，抉其訛謬，還原其眞，論其易例，闡其義理。尤其有關干寶的象數體例更是作了詳實且深入的論述，對於以史注《易》的原因背景更有新穎的創見，往往爲學者所取資。後學者能進一步作其他主題的發揮則完全得力於此書之輯佚、考證與論理之功。

五、劉大鈞《納甲筮法講座》

劉大鈞先生在這本書提出二個例子說明《周易》筮法研究的必要性：（一）他主持「首屆周易國際學術研討會」時，馮友蘭先生寫給大會的賀信提到：「研究《周易》當然以《周易》哲學爲主，但《周易》本來是一部筮書，《周易》的哲學思想有些與筮法有關，因此對筮法也要作調查研究工作。」這封信並指出筮法的研究工作有兩條途徑：1. 是從書本取材。2. 是術士們的傳授。（二）張岱年先生生前對劉大鈞先生說：「只有全面通曉《周易》的象、數、理、占，才能算得上是一位眞正的《周易》研究者。」因此劉先生則從文化史的角度來撰寫此書，探索「納甲筮法」及形成這套干支納入卦體的八卦運算系統，並且論述得十分詳盡。不可否認，占筮確爲易學之別支，然必須要有個正確的觀念，那就是占卦非僅爲了吉凶禍福之趨避，而是藉由占卦得知如何以德行作爲修養之功夫，如管輅爲何晏卜得謙卦，何晏當以謙卑自牧，如若不能，

〔註13〕見徐芹庭《易學源流》（台北：國立編譯館，1987 年 8 月初版），頁 474。

禍凶自然隨之。雖然這本書很完整地介紹納甲筮法與火珠林法之演變，但尚無區分此二者之異同？也尚未說明以錢代蓍與納甲筮法、火珠林法之關聯？筆者以爲這是個很好的領域，值得開發，因此特立第七章以闡述爾！

六、簡博賢《今存三國兩晉經學遺籍考》

　　這本書對《周易》的考述分爲兩個方向：（一）象數易學：包含虞翻、董遇、姚信、蜀才、干寶五人。（二）義理易學：包含何晏、王弼、韓康伯、王廙、黃穎、桓玄、張璠、向秀、楊乂、鄒湛、張軌十一人。此書將魏晉象數易學又分爲二類：1. 象數易學本宗：爲探象求辭於卦爻之中，證易辭爲卦所蘊有者，如互體、卦變。2. 象數易學旁支：爲推本卦爻而雜配干支、五行以比附取義者，如納甲丹道、占候災異。簡博賢先生說：「若虞翻之推象通辭，是象數之本宗也；而干寶之陰陽占候，則象數之旁支也。醇駁雖殊，固集象數易學之大成也。」〔註14〕此說代表二層意義：（一）知學有醇駁，卻能兼融並蓄，辨其眞謬，還其本眞，故亦不斥占候之學，同歸爲象數之列。（二）歸干寶爲爲象數旁支，說明研易者對象數易學的輕重褒貶仍是錯見歧出。然此書最大的特色即是在堅實的學力與豐贍的引證下，別出新意，尤其能在篤實的訓詁學的基礎上對每一個易例或文辭作出新穎的解說與發揮，對學易者有莫大啓示之功。然因邏輯推理與詮解觀點之異，本論文則提出幾點與此書不同的見解，如對干寶的看法，筆者以爲宜歸象數之正宗。又如對納甲的看法，簡先生認爲納甲爲丹道之學，然從注經、筮法、醫道等都可看見納甲學之運用，如虞翻、陸績、管輅、郭璞、干寶等都有納甲之說，非必僅爲丹道之說。又如姚信有關於〈旅〉卦卦變之說，張惠言說：「此姚注卦變之例與虞同。」簡博賢先生認爲張惠言之說殊失其旨，主張虞姚絕異，實乃姚之正虞。本論文則以爲張惠言此言無誤。虞翻注〈旅〉卦說：「賁初之四，否三之五，非乾坤往來也。與噬嗑之豐同義」，姚信注說：「此本否卦，三五交易，去其本體，故曰客旅。」其實姚信與虞翻一樣皆主張〈旅〉卦從〈否〉卦而來。至於虞翻另提〈旅〉自「賁初之四」而來，並非從卦變的

〔註14〕見簡博賢《今存三國兩晉經學遺籍考·自序》（台北：三民書局，1986 年 2
　　　月初版），頁4。他在〈自序〉中將象數易學分爲兩類：「凡自六畫變易之際，
　　　以探象求辭於卦爻之中，而證易辭實卦之所蘊者，是皆象數本宗，推易之正
　　　法也，若互體、卦變等是也。若夫推本卦爻而雜配干支、五行以比附取義者，
　　　則皆象數之旁支，無當易旨也，若納甲之爲丹家外道，卦氣以占說災異。」
　　　前者指純粹象數易注經之體例，後者乃指滲入術數內容的解經方式。

角度立論,存此一說乃純粹爲了解經,利用賁卦二三四爻所形成的互體—坎卦,取其爻象及文辭來詮釋經文。〔註15〕故知從卦變的觀點來看,姚信與虞翻對旅卦的說法應是一致的,虞翻之所以重複「賁初之四」的生卦之例,非不明卦變之說,乃注經之故。因此張惠言說:「此姚注卦變之例與虞同」實可徵信。筆者在這本書的基礎上提出一些不同的觀點,是希望藉由不同的易學思維使象數易學研究的觸角得以伸廣拓展。

七、廖名春、康學偉、梁韋弦《周易研究史》

這也是一本研究易學發展過程及其規律的易學史專著,作爲易學史的研究,本書以易學的文獻學、哲學爲主體,其次爲象數易學,最後則爲應用易學。廖名春先生在本書〈緒論〉中指出應用易學爲易學外圍,不能成爲主要的研究對象,所以易學史對它們的研究應有輕重、主次之分。而主寫魏晉象數易學的康學偉先生則認爲術數派也是漢易的一個流派,雖然不像象數易學一樣有十分完整的體系,然論《周易》亦不離開卦爻象與陰陽數,故亦可歸於象數派,因此在論這一時期的象數易學時,則分爲兩派:一爲繼漢以來推衍陰陽術數、不論章句的術數易,有管輅、郭璞二人。一爲據漢易傳統而與玄學易論爭的象數易學家,有王濟、范寧、孫盛、干寶等人。至於繼漢注經派的象數易學家除了干寶外,其餘則闕而弗論。基於此,筆者擬作二點補充:(一)加上注經派象數易學家的各種理論。(二)對管、郭的闡述作更細密的介紹,並表達自己對管、郭不同的易學地位與看法。

八、林忠軍《象數易學史》

這本書正是站在象數的角度來寫易學史,對於歷代的象數易學流派、人物、特徵都有詳盡地介紹。尤其是對於魏晉象數易學家的象數體例都能一一闡述且詳實考證,如對陸績的京氏易學的發揚、姚信的爻辰說與易數觀、翟元的卦變及升降與消息諸說、蜀才的卦變說、干寶留思京房易學及以史注《易》等說都提出深刻的論述且時時表達自己獨特的觀點。同時對於前述的這五位易學家在象數衰微的時代,能以卦變、消息、升降、爻辰、之正、干支、世

〔註15〕虞翻注〈旅・大象〉「君子以明慎用刑,而不留獄」時則說:「坎爲獄」,利用坎獄之象來解〈旅・大象〉之辭,故有「賁初之四」之說,此說並非卦變之例,純粹爲了注解經文,故另增一說。可參見本論文第四章〈虞翻卦變說〉。

應、飛伏等方法釋《易》，使象數易學在當時得以流傳與保存，則大表讚揚。並針對張惠言對干寶嚴厲之批評則提出不同的看法以矯正學者對象數易學的偏見，這些觀點確實提供後學者思考的空間。然而此書著重在注經派象數易學的闡發，對於占驗一派之易學則視爲易之別支而闕如弗論。本論文認爲欲探此一時期象數易學之全貌，就不能繞開術數易之研究，故從學理的角度加以探賾，說明術數易仍具有學術之價值。

　　但是不可否認的，每一時代、每一個研易者對象數易學的褒貶本來就存在著很大的歧見，如張惠言認爲干寶注《易》盡用京房占候法以爲象，且援文周之史一一比附，是易道猥雜之始；同時他也批評干寶之學有五行、四氣、六親、九族、福德、刑殺之說是混同象數與術數之舉，故而排斥之。〔註 16〕林忠軍先生就此提出異議，認爲干寶取京氏注《易》如同鄭、荀、虞取「逸象」一樣，都可視爲對《說卦》的豐富與發展；同時也認爲以史注《易》是對義理易的貢獻。當然，他也對干寶誇大象數與史學的作用則頗有微詞。然而整體而言，認爲干寶對象數易學仍有很大的貢獻與影響！除了對干寶作客觀的評論外，林先生也稱讚陸績六親說有完善與發展易學筮法的意義。〔註 17〕對魏晉象數易學而言，更肯定陸績與干寶對京氏易學的發皇，但是對於擅用京氏易學從事占筮的管輅與郭璞則隻字未提，這說明兩個現象：一、認爲管、郭之術非孟、京之類的占驗派，而是借用象數及易理從事占筮，其本質已脫離《周易》本義，故不列入象數易學。二、肯定陸績所完善的筮法是〈繫辭上傳〉的大衍筮法，而非滲入術數的易筮法。這都說明研易者對象數易學的看法仍然差異頗大，很難有一個定論。從清末以來已有學者起身爲卜筮之易說話且躬親實驗其法，如杭辛齋、尚秉和等人通象數之學同時也精於火珠林之法。近些年來，更有學者重視管、郭之術及納甲筮法，如高懷民先生極力讚揚管輅術數合《易》的精神，〔註

〔註 16〕張惠言《易義別錄・卷七・周易干氏》說：「故其注《易》盡用京氏占候之法以爲象，而援文武周公遭遇之期，一一比附之，易道猥雜，自此始矣！……由干支而有五行四氣、六親九族、福德刑殺，此皆無與于卦者也。」見孫星衍、張惠言《孫氏周易集解・易義別錄》（山東：山東友誼書社，1992 年 9月第 1 版），頁 529～530。

〔註 17〕見林忠軍《象數易學史》（第二冊）說：「陸氏對京氏六親說的闡發，無論對於研究京氏易學，還是對易學筮法完善和發展有一定的意義，這是值得肯定的。」（山東：齊魯書社，1998 年 7 月第 1 版），頁 21。

〔註 18〕高懷民在《兩漢易學史》說：「回頭綜觀漢代易學的流衍發展，實不得不在學術思想上給管輅一席重要的地位。他的不屑於文字注易，實爲時代對象數易

18〕連鎮標先生則表示郭璞的易占實踐對改革易占方法極具貢獻，且認爲郭璞是位既重義理又重象數、既重理論又重實踐的易學大師，〔註 19〕而劉大鈞則認爲應從文化史的觀點來看納甲筮法並將之提升爲學術的層次。〔註 20〕以上所述，說明學者對象數學的態度仍是不一致的。因此筆者主張從宏觀的角度來看待術數易，並以微觀的精神批判它，如同林忠軍先生一反張惠言對干寶的批評，認爲該是其是而非其非，不可以猥雜之罪歸之。故本論文對管、郭之學亦採客觀態度予以評析，而非一味偏頗祖護。

第三節　研究方法

．　實際上一本論文的完成必然要用到諸多方法，基源發生法、機緣發生法、演繹法、統計法、文獻考證法、歷史批評法等等。本論文也同時運用到這些方法，但特別重要的是逐條研考的科學方法、考論析解的邏輯推理法與以易學議題爲主體的主題研究法。

研究魏晉象數易學，學者一般採用以人物爲主的方式，如林忠軍《象數易學史》、徐芹庭《七家易研究》、簡博賢《今存三國兩晉經學遺籍考》、黃師慶萱《魏晉南北朝易書學考佚》等，亦即每一章立一人物爲探討的主體，其次再以其人物之各種易例探討及其易學特色爲節或項目。然本論文爲了釐清每一個體例及易學問題的發展變化，因此採用以主題爲主的研究方式，這便是一個方法論。那麼何謂主題研究法？就是把值得探研的易例或易學問題立爲章節，其下再以人物或其他的標題立爲項目，亦即採取與學者（先人物再立議題）相反的方式，先立議題再以人物貫穿其中，如此才能看出一個主題

注經派所產生的反動：他的以數術合易，實爲自兩漢以來數術家的最高成就，而對易學來說，毋寧說是一個新的開創；……這一位不可多得的奇才，應是易學史上關鍵人物之一。」（台北，中國學術著作獎助委原會，1970 年 12 月初版），頁 270。

〔註 19〕參見連鎮標〈郭璞易學思想考〉一文之摘要：「結合郭璞的行狀，指出郭璞在易占實踐上爲改革易占方法、完善易占辭以適應現實需要所作出的貢獻，從而表明郭璞是位既重義理又重象數，既重理論又重實踐的易學大師。」《周易研究》，第 4 期（總第 46 期），2000 年，頁 41。

〔註 20〕參見劉大鈞《納甲筮法講座》的〈前言〉，劉大鈞先生認爲應從人文化成的角度去看待「納甲筮法」，並說：「我們將要從文化史的角度入手，試著探索『納甲筮法』及其在漫漫歷史中形成的這套干支納入卦體的八卦運算系統。」（廣西：廣西師範大學版社，2006 年 3 月第 1 版），頁 2。

的發展脈絡，這就是所謂的主題研究法。主題法並非不可以有人物之項目，而是以議題爲主體，人物爲次標題。正如人物研究法是以人物爲主標題，其下的小標題，仍可立易學議題爲小項目，舉例而言，如林忠軍先生的《陸績象數易學研究》就是以陸績人物爲主體，其下則分爲生平事迹、八宮說、飛伏說、卦主說、易數說及其他的象數思想等項目。〔註21〕而本論文一反前賢之法而採用主題研究法，正是以一個議題爲主標題，以人物爲次項目，如以「卦變」爲主題，其下則細分爲「荀爽升降說」、「虞翻卦變說」、「姚信卦變說」以及「蜀才卦變說」等子題，有別於學者以人物爲主之方式，可讓魏晉卦變理論在同一章節中呈現完整面貌；又如以「易數」爲主題，其下則有大衍之數、天地之數、陰陽之數等各個子題，讓人對魏晉整體的易數觀有清楚且全面的認識。另外，用傳統的歸納法、綜合法、分析法、比較法等都不失爲研究的好方法。以下則就本論文最主要的研究方法提出論述：

一、採綜合比較的方式以歸其旨趣

　　這個方法就是將所有魏晉象數易學家對《周易》的注解或看法加以綜合分析，再與義理易學家作一比較，審其觀點與義理易有何種差異，還原其思維模式及治學風格，就可清晰地看到象數易學家對一個主題的觀點，舉例言之，如「論道」一說，虞翻雖然執著存象與數的詮解上，但在注解《周易》時則從實際人生出發，所以對於道的闡發，並不涉及形上形下之間的探討，直接訴之以人事之義理，他說：「錯，置也。謂天、君、父、夫象尊，錯上。地、婦、臣、子禮卑，錯下。坤地道、妻道、臣道，故『禮義有所錯』者也。」（《周易集解》引，注〈序卦傳〉「有上下，然後禮義有所錯」）從天地運行的法則落實到人類行事的依據，不說形上之理，改以形而下的萬事萬物之理來表現道的特徵，這是虞翻對道的看法。又陸績說：「天道有畫夜、日月之變。地道有剛柔、燥濕之變，人道有行止、動靜、吉凶、善惡之變。」（同前，注〈繫辭下傳〉「道有變動，故曰爻」）以一陰一陽爲道的基本內涵，強調乾坤剛柔的變化規律，人道效法之，體會天道規律而悟人事動靜、吉凶之變，因此陸績亦不強調道的形上學意義，而是重視蘊含在卦爻象當中的人事之道，這是他對道的看法。至於干寶，更注重人事之道，他說：「爻以氣表，繇以龍

〔註21〕見林忠軍《象數易學史》（二）（山東：齊魯書社，1998年7月第1版），頁9
　　～23。

興，嫌其不關人事，故著君子焉。」（同前，注〈乾‧九三〉）恐道落於玄虛，特別凸顯「人事」的精神。綜合象數易學家的論道之思，可以推出他們共同的一個特色就是以人事言道，以儒理論道。反觀義理易學家，他們著重在道的本體意義，認爲萬事萬物最終的歸宿在反本於無，故王弼注〈復〉說：「寂然至無，是其本」，表現出有的價值就在於無的體會當中，這是從本體論的角度來把握道。利用綜合比較法就能清礎地掌握象數學家對某一個主題的看法及其義蘊所在。

二、找疑點，援證論，以正訛誤或置新說

做學問當綜觀前賢之作，吸收其研究成果以增己見聞，不可自視甚高，故意推翻大家之說以顯己才。當然也不可全盤照收，人云亦云而失去己見。然而若發現有疑義就應找證據以明其訛誤，或合理地提出新的看法以等待新的證據來重置其說。如本論文在〈納甲說與納甲筮法〉一章則援用此法提出錢筮法（即錢著法）乃源自於納甲筮法，而非學者所說錢筮法就是納甲筮法，因爲自宋至今（包括宋‧張載、朱熹，清‧黃宗義，今人尚秉和等學者），皆認爲錢筮法就是火珠林法、納甲筮法並說此法始自於京房。其實，這樣的論點是值得懷疑的。因爲這些學者提出的證據大都來自於宋‧項安世一人之說，其理由有三：（一）項安世的《項氏家說》說：「以《京易》考之，世所傳火珠林者即其法也。」（二）唐賈公彥在《周禮疏》中說：「但古用木畫地，今則用錢。」（三）唐以後的詩人曾創作漢人擲卦錢、唐人錢卜之詩歌。〔註22〕古今學者都用這三點說明從京房開始就有錢著法或火珠林法。這樣的證據稍嫌不足，本論文在第七章找出疑點，說明錢筮法就是火珠林法、納甲筮法不可信的原因有四：（一）是因爲納甲筮法的原理正是《火珠林》撰寫的依據，而火珠林占法用的是以錢代著的起卦方式，因此人們就誤以爲納甲筮法是錢筮法。又因爲京房的占驗學說已有納甲理論，大家便以爲火珠林法乃祖源於漢代京房。殊不知納甲法是個解卦、占卦的原理，未必是起卦的方式，而錢筮法則明明白白是用錢來起卦運算的方式，故不可因爲「火珠林法」在斷卦時用到「納甲筮法」的原理，便說京房已用「火珠林法」或「錢筮法」，這是用後人已有的文化背景強加在前人身上，正如學者常將後人的解釋視爲前人

〔註22〕這些證據與說法在本論文第七章〈納甲說與納甲筮法〉中皆有詳論，其出處亦有交待，可參見之。

的意思一樣，都是倒末爲本的作法。（二）是賈公彥《周禮疏》「但古用木畫地，今則用錢。」的「今」指的是漢或唐尚有待商榷，不可直斷爲漢之說。（三）唐以後錢占法大行於世，用詩形容漢人以錢擲卦本是詩歌的象徵比喻法，而非必眞爲事實，故援此作爲證據顯然不妥。（四）京房注解《周易》時，有「揲著布爻」之辭，卻無錢卦法的蛛絲馬跡，更證京房布卦之時仍用揲著法，解卦時雖有納甲理論之說，但並非就是後世所謂的火珠林法、錢筮法。之所以有這樣的論證，正是運用此研究法而來。

三、立足文本，逐條考究，辨明是非

　　博讀先人前賢之作可以累積知識，取得諸多看法，然終究是他人之見，無法有所突破。尤其是象數易學，其易例極爲複雜，注疏亦十分駁雜糾纏，如不下苦功，逐條考究，很難弄懂每一個體例中卦爻的變化與規律，也無法確知易學家注經之優劣得失，更無法悟出新穎的觀點。基於此，故筆者在論述每一位易學家的象數思想及體例時，皆逐條考辨、分類並審察其是非，藉此清楚闡述每一個體例的發展狀況及其變例、違例之處，同時也表達自己不同的看法。如第四章論虞翻的卦變易例中，本文則提出一個新的見解，那就是坎卦與離卦在卦變之體例中，學者認爲坎卦、離卦二卦是從爻的往來、升降而來，﹝註23﹞本文則以旁通之義說明之，故特立〈卦變與旁通、互體並用〉一點來說明虞翻的卦變往往爲了通解文辭，不惜屢生變例或兼論其他易例之說。乾坤二卦乃生卦之母，坤體而乾來交或者乾體而坤來交，這樣的觀念自荀爽已有之，不同的是荀爽立足於升降的觀點，虞翻則就旁通的意義而立言。如注〈坎〉卦辭時說：「坎爲心。乾二五旁行流坤，陰陽會合，故亨也。」（《周易集解》引）乾二五旁行流坤，是兩卦相錯旁通，而非「乾二升坤五，坤五降乾二」之意義。又因爲逐條審視，看出坎離同樣有重複生卦的情形，與其

﹝註23﹞ 王新春先生表示坎、離二卦之卦變則從爻之往來、升降立說，「往來」可爲卦變之則，「升降」降其義則略有不同，從荀爽升降的角度視之，陽（乾）升陰（坤）降爲正例，但從虞翻之注解〈坎〉說：「乾二五之坤，與離旁通。於爻，觀上之二。」來看，觀上九爻與六二爻若以升降來看，反而不符合陽升陰降例，故以「一爻動，二爻互易」的卦變規則視之較爲妥善；否則，就以「乾二五之坤，與離旁通。」的旁通例歸之。離卦之解亦如斯。見王新春《周易虞氏學》說：「坎卦註云：⋯⋯『於爻』，謂從爻的往來、升降的角度立言。（台北：鼎淵文化事業有限公司，1999年2月初版），頁92。此說可參考本論文第四章〈虞翻卦變說・重複生卦之說〉。

他重複生卦的情況不一樣，此坎離二卦，一則從旁通立說，一則從卦變體例釋之，故有兩個「卦之所自來」（生卦）的說法。由此可知，虞翻講坎離二卦之「卦變」以「乾來之坤」、「坤來之乾」來表示，應爲旁通之思而非荀爽升降之義，爲旁通與卦變並用之例。而這個見解正是來自於對易學家的文本，逐條列記、分類與辨析的結果。

四、考論推理以明其義

這個方法包含兩個要點：一是證據。二是邏輯推理。對於解決某個問題一方面尋找史證，一方面則用推論的方式來處理問題，若是直接證據只有孤立一個或是史證過於薄弱，則以邏輯方式推理，以期獲得合理的結果。然雖以邏輯推理，亦不敢無端放矢或自臆其說，也要有一些令人信服的佐證與說法，亦不能不對有爭議的問題作梳理、詮解、發揮與論證的工夫，因爲本論文使用此法甚多，故特立一說。如晉時有縣令施安，置鑷令璞射覆，不知占得何卦？今見輯佚本《易洞林》並無記載其卦名，朱震《漢上易傳・叢說》卻明白記載爲「〈節〉之〈噬嗑〉卦」。然此資料是否可靠呢？考此射覆之例，在《北堂書鈔・卷一百三十六・鑷子》下曾引《洞林》此事：「卷縣令施安，置鑷令璞射之，璞曰：非簪非釵，常在領下，鬢髮飾物，是有兩岐。」《北堂書鈔》爲唐人虞世南在隋末任祕書郎時所編撰，據晉未遠，應仍看到完整的《易洞林》一書。朱震《漢上易傳・叢說》更堅定地舉說，這也表示他曾看見《易洞林》一書，故在傳鈔之時把卦也一併記載下來。加上元・胡一桂《周易啓蒙翼傳》說此書乃從王楚翁才古抄得之，可見《易洞林》在元代時存在，故知朱震說射鑷占得〈節〉之〈噬嗑〉卦一事，實屬可信。作如此之結論乃援證據加上邏輯推理的結果。

五、站在文化史的角度來揭示象數易學的理論特徵與價值

任何一門學問都有其歷史發展過程，在不同的時代背景之下就會產生不同的特色，所謂的價值意義也只能在特定時代、特定思想的演進中得以展現，因此對此時期象數思想的梳理與評判亦根基於此，故本論文將依據當時的文化環境去看待象數易學的發展，不因爲其闡發不符合《周易》之原義，便視爲對經典的扭曲，也不把後來發展的學說當成是《周易》的原義。象數易學發展在魏晉時期已逐漸式微，此時之易學家或繼承漢象數易學的注經方式以

延續其生命，或結合象數學以占筮的方式體現《周易》「尚占」的精神，這兩者共同充實著魏晉象數易學的內涵，研易者對前者大都能視爲象數易學的範疇，對後者則往往歸入占斷禍福之小技並驅之於學術門檻之外。實際上，魏晉有關《周易》的占術，所運用的仍是「取象運數」的方式，基本上並不悖離象數易學涵蓋的範圍，且《周易》所展現的人事義理常藉由卜筮而發揚，故從文化史的角度來看魏晉術數易，便知它是一個重要的社會現象，反映當時《周易》占筮文化的現實狀況，確有助於中國傳統文化的研究，也有助於學術論文境域之拓展，因此範疇與角度的轉換也不失爲是一個良好的研究方法。

六、詳其納甲筮法與揲蓍運算之法以發掘象數易學之義蘊

納甲法所援以占斷的體例繁瑣複雜，隱奧難懂。揲蓍法起卦之方式四營十八變也不易理解。爲了明瞭其中推斷的過程與策數的運算，本文則在第七章的納甲筮法與第八章的大衍之數各自陳述其占斷之方與運數之法，然主要的落腳點仍是從研究學術的角度來探討，故於前者則說明古人如何運用宮卦、世應、飛伏、干支以及五行等數理機制來推斷人事吉凶，取其合乎象數易例之說，去其神秘、迂誕之處。對於後者則一一展示其運算之法，說明〈繫辭上傳〉所表述的揲蓍之過程，進一步探討象數易學與術數易學之間的關係，並看魏晉象數易學家是如何通過卦象、易數來占《易》或解《易》，並闡明象數學中筮法、蓍法所蘊藏的思想深度及理論依據。然而不管是納甲法或揲蓍法，本論文在闡述之餘皆以人事義理爲象數易學的宗旨和核心所在，如此才能眞正落實《周易》憂患意識以道德爲趨避之要義，而這兩個筮法正是本論文重要且實際操作的研究方法。

以上則爲本論文之研究動機、方法與文獻探討之大要。之所以叨聒再三，乃望從中可得出較爲具體的成果。

其次，有關魏晉象數易學思想與體例的專著尚未問世，因此若能對此時期的象數易、術數易乃至道教易、丹道易作系統且專門的研究，這對於進一步地了解魏晉象數易學的發展變化，其意義可謂十分重大。

第二章　象數易的範疇與派別

象數易學研究當然是以象數爲研究對象，但在探討象數之前，必須先釐清四個問題：一、象數易學的義涵爲何？二、每一個時代因環境背景的不同，自然有不同的象數義涵及概念，如《易傳》之象數不等於《左傳》所謂的象數，漢代之象數又異於《易傳》之象數，而宋代的象數又有別於漢代之象數。那麼魏晉的象數易學究竟有什麼特點呢？三、象數派易學是否可以涵蓋象數與術數？四、魏晉象數易學家到底包含那些人物與流派呢？這些問題將一一闡述於下。

第一節　象數易的義蘊

今人研究象數不稱漢則稱宋，這表示象數通常被指稱爲孟、焦、京等人的易學體系或邵雍、劉牧等人之圖書易學。事實上，象數牽涉到許多複雜的體例與思維問題，以致於研易者對於象數的定義與理解呈現衆說紛紜、莫衷一是的情況。若是純粹從《周易》一書來看象數，它包含象學與數學，象有陰陽二爻符號、八卦之象、六十四卦之象以及從這些象所引申的物象、事象；而數則有陰陽之數（九、六）、天地之數、大衍之數，這些是《周易》本身的象數學說，以此來衡量漢代易學，那麼孟喜、焦贛、京房之說是否還可稱之爲象數易學呢？嚴格說來是不可以的。黃宗羲曾說：

> 其時康節上接種放穆修李之才之傳，而創爲河圖先天之說，是亦不
> 過一家之學耳！……所謂象數者，又語焉而不詳，將夫子之韋編三
> 絕者，須求之賣醬箍桶之徒，而易學之榛蕪，蓋仍如焦、京之時

矣！……世儒過視象數，以爲絕學，故爲所欺，余一一疏通之，知
其於易，本了無干涉。〔註1〕

此說認爲焦延壽、京房以來的象數之學以致於種放、穆修、李之才、邵康節
等宋代的圖書易學，都不是《周易》經傳所固有，皆不可視爲象數之說，黃
宗羲恐人誤焦、京之說爲象數學，故要作《易學象數論》來辨象學之僞，訂
數學之失。其門人汪瑞齡爲此書作序時說：

> 《易》之有象數，《易》之所以成《易》也。……象數，於《易》所
> 云，水之源，木之本也。然而漢儒以降，異說紛綸，焦、京之徒，
> 以世應、飛伏諸說附入之，《太元》、《洞極》、《潛虛》、《洪範》之徒，
> 則竊《易》而改頭換面，壬遁之徒，或用易卦，或不用易卦，要皆
> 自謂有得於象數之精微，以附於彰往察來之列，究之於《易》，何與
> 也？《易》本自有象數，而特非京、焦輩所云云。〔註2〕

黃氏一系乃從《周易》經傳本身來論象數，認爲《易》之所以爲《易》者，
其基礎即象數也，然此象數爲《周易》所本有，而非焦、京之世應、飛伏、
納甲、月建、卦氣、卦變、互卦所指稱之象數；亦非《太元》、《乾鑿度》、《元
包》、《潛虛》、《洞極》、《洪範》、《遁甲》、《太乙》、《六壬》所說之象數，更
非《河圖》、《洛書》一系之象數，因此宗黃宗羲究心於象數之鑽研，目的就
是要從《周易》本身尋找象數之本源，來反對世應、飛伏或河圖先天學這種
象數之說，故說：「《易》本自有象數，而特非京、焦輩所云云。」持此論者
還有胡渭之見，他說：

> 《易》之所謂象數，著卦焉而已。卦主象，著主數，二體六畫，剛
> 柔雜居者，象也；大衍五十，四營成易者，數也。經文粲然，不待
> 圖而明。若朱子所列九圖，乃希夷、康節、劉牧之象數，非《易》
> 之所謂象數也。〔註3〕

胡渭聲稱眞正的象數學只限於《周易》經傳所說的二體六畫之象、剛柔雜居
之象與大衍之數五十而已，除了《易》本身之象數外，不承認其他的象數之

〔註1〕 見黃宗羲《易學象數論·自序》（台北：廣文書局，1981年2月再版），頁6。
〔註2〕 黃宗羲之門人汪瑞齡繼其師指出象數之正統乃《周易》本身之象數，而非漢·
　　　焦、京之象數，亦非宋圖書之象數。引文見黃宗羲《易學象數論·序》（台北：
　　　廣文書局，1981年2月再版），頁1。
〔註3〕 見胡渭《易圖明辨·卷十》（北京：九州出版社，2008年1月第1次印刷），
　　　頁210。

說，尤其對於宋代圖書之學更是激烈反對，故說：「經文粲然，不待圖而明」。

實際上，《四庫全書》與當今之學者將宋代的圖書之學與漢代的焦、京占驗之學皆歸諸象數易學已無復疑義。至於是否把漢宋以外的術數學也納入象數易學的研究當中，則始終存在著見仁見智的看法。如方以智則將天文、星宿、律歷、音聲、醫藥等方術皆視爲物理，並認爲象數即物理之一義，他說：

> 考測天地之象，象數、律歷、音聲、醫藥之說，皆質之通者也，皆
> 物理也。〔註4〕

把象數、律歷、音聲、醫藥等說皆視爲天地之象，說明象數即物理，足見象數的義涵是十分廣泛的。又如《御定星歷考原・卷一・象數本要》的一文中將天地、八卦、五行、甲歷、十干、十二支、十二月辟卦、二十四方位氣、五行生旺、干支五行、納音、十二辰二十八星宿、五虎遁、三合、六合……等皆視爲象數之範疇，〔註5〕這些足以說明人人對象數的界說都不盡相同。《四庫全書》也是從宏觀的角度將《左傳》太卜之遺法、焦京之機祥與陳邵之造化宗都歸於象數一派，可知象數易學的義涵十分駁雜，並沒有絕對的標準。

然本論文既以「象數易學」爲主軸，若不就此問題作一合理之探索與界定，以下的研究就無從做起，也就無法進一步深入探討，故本章擬就象數、術數及其與易學的關係作一番論述並重新賦予象數易學一個義界。

一、象　數

何謂象數？究竟那些範疇才可以歸爲象數易學呢？魏晉象數觀與其他各代又有何不同呢？隨著各個時代以及個人看法的不同，象數易學的內涵便隨之而異。《左傳・僖公十五年》說：「龜，象也；筮，數也。」楊伯峻先生說：「卜用龜，灼以出兆，視兆象而測吉凶，故曰龜象也。筮之用著，揲以爲卦，由著策之數而見禍福，故曰筮數也。」〔註6〕此象指的是龜卜之象，而數指的

〔註4〕見方以智《通雅・卷首三・文章薪火》，子部，雜家類（總第八百五十七冊，子部第一百六十三冊），收錄於文淵閣《四庫全書》（台北：商務印書館，1986年3月初版），頁857-51。

〔註5〕見李光地等奉敕編《御定星歷考原・卷一・象數本要》，子部，術數類（總第八百一十一冊，子部第一百一十七冊），收錄於文淵閣《四庫全書》（台北：商務印書館，1986年3月初版），頁811-3～811-25。

〔註6〕見楊伯峻《春秋左傳注》（台北：源流文化事業有限公司，1982年3月初版），頁365。又《左傳・昭公二年》說：「晉侯使韓宣子來聘，且告爲政，而來見，禮也。觀書於大史氏，見《易象》與魯《春秋》，曰：『周禮盡在魯矣，吾乃

是占筮所用之數，前者藉由灼燒龜獸之骨造成的裂紋而取象，後者透過蓍草之數而占卦，二者其法不同，然無論是象或數都是以占吉凶成敗爲目的，《管子‧山權數》說：「易者，所以守吉凶成敗也。」說明《周易》本來就是占卜之書，象數在此時是用來指涉卜筮之學的。〔註7〕

到了《易傳》之完成，象數也形成一套系統。以象而言，朱熹曾將《周易》之象分爲三類：（一）有本畫自有之象：如陰陽之符號。（二）有實取諸物之象：如乾坤六子天地雷風者。（三）有只是聖人以意自取那象來明是義者：如白馬翰如、載鬼一車等。〔註8〕從朱熹對象的歸納可以整理出三個重點：（一）卦爻之符號：包含陰陽爻之符號（━ ╍）、八卦符號（如 ☵ ☶ 等）、六十四卦之符號（如 ䷗ ䷓ 等）。（二）八卦或六十四卦所代表的形象，如〈說卦傳〉所說的可見之象、可形之器。（三）「象」爲比擬、象徵之意：如卦德、卦意、卦情等。〈繫辭下傳〉說：「是故《易》者象也，象也者像也。」〈繫辭上傳〉說：「是故夫象，聖人有以見天下之賾，而擬諸其形容，象其物宜，是故謂之象。」聖人立象讓人明白變通之理，見天下之賾，故知此象乃爲理也、道也，指稱象徵之事理者。此三者爲《周易》論象之大要。至於數，《易傳》則有（一）大衍之數五十。（二）天地之數五十有五。（三）策數：乾策二百一十六，坤策一百四十四，二篇之策一千五百二十。這是《周易》本身的象數觀，藉由此象與數的推衍則有剛柔往來、承乘據應等象數體例。

自漢以後，孟喜、焦贛、京房、鄭玄、荀爽等人對象數二字的概念，大抵仍繼承《易傳》之說，以卦象、爻象、陰陽之象、內外之象、吉凶之象來

今知周公之德與周之所以王也。』」，可知韓宣子直接將《周易》稱爲《易象》，亦即凸顯「易者，象也」這樣的特色。

〔註7〕 參考張其成《象數易學》說：「易屬筮法系統，目前學術界已基本公認。《管子‧山權數》說：『易者，所以守吉凶成敗也。』鄭玄說：『揲蓍變易之數可占者也』（《周禮‧春官宗伯‧大卜》注，載《十三經注疏》，許慎《說文解字》釋筮字爲『易卦用蓍也』）已將易和筮連在一起。」（北京：中國書店，2003年6月第1版），頁11。

〔註8〕 見朱熹《朱子語類‧卷六十六‧易二　綱領上之下》說：「問：『《易》之象似有三樣，有本畫自有之象，如奇畫象陽，偶畫象陰是也；有實取諸物之象，如〈乾〉〈坤〉六子，以天地雷風之類之是也；有只是聖人以意自取那象來明是義者，如【白馬翰如】、【載鬼一車】之類是也。實取諸物之象，決不可易。若聖人姑假是象以明義者，當初若別命一象，亦通得，不知是如此否？』曰：『聖人自取之象，也不見得如此，而今且只得因象看義。若恁地說，則成穿鑿了。』（學履）」（北京：中華書局，2004年2月第5次印刷），頁1640～1641。

解《易》，但卻又加入一套納甲、爻辰、世應、飛伏等體例的象數系統，如《京氏易傳・卷上・乾卦》說：「象配天，屬金，與坤爲飛伏。……甲壬配外、內二象。……人事吉凶見乎其象，造化分乎有無。……陽實陰虛，明暗之象，陰陽可知。」〔註9〕言象有天地之象、陰陽之象、明暗之象、內外之象、吉凶之象等，這些象又與飛伏、干支、五行相配，使得象的意蘊往外延展，不純粹是《易傳》的卦爻之象、剛柔往來之象與承乘據應等之象。言數則說：「陰陽分數二十八候」（同前・遯卦）、「吉凶度數與乾卦同」（同前・大有卦）、「運數入丙子至辛巳」（同前・震卦）、「天地之數，分於人事，吉凶之兆，定於陰陽」（同前・井卦）、「故吉凶之氣，順六爻上下，次之八九六七之數，內外承乘之象。」（易傳）、「三者，東方之數。東方日之所出。……四者西方之數。」（同前）、「故易卦六十四分上下，象陰陽也。奇耦之數，取之於乾坤。」（同前）數有度數、理則、方位、天地之數、陰陽奇偶之數等諸多意義，數的哲理觀念也跟著提高，不只是《易傳》所謂的大衍之數、天地之數、策數、逆數以及極數知來等數。《易緯・乾坤鑿度》說：「《易》起無，從無入有，有理若形，形及於變而象，象成而後數。」〔註10〕數產生於象，自太初之無而經由陰陽運動變化而有象，而後有數，象數代表了萬物的形態與變化之道。同時《易緯》又增加九宮數、五行數、神秘之數等義，使數的範疇擴大，數的義界增廣。〔註11〕藉由種種取象之法與運算之數來解《易》或占《易》，並建立各種解卦之法，如卦氣、納甲、互體、世應、飛伏、宮卦等說，當今學界大都視之爲象數易學。

然而自宋以後，象數一詞雖然經常出現在易學家之著作典籍當中，但看法卻歧見百出，莫衷一是，有就《周易》本身而談象數者，有指稱漢代之易學爲象數者，亦有兼術數而論象數者。就《周易》本身論象數者，如宋・孫奕說：

> 《易》之爲書也，潔淨精微，有象焉，有數焉，不可偏廢也。夫天地雷風水火山澤爲《易》之象。木上有水曰井，頤中有物曰噬嗑，爲卦之象。困之赤紱，剝之床，渙之杌，爲爻之象，人皆知之也。

〔註9〕　見陸績注《京氏易傳》，見嚴靈峯編輯無求備齋《易經集成》第 177 冊（台北：成文出版社，1976 年臺 1 版）（無月份），頁 3～5。

〔註10〕見黃奭輯《易緯・乾坤鑿度》（上海：上海古籍出版社，1993 年 4 月第 1 版），頁 54。

〔註11〕參見張其成《象數易學》（北京：中國書店，2003 年 6 月第 1 版），頁 39。

> 五十有五爲天地之數，五十爲大衍之數，二篇之策，當萬物之數，
> 人皆知之也。然釋鳴鶴在陰，其子和之，……則人不知之也。蓋夫
> 子之於《易》，又未始屑屑以象數泥者也。〔註12〕

孫奕指出天地雷風等八卦卦象、木上有水與頤中有物等六十四卦卦象、剝之
床與渙之机等三百八十四爻爻象，以及五十有五天地之數、五十大衍之數、
二篇策數等，這些才是《周易》之象數。然而象數是義理顯現之憑藉，通達
義理之途徑，因此勸人不可滯泥象數而失去義理之宗旨。

　　至於以象數易學爲研究核心的朱震，則採輯自漢以來的各種象數說法與
體例來概括象數之義，他在《漢上易傳・原序》說：

> 聖人觀陰陽之變而立卦，效天下之動而生爻。變動之別其傳有五：
> 曰動爻，曰卦變，曰互體，曰五行，曰納甲。……凡此五者之變，
> 自一二三四言之謂之數，自有形無形言之謂之象，自推考象數言之
> 謂之占，聖人無不該也，無不遍也，隨其變而言之謂之辭。辭也者，
> 所以明道也，故辭之所指變也，象數也，占也，無不具焉。是故可
> 以言，可以制器，可以卜筮，蓋不如是，不足以明道之變動而盡乎
> 時中也。〔註13〕

朱震的象數之學包含動爻、卦變、互體、五行、納甲五個取象之法，藉由這五
種方法可以明道，可以制器，可以卜筮，並且能夠極乎陰陽之源，盡乎太極之
道，可見他的象數觀是包含漢以來各種象數易例。朱震說：「自推考象數言之
謂之占」，似乎專指卜筮而言，其實非也，他的數、象、占、辭、變是一個整體的
概念，不可單獨分解，唯有綜合運用五者之說才能說是得象數之大要。

　　至於專指圖書爲象數者，如宋・鮑雲龍的《天原發微・卷四上・象數》
說：「河出圖而八卦畫陰陽始有象，洛出書而九疇敘五行始有數。」〔註14〕明
白指出所謂的象數正是宋圖書之學。更有甚者，將所有的象數、術數皆包含

〔註12〕見宋孫奕《示兒編・卷二・易有象數》，子部，雜家類（總八百六十四冊，子
　　　　部第一百七十冊），收錄於文淵閣《四庫全書》（台北：商務印書館，1986 年
　　　　3 月初版），頁 864-422。

〔註13〕見朱震《漢上易傳・序》（又稱《周易集解・序》），收錄於《通志堂經解》本
　　　　第一冊，清徐乾學輯、納蘭成德校訂（台北：漢京文化事業有限公司）（無年
　　　　月版次），頁 437。

〔註14〕見宋・鮑雲龍撰、明鮑寧辨正《天原發微・卷四上・象數》，子部，雜家類（總
　　　　八百零六冊，子部第一百一十二冊），收錄於文淵閣《四庫全書（台北：商務
　　　　印書館，1986 年 3 月初版），頁 806-208。

其中而俱論者，如宋·沈括在《夢溪筆談》的卷七、卷八將大衍歷法、六壬十二辰、六壬十二神、五行生數、揲蓍之法、步歲之法、醫家五運六氣之術、納甲之法、律書之論、五星行度、卜宅、卜葬、祿命、天文……等內容皆參錯雜揉以闡論之，使象數的範疇無所不包，幾與術數無異。〔註15〕

　　為何會造成各種不同的象數義涵與說法，主要的原因是象的意義可從八卦之象擴展到萬事萬物之象，而數也可從天地之數、蓍數等易數一直擴展至律則、原理、通神之數。象數不但成為注《易》的依據，也是逆往知來、推斷吉凶的術數家所援以操作的基礎。因此要釐清象數義界，不僅要對當代的象數易學作一番考察，同時也須要對術數一詞有根本的概念才行。故本文在探討完術數一義之後，將綜合歷代象數之說與諸家之見，重新給予魏晉的象數易學一個義界與範疇。

二、術　數

　　術數在兩漢天人感應、讖緯神學及象數易學的影響下興盛起來，《漢書·藝文志》將術數稱為數術，並列有天文、曆譜、五行、蓍龜、雜占、形法六類。《漢書·藝文志》並說：「數術者，皆明堂、羲和、史、卜之職也。」那麼術數究竟有那些內涵呢？又術數與象數有何關係呢？這二個問題對於術數易是否可視為象數易之一環是個重要的關鍵，故不可不作一番爬梳。

　　這裡的術數並不是墨子的治國之術，也不是韓非子的權術謀略。〔註16〕它是以陰陽為體，以五行為用，結合神學思想與天人感應等哲理所建構的一套學說，張其成在《象數易學》一書說：

> 廣義術數，包括天文、曆法、數學以及各類占測吉凶的方術；狹義
> 術數專測吉凶之方術，不包含天文、曆法。〔註17〕

〔註15〕沈括《夢溪筆談》卷七至卷八，（北京：中華書局，1985 年北京新一版），頁39〜56。

〔註16〕《墨子·節用上》說：「今天下為政者，其所以寡人之道多，其使民勞，其籍斂厚，民財不足，凍餓死者不可勝數也。且大人惟毋興師以攻伐鄰國，久者終年，速者數月，男女久不相見，此所以寡人之道也。與居處不安，飲食不時，作疾病死者，有與侵就援槖，攻城野戰死者，不可勝數。此不令為政者，所以寡人之道數術而起與？聖人為政特無此，不聖人為政，其所以眾人之道亦數術而起與？故子墨子曰：去無用之費，聖王之道，天下之大利也。」，又《韓非子·姦劫弒臣第十四》說：「夫姦臣得乘信幸之勢以毀譽進退群臣者，人主非有術數以御之也。」

〔註17〕見張其成《象數易學》（北京：中國書店，2003 年 6 月第 1 版），頁 60。

廣義的術數包含術與數,「術」指的是如醫術、方術、卜筮等技術。「數」則從自然界運作的規律、神秘之數的感知作用,一直到推衍逆數的預測之律則都蘊含其中。宋會群在《中國術數文化史》也說:

> 術數,「術」指各種帶有可操作性的占卜和方術;「數」,秦漢指曆數,以後指氣數、運數、數理。……秦漢時又稱數術,指以陰陽五行生克制化、天人合一、後天八卦等為基礎理論的占卜術、方術及推理天人關係的知識系統。……秦漢以後,術數、方術、方技逐漸混淆合流。

> 廣義術數包括天文、曆法、數學、星占、卜筮、孤虛、須臾、占候、房中、養生、咒禁、符印、厭勝、雜占、六壬、奇門遁甲、相術、命術、風水、擇日、拆字、起課等。狹義術數則專指除天文、曆法、算術等以外的占斷吉凶的法與術。〔註18〕

「術」本指占卜與方術,「數」則指曆數。秦漢之時仍以陰陽五行、後天八卦等占卜術為主;秦漢以後則逐漸與方技、術數合流,如此一來術數所涵蓋的範疇就變得十分廣泛,它可包括占卜、數理、醫學、天文學、律曆學、地理之學等說,從歷代書志的記載便可得知其內涵,《漢書‧藝文志》分為六類。《後漢書‧方術傳》則有卜筮、陰陽推步之學、河洛之文、龜魚之圖、箕子之術、師曠之書、緯候之部、鈐決之符等方術,及其流還有風角、遁甲、七政、元氣、六日七分……推處祥妖等類別。〔註19〕《藝文類聚‧方術部》有養生、卜筮、相、疾、醫五類。〔註20〕《太平御覽‧方術部》有養生、醫、卜、筮、相、占候、占星、占風、占雨、望氣、巫、厭蠱、祝、符、術、禁、

〔註18〕 見宋會群《中國術數文化史》(開封:河南大學出版社,2003年10月第2次印刷),頁17。

〔註19〕 見《後漢書‧方術傳》說:「仲尼稱《易》有君子之道四焉,曰『卜筮者尚其占』。占也者,先王所以定禍福,決嫌疑,幽贊於神明,遂知來物者也。若夫陰陽推步之學,往往見於墳記矣。然神經怪牒、玉策金繩,關扃於明靈之府、封縢於瑤壇之上者,靡得而窺也。至乃《河》、《洛》之文,龜龍之圖,箕子之術,師曠之書,緯候之部,鈐決之符,皆所以探抽冥賾、參驗人區,時有可聞者焉。其流又有風角、遁甲、七政、元氣、六日七分、逢占、日者、挺專、須臾、孤虛之術,乃望雲省氣,推處祥妖,時亦有以效於事也。而斯道隱遠,玄奧難原,故聖人不語怪神,罕言性命。或開末而抑其端,或曲辭以章其義,所謂『民可使由之,不可使知之』。」

〔註20〕 見唐‧歐陽詢《藝文類聚‧卷七十五‧方術部》則有養生、卜筮、相、疾、醫五類。(京都市:中文出版社,1980年12月再版),頁1284~1292。

幻等方術。〔註21〕《四庫全書‧術數類》則有數學、占候、相宅相墓、占卜、命書相書、陰陽五行六屬。王玉德、林立平在《神秘的術數》一書則將歷代有關術數的內容綜合歸納為三大類：〔註22〕

（一）長生類：有養生術、醫藥術、氣功術、煉丹術、房中術、服食術、辟穀術。

（二）預測類：有占筮術、易占術、雜占術、擇吉術、三式術、占夢術、測字術、堪輿術、占星術、占候術、相人術、算命術。

（三）雜類：有幻術、招魂術、禁咒術、巫蠱術

從這些內容看來，術數運用陰陽五行生克制化的數理與種種方術、技藝來推斷人事吉凶，與象數有本質上的差異，而且也是涇渭分明的，誠如林忠軍先生所說的，《漢書‧藝文志》將孟喜、京房等象數易學的著作都列為〈六藝略〉，而天文、歷譜、五行、蓍龜、雜占、形法列為〈術數略〉，術數與象數義界的不同是顯而易見的。不但是《漢志》如此，《四庫全書》又將象數易學一類的書列為經部易類，而把數學、占候、相宅相墓、占卜、命書相書、陰陽五行等列為子部術數類，從這裡也可以看出象數學與術數學是截然不同的。〔註23〕

然而事實是否如此呢？當術數結合易學時，這個問題就會變得複雜許多。像前面提到黃宗羲、胡渭等人就不贊成將孟、京之學列為象數易學，他們認為只有《易傳》本身的象數才是正統的象數易學，因此把孟、京之學也視為榛蕪之流的術數之學。反之，有將術數視為象數之一環者，如方以智把天地之象、方術與物理等都視為象數。又如《御定星歷考原‧象數本要》也把天地、八卦、五行、甲歷、十干、十二支、五行生旺等這些術數內容都視為象數。這兩個例子說明一件事實，與《易》無涉之術數很容易與象數做區隔，一旦術數與象數易學結合，就不是那麼容易地分辨得清礎。舉例而言，漢代象數易學家借鑒當時發達的天文歷算之學，結合戰國以來的五行之術，建立起納甲、干支、八宮、世應、爻辰等象數體系，並以此占驗災異。這套占筮體系就架構在象數易學的基礎之上，以陰陽消息為主軸，以五行生克為

〔註21〕見宋李昉《太平御覽‧方術部》（石家莊：河北教育出版社，2000 年 3 月第 2 次印刷）從卷七百二十至卷七百三十七，頁 601～744。

〔註22〕見王玉德、林立平《神秘的術數》（南寧：廣西人民出版社，2204 年 1 月第 1 版），頁 5～7。

〔註23〕見林忠軍〈論象數易學演變、特徵及其意義〉，《學術月刊》，1997 年第 7 期，頁 21。

要義，進行爻數之變化，推衍卦象之吉凶，使得後世的納甲筮法、火珠林法、六壬課法等都從這些象數易學的理論中取得立說的依據，那麼像這樣的易學稱之爲象數易？術數易？恐怕連《四庫全書》也難以說得分明，《四庫全書總目提要·術數一》說：

> 術數之興，多在秦漢以后。要其旨，不出乎陰陽五行，生克制化。
> 實皆《易》之支派，傅以雜說耳。〔註24〕

這段話不能含括全部的術數，只能針對與《周易》有關的術數而言，如占卜之屬，源自於《周易》之象數，其思想的基礎則本於陰陽五行、生克制化，故《四庫》以「《易》之支派」歸之，此爲妥乎？不妥乎？筆者以爲雖然《周易》最早爲卜筮之書，然自秦漢以後很多的術數卻反過來從《周易》吸收各種象數思想以發展自己的占筮體系，這些深受象數易影響的方術可稱之爲術數易，亦可爲象數易學的另一支派。《四庫全書總目提要·易類一》提要言「易道廣大，無所不包，旁及天文、地理、樂律、兵法、韻學、算術以逮方外之爐火，皆可援《易》以爲說」，〔註25〕故《四庫》把《周易》分爲義理、象數二派，正說明易學的繁雜博大，實無法以一方之見拘之。

　　不同時代的人因其學術背景與社會環境之異對術數一詞也會出現不同的觀點，這不是見解正確或錯誤的問題，而是看法不同的問題。如在《漢書·藝文志》當中凡孟、京之象數易學之流皆入《六藝略》，然在《四庫全書》的分類當中，《焦氏易林》、《京氏易傳》、《元包經傳》、《元包數總義》等卻又放在子部術數類，那麼吾人研究京房之易究竟應歸爲象數易？或術數易？林忠軍先生做象數分類時曾主張《漢志》歸爲〈六藝略〉則視爲象數，《漢志》歸爲〈術數略〉者則視爲術數，那麼京房之學在《漢志》爲〈六藝略〉，在《四庫》又爲術數類，那麼要從《漢志》或《四庫》呢？這個歧見足以說明一旦易學融涉術數學，其分際就不是那麼涇渭分明的。林先生把《京氏易傳》、《元包經傳》、《元包數總義》都歸納爲象數易學的占驗派，〔註26〕亦視爲象數易之一派，而並非置於《四庫》的術數類，說明焦京之易爲象數易可也，爲術數易亦可也。可見以《四庫》或《漢志》等史志的分類來作爲術數與象數分辨的依據仍有混淆之現象。因此，

〔註24〕見《四庫全書總目提要·術數類一》（台北：藝文印書館，1989 年 1 月 6 版），頁 2131。

〔註25〕見《四庫全書總目·易類一》（台北：藝文印書館，1989 年 1 月 6 版），頁 63。

〔註26〕見林忠軍《象數易學發展史》（第一冊）（山東：齊魯書社，1994 年 7 月第 1 版），頁 5。

今天研究象數易與術數易不應將術數等同於象數，但也不應擯棄術數易於象數易之外而視之如無物，應該要把術數易中的象數義涵回歸於象數學，把術數易中的方技內容回歸於術數學，同時也要辨別源流，還原本眞，不使糟粕與精華互爲混淆，如此方能客觀地對待術數易學。

三、象數易的義界

　　王國維說：「學術變遷之巨者，莫劇於三國之際」，〔註27〕又湯用彤說：「漢魏之際，中華學術大變、然經術之變爲玄談，非若風雨之驟至，乃漸靡使之然。經術之變，上接今古文之爭。魏晉經學之偉績，首推王弼之《易》。」〔註28〕漢魏時期經學因受到玄風的影響而產生巨大變化，尤其是王弼之《易》學一出，黜爻象，專義理，使象數易學受到義理易學的挑戰而呈現式微狀態，學者爲了挽回頹勢，一派則融合衆家之所長，繼續孟、京注經的象數體系，另一派則往焦、京占驗之學的途徑發展，使這個階段的象數易學走向兩個特色，一個是經學化的傾向，一個是術數化的取向。〔註29〕經學派的易學主要源於孟氏、京氏，而術數化的易學也以京房的占驗之學爲依據，因此要研究這個時期的象數易學實難以完全脫離對術數的探討，爲了凸顯這兩個特點，筆者重新對魏晉時期的象數易學作一界定：以卦爻符號所象徵的萬事萬物與各種易數作爲基礎，透過「取象」、「運數」等諸多方式用於注經或占筮，就是本論文象數之大要，也是魏晉象數易學之義涵。〈繫辭上傳〉說：「君子居則觀其象而玩其辭，動則觀其變而玩其占。」、「參伍以變，錯綜其數，通其變，遂成天地之文；極其數，遂定天下之象。」以象數爲易學核心，不管是用來詮釋文辭或從事卜筮，都可稱之爲象數派。本論文採取《四庫》宏觀的角度，從廣義的視角來看待象數，但因術數與象數其實仍有本質上的差異，因此又將此象數一派分爲象數易與術數易兩大類，以便能夠清楚了解象數易

〔註27〕見王國維《觀堂集林・漢魏博士考》（北京：中華書局，1991 年 12 月秦皇島第 5 次印刷），頁 191。

〔註28〕見湯用彤《魏晉玄學論稿・王弼之周易論語新義》（台北：佛光文化事業有限公司，2001 年 4 月初版），頁 106。

〔註29〕劉雲超的〈易學與術數辨析〉一文曾將《周易》的發展整理爲兩個轉型：一爲學術化，一爲術數化。這兩個型態正好可以說明魏晉象數易學的處境，故本文亦援以詮解此時期的象數易學發展路徑。參見劉雲超〈易學與術數辨析〉，《周易研究》，2006 年第 4 期（總第 78 期）。

與術數易雖有糾葛，然仍是有界限可以區隔的。

魏晉時期的象數易學只有同時包納這兩派易學的內涵才能顯現其意義與特色，道理何在？原因是《周易》原本就存在這兩套系統，朱伯崑先生說：

> 《易傳》雖然是哲學著作，但它畢竟是解釋《周易》和筮法的，又同占筮有著密切聯係。《易傳》中有兩套語言：一是關於占筮的語言，一是哲學語言。〔註30〕

在《易傳》當中本來就存在哲學與卜筮兩條理路，哲學又包含義理與象數兩大系統，而占筮又可包含象數與術數兩大類別，因此易學的象數一派發展到術數是有跡可尋的。漢時，孟、京象數易學一方面借用《易》的卦爻符號、陰陽五行、大衍之數、節氣、天文、候氣、律曆、五行等說法來注《易》，另一方面也運用這一套解《易》的體系來占驗，為日後發展為象數、術數的二條途徑埋下因子。魏晉之時，象數派易學家如虞翻、陸績、姚信、干寶等人仍延續京房八宮卦、爻辰說、五行說、世應說、飛伏說、卦氣說等說法從事注經，而這些方式又是術數最基本的理論基礎，因此有的象數易學家在注《易》之餘也會從事占筮活動，如虞翻曾為關羽卜卦，干寶曾為弦超占筮。〔註31〕反之，也有術數易學家因為自己具有高度的哲學素養，往往從這一套占筮系統的規則定律中領悟天人合一之道、自然和諧之理以及禍福吉凶之由，並發揮人事之義理，如管輅之術數合《易》，其論時變之義與陰陽之數，說的就是象數之學，也是一種天人之學，其哲學之價值並不亞於注經之下。這說明象數易固然重視象數，術數易也重視象數及其義理，二者之間也有互相融涉之處。因此本論文雖然將象數派易學分為兩類，目的都是為了探索這二者如何

〔註30〕見朱伯崑《易學哲學史》第一卷（台北：藍燈文化事業，1981年9月初版），頁62。

〔註31〕《三國志·吳書·虞翻傳》記載虞翻為關羽卜卦。〈虞翻傳〉說：「時城中有伏計，賴翻謀不行。關羽既敗，權使翻筮之，得兌下坎上，節，五爻變之臨，翻曰：『不出二日，必當斷頭。』果如翻言。權曰：『卿不及伏羲，可與東方朔為比矣。』」見盧弼《三國志集解》（台北：漢京文化事業有限公司，2004年3月初版），頁1080。干寶筮卦之例見《太平御覽》所載，言晉干寶從為弦超筮一神女，得〈頤〉之〈益〉，《太平御覽》卷七二八引有〈智瓊傳〉說：「弦超為神女所降，論者以為神仙，或以為鬼魅，不可得正也。著作郎干寶以《周易》筮之，遇〈頤〉之〈益〉，以示同寮郎，郭璞曰：『〈頤〉貞吉，正以養身，雷動山下，氣性惟心。變而之〈益〉，延壽永年，乘龍御風，乃升於天：此仙人之卦也。』」，見李昉《太平御覽·卷七百二十八》第六冊（石家莊：河北教育出版社，2000年3月第2次印刷），頁675。

以《周易》中的象與數來從事箋注或占驗，又如何從中表現宇宙運行之規律與社會人生之哲理，而並不是強將術數易的符號、概念、術語、規則與公式視為科學之至寶或崇高之神學。

第二節　象數易研究的範疇

每一個時代的背景都會造就不同學術流派的形成及發展，魏晉時期的義理易一反漢易之說而成為本時期易學的主流。象數易學家因不滿義理易以老莊治《易》，一方面繼承漢易傳統，發展孟、京一系之易學，形成了注經派與占驗派。另一方面則與義理易學家在易學哲學的問題上展開抗爭辯論，形成對峙的局面。在義理派與象數派對立又互相吸收的情況之下，使得這時期的象數易學又多出了一些漢易所沒有的內涵，如「言象意」議題的提出、「象數先後」的問題、「易象是否見形」的省思、「大衍之數與天地之數」究竟有無關係、以及義理易學家是否也有象數之論……等。再加上象數學家本身的努力，故有「卦變」、「旁通」說的完成、「互體」說的豐富化、「卦氣」說的轉變、「卦主」說的形成以及「占術易」的深化，這些都是本論文要探討的內容，因此筆者除了把象數易的注經派與占驗派納入本時期象數易學的研究範疇中，也把義理易學家的象數觀以及與象數學家論辯的內涵兼融其中，故知整個研究範圍包含三個基本方向：一、象數易學注經派。二、象數易學占驗派。三、義理易學家的象數思想。因此所欲研究的人物亦關此三類者。

一、象數易學家

魏晉象數派易學分為象數易與術數易二者，象數易者指的是注經派，術數易者指的是占驗派，這樣的分法，顧名思義是以注經與否及對《周易》的研究態度作為分類的依據及標準。注經派的歧見不多，至於占驗派則錯見百出，原因在於大都數的研究者對於占驗派持有兩種看法：一、認為與《易》相關之占異，如孟、焦、京者可視為象數系統；與《易》無關者如《太玄》與龜卜、象占、太乙、遁甲等術數，雖借用《周易》象數之理論，然已與《易》有本質之異，故宜排於象數研究之外。〔註32〕二、認為漢孟、焦、京等之學固屬於象數

〔註32〕見見林忠軍《象數易學發展史》（第一冊）（山東：齊魯書社，1994 年 7 月第1 版），頁 5。

易，然術數易派論《周易》亦不離開卦爻象與陰陽數，也可說是漢易（象數易）的一個流派。〔註33〕綜合二者之見，筆者以爲與《易》相關之占異，如孟、焦、京固屬於象數易；與《易》有實質差異的管郭之術、納甲之法，因運用象數體例與取象法以衍用，視爲象數易之一支可也，不應排斥於象數易學之外，故本論文將象數易分學家分爲二派：一爲注經派，一爲占驗派。

（一）注經派與占驗派之區分

以下從兩個方面來分辨注經派與占驗派：

1. 從注《易》與否來判別注經派與占驗派

注經派的要義在於詮釋卦爻辭與象數之間的關係，取象運數的目的都在證明《周易》的卦爻辭是有所本、有所據的，爲了達到這個推象通辭的目標，特別注重字句的辨析，經傳的訓詁，甚至廣設義例，多方取象，極力溝通象數與易辭之間的關係，像這樣以象數爲基礎來探討易學問題並箋注《周易》的卦爻辭者，就稱之爲注經派，如虞翻、陸績、姚信、蜀才、翟元、干寶等人之易學即屬此派。朱熹曾說：

> 大抵《易》之本，本爲卜筮而作，故其詞必根於象數，而非聖人己意之所爲。其所勸戒，亦以施諸筮得此卦此爻之人，而非反以戒夫卦爻者。近世言《易》者殊不知此，其說雖有義理而無情意。〔註34〕

《易》不可脫離象數，象數思想又本於卜筮，因此卜得某卦某爻，其《易》辭必與象數相應，唯有從象數的理路進入，探討義理之由來，如此才可使義理與《易》道原來的旨意相符，否則空談義理而失《易》之本意，則無情理可言，故知卦爻辭乃根源於象數者，欲知《周易》原來之旨意，必須藉由象數符號或方法來推證易辭之所由並從中得其義理，此爲注經派之要務。

魏晉象數易學家在漢易的基礎下繼續開展漢時孟、京注經之學，取法卦氣、五行、天文、曆法、數學等各種象數理論，建構了一個包括「納甲」、「八宮」、「卦氣」、「五行」、「飛伏」、「互體」、「卦變」、「爻辰」、「旁通」等方法的注經體系，內容可說極爲豐富且創新。這些易學家藉由這套理論去解釋《周

〔註33〕康學偉先生則認爲術數派也是漢易的一個流派，雖然沒有成爲體系的理論，然論《周易》亦不離開卦爻象與陰陽數，故亦可歸於象數派。見廖名春、康學偉、梁韋弦《周易研究史》（湖南：湖南出版社，1991年7月第1版），頁168。

〔註34〕見清・李清馥《閩中理學淵源考・卷十六・答趙題舉》（台北：商務印書館，1971年），頁51。

易》之經文，並且也從中探索宇宙萬物之理以及人事變化之規律，這就是魏晉象數易學注經派的特色與旨趣。

另一派則繼承京房以「世應」、「占候」、「納甲」、「宮卦」、「六親」等易例來進行筮占，不講卦爻辭的義理，也不注《易》，而是根據本卦卦象、爻象，以及變卦卦象、爻象之間的五行生克關係來占斷吉凶，並且運用「飛伏」、「六神」、「世應」、「刑德」以及「互體之象」等方式加以輔助筮占之進行，像這樣把卜筮同《周易》結合起來，又聯繫陰陽五行、福德刑殺等術數，對人事禍福作出預測及指引者，就稱之爲占驗派。如管輅、郭璞之易學思想則屬此派。《三國志·魏書·管輅傳》裴注引〈管輅別傳〉記載鄧颺問管輅：「君見謂善易，而語初不及易中辭義，何故也？」管輅回答說：「夫善《易》者不論《易》也」，管輅認爲眞正得到《周易》思想之精髓者，是不需要詮解經文的，因此當平原太守劉邠往問管輅注《易》之要時，管輅回答說：「《易》安可注也。」管輅不注《易》，也不講卦爻辭中的義理，乃認爲八卦之道與爻象之精實存於蓍龜神靈之中，一個人若能體得易道，一切的陰陽變化、生死幽明皆備乎象數之中，又何需講解卦爻辭之義理呢？故管輅的不注《易》，一方面突顯術數家至神至妙的天人合一觀，另一方面則反對時人以玄理注《易》的風氣。

管輅偶有摭拾《周易》經傳之文，也不是爲了解釋辭義，而是在占測之時，假借其辭以示人事之義理，此乃術數家之本色，看似不論《易》，然其道則與《易》理無不合，如魏郡太守鍾毓問天下是否太平，管輅回答說：「方今四九天飛，利見大人，神武升建，王道文明，何憂不平？」（〈管輅傳〉）管輅在「利見大人」之前，用「四九飛天」來說明當時的政治情勢，頗費人猜疑，因「飛天」之說宜在九五爻而不在九四爻，何以深於《易》理的管輅會誤用呢？況且以《易》之爻例言之，吾人只說九四而不言四九，管輅又爲何會有這種失誤呢？筆者以爲管輅援引《易》之爻辭並非爲了詮解《周易》，只是闡明人事之義理而已；用「四九」之說乃借喻曹爽雖處九五之位，卻無「飛龍在天」之實，恐有朝一日，他人取而代之，王朝將會改易。果然，不久，曹爽等人皆被誅殺，另一王道升建而代之，是以不言「九五」，而言「四九」，謂其不類也，預示曹爽恐無法統治天下。又有劉邠問官舍何以連有變怪而使人恐怖，管輅告之曰：「今明府道德高妙，神不懼妖，自天佑之，吉，無不利。」此「自天佑之，吉，無不利。」本〈大有〉上九之爻辭，管輅援引以爲吉凶

之用,非必爲〈大有卦〉之爻辭而闡發其義。〔註35〕

郭璞的《易》學思想更是建立在卜筮之上,其《易洞林》一書收集占卦之例,以林辭的方式呈現,大抵取法本卦、變卦之間的上下體之卦象、每一爻之爻象、互體之象及諸家逸象,並且運用五行生克、陰陽災異的說法去論斷人事吉凶,對於《周易》並無注釋之文,基本上他是繼承京房、管輅之體系而來,擅長推衍易象及易數來進行納甲五行之易占,往往十分精妙靈驗。有時郭璞也援引《周易》的卦爻辭來解釋所占得之卦,如《晉書・郭璞傳》就描寫晉王曾使璞筮,璞卜得〈豫〉之〈睽〉,郭璞便以「先王以作樂崇德,殷薦之上帝」(〈豫・大象〉)之文辭來勸諫國君必需符應天命,作樂崇德以配靈威,不赦有罪,不濫無辜,一切的刑罰皆應順天理之動。〔註36〕像這樣援引易辭來解卦,其目的不是爲了注經,而是立象垂戒,藉此以闡發人事之義理者。

綜上所述,可知管郭之術是將象數易中的術數與易道直接融通,關心人事之吉凶、道德之趨避,而不是爲了卦爻辭等經文之釋義,所以並無留下注《易》之作,此術數家之精神也,也是魏晉象數派術數易的特色,因此本文歸之爲占驗派。

2. 從目的、內涵來分辨注經派與占驗派

高懷民在《兩漢易學史》中把孟喜易、焦贛易、京房易、費氏易、高相易都歸爲占驗派,他並不否認費氏以《易傳》解經的特色,也不否定京房注解《周易》的事實,他判定這些人皆爲占驗派,主要的根據在於這些易學家都是長於占筮或善於陰陽災異者,如孟、焦、京等人以《周易》結合陰陽、五行、干支、爻辰等從事吉凶災異,費直「長於卦筮」且有《周易分野》之作,而高相「其學亦無章句,專說陰陽災異」,基本上這是用「是否占斷吉凶」作爲分類的標準。〔註37〕但是以這樣的標準來分類也會產生糾葛不清的情形,因爲從事注經之人也往往懂得占筮,如孟喜、京房、費氏等人既從事注經也擅長占卜。對於魏晉象數易學家而言,如虞翻、干寶雖是注經派象數易學家,但也有占卜之事例,所以用「長於占說陰陽災異」作爲注經派與占驗

〔註35〕 參考拙著〈管輅易學述論〉,國立高雄師範大學國文系,《第十四屆所友暨第一屆研究生學術討論會論文集》,2007 年 6 月。

〔註36〕 郭璞的術數易將在第六章、第七章詳論之。

〔註37〕 高懷民將漢代易學分爲西漢、東漢前後二期,他說:「前期易學以『占驗』爲主,所重在『術』;後期易學以『注經』爲主,所重在文字。」見高懷民《兩漢易學史》(台北,中國學術著作獎助委原會,1970 年 12 月初版),頁 104。

派分辨之標準，恐仍無法釐清二者之分際。

　　張其成在《象數易學》一書用兩個標準將象數學與術數學作了一個分界：一是目的與功用不同，二是內涵與外延不同。〔註 38〕筆者以爲將這兩個分類的依據作爲注經派與占驗派的分辨是較妥切的。因爲注經派的重點目的是在詮解《周易》經傳，以《周易》的卦爻象、卦爻辭爲探究的對象，除了解釋經文、推象通辭外，對於運用象數原理及各種體例來闡述宇宙運行之規律及人生之哲理也是不遺餘力的。如虞翻、陸績、干寶等人雖然取法各種物象、五行、納甲、世應、干支、五星、卦氣、卦變等易例來解釋《周易》，雖有引入筮法之說，但其目的都是爲了通解卦爻辭與易象之間的關係，即使有吉凶悔吝之論，也是本於《周易》原來的經義，並不是爲了占斷吉凶。同時，這些人在注解經文之時，也結合節氣、物候、天文、律歷等說法來說明天道運行的規律外，借天道以推闡人事。這就是注經派的目的與內涵。

　　而占驗派最主要的目的在於占斷吉凶，並不是爲了詮解經文，因此當他們用納甲、五行、干支等易例從事占卜，表象看來似乎與虞翻注《易》無異，而實際上，這些占驗家並不是以象數說法來注解卦爻辭，而是就本卦六爻或者本卦與變卦之間的五行生克以及納甲筮法的運算規則來論斷人事之休咎禍福，因此易象、易數只是占驗派藉以操作技術的重要憑藉，而不是注《易》的重要體例，故本論文歸此類爲占驗派。然而占驗派並不包括借用《周易》以行方術卻不及易學內涵之人，如晉人韓友雖善占卜，能圖宅相塚，行京、費厭勝之術，但其術只是利用《周易》結合五行之說爲人說解吉凶休咎而已，並無深刻的易學內蘊可言，如此則不列入占驗派的介紹範疇中，《晉書·藝術傳》記載韓友爲宣城邊洪卜家中安危，占得卦後，友對邊洪說：「卿家有兵殃，其禍甚重。可伐七十束柴，積於庚地，至七月丁酉放火燒之，咎可消也。不爾，其凶難言。」禳解之法需備七十捆柴草堆在庚地，七月丁酉日宜放火燒之，否則，凶災必至。邊洪如其言堆柴草於庚地，至丁酉日，卻因大風突起，不敢放火。後洪爲廣陽領校，遭母喪歸家，友吊喪畢旋即離去，邊洪苦留不成，是夜，邊洪忽發狂病，絞殺兩子，並殺婦，又斫父妾二人，後又自經死。〔註 39〕像這樣不及卦義且無易學內涵，僅僅借《周易》卜算之法以行占筮之

〔註 38〕參考張其成《象數易學》（北京：中國書店，2003 年 6 月第 1 版），頁 65～72。
〔註 39〕《晉書·藝術傳·韓友傳》說：「宣城邊洪以四月中就友卜家中安否，友曰：
　　　　『卿家有兵殃，其禍甚重。可伐七十束柴，積於庚地，至七月丁酉放火燒之，

實，取其五行相生相勝之道，並不具備象數易學精神，故不歸入占驗派之列。本論文所謂的占驗派易學必能藉象數易學解卦之吉凶，並從中體會《周易》之憂患意識，進而以經傳所闡揚之道德作爲趨避之方，告誡人們當如何與天地合德，與日月合明，與四時合序，與鬼神合其吉凶，由象數之說進而推闡人事義理才是占易家之職責所在，如此才方可謂術數合《易》，如管、郭二人之術，一方面以易象、易數占斷人事之休咎吉凶，揭示象數易學之微旨；另一方面又能從占筮當中闡發人事義理之奧微，這樣才能眞正說明占驗派的易學內涵，也才能顯現出整個魏晉象數派術數易的特色。

由上可知，注經派的重心在文字，由文字的訓詁展開一系列的象數易例與人事義理，從天道運行的規律到人文的化成皆包含其中。而占驗派的重點則在技術的操作上，藉由這套技術闡發易象與易數的精蘊，並以道德誡人趨吉避凶，成就〈繫辭上傳〉所說：「八卦定吉凶，吉凶生大業。」之要義。魏晉象數易學研究的內涵則包含注經派與占驗派二者。

（二）注經派與占驗派之代表人物

1. 注經派

至於象數易學家則或從孟、京注《易》方式，或從焦、京專於卜筮占驗，基本上都是立足於象數學的原理，他們逐漸修正漢易偏滯繁瑣的弊端，進而兼取義理來釋《易》，故在義理易學盛行的魏晉時代仍能振衰而不墜，實得諸於一群象數學家的努力。因此，當何晏以玄學說《易》時，管輅則斥之：「說老莊則巧多華，說易生義則美而多僞。」（《三國志·管輅傳》注引〈管輅別傳〉）在鍾會提出「易無互體」時，時人荀顗則迺而發難之。〔註40〕當王弼以老解《易》，用玄學方法注解「大衍之數」中的「一」與「四十九」爲「體」、「用」時，荀融則發出質疑（《三國志·鍾會傳》注引〈王弼傳〉）。又殷浩以

咎可消也。不爾，其凶難言。』洪即聚柴。至日，大風，不敢發火。洪後爲廣陽領校，遭母喪歸家，友來投之，時日已暮，出告從者，速裝束，吾當夜去。從者曰：『今日已暝，數十裏草行，何急復去？』友曰：『非汝所知也。此間血覆地，寧可復住！』苦留之，不待食而去。其夜洪欻發狂，絞殺兩子，並殺婦，又斫父妾二人，皆被創，因出亡走。明日，其宗族往收殯亡者，尋索洪，數日，於宅前林中得之，已自經死」，見唐房玄齡《晉書》（北京：中華書局，2003 年 6 月北京第 8 次印刷），頁 2476～2477。
〔註40〕 孫盛《晉陽秋》說：「顗字景倩，……嘗難鍾會易無互體，見稱於世。」，收於黃奭《黃氏逸書考》第三冊（京都：株式會社中文出版社，1986 年 10 月出版）（無版次），頁 2955。

玄學觀點與孫盛論易象，孫盛則以「易象妙於見形」回應之。又值王易盛行於兩晉之際，干寶則力倡漢易卦氣說及京氏易學以表深惡痛絕。這些人或展開與義理易學家的對諍，或是繼續以象數解經的方式維護象數易學的生存，由於他們堅毅的抗爭，使象數易學仍能屹立不墜，實功不可沒。

（1）虞　翻〔註41〕

虞翻易學爲兩漢之集大成，其《易注》又完成於建安年間，故學者大都將其學置於漢代作討論。然其人爲漢末三國初人，與王朗、孫權、關羽爲同一時期，故亦有學者將其易學置於三國魏初作探討者。〔註42〕本論文置其人其學於三國時代有二因：一、虞翻稱三國會稽餘姚人，史志置其事蹟於《三國志》中而非《後漢書》，故以史志之載爲依據可統一各種說法。二、漢魏之易無法切割，虞翻易學爲兩漢之集大成亦爲魏晉象數易之源頭，影響魏晉象數易學至深，若脫離虞翻之易則無法延展魏晉象數易學之光輝。況王弼掃象闡理雖是針對兩漢象數之學而來，其實更多指涉著集大成之虞翻易學。

根據《三國志》本傳記載，虞翻曾將其《易注》示於孔融等人，融答書曰：「聞延陵之理樂，睹吾子之治《易》，乃知東南之美者，非徒會稽之竹箭也。又觀象雲物，察應寒溫，原其禍福，與神合契，可謂探賾窮通者也。」又依據《隋書·經籍志》、《舊唐書·經籍志》、《新唐書·藝文志》著錄，知虞注《周易》九卷，《經典釋文·敘錄》有虞注《周易》十卷。除了《易注》，《隋書·經籍志》還載：「《周易日月變例》六卷，虞翻、陸績撰。」、「《周易集林律歷》一卷虞翻撰」、「《易律歷》一卷虞翻撰。」三類易學著作。《經典

〔註41〕虞翻（164～233），字仲翔，會稽餘姚人，三國時期著名經學家、易學家。初，王肅之父王朗任會稽太守時命爲功曹，孫策行師征會稽，翻時遭父喪，衰絰詣府門，朗欲就之，翻乃脫衰入見，勸朗避策。朗不能採納，終致敗績。後策得會稽，翻歸之，策復命翻爲功曹，待以交友之禮，出爲富春長。孫策卒，孫權繼位，時翻州舉茂才，漢召爲侍禦史，曹操爲司空辟，皆不就。孫權授以騎都尉之職，翻生性亮直，數犯顏諫爭，又性不協俗，多見謗毀，故不爲權所喜，前後貶謫至丹楊涇縣與交州等地，雖處罪放，仍講學不倦，門徒常數百人。其事蹟見《三國志·吳書·虞翻傳》及裴注所引〈虞翻別傳〉

〔註42〕高懷民《兩漢易學史》、徐芹庭《易學源流》、朱伯崑《易學哲學史》、廖名春、康學偉、梁韋弦《周易研究史》、林忠軍《象數易學發展史》、劉玉健《兩漢易學研究》等書將其人其學放在東漢作研究。簡博賢《今存三國兩晉經學遺籍考》以及《魏晉四家易研究》、張善文《歷代易學家考略》則將其學置於三國時代作討論。

釋文‧卷二‧周易音義》說：「虞翻注《參同契》云：字從日月。」可見其易學內涵駁雜多方。

在《三國志》本傳裴注引〈虞翻別傳〉提及虞翻初立《易注》之時，曾奏書漢獻帝說：

> 臣聞六經之始，莫大陰陽，是以伏羲仰天縣象，而建八卦，觀變動六爻爲六十四，以通神明，以類萬物。臣高祖父故零陵太守光，少治孟氏易，曾祖父故平輿令成，纘述其業，至臣祖父鳳爲之最密。臣亡考故日南太守歆，受本於鳳，最有舊書，世傳其業，至臣五世。……又臣郡吏陳桃夢臣與道士相遇，放發被鹿裘，布易六爻，撓其三以飲臣，臣乞盡吞之。道士言易道在天，三爻足矣。豈臣受命，應當知經！所覽諸家解不離流俗，義有不當實，輒悉改定，以就其正。〔註43〕

由其奏書可知虞翻深厚的易學涵養來自於家學，由高祖傳自孟氏易，至翻已歷五世。但從其複雜的注《易》體例來看，應不止於孟氏一派，當是綜合各家之說，甚至與道教也有淵源者。王新春在《周易虞氏學》一書中認爲虞翻易學的淵源有四：1. 孟氏一系的卦氣說。2. 魏伯陽的「月體納甲」說。3. 荀爽的卦變說。4. 自春秋以來的互體、連互說。〔註44〕卦氣、納甲、卦變、互體固然是虞翻最重要的象數易例，然視其注《易》之法，如八宮、爻辰、干支、五行、飛伏、反對、旁通、之正等說，知其易學淵源應是融合各家說法之後又加以創新者。高懷民在《兩漢易學史》說十二月卦與六日七分法固可說是源自於孟氏一家，納甲也可說是受到道士魏伯陽丹道納甲之影響，但八宮、互體、飛伏、爻辰、爻體等說應是承襲各家及自創而成，故說：「他的易學非止傳孟氏一家，實爲象數易以來各家學說之總匯。」〔註45〕此說是也。

（2）陸　績〔註46〕

〔註43〕見盧弼《三國志集解》（台北：漢京文化事業有限公司，2004 年 3 月初版），頁 1081～1082。

〔註44〕見王新春《周易虞氏學》（台北：鼎淵文化事業有限公司，1999 年 2 月初版），頁 44～60。

〔註45〕見高懷民《兩漢易學史》（台北，中國學術著作獎助委原會，1970 年 12 月初版，頁 202。

〔註46〕陸績（187～219）字公紀，吳郡吳縣人，三國時學者。績博學多識，星曆算數無不該覽。虞翻、龐統皆與績友善。孫權執政時，辟爲奏曹掾，以直道見憚，出爲鬱林太守，加偏將軍，給兵二千人。通曉天文、曆算，曾作《渾天

有關陸績《周易》之作有三類：一是《周易述》。二是《周易日月變例》。三是《京氏易傳注》。《隋書‧經籍志》云陸績《周易述》十五卷，《舊唐書‧經籍志》、《新唐書‧藝文志》載陸績《易注》十三卷，《經典釋文‧敘錄》亦錄陸績《周易述》十三卷。除了《周易述》，《隋書‧經籍志》還列：「《周易日月變例》六卷，虞翻、陸績撰。」然已亡佚。另外，陸績注《京氏易傳》三卷，今仍存。明姚士粦採《釋文》、《集解》並合以《京氏易傳注》爲《陸氏易解》一卷，清‧張惠言、孫堂、馬國翰、黃奭、皆有輯文。

顏延之《庭誥》說：「馬陸得其象數」，〔註47〕此象數指稱的內涵究竟爲何呢？張惠言《易義別錄‧周易陸氏》說：「公紀注《京氏易傳》，則其易京氏也。……京氏自言其易即孟氏學，公紀儻得之邪？京氏章句既亡，存於唐人所引者，僅文字之末，不足以見義，由公紀之說，京氏之大恉庶幾見之。」〔註48〕吳承仕《經典釋文序錄疏證》說：「績既述《易》十三卷，更注《京氏易》（現存三卷），則陸爲京氏學也。又與虞翻撰《日月變例》六卷（《隋志》云：梁有，亡），則又兼治孟氏學者也。」〔註49〕《三國志‧吳書‧陸績傳》說：「博學多識，星曆算數無不該覽」，其易學特色應是涉及多方，但從其講八宮、納甲、飛伏、干支、六親、卦主、大衍之數等說的情形來看，陸績的象數思想主要仍是京氏一派之易學。然整體而言，他的注釋亦可見融眾家之長，馬國翰說：「玩其遺文，刊物作利之，與孟喜同。爲其嫌於無陽，嫌作兼，與荀爽、虞翻同。夷於左股，夷作睇，與子夏、鄭玄同。它如疚作疾，晢作逝，……亦必有所師承，不主一家，擇善而從，注之稱述也。」表示陸績包容廣大，不拘一家之說。又如注〈大壯‧象〉說：「天尊雷卑，君子見卑乘尊，終必消除，故象以爲戒，非禮不履。」此也以義理解易。因此顏延之稱陸績「得其象數」，主要在指稱同乎孟、京之處。實際上，陸績之學雖本於京房，

圖》，注《周易》，釋《太玄》。預知自己將亡，作辭自悼曰：「有漢志士，吳郡陸績，幼敦《詩》、《書》，長玩《禮》、《易》。受命南征，遘疾遇厄，遭命不幸，嗚呼悲隔！」又曰：「從今已去，六十年之外，車同軌，書同文，恨不及見也。」年三十二亡。其事蹟見《三國志‧吳書‧陸績傳》。

〔註47〕見顏延之《庭誥》，收錄在馬國翰《玉函山房輯佚書》第三冊（京都：株式會社中文出版社，1979 年 9 月出版）（無版次），頁 2446。

〔註48〕見孫星衍、張惠言《孫氏周易集解‧易義別錄‧周易陸氏》（山東：山東友誼書社，1992 年 9 月第 1 版），頁 501～502。

〔註49〕見吳承仕《經典釋文序錄疏證》（台北：崧高書社，1985 年 4 月出版），頁 40～41。

卻仍兼取鄭、荀、虞諸家之說，故能融象數、義理之長者。〔註50〕

（3）姚　信〔註51〕

有關姚信之《易》作，《隋書‧經籍志》、《舊唐書‧經籍志》、《新唐書‧藝文志》、《經典釋文‧敘錄》皆著錄「十卷」。清‧張惠言、孫堂、馬國翰、黃奭、皆有輯文。今徐芹庭《魏晉七家易學之研究》對其佚文也逐條加以疏證。

姚信易學力主象數確無疑義，然張惠言說：「其言乾坤致用、卦變旁通、九六上下，則與虞氏之注，若應規矩；元直豈仲翔之徒歟？」〔註52〕張惠言認為姚信治《易》承虞翻之學，而虞翻又承孟氏一派之家學傳統，故姚之《易》為孟氏派者。〔註53〕然林忠軍先生則從他注《易》取資多家之說而否定張惠言之見，他說：

考姚信《易》注，不僅與虞氏易相同者，而且也有與其它家相同者，

〔註50〕 徐芹庭《周易陸氏學》說：「陸氏易雖取資於京氏為主，然亦取資於子夏、孟喜、馬融、鄭玄、荀爽、虞翻之說。……陸績易注，既揭象數之微旨，亦發義理之秘奧，故能融象數義理之長。」（台北：成文出版社，1977年2月初版），頁21～22。

〔註51〕 陸德明《經典釋文》云：「姚信，字德祐。」陸並引《七錄》稱：「字元直，吳興人，吳太常卿。」因謂其字為元直，一字德祐。《三國志》不見其本傳，其生平事蹟散見於其他史傳中。《三國志‧吳書‧陸遜傳》云：「遜外生顧譚、顧承、姚信，並以親附太子，枉見流徙。」姚信為陸遜之外生，而陸績又是陸遜之堂叔，故知陸績為姚信堂外祖父。孫權執事時，姚信為太子孫和之官屬，後太子和被廢，因親附太子而流徙在外。後又因和之子皓即位，姚信方被召回，《三國志‧吳書‧吳主五子傳》說：「寶鼎二年七月，使守大匠薛珝營立寢堂，號曰清廟。十二月，遣守丞相孟仁、太常姚信等備官僚中軍步騎二乾人，以靈輿法駕，東迎神於明陵。」在寶鼎年間以太常奉使迎神。而其學則受業於范平，《晉書‧范平傳》說：「范平字子安，吳郡錢塘人也。平研覽《墳》《索》，遍該百姓，姚信、賀邵之徒，皆從受業。」師事錢塘范平，研覽《墳》《索》。其卒年未詳，簡博賢在《今存三國兩晉經學遺籍考》考姚信當生活在207年至267年之間，可作參考。

〔註52〕 見孫星衍、張惠言《孫氏周易集解‧易義別錄‧周易姚氏》（山東：山東友誼書社，1992年9月第1版），頁446。

〔註53〕 說姚卦變說同於虞翻則可，但據此以姚為孟氏易則不可。張惠言從姚同虞、虞傳孟氏易而推論姚為孟氏一派恐不妥，因為孟氏無卦變之論。但是姚信也有取資孟氏之處，如〈繫辭下傳〉說：「精義入神，以致用也；利用安身，以崇德也」，姚信注說：「陽稱精，陰為義。入在初也。陰陽在初，深不可測，故謂之神。變為姤復，故曰致用也。」（《周易集解》引）姤、復是孟喜十二消息卦其中之二卦，姤是一陰生於乾陽初，復是一陽生於坤陰初，這說明陰陽消長變化的情形，屬於孟氏卦氣說之一環，故此可視為姚取資孟氏之處。至於爻辰一說，張惠言認為姚亦承虞氏納甲之說，恐非，疑其承京房、鄭玄爻辰之說並有所創新也。

如〈萃·象〉云：「君子以除戎器」，王肅、姚、陸云：「除猶修治」
（《經典釋文》）〈豐〉：「亨，王假之」馬融曰：「假，大也。」（同上），
姚信：「四體震王，假，大也。」（《周易集解》）……鄭本作「逐逐」，
姚云「逐逐」……〈明夷·六二〉云：「明夷于右股」，姚注：「自辰
右旋入丑」（同上）是取京氏易之爻辰説。因此，單憑姚氏易與虞氏
易有相同者説明姚氏爲虞氏之徒，證據不足。〔註54〕

從這一段論述，知道姚信之注《易》除了取資虞翻之説外，也有同於京房、王
肅、陸績、馬融、鄭玄等人之説者，故認爲張惠言指姚氏爲虞氏之徒是錯誤的。
簡博賢先生也認爲姚信之易不同於虞氏者。〔註55〕徐芹庭先生在《魏晉七家易
學之研究》一書中則表示姚氏《易》注取資荀爽、虞翻、陸績、馬融、鄭玄、
董遇等人之説，其中也有與子夏、孟、京同者，甚至更有得諸於費氏之家法者，
但他從承乘據應與卦變等易例十分肯定姚氏多取虞氏之説乃屬可信，故説：

此蓋同用卦變之象者也。虞注〈坎·六三〉云：「三失位乘二，則險；
承四隔五，故險且枕。」……凡此種種皆可證虞姚之易例易象，多
有相同者，謂姚氏爲虞氏之徒，固未可確信，然姚氏多取資虞氏之
説則可確信。〔註56〕

從「卦變」一例而言，雖自荀爽開其端，然未成體例。自虞翻而始有規矩易
例可言，然虞翻卦變説繁複多變例，姚信承之，有所修正，故從此例視之，
姚確與虞氏之説十分相似。

因此，仔細推敲張惠言之論，雖然張説過乎其言，但並非沒有道理。張
在「元直豈仲翔之徒歟？」一段話的前面曾説：

觀蜀才注卦變之法與虞氏同而未得其本，翟子元者時有所合而未
詳，然皆孟氏之支系也。最晚乃讀姚氏注，其言乾坤致用、卦變旁
通……元直豈仲翔之徒歟？〔註57〕

〔註54〕 見《象數易學發展史》（二）〈姚信象數易學〉（山東：齊魯書社，1998 年 7
月第 1 版），頁 25。

〔註55〕 參見第四章註 34。

〔註56〕 本引文見徐芹庭《魏晉七家易學之研究》（台北：成文出版社，1977 年 2 月初版），
頁 14。徐舉多條注《易》之例説明姚氏易確實多取資虞翻之説。他在〈姚信易
注之特色〉中舉出七項特點，指出姚易有取資於荀爽、虞翻、陸績、馬融、鄭
玄、董遇等人之説，也有與子夏、孟、京同者，甚至有得於費氏之家法者。

〔註57〕 見孫星衍、張惠言《孫氏周易集解·易義別錄·周易姚氏》（山東：山東友誼
書社，1992 年 9 月第 1 版），頁 446。。

張惠言專研虞氏易學，不應不知虞翻與姚信注《易》體例之異同，之所以這麼說，乃特指「卦變」這個體例而言。姚信對荀爽升降、虞翻卦變皆有所承襲，也有所修正，故張惠認爲姚氏爲虞氏之徒並非全然沒有道理。本論文在第四章〈姚信卦變說〉中將作進一步之論述。

（4）翟　元〔註58〕

翟玄《易》注早已亡佚，今存者多散見於李鼎祚《周易集解》、陸德明《經典釋文》中，陸氏稱其易爲《易義》。清・張惠言《易義別錄》、馬國翰《玉函山房輯佚書》、孫堂《治魏二十一家易注》、黃奭《黃氏逸書考》中皆有翟玄《易》注輯本。今徐芹庭《魏晉七家易學之研究》也作詳細之考證。

其學以象數闡《周易》之微旨固然無誤，取資多家之說亦時代注經風氣使然，然張惠言卻稱其學爲孟氏一派，這樣的說法啓人疑慮，他說：

> 子玄之易，蓋孟氏非費氏，何以言之？荀氏有卦變，今子玄於泰則
> 云五虛無君，二上包五，於姤則云九五遇中處正，此皆虞氏之義，
> 與荀氏殊，故知子玄爲孟氏易。〔註59〕

翟元注〈泰・九二〉說：「二五相應，五虛無陽，二上包之。」（《周易集解》引）荀爽注說：「二上居五，而行中和矣。」虞翻則注說：「二與五易位，故得上於中行。」「二上居五」即是「二與五易位」之說，所謂的『卦變』就是卦與卦之間某種變化的關係，也就是「此卦本於彼卦」之說，亦即以一爻動爲法則，兩爻交易而成卦的法則。從此例視之，三人之注並無差異。又說「姤則云九五遇中處正，此皆虞氏之義，與荀氏殊。」翟元注〈姤・彖〉說：「剛謂九五。遇中處正」，荀爽注說：「坤出於離，與乾相遇」，虞翻對〈姤・彖〉並無注，對〈姤〉卦的卦、爻、象雖有注，亦無翟元此義，可見張惠言之說有誤。然而究竟翟元之易學爲孟氏乎？爲費氏乎？固然其注〈乾・文言〉說：「乾坤有消息」乃源於孟氏卦氣十二消息卦之說。然觀其以互體注易、

〔註58〕翟元，又作翟子玄、翟子元，李鼎祚《周易集解》引其文時則稱爲翟元，陸德明《經典釋文・敘錄》提及《荀爽九家集注》十卷中謂其序有荀爽、京房、馬融、鄭玄、宋衷、虞翻、陸績、姚信、翟子玄等九人，然說：「子玄不詳何人，爲《易義》。」張惠言則說：「翟元，蓋即子玄，李書諱玄爲元，鄭玄字亦如些。」（《易義別錄・卷三・周易翟氏》）馬國翰則說：「古人多有名與字同者，如韓伯字康伯之類。或元字子元歟。」（《玉函山房輯佚書・周易翟氏義》）張、馬二人之推論可備一說，而陸德明列翟元於姚信之後，可知翟元應爲魏晉間人。

〔註59〕見孫星衍、張惠言《孫氏周易集解・易義別錄・周易翟氏》（山東：山東友誼書社，1992年9月第1版），頁462。

以卦變注易又同於鄭玄、虞翻等人之說。〔註60〕再視其以承、乘、據、應諸法以注《易》，則又同乎荀爽及費氏以十翼注經之法，故知其易學又不可以孟氏、費氏一派拘之也。

（5）蜀　才〔註61〕

《隋書·經籍志》、《新唐書·藝文志》、《經典釋文·敘錄》皆著錄其《易》注十卷。清·張澍從《經典釋文》和《周易集解》所引的蜀才注，輯入《蜀典》之中，馬國翰據此本加以補正，有《周易蜀才注》一卷，存於《玉函山房輯佚書》中，清·張惠言《易義別錄》、孫堂《治魏二十一家易注》、黃奭《黃氏逸書考》中皆有蜀才《易》注輯本。

馬國翰說：「其說易明上下升降，蓋本荀氏。」〔註62〕因為蜀才之易大都講卦變之例，卦變雖始自虞翻，而實源於荀爽，前者以一爻動兩爻相易來確立卦變之義，後者則以陽升陰降之情來論二爻相易之義。蜀才取法荀爽升降之義而完善虞翻卦變之實，故馬國翰說其學本乎荀氏。張惠言則說：「蜀才之易大約用鄭、虞之義，為多卦變，全取虞氏。其不同者，剝為師，夬為同人。」〔註63〕蜀才與姚信同為魏晉時期論卦變易例的象數易學大家，他結合荀爽與虞翻的卦變體例來解《易》，同時也補足虞翻所沒有的體例，如〈同人〉本於〈夬〉，〈師〉本於〈剝〉；對於虞翻紊亂的說法也能有所匡正，如注〈旅〉卦，虞翻說：「賁初之四，否三之五，非乾坤往來也」（《周易集解》引），荀爽曰：「謂陰升居五，與陽通者也。」（同前，指〈否〉三五交易而

〔註60〕瞿元雖有同於虞翻之注，但亦不可據此而歸為孟氏易。因為虞翻五世祖雖研孟易，然從前文對虞易的介紹，可知虞易不全等於孟易。

〔註61〕常璩《華陽國志·卷九·李特雄期壽勢志》說：「雄遣信奉迎范賢，欲推戴之。賢不許，更勸雄自立。……迎范賢為丞相。從弟。……賢名長生，一名延久，又名九重。一曰支，字元。涪陵丹興人也。」又《經典釋文·敘錄》說：「姓范，名長生，一名賢。隱居青城山，自號蜀才，李雄以為承相」《晉書·卷一百二十一·李雄傳》說：「雄以西山范長生巖居穴處，求道養志，欲迎立為君臣之，長生固辭。范長生自西山乘素輿詣成都，雄迎之於門，執版延坐，拜承相，尊曰范賢。長生勸雄稱尊號，雄於是僭即帝位。……加范長生為天地太師，封西山王。」根據這些記載，知蜀才即范長生，巖居穴處，求道養志，李雄曾欲擁戴為君，蜀才堅辭，反策劃李雄稱帝建立政權，李雄稱王於成都，拜蜀才為丞相，尊稱范賢。

〔註62〕見馬國翰《玉函山房輯佚書》第一冊，（京都：株式會社中文出版社，1979年9月出版）（無版次），頁233。

〔註63〕見孫星衍、張惠言《孫氏周易集解·易義別錄·周易蜀才注》（山東：山東友誼書社，1992年9月第1版），頁473。

成〈旅〉，苟自違陰降之說），蜀才則說：「否三升五，柔得中於外，上順於剛。九五降三，降不失正，止而麗乎明。所以小亨旅貞吉也。」（同前），與姚信一樣，以〈否〉三五兩爻交易確立〈旅〉生卦之源，〔註64〕對於卦變體例的完善有厥偉之功。

除了論卦變，蜀才還有「消息」之論，如注〈臨・彖〉說：「此本坤卦。剛長而柔消，故大亨利正也」（《周易集解》引），又如注〈泰・彖〉說：「此本坤卦。小，謂陰也。大，謂陽也。天氣下，地氣上，陰陽交，萬物通，故吉、亨。」又如注〈否・彖〉說：「此本乾卦。大往，陽往而消。小來，陰來而息也。」此論消息表現二個意義：一、以乾坤陰陽消息來說明爻位之升降與交易，並藉此作爲卦變之基礎。二、以大小、剛柔、內外來表示陰陽往來，這正符合《易傳》本身剛柔上下、內外往來之象數觀，如注〈隨・彖〉說：「此本否卦。剛自上來居初，柔自初而升上，則內動而外說，是動而說隨也。」內外剛柔之往來其實就是陰陽消息升降的另一說法。

其《易》注雖主象數之說，然亦不廢義理之解，如〈繫辭上傳〉說：「易知則有親，易從則有功」，蜀才注說：「以其易知，故物親而附之。以其易從故物法而有功也。」（《周易集解》引）因爲易知，故容易親近而附之；因爲易從，故得以效法而有功，此從義理注《易》。

從以上所論，知歸蜀才爲荀氏易或虞氏易均不能盡闡其易學特色，其學大要雖在論卦變之說，以荀、虞爲宗，然觀其《易》注，又有取資鄭注、子夏、京房、陸績、姚信等人之說，〔註65〕故知蜀才亦融各家之長而立說者。

（6）干　寶〔註66〕

〔註64〕 對於〈旅〉卦，虞翻無法統一其說，故有生個生卦之源，姚信說：「此本否卦。三五交易，去其本體，故曰客旅。」以〈否〉三五兩爻交易確立〈旅〉卦之生卦，使卦變之說更完整。蜀才取法荀爽、姚信，亦作此解。

〔註65〕 參見徐芹庭《魏晉七家易學之研究》（台北：成文出版社，1977 年 2 月初版），頁 55～62。

〔註66〕 干寶（286～336），字令升，河南新蔡人。祖干統，吳奮武將軍，父干瑩，丹陽丞。年少勤學，博覽群記。因有才器召爲佐著作郎。因平定杜弢之亂有功，賜爵關內候。晉元帝即位，由中書監王導舉薦，干寶領修國史，以家貧，求補山陰令，遷始安太守。《晉書・干寶傳》說：「其書簡略，直而能婉，咸稱良史」，足見他對史學也深有研究。其生平事蹟見《晉書・干寶傳》。今有學者考其籍貫爲海鹽，認爲河南新蔡是祖籍，而干寶自右隨父遷海鹽，故海鹽才是干寶之籍貫。此說可見陳耀東、陳思群〈干寶籍貫考〉，《嘉興學院學報》，2005 年 3 月第 17 卷第 2 期。

　　《晉書・干寶傳》說：「寶又爲《春秋左氏義外傳》，注《周易》、《周官》凡數十篇，及雜文集皆行於世。」有關干寶所注《周易》，《隋書・經籍志》載《周易》注十卷、《周易宗涂》四卷、《周易爻義》一卷，《舊唐書・經籍志》、《新唐書・藝文志》皆載有《周易》注十卷、《周易爻義》一卷。《經典釋文・序錄》、《宋史・藝文略・經類》及胡一桂《周易啓蒙翼傳》等也錄《周易注》十卷。至於《冊府元龜》記載干寶有《周易問難》二卷、《周易玄品》二卷、《周易爻義》一卷，黃師慶萱在《魏晉南北朝易學書考佚》一書中也作詳盡考證，《周易問難》二卷依《隋書・經籍志》所言爲王氏撰，《周易玄品》作者不詳，蓋《冊府元龜》自《隋志》抄誤。其《易》注主要散見於唐人李鼎祚的《周易集解》、陸德明《經典釋文》中。元・屠曾、清・孫堂、丁杰、張惠言、馬國翰、黃奭皆有輯本。

　　干寶在魏晉象數易學家當中，是最重視人事義理的闡揚者，他注〈乾・九三〉說：「爻以氣表，繇以龍興，嫌其不關人事，故著君子焉。」注〈乾・上九〉「亢龍有悔」時，再次強調人事之用，〔註67〕李鼎祚在干寶注解此條的底下加上案語說：「以人事明之」，表示干寶重視的義理是一種儒門易，而非以玄老論理的玄理易，因爲承襲儒家易學之餘緒，故把現實人事結合周朝歷史事件，大力發揚以史事注經的方式，表現出強烈的人文關懷及政治理想。他與王弼同樣看重道，不同的是，干寶的道是一種儒家的人文精神價值，務實不談玄，重器用不專於道體，因此他表現出來的義理並沒有玄學易所指稱的無之本體義，更沒有濃厚的形上學色彩。

　　他的易學取資子夏、馬融、鄭玄、荀爽、虞翻、王肅、杜預、王弼、宋衷、陸績等十家之說，〔註68〕然而最能代表干寶易學精神的還是留思京房之學的象數易學思想，他的象數之方式主要表現在兩個地方：一、以十翼注《周易》之經文，如〈履・九五〉說：「夬履貞厲」，干寶注說：「夬，決也。」此乃本〈夬・象〉說：「夬，決也，剛決柔也」而來。又〈井〉卦辭說：「改邑

〔註67〕干寶注〈乾・上九〉說：「天之鼓物，寒暑相報；聖人治世，威德和濟；武功既成，義在止戈。盈而不反，必陷於悔。」（《周易集解》引）

〔註68〕黃師慶萱《魏晉南北朝易學書考佚》考干寶之注依前賢者有八家：子夏、馬融、鄭玄、荀爽、虞翻、王肅、杜預、王弼，並一一舉例以證。（台北：幼獅文化事業公司，1975 年 11 月），頁 339～342。另外朱淵清還提出宋衷、陸績二人亦是干寶注《易》取資之對象，他也詳加舉證。見朱淵清〈干寶的《周易》古史觀〉，《周易研究》，2001 年第 4 期（總第 50 期）。

不改井」，干寶注說：「夫井，德之地也。所以養民性命而清潔之主者也。」此則本於〈繫辭下傳〉說：「井，德之地也。」像這樣「以傳解經」也可說與費氏易學有相同之處。二、以漢象數易方式解經，如卦氣說，干寶繼孟、京之卦氣說並加以改造，認爲乾坤十二爻乃自十二月卦來，與前人所主張乾坤生十辟卦的說法不同。又如以八宮納甲注《易》，故衍生出八宮世魂、世卦起月、干支五行、八卦十二位、地支應情、納甲納支等諸多注《易》之法。此外，還有以互體、卦象、反卦、消息等易例解經者。干寶除了注《易》之外，也有實際從事占卜之例。這些都是干寶象數易學的重點，無怪乎《晉書·干寶傳》說他：「性好陰陽術數，留思京房、夏侯勝等傳」，本論文將依不同的主題把干寶象數易學的特色分述在各章節之中。

（7）孫　盛〔註69〕

有關孫盛易學著作最有名的是〈易象妙於見形論〉，孫盛提出此論目的在於強調「易象」之妙用，反對殷浩、王弼貴道賤器之失，他認爲萬事萬物的妙理都是潛藏在卦爻象的變化當中，故神妙之道必仍須藉由卦爻象去表達，豈可忘象而直述易之理？然因爲清·嚴可均於《全晉文》中認爲〈易象妙於見形論〉是殷浩所作，加上當今學者朱伯崑先生亦以文意思想接近玄理易而將此文之作判給殷浩，本論文則站在象數易學的立場對全篇文章的意旨重新闡述，並以史傳爲證，把此文判給孫盛，說明孫盛是以「圓化之道」而將「易象」與「妙理」結合，因此能夠融通道器，矯正玄學易重道忽器的缺失。

以上這些人物不管是義理易學家或象數易學家，對於魏晉象數易學的發展都具有關鍵性的影響，因此本論文把這些人的易學思想作爲範疇，進而展開對象數易學的研究。爲了能一目瞭然，本章並把易學家的簡表附錄於後。

〔註69〕孫盛（約306～378），字安國，東晉太原郡中都縣人，是東晉著名的史學家與清談家，晉書本傳稱他篤學不倦，著有《魏氏春秋》與《晉陽秋》，及詩賦等文，他的《晉陽秋》詞直而理正，是一位良史。《晉書·卷八十二·孫盛傳》說他：「篤學不倦，自少至老，手不釋卷，著《魏氏春秋》、《晉陽秋》，並造詩賦論難復數十篇，《晉陽秋》詞直而理正，咸稱良史焉。」又說他：「善言名理，于時殷浩擅名一時，與抗論者，惟盛而已。……盛又著醫卜及〈易象妙於見形論〉浩等竟無以難之，由是遂知名。」《世說新語·文學篇》及《晉書·孫盛傳》都有記述孫盛與殷浩論辯的故事經過。他並以〈易象妙於見形論〉與當時殷浩及玄論家們有一番論辯，是個清談的名士。他的作品大都亡佚，有部分佚文保留在《弘明集》、《廣弘明集》、《全晉文》、《世說新語》等書中。

2. 占驗派

（1）管　輅〔註70〕

有關其易學之作，《隋書‧經籍志》載有《周易通靈訣》二卷、《周易通靈要訣》一卷；《舊唐書‧經籍志》、《新唐書‧藝文志》皆載有《周易林》四卷、《鳥情逆占》等書，可惜都已亡佚不傳。今研究管輅者，主要以《三國志‧魏書‧管輅傳》及裴注所引的〈管輅別傳〉爲依據，其餘如《南齊書‧張緒傳》、《梁書‧儒林傳》、《周易筮述》、《太平廣記》、《通志》、《丹鉛餘錄》等書雖有零星計載，然大都引自《三國志‧魏書‧管輅傳》者。

管輅之易學淵源，近者爲郭恩，遠者爲漢象數易學家焦贛、京房，《三國志‧魏書‧管輅傳》裴注引〈管輅別傳〉說：「利漕民郭恩，字義博，有才學，善《周易》、《春秋》，又能仰觀。輅就義博讀《易》，數十日中，意便開發，言難踰師。……學未一年，義博反從輅問《易》及天文事要。」從這一段文字的描述可知管輅的老師爲郭恩。管輅天賦稟異，雖從郭恩學《易》與仰觀，其領悟卻出自天分，故在天文、易占、推運會、論災異等方面的成就皆超越其師，故未及一年，其師反過來向管輅問《易》及天文之事。管輅的易學思想及占筮之術除了得自郭恩外，也受到漢代焦贛、京房象數易學的影響，〈管輅別傳〉又說：

> 辰敘曰：「夫晉、魏之士，見輅道術神妙，占候無錯，以爲有隱書及象甲之數。辰每觀輅書傳，惟有《易林》、風角及鳥鳴、仰觀星書三十餘卷，世所共有。然輅獨在少府官舍，無家人子弟隨之，其亡沒之際，好奇不哀喪者，盜輅書，惟餘《易林》、風角及鳥鳴書還耳。」
>
> 〔註71〕

時人見管輅道術高妙，皆以爲他得到隱書秘笈，然而根據其弟所說，其實只

〔註70〕 管輅（208～255），三國魏平原（今山東德州地區）人，字公明，乃當時山東平原著名之占算家。他容貌醜陋，不講禮儀，性好嗜酒，言談無常，從小即喜仰視星辰，每與小兒遊戲，輒於地上畫天文，人們嘆爲奇才，故稱之爲神童。及長，擅長陰陽曆算，尤精《周易》、仰觀、風角、占相之道，能知吉凶禍福、過去未來之事，爲人卜卦決疑，無不應驗。他爲人慇厚樸實，雅性寬大，與世無忌，每受人欺辱時，皆能以德報怨，不計仇恨。且能預知其命將終於四十八歲，後果然。其事蹟見《三國志‧魏書‧管輅傳》及裴注所引的〈管輅別傳〉。

〔註71〕 見盧弼《三國志集解》（台北：漢京文化事業有限公司，2004 年 3 月初版），頁 702。

有《易林》、風角及鳥鳴、仰觀星書三十餘卷而已，並無他秘。然在他亡歿之時卻被竊走仰觀諸書，獨還《易林》、風角及鳥鳴等書，足見《易林》是當時普及的一本占筮用書，也是管輅占卜之術的一個重要參考來源。

管輅一方面反對漢易煩瑣的注《易》之風，主張終生不注《易》，然他卻用漢易解經體例的思維來占筮。另一方面他批評玄理易的華辭浮藻，但在卜筮的過程中卻體現『妙不盡意』的精神，與玄理易的『象不盡意』有不謀而合之處。由此可知管輅所表現象數易的特色，是術數與易道直接融通的體易精神，正可代表魏晉象數易學術數合《易》之特色，故有其不可忽視之價值。

（2）郭　璞〔註72〕

有關《周易》之著作，《晉書・郭璞傳》說：「璞撰前後筮驗六十餘事，名爲《洞林》。又抄京、費諸家要最，更撰《新林》十篇、《卜韻》一篇。」《隋書・經籍志》載有《周易新林》四卷與九卷兩種傳本、《易洞林》三卷、《易八卦命錄斗內圖》一卷、《易斗圖》一卷、《舊唐書・經籍志》、《新唐書・藝文志》皆載《周易洞林解》三卷。清・馬國翰與王謨皆有輯本。

郭璞雖然兼治《連山》、《歸藏》與《周易》三易，〔註73〕然其主要的易學來源是《周易》，與而其所擅長者是占術並非注《易》，在《易洞林》一書中，我們看到他占筮理論的淵源有三：一、受到道教術數理論的影響，如《晉書》本傳載他曾取小豆三斗，繞主人宅散之。主人晨見赤衣人數千圍其家，請璞爲卦。璞欲得婢，請主人賣之，得之，復爲符篆投于井中，數千赤衣人則隨之投於井。這種先撒豆成兵，復作符篆投井中以消災之法則爲道教術數。又《晉書・王羲之傳》附《許邁傳》記載郭璞爲許邁卜筮，得〈泰〉之〈大

〔註72〕郭璞，字景純，生於晉武帝咸寧二年，是名文學家、術數兼易學名家。喜好經術，博學多才，好古文奇字，妙於陰陽算曆，精研易理，善於五行、天文、風水等術。根據《晉書・郭璞傳》的記載，郭璞曾從郭公受業，公以《青囊中書》與之，從此遂精通五行、天文、卜筮等術，且禳災轉禍，通致無方。晉元帝嘗以爲著作左郎，遷尚書郎。後王敦任爲記事參軍，不久爲王敦所殺，年四十九。其事蹟主要見於《晉書・郭璞傳》。其次《晉書》之〈五行志〉與諸〈列傳〉也散載郭璞爲人占卦、堪輿之記錄，以及劉義慶《世說新語・術解》劉孝標注引也有零星記載。

〔註73〕參考連鎮標〈郭璞易學淵源考〉一文，《周易研究》，1999年第3期（總第41期）。連先生從郭璞注《爾雅》、《山海經》引《歸藏》之說，證明郭璞深語其學。至於《連山》一書，從郭璞〈客傲〉說：「徒費思於贊味，摹《洞林》乎《連山》。」（《晉書・郭璞傳》）證明確曾研讀《連山》。然其占卜之術最主要的理論依據仍是《周易》。

畜），郭璞則勸其學升遐之道，此道乃升天成仙之道，亦為道教方術。二、學習費氏之法，費氏亦長於卦筮，然其主要的意義則在於以十翼解上下經，郭璞不注《易》，但卻援《易》辭以推闡人事之義理，如為晉元帝卜卦，遇〈豫〉之〈睽〉，郭璞則引〈豫・象〉辭「先王以作樂崇德，殷薦之上帝」來闡釋占卜的結果。後再為元帝卜得〈解〉之〈既濟〉，郭璞以〈解・象〉辭「君子以赦過宥罪」及〈既濟・象〉辭「君子以思患而豫防之」來解卦並勸國君減刑罰、行德政。此以〈象〉傳闡易理者。三、取法焦、京占驗之法與管輅之術，《晉書・郭璞傳》說：「景純之探策定數，考往知來，邁京、管於前圖，軼梓、灶於遐篆。」他遠承孟、京一派陰陽災異、陰陽、五行、納甲、卦氣、世應、飛伏等說，近承管輅占候、射覆、納甲等種種術數，並將這些人的理論拿來運用在占筮系統上，因為善於運用卦象、爻象、互體等象數原理，故使卜筮之術更加靈活，因此每有所占，皆靈驗無比。

　　從《易洞林》收錄的筮例來看，郭璞最主要的思想來源還是孟、京占驗方面的象數易學，從八宮、干支、世應、飛伏、五行生克、福德刑殺、互體等各種象數易學體例到卦爻之象及各種逸象，他都加以運用並援以占算，形成所謂的納甲筮法。這一套筮法淵源於西漢的焦贛、京房，一直到魏晉的管輅、干寶、郭璞才逐漸完成，因為經歷魏晉這些人的努力，也才有唐代以錢代蓍的火珠林法之產生。故知郭璞易學之價值不在於他發揚象數之精蘊，而是在於以納甲理論從事占算，使之成為火珠林法產生的依據，這一套筮法影響人們的生活，直至今日。從文化史的角度而言，這就是莫大的貢獻。

二、義理易學家

　　魏晉時代的象數易學受到義理易學家的攻詰有逐漸衰微之勢，因此想要了解這一時期的象數易學就不能不對具有影響作用的義理易學家稍作了解。首先王肅主張以義理為主，以傳解經，擯斥漢代以爻辰、卦變、互體、納甲等解《易》的方式，因此對鄭學發難，認為鄭學：「義理未安，違錯者多，是以奪而易之。」（《孔子家語・序》）。何晏，雖對《周易》中的陰陽之數與時義的象數問題感到疑惑而去請教占驗派大家管輅，然其以《老》《莊》解《易》之風，對王弼的掃象實有倡導之情，馬國翰說：「漢學之變，自王弼者，晏實為之倡也。」〔註74〕

〔註74〕見馬國翰《玉函山房輯佚書・周易何氏解》第一冊（日本京都：株式會社中文出版社，1979年9月出版），頁192。

王弼不滿漢易泥象，高舉玄學義理大旗，掃象闡理，提出「忘言得象」、「忘象得意」之論，終將易學推向義理大興一途。魏晉之際玄學名家向秀，其易學特徵為即象言理，雖善於取資易象，然主要的目的仍在講求義理，表現出簡約明理的特色。晉代義理派的韓康伯解《易》雖論及象數、五行及陰陽之氣等說，但他力宗王弼，繼承王弼以《老》《莊》解《易》的方式，同時結合玄學論道的精神，將「體化合變」、「執一御眾」等重要的玄學議題都納入《周易注》當中，使義理易學的發展更向前推進一步。在這些義理易學家的衝擊下，象數易學的確受到很大的震撼。簡博賢說：

> 洎乎子雍王氏，操鄭氏之戈，裨鄭之闕；既排爻辰，復剝禮象，易象之學，於是一厄。何晏宗無入有，背爻象而任心胸，易象之學，於是再厄。鍾會神盡《周易》，嘗論《易》無互體，易象之學，於是又厄。……王弼崛起，掃象譏互，既標揭於《略例》之篇，復暢之於《易》卦之注，易象之學，於是大厄矣！〔註75〕

從這一段的論述可知魏晉象數易學家在義理易學家的極力排擠下，確實呈現式微的現象。因此欲知這一時期象數易學的全貌，自然不能脫離這些讓象數之學大厄的人物或者影響象數易學發展的人物。

另一方面，這些義理易學家雖然極力斥象數，但在他們的《易》注當中，也呈現一個共通點，那就是利用《周易》本身的象數體系來解《易》，因為象數原本就是《周易》成書的基礎，也是義理易學家所援以得意的重要工具、橋樑，因此結合象數以達易理也成為這些人詮《易》的特色，因此想要全盤理解魏晉象數易學的風貌，也不能不對這些藉象數以詮易理的義理易學家們的象數觀作一番介紹。

（一）何　晏〔註76〕

〔註75〕 見簡博賢《今存三國兩晉經學遺籍考》（台北：三民書局，1986 年 2 月初版），頁 403。

〔註76〕 何晏（190～249），字平叔，南陽宛（今河南南陽）人，漢大將軍何進之孫，何咸之子。幼無父，曹操納其母尹氏，並收晏為義子，寵之，後又以女妻之。魏文帝憎之，故晏無所事任，明帝惡其浮華，亦抑而不用。曹芳即位，曹爽專政，以晏有盛名而重用之，擢為散騎侍郎，遷侍中、吏部尚書。後爽敗，晏為司馬懿所殺。主要事蹟見《三國志·曹爽傳》所附之〈何晏傳〉、《三國志》裴松之注與所引之〈魏略〉、〈魏氏春秋〉、〈魏末傳〉等、以及《三國志·管輅傳》裴注所引〈管輅別傳〉等。此外《世說新語》的〈夙慧篇〉、〈文學篇〉也有何晏事蹟之記載。

　　有關何晏易學之作，馬國翰輯有《周易何氏解》，他指出《冊府元龜》將
《周易私記二十卷》與《周易講疏十三卷》歸爲何晏所作是錯誤的，故他說：
「晏爲妟之訛。隋志傳寫偶誤」，〔註77〕徐芹庭在《魏晉七家易學之研究》提
出進一步的論證，〔註78〕說明何晏並無此二書之作。馬國翰自《周易正義》
引得一條，自《周易集解》引得二條，又自《周易義海撮要》引得一條，然
黃師慶萱則以爲《義海》所引者疑爲何妟所作，故可信者，三條而已，且皆
爲義理之作。〔註79〕

　　物極必反，此爲《周易》之思，亦是萬事萬物發展的規律。兩漢象數易
學發展到極致必然產生反動的力量，於是有王弼之掃象，造成魏晉時期象數
易學之衰落，然掃象之說雖自王弼，此玄理易之風實倡自何晏也。

（二）董　遇〔註80〕

　　有關董遇之《周易》注，《隋書經籍志》、《唐書經籍志》、《新唐書藝文志》
及《經典釋文敘錄》均有記載，至宋志則闕如，〔註81〕究竟其書亡於何時？
張惠言《易義別錄》說：「考《集解》不引董遇，則遇書亡於唐初；蓋可知」，
〔註82〕《周易集解》不引董遇之注確實值得懷疑，但是否可就此援以證明其
書亡於初唐，恐怕還有待商権。其書見清・張惠言、馬國翰、孫堂、黃奭之
輯文，今人黃師慶萱《魏晉南北朝易學書考佚》、徐芹庭《魏晉七家易學之研

〔註77〕見馬國翰《玉函山房輯佚書・周易何氏解》第一冊（京都：株式會社中文出
　　　　版社，1979 年 9 月出版）（無版次），頁 191。

〔註78〕見徐芹庭《魏晉七家易學之研究》（台北：成文出版社，1977 年 2 月初版），
　　　　頁 278。

〔註79〕見黃師慶萱《魏晉南北朝易學考佚》（台北：幼獅文化事業公司，1975 年 11
　　　　月），頁 231。

〔註80〕董遇（約 190～250），字季直，弘農華陰人，爲人樸質木訥，漢獻帝興平年間，
　　　　關中李榷等人作亂，遇與其兄依將軍段煨，采稆負販之際亦挾帶經書，一有
　　　　空閒則習讀不倦，其兄笑之而遇終不改。建安五年，王剛小設。郡舉孝廉，
　　　　稍遷黃門侍郎，後建安二十三年因諸官謀攻曹操而事敗，遇雖不與謀，仍被
　　　　錄詣鄴，轉爲冗散。魏文帝時出爲郡守。魏明帝時，入爲侍中大司農，數年
　　　　病亡。《三國志》無遇傳，僅附之於〈王肅傳〉中及裴松之注引〈魏略〉，從
　　　　建安初郡舉孝廉到魏明帝入爲侍中大司農之事蹟以及里爵始可考見。

〔註81〕《隋書經籍志》說：「梁有魏大司農卿董遇注《周易》十卷」，《唐書經籍志》
　　　　說：「《周易》十卷董遇注」，《新唐書藝文志》說：「《周易》董遇注十卷」，《經
　　　　典釋文敘錄》說：「董遇章句十二卷」。宋志著錄則闕如。

〔註82〕見孫星衍、張惠言《孫氏周易集解・易義別錄・周易董氏》（山東：山東友誼
　　　　書社，1992 年 9 月第 1 版），頁 675。

究》皆有考佚，二者考辨諸家異同，詳析其音訓義理，可作爲後人取資之善本。

董遇究竟是屬於象數易學家或義理學家？清・唐晏《兩漢三國學案》歸諸於爲京氏一派，〔註83〕然考其二十一條注《易》之章句，並無明顯象數之論及占驗之學，故筆者在第三章析其章句之思並舉諸家之說而將其易學歸諸於義理易一派。

（三）王　肅〔註84〕

王肅幼承父教，撰定父朗所作《易傳》，《三國志・魏志・王肅傳》說其學善賈、馬之學，而不好鄭氏。其《易》注，《隋書經籍志》、《唐書經籍志》、《新唐書藝文志》及《經典釋文敘錄》有均《周易十卷》之記載，宋時已亡佚，賴《經典釋文》、《周易正義》、《周易集解》等書之引用而存，清・余蕭客、張惠言、馬國翰、孫堂、黃奭皆有輯本。今人李振興在《王肅之經學》一書，考之甚詳，他探源王肅之《易》注，有採於孟氏者、京氏者、費氏者、馬氏者、鄭氏者、荀（爽）氏者、虞氏者，可知王肅之學雖宗於費氏，而實「采會異同」，兼融今古文之說。〔註85〕

王肅雖主張援人事義理及《易傳》之思以解經，但對《周易》本身的象數易例仍有所承繼，嘗有中爻、應、位、承乘、初上無位等說法，其象數之思不採漢代蕪雜的取象方式，而是取法《周易》本身的象數思想，像這樣以義理爲解，以本卦之象言《易》，以《易傳》本身的象數論《易》，這些特色對後來的王弼《易》注確實產生影響，李振興先生說：「由於王氏注《易》，以易解易，

〔註83〕見清・唐晏《兩漢三國學案》（台北：仰哲出版社，1987年11月），頁43～44。

〔註84〕王肅（195～256），字子雍，祖籍東海郯城，漢獻帝興平二年生於會稽，爲王朗之子。一生歷魏文帝、明帝、曹王芳、高貴鄉公曹髦四朝。文帝時爲散騎黃門侍郎。明帝三年爲散騎常侍，後以常侍領秘書監，兼祭酒。曹王芳時曾出廣平太守、官拜議郎、侍中、太常等職。高貴鄉公之時遷中領事，加散騎常侍。其父王朗爲經學大家，著有《易》、《春秋》、《孝經》、《周官傳》等之作，對王肅的經學研究有著深刻的影響。肅十八歲時，曾從隨宋衷讀《太玄》。其治學特點「采會同異」，不管今文學還是古文學，兼而采之，所注經學在魏晉時期被稱作「王學」。其事蹟可見《三國志・魏志・王肅傳》及裴松之注與所引之〈魏略〉。並可參考〈王朗傳〉、〈文明王皇后傳〉、〈方技傳〉。

〔註85〕李振興指出王肅之《易》注，有採於孟氏者、京氏者、費氏者、馬氏者、鄭氏者、荀（爽）氏者、虞氏者等。見李振興《王肅之經學》（嘉新水泥公司文化基金會研討論文，第三三六種），頁29～38。

以本象言本卦，以人事物理闡義理，因啓後人掃象之先聲。」〔註86〕王弼掃象之舉是否得自於王肅之啓發？這是値得深思的問題。但從王弼注《易》的特色接近王肅的易學精神，可以肯定王肅注《易》對王弼及後人的影響與啓發之功。

（四）荀粲、鍾會〔註87〕

這時期的義理易學家除了王弼極力掃象外，也有對象數易學提出反對與質疑者，如荀粲、鍾會等人。荀粲認爲《周易》卦爻象是無法表現「象外之意」的，所謂「理之微者，非物象之所舉也。」〔註88〕「聖人之意」在卦象之外、繫辭之表，因此認爲「象數之學」不足以道盡聖人精妙之理。而鍾會則提出「周易無互體論」，是反對日益繁複的互體之說，二人之論點與王弼掃象之說的意義相同，皆可視爲對漢易泥象的一種反動。

（五）王　弼〔註89〕

〔註86〕見李振興《王肅之經學》（嘉新水泥公司文化基金會研討論文，第三三六種），頁 126。

〔註87〕荀粲（209？～238？），字奉倩，是東漢名臣荀彧的幼子，是三國時魏之名士，兄弟都以儒術議論，而荀粲獨好道玄，他認爲《詩》、《書》、《禮》、《易》等經典都是「聖人之糠秕」，皆無法表達理之精微者，故說：「象外之意，繫表之言，固蘊而不出矣！」，其事蹟可見《三國志・荀彧傳》裴松之注引、《魏志》卷十引何劭《荀粲別傳》及《世說新語・文學》。鍾會（225～264），字士季。潁川長社人，魏齊王正始年間，由秘書郎遷中書侍郎。正元二年，母丘儉作亂，鍾會從大將軍司馬師東征，遷黃門侍郎。甘露二年，都督揚州諸軍事諸葛誕反，又從大將軍司馬昭討之。景元三年，被任爲鎮西將軍，都督關中諸軍事，四年與鄧艾、諸葛緒伐蜀，鄧艾伐蜀有功，因忌其功名，密告鄧艾有反狀，艾遂被捕。平蜀後，鍾會欲據蜀自立，部將不願反者發動兵變，魏元帝景元五年正月，鍾會死於胡烈及他兒子發動的兵亂之中，時年四十。事蹟見《三國志・鍾會傳》

〔註88〕《三國志・魏書・荀彧荀攸賈詡傳》注引何劭〈荀粲傳〉說：「粲諸兄並以儒術論議，而粲獨好言道，常以爲子貢稱夫子之言性與天道，不可得聞，然則六籍雖存，固聖人之糠秕。粲兄俁難曰：『《易》亦云：聖人立象以盡意，繫辭焉以盡言，則微言胡爲不可得而聞見哉？』粲答曰：『蓋理之微者，非物象之所舉也。今稱立象以盡意，此非通於意外者也。繫辭焉以盡言，此非言乎繫表者也；斯則象外之意，繫表之言，固蘊而不出矣。』及當時能言者不能屈也。」

〔註89〕王弼（226～249），字輔嗣，三國魏山陽高平人，是魏晉時期著名的玄學家，也是重要的易學家，生於西元 226 年，卒於西元 249 年，僅僅活了二十四歲。《三國志》中並無本傳，其事蹟附於《魏書・鍾會傳》後，並見裴松之注及《世說新語》劉孝標之注中。又西晉・張華《博物志・卷六・人物考》說：「蔡邕有書萬卷，漢末年載數車與王粲。粲亡後，相國掾魏諷謀反，粲子與焉。既被誅，邕所與粲書悉入粲族子業，字長緒，即正宗父，正宗即輔嗣兄也。

王弼留下有關《周易》的著作爲《周易注》、《周易略例》二書，前者開魏晉義理易之先河，也成爲十三經中最重要的注疏本。後者則說明言意之辨、一爻爲主說以及大衍之數等理論，表現出玄儒兼治的特色。

王弼直接體悟和尋思《周易》卦爻辭的內在義蘊和要旨，於是擯落卦變、互體等一類的象數學體例，以《易傳》本身的象數體系解釋《周易》，同時也兼用儒家與《老》《莊》的思想解經，因爲注《易》的特色清通簡要，很快就取代了象數易學，成一時爲治學風尚，又因爲融入玄學，故其義理易又成了玄學易。

王弼掃象而言理，並非否定一切的象數之論，他所欲掃者是失去《周易》作者原來的旨意卻巧設義例的諸多說法，至於《周易》本身的象數思想，正是他用來釋《易》的工具，自然是不可以掃除的。又因身處漢易盛行的時代，王弼也不自覺地運用漢易的注《易》之法，因其注《易》不全然排斥漢易中的陰陽氣論、卦主、方位、五行、互體等說，因此也遭到後世朱震、王應麟等人之批評。這些問題將置於第三章再作探討。

（六）向　秀〔註90〕

其《易》注又稱易義，張璠《周易張氏集解·序》說：「依向秀本集二十二家，……向秀，字子期，河內人，晉散騎常侍，爲易義。」〔註91〕張璠《集解》乃依其易本集二十二家之說而成。向秀易作，後馬國翰、孫堂、黃奭皆有輯本，今有黃師慶萱的〈向秀周易義〉作詳盡之考佚，並有徐芹庭據《釋文》及向秀文再補輯十餘條而成的向秀易義。前者見於《魏晉南北朝易學書考佚》一書，後者見於《魏晉七家易》一書。

初，粲與族兄凱避地荊州，依劉表。表有女，表愛粲才，欲以妻之，嫌其形陋，乃謂曰：君才過人而體陋，非女壻（婿）才。凱有風貌，乃妻凱，生葉，即女所生。」王凱爲王粲之族兄，劉表本欲以女妻粲，以貌寢而妻凱，生葉（業），業生二子，長子正宗，次子王弼。

〔註90〕　向秀（約227～272），字子期，河內懷縣人。少穎慧，清悟有遠識，爲山濤所知，與與嵇康、呂安等人友善，本隱居不出，景元四年，嵇康、呂安被司馬氏害後，不得已而應本郡歲舉，司馬昭問曰：「聞有箕山之志，何以在此？」秀曰：「以爲巢、許狷介之士，未達堯心，豈足多慕。」司馬昭悅而用之，先後任散騎侍郎、黃門侍郎、散騎常侍等職，蓋以仕爲隱，容迹而已。其事蹟見於《晉書·卷四十九·向秀傳》，並見《晉書·任愷傳》以及《世說新語·文學篇》及其注所引的〈向秀別傳〉。

〔註91〕　張璠之《集解》，馬國翰、孫堂、黃奭皆有輯本。

取象於《周易》本身的象數思維，並從當中推衍易理，這是向秀注《易》之特色，故張璠稱其注為易義，乃多闡人事義理之思，明易用之功。王弼注〈豫‧六三〉說：「若其眈盱而豫」，孔穎達《周易正義》則採向秀之說以解王弼注，〔註92〕可見王易之盛行，向秀與韓康伯皆有其功。然向秀注《易》雖簡明達理，以人事為務，然也有以象數為解者，表現的是義理易學家的象數觀，非漢儒之象數觀。

（七）韓康伯〔註93〕

韓康伯繼承王弼以義理解《易》的思想，注〈繫辭〉、〈說卦〉、〈序卦〉、〈雜卦〉諸傳，完成王弼未注解的部分，唐‧孔穎達將王、韓二人之注文合刊，收入《周易正義》，後又被收入《十三經注疏》。韓康伯在王弼易學思想體系的基礎上，將魏晉以來的義理派易學發揚光大，他反對漢象數易，主張以義理解《易》。因為承繼王弼以無為本的思想，故將易理進一步玄學化，如論道則說：「君子體道以為用，仁知則滯於所見，百姓日用而不知。體斯道者，不亦鮮矣乎。故常無欲以觀妙，可以語至而言極矣。」（注〈繫辭上傳〉「百姓日用而不知」），認為道是無，須藉由「有之用極」來顯其功能，於是「無」又成了萬物得以存在的本體根據，這個本體就是所謂的易理，也是象數所由立的根本，像這樣以道為本體，主宰著萬事萬物的變化，為象與數的根源，後人則稱之為玄學易。

韓康伯強調易理是象和數的根本，在注《易》的體例上也以取義說為主，但他並不完全否定象數，釋《易》之時也論及象數、五行、卦主及爻位等說，說明象數、義理雖可側重卻無法相離。

綜上所述，義理易學家承襲費氏易以十翼注《易》，以人事義理為首位，但也不反對象數精神的發揚，只是他們闡發的象數思想正是《周易》本身所

〔註92〕〈豫‧六三〉：「盱豫悔，遲有悔。」，王弼注說：「若其眈盱而豫，悔亦至焉。」，向秀注說：「眈盱，小人喜說、佞媚之貌也。」孔穎達《周易正義》說：「盱謂眈盱，眈盱者喜說之貌。」此乃以向秀之說以注王弼語。

〔註93〕韓康伯（332～380），字康伯，潁川長社，是東晉著名易學家、玄學家。《世說新語‧夙慧篇》記載：「家酷貧，至大寒，止得襦。母殷夫人自成之，令康伯捉熨斗，謂康伯曰：『且著襦，尋作複褌。』兒云：『已足，不須複褌。』母問其故？答曰：『火在熨斗中而柄熱，今既著襦，下亦當暖，故不須耳。』母甚異之，知為國器。」韓康伯知家貧並且體諒母親之辛勞，故說「不須褌」，其母由此事知道他將來必為國家之棟樑，後果歷官為中書郎、散騎常侍、豫章太守等職。其事蹟見《晉書‧韓伯傳》及注與《世說新語‧夙慧篇》。

具有的剛柔往來、承乘據應的理論，並非漢易那一套以象生象、繁瑣複雜的易例。這是義理易學家的象數觀，也算是魏晉象數學中的另一種看法，故仍屬於魏晉象數易學探討之一環。

第三節　象數易學的家法與歸類

　　象數易學在西漢、東漢之時都有清楚的源流派別與師承關係，通過這些家法與師法可以知道易學思想的演進過程、派別轉化與經典注疏之概況。從東漢末年開始馬融、鄭玄、荀爽等人一方面吸收孟、京易學理路之發展，另一方面又學習費氏易學的注經方式，使今古文易有逐漸合流之勢，這股注經的風氣延續到魏晉時期，象數易學家就不再有明顯的家派之分，於是家法、師法之學逐漸失傳，易學家往往採資多家之說，使後世之人很難判定某人必為某家之學，造成對此一時期易學家的歸類歸派意見分歧。

一、受到東漢末年易學家注經特色的影響

　　魏晉的象數觀吸收整個漢代各派易學的研究成果，不僅在象數方面表現兼融各家的思想，推象通辭之外，他們也不忘發揮人事義理之宗旨，這種注《易》的現象，與東漢末年的易學家的注經方式有很大的關係，如馬融的注文重視以傳解經，以義理解《易》，甚至透過史實來詮解《周易》，對後來的鄭玄與干寶確實產生影響，後人認為其學乃傳費氏易者，馬國翰說：「其易治費氏學」〔註94〕而實際上馬融的《易》注也可見卦氣、五行、飛伏等象數理論以及孟、京卦氣之說，因此《昭明文選》稱他「精核數術」，〔註95〕由此可知，馬融已兼綜各家之法，合象數、義理為一爐，已不再墨守師法、家法之說。〔註96〕至於鄭玄，先是學京氏易、《易緯》，打破了今古文經學的分界，延續孟、京易學卦氣、納甲、爻辰等說，又從馬融學古文經法，普注群經、雜採古今，表現出費氏易學的注《易》之風。於是各種家法、師法融通為一，不再有壁壘森嚴的情況產生，皮錫瑞說：

〔註94〕見馬國翰《玉函山房輯佚書・周易馬氏注》第一冊，（京都：株式會社中文出版社，1979 年 9 月出版）（無版次），頁 117。
〔註95〕見《昭明文選・卷十八・長笛賦》說：「融既博覽典雅，精核數術，又性好音。」（台北：藝文印書館，1979 年 3 月 9 版），頁 255。
〔註96〕參考張濤〈馬融易學淺議〉，《孔子研究》，2001 年第 4 期。

鄭學出而漢學衰。……不知漢學重在顓門，鄭君雜糅今古，近人議
其敗壞家法，蕭欲攻鄭，正宜分別家法，……乃蕭不惟不知分別，
反效鄭君而尤甚焉。〔註97〕

鄭學雜糅今古、敗壞家法其實就是兼收各派各家之說，對於家法形成章句日
繁的注經現象而言，這是一個正面的意義，皮錫瑞指出「鄭學出而漢學衰」
正說明鄭玄廣博、匯通的注經特色。王肅雖欲分別家法，卻反而仿傚鄭玄而
更甚之，這些都說明融通各家說法已為時勢所趨，易學家不再堅持所謂家
法、師法之說。至於荀爽之學亦復如斯，荀傳費氏而參用孟學，馬國翰說：
「爽注易傳據爻象、承應、陰陽變化之義以十篇之文解說經意。……荀傳費
學參用孟氏。」〔註98〕荀爽之易也是孟、京易與費氏易之合流，《後漢書·
荀爽傳》說：「臣聞有夫婦然後有父子，有父子然後有君臣，有君臣然後有
上下，有上下然後有禮義。禮義備，則人知所錯矣。夫婦人倫之始，王化之
端，故文王作易，上經首乾、坤，下經首咸、恆。孔子曰：『天尊地卑，乾
坤定矣。』夫婦之道，所謂順也。堯典曰：『釐降二女於嬀汭，嬪於虞。』
降者下也，嬪者婦也。言雖帝堯之女，下嫁於虞，猶屈體降下，勤修婦道。
易曰：「帝乙歸妹，以祉元吉。」這是以〈序卦〉與儒家思想來解釋〈泰·
六五〉「帝乙歸妹，以祉元吉。」之爻辭；又如注〈蠱·六五〉象說：「年老
事終，不當其位，體艮為止」（馬本引），以「艮為止」也是本於〈說卦〉八
卦卦象之說；又如論承乘據應亦是按照《易傳》本身的象數思想；再如注〈恆·
九二〉說：「以陽據陰，故曰能久中也。」（同前）、注〈家人·六二〉說：「六
二處和得正，得正有應。」（同前）這些都可以看出荀爽之學本費氏之說者。
除此之外，他同時也以孟、京卦氣、消息、宮世、互體、卦變之說來注《易》，
〔註99〕然而最能代表他的象數易學精神的便是「乾升坤降說」，他說：「陽

〔註97〕見皮錫瑞《經學歷史》（台北，河洛圖書出版社，1974年9月臺初版），頁155。
〔註98〕見馬國翰《玉函山房輯佚書·周易荀氏注》第一冊（京都：株式會社中文出
　　　　版社，1979年9月出版）（無版次），頁137。
〔註99〕以卦氣注《易》，如注〈姤·象〉說：「謂乾成於巽，而舍於離。坤出於離，
　　　　與乾相遇，南方夏位，萬物章明也。」，又如〈說卦傳〉說：「雷以動之……
　　　　乾以君之」，荀爽注說：「謂建卯之月，震卦用事，天地和合，萬物萌動也。
　　　　謂建巳之月，萬物上達，布散田野。謂建子之月，含育萌牙也。謂建午之月，
　　　　太陽欲長者也。謂建丑之月，消息畢止也。謂建酉之月，萬物成熟也。謂建
　　　　亥之月，乾坤合居，君臣位得也。」此以八卦卦氣說之。以消息注《易》，〈繫
　　　　辭上傳〉說：「吉凶生大業」，荀爽注說：「一消一息，萬物豐殖，富有之謂大

升陰降，天道行也」（注〈乾‧文言〉）以「陽升陰降」之說以注《易》，凡陽爻皆有上升九五之勢，凡陰爻皆有下降陰二，此謂之「升降」，荀爽注重卦爻升降之象，這也是他注六十四卦的主要致思理路。然整體而言，他對各家說法也是採取兼融並蓄的態度。東漢末年這些注經家融通諸家注《易》的方式，的確影響魏晉象數易學家的詮《易》特色，使得魏晉象數易學家的注《易》呈現兼融各家各派的情形，同時也兼具義理、象數詮解的特色。

二、兼融各家各派

因為魏晉象數易學家注《易》表現綜合各派的特點，因此在流派的發展上已不像漢代那樣家法分明。雖然如此，其所綜合之各派仍是延續漢易之說，故仍有孟氏易、京氏易與費氏易之餘緒，只是此時的易學家因為兼綜諸家之說，讓人無法明確地考辨其學術源流，在這樣的情況之下，就出現了唐晏在《兩漢三國學案》中作象數易家分類時，出現了不周全或「不知宗派」之說？如：（一）歸虞翻為孟氏易：唐晏把虞翻歸為孟氏易的依據：一憑《三國志》本傳中虞翻稱自己的高祖父少治孟氏易之說。二是凡具孟氏易特色者，皆可歸之。那麼唐晏所謂的孟氏易是什麼呢？他說：

> 孟氏之學雜入陰陽災變。今所傳虞氏消息之說、鄭氏爻辰之說，疑皆出於孟氏也，故京房亦自託孟氏。

意謂以陰陽災變、消息、爻辰之說注《易》者，皆可視為孟氏易。他把虞翻易歸在此類即表示虞翻注經具有這些特色，然從前面的作者介紹當中，我們得知虞翻雖承孟、京易學，卻不主張陰陽災變之說，同時他也受到荀爽易學的啟發而有卦變學說，注《易》之時，往往自創新例且闡發人事義理之精蘊，故強以孟氏易歸之，唐晏之說恐不妥當。（二）歸陸績、姚信為「不知宗派」者：陸績以卦主、八宮、飛伏、爻變、卦氣、干支、五行、爻辰、互體、納甲、六親等體例解《易》，對荀爽的升降說與虞翻的之正說、旁通說等也有

業。」，又〈繫辭上傳〉說：「往來不窮謂之通」荀爽注說：「謂一冬一夏，陰陽相變易也。十二消息，陰陽往來無窮已，故通也。」以宮卦注《易》，如注〈恆‧象〉說：「恆，震世也。」注〈解‧象〉說：「解者，震世也」。以互體注《易》，如注〈艮‧九三〉說：「互體有坎」、「互體有震」。以卦變之說注《易》者，荀爽注〈萃〉說：「此本否卦」，注〈屯〉說：「此本坎卦」，注〈蒙〉說：「此本艮卦」，注〈賁〉說：「此本泰卦」，注〈困〉說：「此本否卦」，注〈井〉說：「此本泰卦」。以上皆引自馬國翰《玉函山房輯佚書》之輯本。

所鑽研，同時又推易象以闡人事之義理，展現出象數、義理兼具之特質。雖然如此，然其主要的易學思想仍是表現在注解《京氏易傳》的特色上，故歸其為京氏派或許比歸「不知宗派」為妥當。至於姚信之易，除宗荀氏之升降以及虞氏之卦變外，猶有互體、消息、易位、納甲等說法，故無法推斷其源流。這些正凸顯魏晉象數易學家綜合多家之長以注《易》的特色。

此外他將董遇之易歸為京氏易也同樣不妥，從今所見佚文，董取義為多，取象為寡，歸董遇為京氏易有讓人不知所據之感。況且唐晏對京氏一派的看法是：

> 易之有京氏，猶詩之有齊詩也。其說初以陰陽五行說易，後遂純以占驗說易。故東漢一代，京易大行，以其說近乎讖緯也。故東京凡以明易徵者，多方術之士。至此而易道且別傳矣！〔註100〕

齊詩象徵陰陽五行讖緯之風，以齊詩譬京易，表示唐晏對京易的看法是偏重在占驗災異的特徵方面，故說東漢以後京易多方術之士，延續這條路徑因而有管輅、郭璞之占術。然而這並非是京易的全部內涵，唐晏取其占驗之徵而略其注經之說，故得出如此之結論，再以這樣的結論作易學家的分類，難免有突兀之處。今審視董遇之注《易》，幾無陰陽五行、讖緯占驗之情形，因此歸董遇為京氏易一派，恐不妥。

大抵說來，魏晉象數易學的思想淵源除了受到漢末馬融、鄭玄、荀爽等兼融眾家的注經特色影響外，主要仍是繼承漢代三派象數易學的思想，因此易學家不管是是注經派或占驗派，大都取資於此，那麼這三大學術派別指的是什麼呢？析之如下：

1. 費氏易

《漢書・儒林傳》說：「費直……長於卦筮，亡章句，徒以彖、象、繫辭十篇文言解說上下經。」又《漢書・藝文志》說：「訖于宣、元，有施、孟、梁丘、京氏列於學官，而民間有費、高二家之說。劉向以中古文易經校施、孟、梁丘經，或脫去「無咎」、「悔」、「亡」，唯費氏經與古文同。」從這兩段話的描述得知此派的注《易》特點有三：（一）與中古文字相合。（二）長於占筮，無章句。（三）以彖、象、繫等十翼解說上經。這派易學重視古文，不講卦氣及陰陽災變，而是以《易傳》的文意來解經，注重義理的闡發，大致

繼承漢初的易學傳統，對經傳的理解多承襲〈象〉、〈彖〉、〈文言〉等解經的方式，所以費氏易學，後來就發展爲義理易學。有關他長於占筮之說，反不被重視。馬國翰《玉函山房輯佚書》輯有《費氏分野》一卷，表明費氏也將八卦與星宿、干支相配，並以此注《易》。但魏晉象數易學家宗費氏之學並不在於星宿、干支之說，也不在於占筮之用，而是宗其「以傳解經」的方式，及其儒門義理的色彩。因此在此一時期的象數易學家們，雖以象數爲本位，但大都能推天道以明人事，兼論人事道德趨避之理，這是受到費氏易的影響，也說明他們注《易》著重在儒門易「實」學的特點上。

2. 孟氏易

《漢書·儒林傳》說：「孟喜字長卿，……從田王孫受易。喜好自稱譽，得易家候陰陽災變書。」孟喜結合月令、季候、時節解《易》，倡「卦氣」說，又將卦氣理論運用在占驗災異上，這影響著魏晉象數易學家的注《易》特色，注經派者將此發揮在經卦文辭的詮釋上，如虞翻與干寶的卦氣、消息說。而占筮者則融通術數之學，發展方術中的占候術，即透過觀察自然萬物種種變化之象來判斷人事吉凶趨避的方術，如管輅的占候術。這個注《易》或占《易》的特色便是著重在以天文、曆法與候氣的方面上。

3. 京氏易

《漢書·儒林傳》：「京房受易梁人焦延壽。延壽云嘗從孟喜問易……房授東海殷嘉、河東姚平、河南乘弘，皆爲郎、博士，繇是易有京氏之學。」又《漢書·睢兩夏侯京翼李傳》說：「京房字君明，東郡頓丘人也。治易，事梁人焦延壽。延壽字贛。……贛常曰：『得我道以亡身者，京生也。』其說長於災變，分六十四卦，更直日用事，以風雨寒溫爲候。」京房在孟喜與焦贛的基礎上，全面深化卦氣說的內涵，主要以陰陽二氣說來解釋孟喜的卦氣說。同時他也藉著六十四卦卦象和卦爻辭來建立自己的易學體系，從上、中卷的八宮卦、世應、飛伏、游魂、歸魂，到下卷的納甲、卦氣說，內涵囊括了天文、曆法、數學、生物、政治、倫理…等多方面的知識，可說極爲豐富且創新。另外，他也利用天、地、人、鬼四易，父母、兄弟、妻子、官鬼六親，龍德、虎形、天官、地官與建候積算、五行休王等說以從事災變之筮，完善占算之法。這些都對魏晉易學家產生重大的影響。如陸績注《京氏易傳》便是對京房這一套易學理論的發揚，干寶的干支與卦氣說更是京氏易學之延伸。至於管輅、郭璞、干寶的納甲之術更是淵源於京房的占算之術。整個魏

晉象數易學所表現出來最大的特點就是對京氏易學的發揚。

綜上所述，兩漢時期的象數易學的建立，主要的體例則築基在焦、京的筮占的體系上，這些體例同時也被援以注《易》。到了東漢以後，以訓詁形式出現，加上費氏易興起，儒門易在此時也得到了發展，於是，今文派別的施、梁、孟、京等一系或亡佚無傳或有書無師，《隋書‧經籍志》說：「後漢陳元、鄭眾，皆傳費氏之學。……魏代王肅、王弼，並爲之注。自是費氏大興，高氏遂衰。梁丘、施氏、高氏，亡於西晉。孟氏、京氏，有書無師。」在費氏興，孟氏、京氏，有書無師的情況之下，源自漢代象數易學的師法與家法逐漸隱沒而不彰，形成不主一家，擇眾而從的注《易》之風，這就是魏晉象數易學家的解《易》特色常常是取資多方、兼融各派的原因。

象數易學家在王弼的掃象闡理之後，雖退出時代的主流地位，但在整個易學的發展史仍能存而不亡，這些易學家的振衰之功實不容忽視。高懷民曾經把易學的發展歷程分爲五大盛世，兩漢易學列爲第四盛世，宋元明易學則列爲第五盛世，其中的魏晉時期易學，除了王弼之易外，其餘皆視之爲漢易之流光餘音，他說：「在王弼死後，雖然還出現了一些零星的易家，如翟元、蜀才、干寶等，無奈易學盛世已過，他們只能算是漢易過後的流光餘音，已撐不起易學的大旗。」〔註101〕然而，筆者以爲魏晉象數易學家雖然是漢易的流光餘音，卻仍能挽狂瀾於既倒，這與其力倡象數並反對玄理易有絕大的關係。

小　結

每一個階段的易學，必依其時代背景之異而有不同的變革，魏晉時期的象數易學自然與兩漢的象數易學有著不同的特色與表現。魏晉的象數易學綜合西漢孟、焦、京之流與東漢馬融、鄭玄、荀爽取資多方的解《易》方式，逐漸發展出主要的兩條路徑：一爲注經派的象數易學，一爲占驗派的象數易學。這兩個易學範疇都是本論文要探索的對象，故而必須對此一時期的象數重新作一義界，這是本章立論之基點，也是筆著要表達另一個重要的目的。以占驗吉凶的管、郭易學，學術界多半多以「術家」視之，不認爲他們的占

〔註101〕見高懷民《宋元明易學史》（台北，高懷民（荷美印刷），1994 年 12 月初版），頁 2。

筮理論可以代表易學思想，然而筆者以宏觀的角度看待他們的卜卦思維，其實仍舊蘊含著深刻的易象與易數哲思，只是他們採取的學術方法不同而已，因此筆著認為不應以貶意的數術家視之，為了還其應有的歷史地位，故本論文以新的義界來重新詮釋，目的在說明此一時期的象數易學獨具的特色，這就是魏晉象數易學有別於漢易之處，雖然他們建構在卜筮方式上，而其宗旨仍然在探討陰陽之道的象數思想，故歸之為象數易學。

另外，一一列舉所欲介紹的人物與流派，用意亦在完整且清晰地掌握此一時期的象數易學的範疇。本論文的象數易學大約包含四個方向：

一、象數易學注經派者：這一類的象數易學家以注《易》為首要任務，綜合各家之說，並以各種體例以從事注《易》者，如虞翻、陸績、姚信、翟元、蜀才、干寶等人。

二、象數易學占驗派者：這一類的象數易學家主要從事《周易》的占筮活動，並從其中闡發《周易》的易象觀、易數觀與人事義理之要，如管輅、郭璞。

三、與義理易學展開爭辯以捍衛象數的易學家：這一類的象數易學家主要針對義理易學的缺失提出一些對象數的看法以矯正玄學易貴道賤器之失。其中，孫盛既不注《易》也不占卜，管輅藉占卜以矯何晏之失，而干寶則立足在儒思與象數的立場注《易》，藉此表達對玄學易以《老》《莊》解《易》的不滿。

四、兼闡象數的義理易學家：這一類為義理易學家，雖以義理為主，但仍有象數思想之闡發，原因有二：（一）《周易》陰陽二象、八卦、六十四卦之符號以及上下往來、內外剛柔、承乘據應等象，是《周易》之所以為《周易》之特質，因為僅管全力掃象，仍不能避免以象數為形式的情形。（二）義理易欲透過或超越象數以求易理，象數成了闡發義理的重要工具，因此想要全面介紹此一時期的象數易學，對於這些義理易學家兼論象數的特色就不能略而弗論，藉由何晏、董遇、王肅、荀粲、鍾會、王弼、向秀、韓伯等義理易學家對象數的看法相對地也可以凸顯象數易學家的象數觀。

附　表〔註102〕

姓名	字　號	生　卒　年（西元）	備　　註
虞翻	仲翔	一六四～二三三	《三國志・吳志・虞翻傳》
陸績	公紀	一八七～二一九	《三國志・陸績傳》
何晏	平叔	一九〇～二四九	《三國志・卷九・曹真傳》
姚信	元直、德祐	約一九〇～二四〇	《三國志・陸績傳》注引
董遇	季直	約一九〇～二五〇	《三國志・王肅傳》及注引《魏略》
王肅	子雍	一九五～二五六	《三國志・魏志・王肅傳》
管輅	公明	二〇八～二五五	《三國志・卷二十九・方技傳》
荀粲	奉倩	約二〇九？～二三八？	《三國志・荀彧傳》
鍾會	士季	二二五～二六四	《三國志・魏志・鍾會傳》
王弼	輔嗣	二二六～二四九	《三國志・魏志・鍾會傳》裴注
翟元	子元	史志無傳　約魏晉間人	見《經典釋文敘錄》及《馬本》輯
向秀	子期	約二二七～二七二	《晉書・卷四十九》
蜀才		生年不詳，約卒於三一八	《晉書・卷一百二十一》、《華陽國志・卷九》
郭璞	景純	二七六～三二四	《晉書・卷七十二》
干寶	令升	約二八六～三三六	《晉書・卷八十二》
孫盛	安國	約三〇六～三七八	《晉書・卷八十二》
韓伯	康伯	三三二～三八〇	《晉書・卷七十五》

〔註102〕此表之作乃參見楊家駱主編《歷代人物年里通譜》（中國史學名著）、谷方《中國哲學人物辭典、曹道衡、沈玉成《中國文學家大辭典・先秦漢魏晉南北朝卷》、見高懷民《兩漢易學史》、張善文《歷代易學家考略》、《三國志》、《晉書》等書。

第三章　象數易學的發展

　　兩漢經學發展到極致的同時也隱藏著衰落之因，首先，儒者將經學視爲通經求官之途，故使一經說至百萬言，大師眾至千餘人，經學即脫離實際的社會人生而成爲繁瑣的學術。〔註1〕其次，儒學經典在漢代加入讖緯的內容，一改先秦儒學的面貌，而呈現神秘化現象。再者，經學與儒學所倡導的道德禮義也隨著王朝政權的衰退而日趨空虛，社會風氣轉向個人的自我體認與覺醒，加上對動盪政治環境的不安全感，於是形成追慕老莊、談玄說老的風尚，這樣的風尚旋即演進爲儒道合論或以儒論道的玄辯之風，儒家的經典勢必要改變原有的訓詁及研究方法，才能適應此一新的時代潮流，因此義理易就在這樣的時代背景下興起，沉重地打擊以象數解《易》的注經方式。然而，魏晉時期的象數易學果眞因爲義理易的衝擊而一蹶不振嗎？從東晉至南北朝的鄭易與王易迭代的情形以及到達唐・孔穎達才以王、韓《周易注》爲主來融合易學理論體系看來，這時期的象數易學家雖然不再是時代易學的主流，但仍堅毅不屈地維護象數易學的發展。

　　《易傳》本是義理與象數兼重。兩漢之時雖然主要在於發展象數易學，但與義理易之間並行不悖，並未有相互攻詰之事。唯在東漢經學讖緯化與煩瑣化之後，《周易》象數學爲了詮釋經義文辭，推數立象，凡所有可以用來通解《周易》卦爻辭者，皆參互以求，滋說取象，誇大了象數的作用，致使象

〔註1〕　《漢書・儒林傳》說：「自武帝立五經博士，開弟子員，設科射策，勸以官祿；訖於元始，百有餘年。傳業者浸盛，支葉蕃滋。一經說至百餘萬言，大師眾至千餘人，蓋祿利之路然也。」（台北：成文出版社，1971年10月初版），頁1987。

數易學走到僵化煩瑣、神秘駁雜之弊，故有了王弼掃象之舉，而其所掃者，正是漢魏晉以來的卦變、五行、互體等取象之說，雖然他並不反對《易傳》本身的象數之論，甚至還引用象數學家之取象說，〔註2〕但無論如何，在他高舉掃象闡理的旗子之後，象數易學家雖然奮戰不懈、屢屢振衰，卻仍然無法阻擋逐漸式微之勢。

第一節　象數易學的衰微

　　一門學問的衰落必然有其外在的環境背景，也一定有其自身衍變的因素存在，對於漢象數易學為何在會在魏晉時期逐漸走入衰微的局面，除了受到解經方式與讖緯學說的影響造成經學繁瑣化、神秘化外，象數易學本身的缺點也起著關鍵性的作用。以下將就其原因作一概述：

一、學術風尚的改變

　　這時期的注《易》風尚究竟呈現何種轉變，致使義理易學崛起，象數易學則因為遭受衝擊而呈現衰落之現象呢？將論之於下：

（一）漢象數學的末流

　　因漢代推行陰陽災異，易學家以神秘的陰陽、卦氣論等占說災異，雜配干支、五行，使易象與易數結合，造成《周易》的內容易駁雜不純。如《易緯》推陰陽、演災異、運卦氣，大講符瑞、天人感應，強調八卦之氣與人們的吉凶禍福有關，認為卦氣謬亂將會引發災異，使五行迷信、讖緯神學等附會於易學之中，〔註3〕造成儒家經學的世俗化，迷信化，因而加速象數易學的沒落。

　　象數易學最主要的特色在於以象解《易》。根乎象數、通達義理本是《周易》固有的思想。然而易學家往往為了要詮解易辭，對於每一卦象、爻象都

〔註2〕　王弼掃象闡理是針對象數學家所說的象數易例及逸象，他並不反對《易傳》本身之象數。然因受到象數易學家的影響，也有用漢學之象數易例者。有關王弼的象數觀將在本章的第三節〈王弼與象數的關係〉中詳論。

〔註3〕　《易緯通卦驗》說：「凡易八卦之炁，驗應各如其法度，則陰陽和，六律調，風雨時，五穀成熟，人民取昌，此聖帝明王所以致太平法，故設卦觀象，以知有亡。夫八卦繆亂，則綱紀敗壞，日月星辰失其行，陰陽不和，四時易政。八卦炁不效，則災異炁臻，八卦炁應失常。」，見嚴靈峯編輯無求備齋《易經集成》第 160 冊（台北：成文出版社，1976 年臺 1 版）（無月份），頁 21。

要找出其理論根據，若無法在《易傳》本身找到根源，就挖掘新的象數內涵，或創立新的象數易例，從孟喜、京房的卦氣、八宮、世應、五行、爻辰、納甲、納支、互體、飛伏、世應、旁通等，一直到虞翻的卦變、半象、兩象易、之正、逸象等學說，幾乎達到無以復加的地步，而虞翻正是漢象數易學的集大成者，由於過度強調象數的作用，造成支離繁瑣、牽強執泥之風。林忠軍在《象數易學發展史》中說：

> 虞氏於易專治象數，而且象外生象，數外生數，將《周易》象數發展到了頂端，以此注易牽強附會，矛盾百出，從而否定了本身。……
> 《周易》之辭晦澀難懂，而虞氏又以龐雜的象數注之，更令人望而生畏，故問津者鮮矣！在這種情況下，魏晉王弼脫穎而出，以《老》《莊》注易，清淡高雅，耳目一新，很快就取代了象數易學。〔註4〕

以象數解《易》並無不當，之所以造成穿鑿無驗、牽合繁瑣的弊病也不在於以數立象或以象解《易》，而是把象數作無盡的比附，造成「象外生象，數外生數」的龐雜體系，以致於連虞翻自己時時都有違例、變例之說。顧炎武曾經評說：

> 荀爽、虞翻之徒，穿鑿附會，象外生象。以同聲相應爲震巽，同氣相求爲艮兌，水流濕、火就燥爲坎離，雲從龍則曰乾爲龍，風從虎則曰坤爲虎。十翼之中，無語不求象，而易之大指（旨）荒矣！〔註5〕

虞翻取象之法過於複雜，穿鑿附會，象外生象，看到雲從龍之句，就取龍象表徵乾卦，見到風從虎之說，就取虎象表徵坤卦，如若不足則利用種種互體、升降、旁通、卦變等方法以取象，《周易》本身的卦象不足以應用，就增加八卦之象，形成繁複的逸象，像這樣將象數易發展到極端，並且用來注《易》解經，難免造成牽強附會之弊。王夫之也說：「漢儒泥象，多取附會，流及於虞翻，而約象互體，半象變爻，曲以象物者，繁雜瑣屈，不可勝記。」〔註6〕虞翻易學

〔註4〕　見林忠軍《象數易學發展史》（第一冊）（山東：齊魯書社，1994 年 7 月第 1 版），頁 249。
〔註5〕　見顧炎武撰、黃汝成集釋《日知錄集釋・卷一》（台北：中華書局，1968 年 10 月臺 2 版），頁 6。顧炎武認爲設卦觀象之象，除了八卦之象（天、地、雷、風、水、火、山、澤）以及卦名及卦辭所說之物象外，別無他象可推，若荀爽、虞翻之說乃象外生象、穿鑿滋生之說，實不可取者。
〔註6〕　見王夫之《船山易學・周易外傳・卷六》（台北：廣文書局，1981 年 2 月 3 版），頁 976。王夫之並非反對象，而是反對泥象。他認爲王弼忘象之其失甚於泥象，因爲象即易，舉易而皆象，聖人本因像而求象，因象而成易，故不

代表著漢象數易學的集大成者，其缺失正象徵漢象數易發展極致的缺失，爲了旁搜諸象，到最後把卦之本義也扭曲了，象數易因此走上衰微之途。

（二）注經方式的改變

象數易學的趨微與義理易學的崛起，除了滲雜陰陽災異、讖緯迷信的易學思想受到質疑外；另一個重要的原因就是出自於對漢代象數易學過度發展的反動，因而引發注經路向的轉變。在經學的融通與簡化、注《易》方式的改革與玄學合《易》等諸多因素的影響之下，都造成象數易學衰落、義理易學興盛的情形。

1. 經學的融通與簡化

漢末「清議」之風盛行，許多學者善於辯理、不好章句，於是經學遂走向探求義理及融會貫通之途，唐翼明在《魏晉清談》說：

> 學術思想支持論人議政，而論人議政又發展學術思想。可以想見，在論人議政之風影響下的學術思想，棄泥守章句、墨守家法之舊風，而向著探求義理、追求融會貫通方面發展，自是必然的趨勢。所以漢末許多有作爲的名士，都『不好章句』、『不守章句』，而重視『博』、『通』，也就不是一個偶然的現象了。〔註7〕

受到議人論政風氣的影響，經學家逐漸放棄或改定章句之學，以求從繁瑣的訓詁解經方式開出一條探求義理之途，並走向融合、博通的研究途徑。

另外，因爲篤守家法、章句浩繁造成拘泥僵化的現象，《後漢書·鄭玄列傳》說：「守文之徒，滯固所稟，異端紛紜，互相詭激，遂令經有數家，家有數說，章句多者或乃百餘萬言，學徒勞而少功，後生疑而莫正。」〔註8〕鄭玄打破家法、師法與章句之學的束縛，注經融通今、古文，簡化經學，匯通群經，使經學義理更爲清晰明暢，讓學者有所依歸，故《後漢書·鄭玄列傳》又說：「鄭玄囊括大典，網羅眾家，刪裁繁誣，刊改漏失，自是學者略知所歸。」（同前）相對於漢代繁瑣的訓詁之學，鄭玄網羅眾說、刪裁繁蕪，改定章句，

可斷然忘象。

〔註7〕 見唐翼明《魏晉清談》，學者議論時政、品評人物自然也會討論學術思想，互相講習交游必然會趨向探求義理、融合貫通的特色。唐舉出《後漢書·荀淑傳》、《後漢書·韓韶傳》、《後漢書·盧植傳》中荀淑、韓韶、盧植等人不好章句之學風。（台北：東大圖書公司，1992年10月初版），頁177。

〔註8〕 見《後漢書·鄭玄傳》（台北：成文出版社，1971年10月初版），頁2825。

簡化經學，讓人從浩繁的章句中得以發掘經典的義理精蘊。

　　但是相對於鄭玄，王肅的解經方式則顯得更為簡約，王肅繼承了鄭玄的治學思路，注群經也重視兼采今古文，並融通各家之說，如注《周易》則兼采孟喜、京房、費直、馬融、鄭玄、荀爽、虞翻等人之見。〔註9〕不同的是，他反對讖緯神學及象數解易，因此注《易》之時，常奪鄭易代以己見。雖然鄭玄對於經學能刪裁繁誣，但論易之時，往往引入了讖緯及漢代象數易學的爻辰、互體等諸說。〔註10〕王肅則以傳解經，掃落爻辰，以義理為主，由此視之，王肅的易學應是更為簡約明暢了。

　　雖然象數易學家也受到這股解經風氣的影響，兼采眾說，以簡約為主，然比起義理易學家來，還是顯得繁瑣而難解，故終引發玄理易的掃象之舉。

2. 費氏注《易》之法盛行

　　漢末之時，馬融注《易》兼取費氏、孟氏、京氏學說，已有兼收並蓄的傾向。然主要仍是採用費氏以傳解經的注《易》方式，《後漢書・儒林傳》說：「陳元、鄭眾皆傳《費氏易》，其後馬融亦為其傳。融授鄭玄，玄作《易注》，荀爽又作《易傳》，自是費氏興，而京氏遂衰。」〔註11〕而《隋書・經籍志》：

〔註9〕　參考李振興所著《王肅之經學》記載王肅的《周易注》，採澤於孟氏注者有六條，採澤於京氏注者有五條，採澤於費氏注者有六條，採澤於馬氏注者有二十條，採澤於鄭氏注者有二十條，採澤於荀氏注者有三條，採澤於孟氏注者有八條，每一條皆有詳實之考證。見李振興《王肅之經學》（嘉新水泥公司文化基金會研討論文，第三三六種），頁29～38。

〔註10〕有關鄭玄論讖緯，後文有詳論。有關鄭玄論爻辰，如注〈比・初六〉說：「爻辰在未」（《孫星衍周易集解》，頁104）、注〈泰・六五〉說：「五爻辰在卯」（頁118）、注〈賁・六四〉說：「謂九三位在辰」（同前，頁155）、注〈坎・上六〉說：「爻辰在巳」（頁185）、注〈明夷・六二〉說：「六二辰在酉」（頁213）。注〈困・九二〉說：「二據初，辰在未」（頁254）注〈中孚〉卦辭說：「三辰在亥」（頁306）。有關鄭玄之互體，兼三連互、四連互說。注〈大畜・六四〉說：「互體震」（頁171）、注〈離・九四〉說：「又互體兌」（頁190）、注〈漸・九三〉說：「九三上與九五互體為離」（頁281）、注〈豐・九三〉說：「互體為巽」（頁290）、注〈旅・初六〉說：「互體艮」（頁293）、注〈既濟・九五〉說：「互體為坎又互體為離」（頁316）此三連互也。四連互如注〈大畜〉「不家食吉，養賢也」說：「自九三至上九有頤象」（頁169）。至於注〈坎・六四〉說：「六四上承九五，又互體在震，爻辰在丑」（（頁183））是互體說兼爻辰說者。以上鄭玄之注皆引自孫星衍、張惠言《孫氏周易集解・易義別錄》（山東：山東友誼書社，1992年9月月第1版）。而反觀王肅注解這些卦爻並不用爻辰與互體之說者。

〔註11〕見《後漢書・儒林傳》（台北：成文出版社，1971年10月初版），頁3299。

「後漢陳元、鄭眾,皆傳費氏之學。馬融又爲其傳,以授鄭玄。玄作《易》注,荀爽又作易傳。魏代王肅、王弼並爲之注,自是費氏大興,高氏遂衰。」馬融兼今文、古文和象數、義理之說,於各家之學又能熔爲一爐,但解經方式卻以費氏爲主,說明他取費氏的著眼點是放在文字訓詁和義理闡發的上面,也就是一種義疏的方法。鄭玄、荀爽、王肅、王弼等人或重象數或重義理,解《易》體例也有所不同,卻同樣以費氏的治學風格解《易》,這說明費氏易在這裡代表的是一種注《易》的方式,也就是以傳解經,以義理注《易》的精神。

費氏也長於卦筮,但卻不被章句之學所束縛,直接從《周易》之卦爻辭的文義上作疏解,且以〈彖〉、〈象〉、〈繫辭〉、〈文言〉等《易傳》解經。《漢書‧儒林傳》說:

> 費直字長翁,東萊人也。治易爲郎,至單父令,長於卦筮,亡章句,
> 徒以彖象繫辭十篇文言解說上下經。琅邪王璜平中能傳之。〔註12〕

費氏雖習古文,也重視占筮及講求象數的易學傾向,然注《易》之特色,主要是以《易傳》來疏通經典的本義。可見他的治《易》精神是承襲孔門以〈彖傳〉、〈象傳〉、〈繫辭傳〉等解說卦爻辭的方法,這是義理方式的解經法,後人稱之爲「以傳解經」。之所以特別強調「以傳解經」,乃因費易注《易》風格接近孔子,是對孔子及漢初易學傳統的直接繼承,漢初易學大抵以說理爲主,皮錫瑞《經學通論》說:「漢初說《易》皆主義理,切人事,不言陰陽術數」,〔註13〕這種重視義理闡發的研《易》方式對後世的貢獻不小,不但保留古文《周易》,繼承了古人以義理解《易》的傳統,還爲魏晉義理派易學的興盛與發展奠定了基礎。

義理易興盛,以玄理解《易》,排斥象數之學,象數易受到激烈的衝擊,其地位則漸次衰降。

3. 儒道融會而解《易》

漢易發展到極盛必然導致學術研究方法的改變,儒者力求解經方式的革新,勢必要跳脫穿鑿浩繁的象數易例,直接體悟和尋思《周易》卦爻辭的內

〔註12〕見《漢書‧儒林傳》(台北:成文出版社,1971年10月初版),頁1979。
〔註13〕見皮錫瑞《經學通論》(台北,商務印書館,1989年,台5版),頁16。皮錫瑞舉劉安《淮南子》、賈誼《新書》、董仲舒《春秋繁露》,劉向《說苑》、《列女傳》等例子,說明他們說易皆明白正大,主義理,切人事,不談陰陽術數,得易之正傳,田何、楊敘之遺。

在義蘊和要旨，於是王弼擯落卦變、互體等一類的體例，除了以《易傳》的象數體系解釋《周易》外，同時也兼用儒家與《老》《莊》的思想解經，王弼的《周易注》清通簡要，一時成爲治學風尚。因爲融入玄學，故義理易又成了玄學易。朱伯崑《易學哲學史》說：「王弼易學的形成是曹魏時期古文經學的發展和《老》《莊》玄學興起相結合的產物。」〔註 14〕本屬儒家的易學自此走上了玄學之路。

其實在王弼之前已有《老》《易》兼治之例，西漢時道家《淮南子》承襲了《莊子》、《管子》的傳統，多次引《周易》文辭解說；西漢末年，《易緯》也部分結合道家學說，以太易爲無，以太極爲有，而顯示宇宙從無到有的變化過程。爾後，嚴遵的《道德經指歸》詮釋《老子》之作，其論述事理多引《周易》經傳之義；嚴氏弟子揚雄模仿《周易》作《太玄》，亦融合黃老和《周易》的思想。東漢・魏伯陽作《周易參同契》，假借《周易》的象數、納甲、五行等原理闡發丹道。王充也從「元氣自然說」的立場出發批判了「天人感應」論，認爲天地中最基本的元素是「元氣」而不是神，〔註 15〕天道是一種自然無爲的規律，萬物的產生，是通過陰陽二氣的相互凝聚、交錯變化完成，這些理論已啓開「任自然」的玄學本體論的特質，同時也反映了漢代儒道會通之趨勢。〔註 16〕然而眞正以玄理解《易》且盛行於世者，則自何晏、王弼始，晁說之說：「易雜《老》《莊》而專明人事則自王弼始，弼好《老》，魏晉談玄，皆弼輩倡之。」〔註 17〕又趙汝楳說：「西漢之末，向長、范升諸人好談《老》、《易》；東都則折像；魏則何晏、王弼、裴徽，皆以玄說《易》。……

〔註 14〕見朱伯崑《易學哲學史》（台北：藍燈文化事業，1991 年 9 月初版），頁 279。

〔註 15〕王充説：「元氣未分，渾沌爲一。」（《論衡・談天》），見楊家駱主編《論衡集解・談天》（台北：世界書局，1966 年 3 月再版），頁 216。

〔註 16〕漢人治易除了象數易、費氏易，還有道家易。道家易從先秦老子引易入道，發揮謙下退守的坤德精神，《莊子》以陰陽解易〈天下篇〉，說明陰陽相感之理。以《老》解《易》先秦已有之，到了戰國黃老道家逐漸和易學連繫，如《尹文子》、《文子》、《鶡冠子》、《呂氏春秋》等都可窺見道家易學的點滴，但都未有系統化的論述，到了漢代，道家易和儒家易才由隱而顯。陳鼓應先生説，易自漢魏以後發展爲儒家易、道教易、道家易，然而儒家易到宋代程朱之後有較豐碩的成果，而道教易從漢《周易參同契》至北宋初年的陳摶及其學派也可謂別樹一幟。只有道家易自秦漢以來隱而不彰，所以實有彰顯的必要。參見陳鼓應〈漢代道家易學鉤沉〉《台大文史哲學報》，第 57 期 2002 年 11 月。

〔註 17〕見朱彝尊《經義考》卷十引（北京：中華書局，1998 年 11 月），頁 63。

則《易》儕於《老》《莊》矣！」〔註18〕何、王以《老》《莊》解《易》，新意迭生，玄學易因此盛行而蔚爲大觀。自此，「尊儒家之教，履道家之言」（《三國志‧魏書‧王昶傳》），〔註19〕則成爲一種社會風氣。

正始時，以《老》、《莊》論《易》的情形漸漸興盛，從《三國志‧魏書‧管輅傳》及裴注所引〈管輅別傳〉所記管輅批評何晏論《易》之事可證，管輅說：「若欲差次《老》《莊》而參爻、象，愛微辯而興浮藻，可謂射侯之巧，非能破秋毫之妙也。」〔註20〕在這裏，管輅是站在象數易學的角度來批評何晏融合《老》《莊》及易學之說只是浮辭華藻、虛而不實而已，但正因爲管輅的這個指責，更可證明何晏就是以會通儒道的方式論《易》。〔註21〕而王弼的「言意之辨」〔註22〕、「一爻爲主說」〔註23〕以及「大衍之數」的理論，〔註

〔註18〕 見朱彝尊《經義考》卷十引（北京：中華書局，1998 年 11 月），頁 63。案何晏著有《道德二論》和《論語集解》，王弼的主要著作有《周易略例》、《周易注》、《老子指略》、《老子注》和《論語釋疑》。其中《周易》和《論語》爲儒家經典，而《老子》、《莊子》則爲道家著作之大宗。

〔註19〕 見盧弼《三國志集解》（臺北：漢京文化事業有限公司，2004 年 3 月初版），頁 641。以下〈管輅傳〉及〈管輅別傳〉皆引自盧弼《三國志集解》一書。

〔註20〕 見盧弼《三國志集解》（臺北：漢京文化事業有限公司，2004 年 3 月初版），頁 697。

〔註21〕 《世說新語‧文學》注引《魏氏春秋》：「晏少有異才，善談易、老。」見劉義慶撰、余嘉錫著《世說新語箋疏》（北京：中華書局，1989 年 3 月出版），頁 196。又《文心雕龍‧論說》：「迄至正始，務欲守文，何晏之徒，始盛玄論，於是聃、周當路，與尼父爭塗矣！」劉勰《文心雕龍注》（台北：宏業書局，1975 年 2 月初版），頁 327。

〔註22〕 言意之辨，〈繫辭上傳〉說：「子曰：『書不盡言，言不盡意……子曰：聖人立象以盡意，設卦以盡情僞，繫辭焉以盡其言。』」王弼由此提出「得意忘言」的方法論，他所謂的「意」，不只是《周易》之卦義及宗旨，其實是指貫通於萬物的本體「無」，也就是「道」，「道」是萬物之宗，無爲無形，無法用有限的事物及名言來傳達，必須藉著形而下的言、象，透過「忘」的功夫，再體現形而上的理（道）。王弼的「言意之辨」將闡析於本章第一節〈王弼掃象〉中。

〔註23〕 從王弼對象的解釋便能得知每個卦的「一」指的是主爻之義，他說：「夫《象》者，何也？統論一卦之體，明其所由之主者也。」（《周易略例‧明象》），說明每卦的卦義在於象，得知《象傳》，就可以明瞭全卦之宗旨了，故說：「繁而不憂亂，變而不憂惑，約以存博，簡以濟眾，其爲象乎！亂而不能惑，變而不能渝，非天下之至賾，其孰能與于此乎！故觀象以斯義可見矣。」（《周易略例‧明象》），象既是通論一卦之體，那麼這一卦之體又是從何而來呢？王弼在《周易略例‧略例下》說：「凡《象》者，通論一卦之體者也。一卦之體必由一爻爲主，則指明一爻之美以統一卦之義，〈大有〉之類是也；卦體不由乎一爻，則全以二體之義以明之，〈豐卦〉之類是也。」根據王弼『執一統眾』、『以簡馭繁』

24〕基本上也是玄學易學精神的體現，在注《易》之時也兼采儒家與《老子》之說，並用《易傳》的思想以解《易》，足證王弼玄儒兼治的特色，〔註25〕其中王弼使用筌蹄之喻和得意忘言的論點更是源自於《莊子》之論，〔註26〕可見儒道兼治的思想已經融在王學的玄理易中。

　　王弼開創的義理派易學在魏晉南北朝時期獲得舉足輕重的地位，開闢了易學的新風貌，對象數易造成不小的打擊，也影響著象數易學的發展。

二、義理易學的崛起

　　經過東漢末年注經家採取兼融古今的學術路徑，以及荊州學派簡約注經

的原則，一卦雖有六爻，但中心的旨意仍可由至少、至寡的一爻得知，而主要的方法有二：（一）由六爻中唯一的陰爻或陽爻來決定，如如〈小畜・六四〉、〈履・六三〉、〈豫・六四〉、〈同人・六二〉、〈大有・六五〉、〈師・九二〉、〈比・九五〉、〈謙・九三〉這八卦，是以一卦中唯一的陰爻或陽爻為主，來統論整卦之義。其中，〈同人・六二〉、〈大有・六五〉、〈師・九二〉、〈比・九五〉，這四卦不僅以卦中之獨陰、獨陽為主，他們同時也處在「處中」「居尊」的第二爻或第五爻，故能為一卦之主，主導一卦之義。這也說明了獨陰、獨陽之所以可以統一卦之義，最主要的原因在於「處其至少之地也也」，這就是「以少統多」、「以寡統眾」之法。（二）由上下卦之中爻來決定，如〈需・九五〉、〈訟・九五〉、〈師・九二〉、〈比・九五〉、〈小畜・六四〉、〈履・六三〉、〈同人・六二〉、〈大有・六五〉、〈豫・六四〉、〈觀・六五〉、〈噬嗑・六五〉、〈賁・六五〉、〈剝・六五〉、〈無妄・九五〉、〈坎・九五〉、〈恆・六五〉、〈遯・六二〉、〈明夷・上六〉、〈益・九五〉、〈渙・九五〉、〈節・九五〉、〈大畜・六五〉、〈未濟・六五〉，這二十三卦當中的第二、五爻便是一卦之主，所以說：「是故雜物撰德，辯是與非，則非其中爻，莫之備矣！」（《周易略例・明象》）按這兩種方法不管是以唯一的陰爻或陽爻為主，或者以一卦之中爻為主，這一爻都是所謂的至寡、至少，以此爻來掌握全卦之義理，這便是王弼易學「執一統眾」方法的運用。參見拙著〈試論王弼的「執一統眾」思維方式〉，頁283～284，《嘉南學報》第28期，2002年11月。另外，「一爻為主說」所形成的「卦主說」將論述於本論文第四章。

〔註24〕王弼的大衍義雖主張體用之論，但仍由天地之數五十有五演繹而來，韓康伯承之也以五行論之者。王、韓的「大衍之數」將詳論於本論文第八章。
〔註25〕參考田永勝〈論王弼易學與《易傳》的關係〉，《人文雜志》，1999年第3期，頁24～27。
〔註26〕王弼《周易略例・明象篇》說：「猶蹄者所以在兔，得兔而忘蹄；筌者所以在魚，得魚而忘筌」見樓宇烈校釋《王弼集校釋》（台北：華正書局，1992年12月初版），頁609。《莊子・外物》說：「荃（筌）者所以在魚，得魚而忘荃；蹄者所以在兔，得兔而忘蹄；言者所以在意，得意而忘言。」，見郭慶藩《莊子集釋》（台北：鼎淵文化事業有限公司，2005年1月初版二刷），頁944。從王弼論忘言、忘意所用的譬喻視之，明顯地看出此說乃源於《莊子》者。

風氣的影響下，王肅、董遇、王弼、鍾會等人解《易》，明顯地改變漢象數易
學家以卦氣、宮卦、爻辰等易例注經的方式，代之以義理取思、以傳解經以
及簡潔明暢的特點，因此浸潤在這一學風之下，義理易很快地崛起並且與象
數易形成對峙的局面。

（一）何晏以義理解《易》，不涉象數

馬國翰《周易何氏解》自《義海》、《集解》、《正義》輯得四條。〔註27〕
第一條：〈需〉卦辭說：「需。有孚。光亨貞吉。利涉大川。」何晏注說：「大
川，大難也，能以信而待，故可移涉。」馬國翰輯此條乃就義海引錄，〔註28〕
然李鼎祚卻引爲何妥之說，〔註29〕黃師慶萱認爲這一條應不是何晏所作，他
說：「此當是何妥周易講疏語而誤引作何晏者也。」〔註30〕所以此條存疑而不
論。第二條：〈師〉卦辭說：「師。貞。丈人吉。無咎。」何晏注說：「師者，
軍旅之名。故《周禮》云：二千五百人爲師。」〔註31〕何晏對師卦不作卦變
或象數解，直接就卦辭之義解之，此則引《周禮‧夏官司馬》：「二千有五百
人爲師，師帥皆中大夫。」〔註32〕之文以說明師爲軍旅之名。第三條：〈比‧
象〉說：「地上有水，比。」何晏注說：「水性潤下，今在地上，更相浸潤，
比之義。」蜀才於此卦則以卦變之例解之，認爲比卦乃本於師卦 ䷆，由師卦

〔註27〕凡何晏注《易》之文皆引自馬國翰《玉函山房輯佚書‧周易何氏卷》（日本京
都：株式會社中文出版社，1979 年 9 月出版），頁 191～193。以下凡引自馬
本者皆同出此書。

〔註28〕《義海》本爲五代房審權之作《周易義海》，南宋李衡再由房之《周易義海》
摘錄成《義海撮要》，又《義海》本引自李氏集解，李氏集解引此條署名爲何
妥，因此《撮要》引需卦這一條應爲何妥所作。

〔註29〕馬國翰《玉函山房輯佚書》說：「李氏集解引何妥曰『大川者，大難也。須之
待時，本欲涉難，既能以信而待，故可以利涉大川矣。』作何妥。義海引作
何晏文，大誼同而字句詳略小異。妥或述晏之語耶？抑妥晏文似而涉誤耶？
姑依義海錄之。」（日本京都：株式會社中文出版社，1979 年 9 月出版），頁
192。從何妥之文與義海所引之何晏文，字雖有異而其義大致相同，因輾轉抄
引，誤將何妥文筆爲何晏文。

〔註30〕黃師慶萱《魏晉南北朝易學書考佚》說：「妥安形似而誤，後人復於安上加日
字，遂成晏字矣。何妥《周易講疏》，舊唐書經籍志誤題何晏，新唐書經籍志
誤題何安，是妥安晏相沿致誤之例證。」（台北：幼獅文化事業公司，1975
年 11 月），頁 4。

〔註31〕引自李鼎祚《周易集解》（台北：商務印書館，1996 年 12 月臺 1 版第 2 次印
刷），頁 56。

〔註32〕《十三經注疏‧周禮‧夏官司馬》（台北：藝文印書館，1982 年 8 月 9 版），
頁 429。

六五降二、九二生五而成〈比〉卦。〔註33〕虞翻則從象數解之，比卦 ䷇ 上坎下坤，他取坤爲腹之象，取坎爲心之象，腹心有親比之象。〔註34〕何晏從「潤下」之性德言水之情，從「更相浸潤」的意義說比之義，他不用象數體例注解。第四條：〈益·象〉說：「風雷，益。」，何晏注說：「六子之中，並有益物。獨取風雷者，取其最長可久之義也。」，〔註35〕蜀才與虞翻皆從卦變說來解益卦，認爲〈益〉卦 ䷩ 乃從〈否〉卦 ䷋ 而來，〈否〉卦第一爻上升至乾四，上九爻下降至坤初即成益卦。〔註36〕何晏跳脫漢易之詮釋，直接從一卦的上下二體取義，因爲風在乾坤所生的六子中是巽卦，爲長女之象；雷在乾坤所生的六子中是震卦，爲長男之象，二子之說雖源自〈說卦〉八卦之卦象，然何晏僅取其「長久」之義，而不執著在卦象之上，可見他注《易》是以義理爲尚的。

　　因史籍不錄何晏之作，且輯佚可靠者也僅得三條，故無法詳論其《易》注之特色，但由此三條之作，可推知其爲義理易。時人裴徽雖譽之「辭妙於理」，但對於站在象數易立場的管輅而言，卻有不同評論，管輅說：「其說《老》《莊》，則巧而多華；說易生義，則美而多僞。」〔註37〕從管輅的批評可以看

〔註33〕比卦「原筮元永貞。無咎。以剛中也。」馬國翰《玉函山房輯佚書·周易蜀才注》說：「此本師卦。案六五降二、九二生五，剛往得中，爲比之主，故能原究筮道，以求長正，而無咎矣」（日本京都：株式會社中文出版社，1979年9月出版），頁235。因此條馬本輯自李鼎祚《周易集解》，故此案語宜爲李鼎祚案。此則從卦變言之。蜀才之注文並見孫堂《漢魏二十家易注》、張惠言《易義別錄》、黃奭《黃氏逸書考》、《漢學堂經解》等本。

〔註34〕〈比·象〉說：「地上有水，比。先王以建萬國，親諸侯。」虞翻注說：「先王謂五。初陽已復。震爲建，爲諸侯。坤爲萬國，爲腹，坎爲心。腹心親比，故『以建萬國，親諸侯』。《詩》曰：公侯腹心，是其義也。」見李鼎祚《周易集解》引。

〔註35〕見《十三經注疏·周易正義》（王弼韓康伯注、孔穎達等正義）（台北：藝文印書館，1982年8月9版）。本章凡引自孔穎達《周易正義》之注文，皆從此本，故不再作註。

〔註36〕馬國翰《玉函山房輯佚書·周易蜀才注》說：「此本否卦。案乾之上九下處坤初。坤之初六，上升乾四。損上益下者。」（日本京都：株式會社中文出版社，1979年9月出版），頁237。因此條輯自李鼎祚《周易集解》，故此案語亦爲李鼎祚案。蜀才之注文並見孫堂《漢魏二十家易注》、張惠言《易義別錄》、黃奭《黃氏逸書考》、《漢學堂經解》等本。

〔註37〕有關管輅及裴徽的批評，均見於《三國志·管輅傳》及裴松之注引〈管輅別傳〉。而文中的這段引文則出自〈管輅別傳〉，見盧弼《三國志集解》（臺北：漢京文化事業有限公司，2004年3月初版），頁698。

出何晏注《易》的特點有二：一、不從象數立論。二、以《老》《莊》解《周易》卦爻之旨。簡博賢《今存三國兩晉經學遺籍考》說：

> 觀輅所評，則晏之說易，趣尚可覘。不能推陰陽以極幽明一也。以《老》《莊》之言，共爻象爲說二也。夫不推陰陽者，是退斥象數；而漢易爲變。若欲差次老莊而參爻象，是《老》、《易》同流，而經義玄化矣！〔註38〕

從管輅的批評知何晏有二缺：一、不懂陰陽幽明之數。二、融《老》、《莊》參爻象。若何晏只是以儒家義理解易，應不致於有「美而多僞」之批，之所以有此評論，應是《老》《易》同流，經義玄理化之故。何晏在注解《論語》之時常引《易傳》之言，〔註39〕並善用《老》、《莊》之思以解之，王應麟稱何晏：「以《老》、《莊》談《易》」，〔註40〕徐芹庭在《魏晉七家易學之研究》也說：

> 何晏在三國時代，乃融通《老》《莊》之理以解易，實闢易學之新途徑。此後王弼遂通《老》《莊》玄理以釋經，程子、朱子等遂用理學注易，而佛門中人更以佛學論《易》（如《周易禪解之流》），此未嘗非何晏先以老莊論語融通易理，開其先河也。〔註41〕

〔註38〕見簡博賢《今存三國兩晉經學遺籍考》（台北：三民書局，1986年2月初版），頁386。

〔註39〕何晏注〈里仁〉：「子曰德不孤必有鄰」則說：「方以類聚，同志相求，故必有鄰，是以不孤。」此顯然以〈繫辭上傳〉說：「方以類聚，物以群分。」及〈乾九五·文言〉說：「子曰：『同聲相應，同氣相求』」之義解之。又注〈公冶長〉：「夫子之言性與天道，不可得而聞也。」則說：「性者人之所受以生也，天道者，元亨日新之道深微，故不可得而聞。」元亨爲《周易》常用之辭，日新在《周易》有〈繫辭上傳〉說：「富有之謂大業，日新之謂盛德。」又〈大畜·象〉說：「剛健篤實輝光，日新其德」，故知此一注解亦是結合《論語》與《易傳》者。又注〈雍也〉：「有顏回者好學，不遷怒，不貳過。」則說：「不貳過者有不善未嘗復行」，此以〈繫辭下傳〉說：「子曰：顏氏之子，其殆庶幾乎！有不善未嘗不知，知之未嘗復行也。《易》曰：『不遠復，無祇悔，元吉。』」之義解之。又注〈述而〉：「加我數年，五十以學《易》，可以無大過矣。」則說：「易窮理盡性以至於命，年五十而知天命，以知命之年讀至命之書，故可以無大過。」此以〈說卦傳〉說：「和順於道德而理於義，窮理盡性以至於命。」之義解之。見何晏《論語集解》（十三經注疏本）（台北：藝文印書館，1982年8月9版）。以下所引《論語》及《論語集解》皆自此書。

〔註40〕王應麟說：「愚謂晏以老莊談易，係小子觀朵頤所不解者。」見王應麟《困學紀聞·卷一》（台北：商務印書館，1966年10月台1版），頁22。（四部叢刊）

〔註41〕徐芹庭在《魏晉七家易學之研究》（台北：成文出版社有限公司，1977 年 2

故知何晏以《老》、《莊》注《易》，開啓以玄理解經的風氣，影響著往後義理易學之發展。

（二）董遇突破象數，力陳新義

董遇之《易》注輯佚僅存二十一條，又大多從《經典釋文》來，〔註42〕音義皆顯簡短，加上《易》注殘缺不全，實難以判斷其爲義理易學或象數易學，黃師慶萱《魏晉南北朝易學書考佚》考《經典釋文》所錄《周易》異文約四百四十餘條中，孟費師法不同近百條，而董遇從孟者僅四條，因此認爲其底本應爲費氏。〔註43〕徐芹庭《魏晉七家易學之研究》也認爲董遇《易》注因亡佚殘缺，難以歸類爲象數、義理或玄言，但從他的《易》注取資於子夏、孟、京、荀爽、鄭玄、虞翻、陸績等人之說而推知其略重象數也。〔註44〕簡博賢《今存三國兩晉經學遺籍考》則認爲董遇乃欲突軼象數，力陳新義，雖處在兩漢學風之流裔之下，卻極力突破象數藩籬，有所新解。依此之論，理應歸爲義理之學，然察《今存三國兩晉經學遺籍考》一書卻歸董遇於第一章第一節〈象數易學〉的章節內，殆認爲對象數易學仍有陰襲截取者。〔註45〕今本論文則從董遇《易》

〔註42〕　月初版），頁 290。

〔註42〕　馬國翰輯佚之時，皆在每一條下面附上引文出處，統計結果，二條來自《周易正義》：一、夬卦九五爻：「莧陸夬夬」，董遇注說：「莧人莧也，陸商陸也。」二、〈繫辭上傳〉說：「大衍之數」，董遇注說：「天地之數五十有五者，其六以象六畫之數，故減之而用四十九。」十九條來自《釋文》。見馬國翰《玉函山房輯佚書・周易董氏章句》（日本京都：株式會社中文出版社，1979 年 9 月出版），頁 193～195。董遇注文並見孫堂《漢魏二十家易注》、黃奭《黃氏逸書考》、《漢學堂經解》、黃師慶萱《魏晉南北朝易學書考佚》等本，以下注文皆從此諸本出，故不再作註。

〔註43〕　參見黃師慶萱《魏晉南北朝易學書考佚》（台北：幼獅文化事業公司，1975 年 11 月），頁 4。

〔註44〕　徐芹庭《魏晉七家易學之研究》說：「釋文所載多爲異文，音義亦不多，由於其易注之殘缺，吾人實難斷其易之爲象數、爲義理、爲玄言，然從其易注之取資於子夏、孟、京、荀爽、鄭玄、虞翻、陸績也，則可推知其猶重象數也。」（台北：成文出版社有限公司，1977 年 2 月初版），頁 264。

〔註45〕　簡博賢《今存三國兩晉經學遺籍考》說：「然易學之博，經鄭荀之承衍推闡，與夫虞氏之創發定例；象數之義，幾無餘蘊矣。董氏雖力圖突軼其說，以成一家之言；亦勢有所難也。」又說：「董氏年輩，差後諸家。既退歷數，復排象緯，故創爲新義；雖未能圓融，亦卓然成言也。」又說：「夫董氏易說，務突象數藩籬；是以力陳新義，固如上述矣。然辛不能踰矩越矱，故或陰襲截取；皆所以示異諸儒也。」（台北：三民書局，1986 年 2 月初版），此三段分別見頁 61，66，68。

注輯佚的二十一條注解直探其義，定其為義理易學者。

　　觀董遇佚文，約可看出其注《易》特色有二：

1. 以義理注《易》，並力陳新義

　　董遇注《易》取資先儒，卻又獨出己見。如〈屯‧象〉說：「天造草昧」，鄭玄注說：「草，草創也；昧，昧爽也。」〔註46〕荀爽注說：「謂陽動在下，造物於冥昧之中也」（《周易集解》引）王弼注說：「造物之始，始於冥昧，故曰草昧也。」（《周易正義》引）萬物始生必從蒙昧幼微中開始，鄭、荀、王三人皆從此義入，故有「天造草昧」之說。虞翻注說：「造，造生也；草，草創物也。坤冥為昧，故天造草昧。」（《周易集解》引）惠棟《周易述》發揮虞翻之義說：「序卦曰：『屯，物之始生』，乾始交坤，故云草創物。坤納乙癸，月三十日晦。釋言曰：『晦，冥也。』晦冥同義，故云坤冥為昧。昧亦冥也。」〔註47〕虞翻『坤冥』之坤乃從屯卦二至四爻互體所成，因為坤為陰卦，故在虞翻的逸象中，坤又有『冥』、『昧』之義。惠棟進一步把虞翻的『坤冥』一說用納甲之法解之，認為屯乃乾始交坤而得，坤在納甲法中納入乙癸，虞翻根據《周易參同契》的月體納甲理論，〔註48〕不同的時間、不同方位就會呈現不同的月象，當一個月來到晦暗生明之刻，即是陰極陽生之時，正是《周易參同契》所說的「坤乙三十日，東方喪其明」之時，三十日，月完全喪明於東方乙位，坤納乙，為月喪明之象，乾始交坤正逢陰極之時，是為冥昧之象，故有「坤冥為昧」之說。如此一來，〈屯‧象〉在象數易學家的注解下，不僅從互體來解卦，還從納甲法來訓義。而董遇既不從互體、納甲注易，也不從諸儒「草創冥昧」之說，他注說：「草昧，微物」以微物訓草昧，既自創新義又不從象數取義。

　　考其他之注文也大多以義理取勝，如〈夬‧九五〉說：「莧陸夬夬」，荀爽

〔註46〕鄭玄注《周易》之引文並見王應麟《周易鄭康成注》、惠棟《鄭氏周易》、丁杰《周易鄭氏》、孫堂《漢魏二十一家易注》、張惠言《周易鄭氏注》、黃奭輯本《周易注》。

〔註47〕見惠棟《周易述‧卷九‧象上傳》（北京：九州出版社，2005 年 5 月第 1 版），頁 146。

〔註48〕《周易參同契》重視月體納甲理論，認為煉丹採藥必須配合月象之晦朔盈虛方可。虞翻注「懸象著有莫大乎日月」曰：「謂日月縣天，成八卦象。三日莫，震象出庚；八日，兌象見丁；十五日，乾象盈甲；十七日旦，巽象退辛；二十三日，艮象消丙；三十日，坤象滅乙。晦夕朔旦，坎象流戊。日中則離，離象就巳，戊巳土位，象見於中，日月相推，而明生焉。故『懸象著明莫大乎日月』者也。」（見《周易集解》引），此思亦從月象盈虛而立論。

注說：「莧根小，陸根大，五體兌，柔居上，莧也。三體乾，剛在下，根深，故謂之陸也。」〔註49〕虞翻注說：「莧，說也。莧，讀夫子莞爾而笑之莞。〔註50〕陸，和睦也。震爲笑。言五得正位，兌爲說，故莧陸夬夬。」荀爽從爻象取義，認爲夬上卦五體兌柔且小，象徵莧；上卦三體乾剛根深且堅，象徵陸。從爻體之象取義，故釋「莧陸」爲二植物。虞翻從上下八卦取義，夬上體爲兌，兌爲喜悅微笑貌，故以兌卦之意象解之，至於「陸」則從「和睦」之義取解。董遇不從荀爽爻體之象解《易》，亦不從虞翻卦體之象解之，他說：「莧，人莧也；陸，商陸也。」直接從莧陸二字取義。又如〈謙・大象〉說：「謙，君子以捊多益寡，稱物平施。」董遇注說：「捊，取也」有取多益少之義。再如〈繫辭上傳〉說：「鼓之以雷霆，潤之以風雨。」董遇注說：「鼓，鼓動也。」蓋因陰陽相盪，故有雷霆鼓動天地之象。又如〈說卦傳〉說：「神也者，眇萬物而爲言者也。」鄭玄注說：「其成萬物，物不可得而分，故言謂之神。」董遇注說：「眇，成也」與鄭玄義同，皆以成就萬物莫知其所以然者謂之神。

由以上數例之詮解，證董遇注《易》以義理爲重。

2. 以音訓義

董遇注《易》之另一特色乃假借音訓以通易義，如〈噬嗑・九四〉說：「噬乾胏」，子夏作脯，董遇注說：「脯音甫」，即從子夏取脯之義。〔註51〕〈賁・六四〉說：「賁如皤如」董遇注說：「皤音槃，馬作足橫行曰皤」取皤槃同音相訓，槃爲槃旋不進，且馬作足橫行亦有盤旋不進貌，故以皤訓槃，爲槃旋不進之義。〈繫辭上傳〉說：「乾以易知，坤以簡能。」董遇注說：「易音亦」以易音亦，表容易之義。〈繫辭上傳〉說：「辯吉凶者存乎辭」董遇注說：「辯，別也，彼列反。」辯別同聲相訓，故以辯爲別，有辯明分別之義。〈說卦傳〉說：「水火不相射」董遇注說：「射，音亦，厭也。」董取音亦同虞翻，解爲厭，即斁也。虞翻注說：「謂坎離。射，厭也。水火相通。坎戊離巳，月三十

〔註49〕此文引荀爽注皆自李鼎祚《周易集解》，以下凡引荀爽注者皆同出此書，故不再作註。

〔註50〕虞翻說：「莧，讀夫子莞爾而笑之莞。」（《周易集解》引）可見在今本《論語・陽貨》說：「夫子莞爾而笑」的「莞」字，在虞翻所見之版本則爲「莧」，是爲微笑之意。

〔註51〕陸德明《經典釋文》說：「胏，緇美反。馬云：有骨謂之胏；鄭云：簀也。字林云：含食所遺也，一曰脯也。子夏作脯，徐音甫，荀董同。」楊家駱主編（台北：鼎文書局，1975年3月再版），頁23。

日，一會於壬，故『不用射』也。」坎象流戊，離象就已，戊已爲土位，象
見於中，坎離相通，日月相推，才能剛柔相易、日夜相繼而明生焉，故水火
應相濟相生，不應相厭相剋。虞翻以納甲之法而解「不相射」爲「不相厭」
之義，〔註52〕董遇則取射爲厭斁之義而不采納甲之說。

（三）王肅注重義理，反對煩瑣之風

王肅解《易》注重義理，反對神秘化的讖緯之說。這從他反對鄭玄注經
的思想與方式可得知一二，王肅並非排斥今文經而偏好古文經，他與鄭玄一
樣都兼具今古文的經學素養，不同的是，鄭玄注經摻雜讖緯的內容，並大量
採用漢代象數易學的方法，如爻辰、卦變、互體、納甲等繁雜枝蔓的說法，
這才是王肅排斥的主因，〔註53〕如鄭玄注《禮記・大傳》曰：『王者之先祖，
皆感太微五帝之精以生。』〔註54〕王肅駁之：

> 案《易》，帝出乎震，震東方，生萬物之初；故王者制以木德王天下，
> 非謂木精之所生。五帝皆黃帝之子孫，各變號代變而五行爲次焉。
> 何太微之精所生乎？……而鄭以五帝爲靈威仰之屬，非也。〔註55〕

他反對鄭玄，與鄭治今古文無關，而是反對「義理不安，違錯者多」的思想，
〔註56〕認爲鄭玄不該以神秘靈威之說來附會《周易》之思。

王肅擯斥漢代象數易學煩瑣的方法，表現出反讖緯、反煩瑣、重思想、

〔註52〕 在納甲法中，坎納戊、離納已，水火即坎離，山澤有通氣之情，水火則有相
通之義，故〈繫辭上傳〉說：「懸象著明莫大乎日月」，虞翻注說：「晦夕朔旦，
坎象流戊。日中則離，離象就已，戊已土位，象見於中，日月相推，而明生
焉。故『懸象著明莫大乎日月』者也。」

〔註53〕 李振興《王肅之經學》對王學的探源，認爲王肅的《周易注》兼采孟喜、京
房、費直、馬融、鄭玄、荀爽、虞翻等說，並非一味反對鄭學，他之所以反
對鄭學，是對鄭學的「通學」有不滿意處而致。（政大中研所博士論文，嘉新
水泥公司文化基金會研究論文第三六六種。）

〔註54〕 見《十三經注疏・禮記正義・大傳疏》（台北：藝文印書館，1982 年 8 月 9
版），頁 616。

〔註55〕 見馬國翰《玉函山房輯佚書・聖證論》第三冊（日本京都：株式會社中文出
版社，1979 年 9 月出版），頁 2083～2084。

〔註56〕 《孔子家語・序》：「然尋文責實，考其上下，義理不安，違錯者多，是以奪而
易之。」（台北：中華書局，1984 年 5 月台 6 版）。又張惠言：「肅著書，務排鄭
氏，其托於賈馬以抑鄭而已。故於易義，馬鄭不同者則從馬，馬與鄭同則並背
馬。……馬鄭取象，必用〈說卦〉，是以有互、有爻辰，則肅並棄〈說卦〉。」
載張惠言《易義別錄・卷十一・王子雍氏》，見孫星衍、張惠言《孫氏周易集解・
易義別錄》（山東：山東友誼書社，1992 年 9 月月第 1 版），頁 641～642。

尚簡約的學風。如〈訟・彖〉說：「訟，上剛下險，險而健，訟。」蜀才注說：「此本遯卦」，〔註57〕此從卦變立說，卦變是象數易學的一種注經法，虞翻注說：「遯三之二也」（《周易集解》引），訟☲☵，依照虞翻卦變之例，二陰四陽之卦皆從遯卦來，所以遯☶☰三爻之陽來至二爻之位，二爻之陰升到三爻之位，遯卦即成訟卦。王肅注說：「以訟成功者，終必凶也。」〔註58〕這是從義理立說，因爲背離倫理道德，即使以訟得勝，終必凶也。再如〈乾・文言〉說：「六爻發揮，旁通情也。」陸績注說：「乾六爻發揮變動，旁通於坤；坤來入乾，以成六十四卦，故曰『旁通情也』」〔註59〕荀爽說：「乾升於坤，曰『雲行』。坤降於乾，曰『雨施』。乾坤二卦，成兩既濟。陰陽和均，和而其正，故曰『天下平』。」〔註60〕陸績從「旁通」之例解之，荀爽則依據「陽升陰降」的原則注之，而王肅則從義理詮釋，故注說：「揮，散也」，孔穎達補充王肅之見說：「六爻發揮，旁通情者；發謂發越也，揮謂揮散也，言六爻發越揮散，旁通萬物之情也。」〔註61〕此乃從揮散的義理解《易》。又如〈坤〉說：「西南得朋，東北喪朋」。虞翻注說：「陽喪滅坤，坤終復生，謂月三日震象出庚，故『乃終有慶』。此指說易道陰陽消息之大要也。謂陽月三日，變而成震，出庚。至月八日成兌，見丁。庚西丁南，故『西南得朋』。謂二陽爲朋，故兌『君子以朋友講習』。〈文言〉說：『敬義立而德不孤。』〈象〉說：『乃與類行。』二十九日，消乙入坤，滅藏於癸，乙東癸北，故『東北喪朋』。謂之以坤滅乾，坤爲喪故也。」馬融說：「孟秋之月，陰氣始著，而坤之位，同類

〔註57〕馬國翰《玉函山房輯佚書・周易蜀才注》（日本京都：株式會社中文出版社，1979年9月出版），頁233～238。蜀才之注文並見孫堂《漢魏二十家易注》、張惠言《易義別錄》、黃奭《黃氏逸書考》、《漢學堂經解》等本，以下注文皆從此諸本出。

〔註58〕王肅之注文並見孫堂《漢魏二十家易注》、張惠言《易義別錄》、馬國翰《玉函山房輯佚書》、黃奭《黃氏逸書考》、《漢學堂經解》、黃師慶萱《魏晉南北朝易學書考佚》、徐芹庭《魏晉七家易學之研究》、李振興《王肅之經學》等諸本之輯錄與考證。以下注文皆從此諸本出。

〔註59〕陸績之注文並見姚士粦《陸公紀易解》及《陸公紀京氏易注》以及《陸氏周易述增補》、孫堂《漢魏二十家易注》、張惠言《易義別錄》、馬國翰《玉函山房輯佚書》、黃奭《黃氏逸書考》、徐芹庭《周易陸氏學》等諸本。以下注文皆從此諸本出。

〔註60〕荀爽之注文並見孫堂《漢魏二十家易注》、馬國翰《玉函山房輯佚書》、黃奭《黃氏逸書考》、《漢學堂經解》本。以下注文皆從此諸本出。

〔註61〕孔穎達《周易正義》之注文，見《十三經注疏・周易正義》（王弼韓康伯注、孔穎達等正義）（台北：藝文印書館，1982年8月9版），頁16。

相得，故『西南得朋』。孟春之月，陽氣始著，陰始從陽，失其黨類，故『東北喪朋』」〔註62〕王肅注說：「西南陰類，故得朋；東北陽類，故喪朋。」張惠言說：「陰陽類者，〈說卦〉之方，東與北，乾坎艮震；西與南，巽離坤兌。」〔註63〕虞從納甲之例解之，而馬融以卦氣解之，王肅則從《易傳》取義，〈說卦〉有後天八卦之說，其中乾、震、坎、艮為東北之卦，乃為陽類；兌離巽坤屬西南之卦，為陰類；又〈坤·象〉說：「坤：元亨，利牝馬之貞。……西南得朋，東北喪朋。安貞吉。」可知王肅是從〈說卦〉、〈象傳〉取義者，且注重推闡《周易》人事之義理，此亦費氏解《易》之風。

（四）荀粲、鍾會反對漢代象數之學

漢魏之際鄭玄、宋衷等人改定章句，簡化經學，董遇、王肅等人以義理解易，這些例子說明新學風的出現不只是對兩漢儒家經學的反省，更在突破章句訓詁的束縛，直接從「理」的高度來思維。如荀粲提出「六經為聖人之糠秕」說，想要從六籍的注解中另闢一條新的蹊徑，直接挖掘經典的義理。《三國志·魏書·荀彧傳》引何劭〈荀粲別傳〉說：

> 粲諸兄並以儒術論議，而粲獨好言道，常以為子貢稱夫子言性與天道不可得而聞，然則六籍雖存，固聖人之糠秕。粲兄俣難曰：「《易》亦云『聖人立象以盡意，繫辭焉以盡言。』則微言胡為不可得而聞見哉？」粲答曰：「蓋理之微者，非物象之所舉也。今稱『立象以盡意』，此非通於意外者也；『繫辭焉以盡言』，此非言乎繫表者也。斯則象外之意，繫表之言，固蘊而不出矣。」及當時能言者不能屈也。

〔註64〕

荀粲以六籍為糠秕，說明真正「聖人之意」是無法透過「章句之學」與「象數之學」來表述的。就《周易》而言，漢象數學家注經，為了求取更多的《周易》卦象以合理解釋卦爻辭，於是利用八宮、納甲、半象、兩象易、卦變、五行、互體等易例，取得更多的物象與事象，以便達到「立象以盡意，繫辭

〔註62〕馬融之注文並見馬國翰《玉函山房輯佚書》、黃奭《黃氏逸書考》、《漢學堂經解》等諸本。

〔註63〕引自張惠言《易義別錄·卷十一·王子雍氏》，見孫星衍、張惠言《孫氏周易集解·易義別錄》（山東：山東友誼書社，1992年9月月第1版），頁641～642。

〔註64〕引文見盧弼《三國志集解》（臺北：漢京文化事業有限公司，2004年3月初版），頁334。

焉以盡言」的目的。而實際上運用各種象數體例來說解《周易》的精微大義，當然會出現「固蘊而不出」的結果，因為卦爻象的本身是無法直接表現「象外之意」的，所謂「理之微者，非物象之所舉也。」「聖人之意」是在卦象之外、繫辭之表的，問題是需不需要「借」象「繫」辭而已？荀粲提出「六經為聖人之糠粃」正可視為對漢代象數之學的反動。〔註65〕順著這個理路發展，勢必會從「章句之學」、「象數之學」走向「義理之學」。

　　受到學術自由思潮的影響，以象數注《易》的方式逐漸受到排斥，不但是荀粲提出言、象皆不能盡聖人之意的理論外，鍾會也提出了「周易無互體論」，〔註66〕其文雖佚，然由鄭玄、虞翻的互體之法，便可了解鍾會為何有如此之主張。互體之例首見於左傳，〔註67〕京房雖有互體之說，也僅限於初二三爻；〔註68〕到了鄭玄，以卦爻二至四、三至五為互體，甚至有四體連互之說；到了虞翻，互體之說已至繁複，不僅有二至四、三至五之互體，也有初至四、二至五、三至上之四爻連互，更有初至五、二至上之五爻連互，甚者有通過半象、卦變等易例以成其互體之說者，〔註69〕使一卦透過互體衍生出無數之卦，再利用此蔓衍而出的互卦之象來詮釋《周易》，如此才能適應變化無窮的易理，於是互體之用，日益趨巧，終引來反對之聲浪。很顯然地，鍾會這個理論不僅與王弼的掃象之說意義相同，清・顧炎武也認為《周易》原是無互體之說者。他說：

　　　　凡卦爻二至四、三至五，兩體交互，各成一卦，先儒謂之互體。……

〔註65〕學者認為荀粲此論仍有思想的局限，因為荀粲以為本體不能以有限的名言概念來把握，崇本體抑言、象的結果，使得本體與現象之間的作用跌入消極虛無，形成本體與語言之間的割裂，故無法建立玄學的新方法論和解釋學原則。若要完成體用合一並建立玄學的體系，此任務則有待王弼來完成。見李耀南《略論荀粲與言、意之辨的關係》，安徽教育學院學報（哲學社會科學版），1999 年 4 月第 17 卷第 2 期。

〔註66〕此文今已亡佚，《三國志・魏書・鍾會傳》：「會嘗論《易》無互體、才性同異。及會死後，於會家得書二十篇，名曰《道論》。而實刑名家也，其文似會」，見盧弼《三國志集解》（臺北：漢京文化事業有限公司，2004 年 3 月初版），頁 680。

〔註67〕杜氏注《左傳》莊公二十二年「陳侯使筮之，遇之否」首先注曰「互體」，《左傳正義》亦在此例下解成「互體」，見《十三經注疏附校勘記・春秋左傳正義》（台北：大化書局，1989 年 10 月 4 版），頁 3849～3850。凡此易例將詳述於第四章之「互體」例。

〔註68〕《京氏易傳》以初二三爻為互體，四五上爻為約象，將詳述於第四章「互體」例。

〔註69〕有關鄭玄、虞翻之互體說，皆將詳述於第四章之「互體」例。

然夫子未嘗及之，後人以雜物撰德之語當之，非也。其所論二與四、
三與五同功而異位，特就兩爻相較言之，初何嘗有互體之說。〔註70〕

易學家最常用的互體易例爲二至四爻、三至五爻的情形，並認爲其原理則來
自《易傳》之思，〈繫辭下傳〉說：「六爻相雜，唯其時物也。其初難知，其
上易知，本末也。初辭擬之，卒成之終。若夫雜物撰德，辨是與非，則非中
爻不備。……二與四同功而異位，其善不同，二多譽，四多懼。……三與五
同功而異位，三多凶，五多功。」這段話說明《周易》雜陳萬事萬物，撰述
陰陽剛柔之德性，以及辨別是非順逆，非綜合二三四五中爻之說不可，中爻
四象中，二與四、三與五雖同屬陰位、陽位，卻有不同的吉凶貴賤。然這僅
就二與四、三與五各二爻之間作比較，並非如易學家們援引卦中二至四、三
至五爻爲互體之說。顧炎武因此認爲《周易》無互體之說，實爲鍾會「周易
無互體論」之後繼者。

（五）王弼掃象

前已提及王弼所掃之象乃漢魏以來穿鑿過度之象數，而非《周易》本身
之象數論，王弼解《易》亦多有象數之論，大都承襲《易傳》之系統，甚至
偶用象數學家之體例，然而他對於象的重要性則降爲義理之媒介，主張「義
先象後」、「得意忘象」。因爲他認爲漢人爲達注經目的，不但背離孔子義理解
經方式，且囿於形器而走入象數繁瑣的形式，同時也因固守家法，造成象占
之牽強拘泥、支離繁冗，終至無以復加的地步。王弼認爲造成這樣的現象的
主因在於「存象忘義」，漢易過度拘泥卦爻符號所代表之物象，死守著一定的
象數規則，希望透過各種物象的詮釋能更好地解釋卦爻辭之義，如此一來，
便把陰陽讖緯、災異機祥之說都納入其中，遇有不足之處，再加上互體、卦
變、五行相剋等諸法以取得更多的物象，執泥在取象的結果反而湮沒了《周
易》本來的義理精蘊。王弼認爲若是要解決這個缺失，就必須把象當做得意
的途徑，而非目的，因此提出了「忘象求義，得意忘言」的治《易》之法。

1. 揭露漢易「以象注《易》」之弊

卦爻辭是注解卦象的，卦象是體現卦意的，解卦之目的在於卦象所蘊藏
之深意，而非卦象或卦爻辭本身。然而漢易重在取象，往往詳於象而略於意，

〔註70〕見顧炎武《日知錄・卷一・互體》（台北：中華書局，1968年10月臺2版），
頁7。

這就是王弼所說「存象忘義」之缺：

> 是故觸類可爲其象，合義可爲其徵；義苟在健，何必馬乎？類苟在
> 順，何必牛乎？爻苟合順，何必坤乃爲牛？義苟應健，何必乾乃爲
> 馬？而或者定馬於乾，案文責卦，有馬（無）乾，則僞說滋漫，難
> 可紀矣。互體不足，遂及卦變，變又不足，推致五行，一失其原，
> 巧愈彌甚。從復或值，而義（無）所取，蓋存象忘意之由也。忘象
> 以求其意，義斯見矣。〔註71〕

義類便是王弼所謂的「意」，即是抽象的形上之理；牛馬便是王弼所謂的「象」，即是具體的事象，用「牛馬」表徵「乾坤」的目的在於表現「健順」之德，因此只要卦畫能顯示乾象、坤象並表達健順之德就能夠體得卦意，不必一定要用牛馬之物象來表示才可。〈說卦傳〉說：「乾爲馬，坤爲牛」，其實乾卦也可用龍作爲象徵，坤卦也可用牝馬作爲象徵，不必一定要以乾爲馬、坤爲牛才行，故說：「義苟在健，何必馬乎？類苟在順，何必牛乎？」。因爲注《易》的目的在於卦意，而不是卦象、卦爻辭本身，以馬表乾，以牛明坤，都是隨其事義而取象，並非一定非牛非馬不可，事物只是個象徵，若體得「健」及「順」之意，乾、坤卦取之別象可也。如果一味地執著在牛馬的形象上，勢必會造成「而或者定馬爲乾，案文責卦，有馬無乾，則僞說滋漫，難可紀矣」的弊端，如把馬定爲乾象，以此解說《周易》，當馬不再象徵乾卦時，說《易》者仍然一定要依據乾卦之義去詮解其義，或者執泥在馬的意象上而失去乾健的卦義，這樣都會產生牽強附會、僞說滋漫的說法。王弼因此批評漢易的象數之學死抱乾馬、坤牛的做法，爲了「取象」則作無盡的比附，使得互體、納甲、八宮、五行、爻辰、卦氣等易例越來越繁瑣，巧愈彌甚，終至僵化。

　　因此王弼不執著於具體物象的說明，他把象視爲表意的工具與橋樑，故並不在意某卦必爲某象，或某象必有其所自來。雖然不滯泥在象之上，但王弼認爲必須借象、超象再入無象之境界，這樣才能得出「意」（易理）之義，故提出「忘象以求其意，義斯見矣」之說。

　　2. 超越言象的解《易》之法

　　針對漢儒「存象忽意」之失，王弼提出「忘象求義，得意忘言」之說，他認爲象是用以表達意的，所以得到意就可以忘掉象；言是爲了說明象的，

〔註71〕王弼《周易略例·明象》，見樓宇烈校釋《王弼集校釋》（台北：華正書局，1992 年 12 月初版），頁 609。

所以得到象就可以忘掉言。故說：

> 夫象者，出意者也。言者，明象者也。盡意莫若象，盡象莫若言。言
> 生於象，故可尋言以觀象。象生於意，故可尋象以觀意。意以象盡，
> 象以言著，故言者所以明象，得象而忘言；象者，所以存意，得意而
> 忘象，猶蹄者所以在兔，得兔而忘蹄；荃者所以在魚，得魚而忘荃也。
> 然則，言者，象之蹄也；象者，意之荃也，是故，存言者，非得象者
> 也；存象者，非得意者也。象生於意而存象焉，則所存者乃非其象也；
> 言生於象而存言焉，則所存者乃非其言也。然則，忘象者，乃得意者
> 也；忘言者，乃得象者也。得意在忘象，得象在忘言。故立象以盡意，
> 而象可忘也；重畫以盡情，而畫可忘也。〔註72〕

意、象、言三者密不可分，對《周易》而言，意指的是卦爻的蘊意，代表著
卦義；象指的是卦爻之符號，代表著卦象與物象；言指的是卦辭和爻辭，代
表著語言。王弼認為拘泥於具體的象，就不能得到卦義；拘泥於語言繫辭，
就不能說明象，所以，要得意必先忘象，要得象必先忘言。以下則將此理論
的幾個要點整理於下：〔註73〕

（1）肯定「言」與「象」的功能

「象者，出意者也。言者，明象者也」，他肯定「象」是可以表達「意」的，
「言」是可以解釋「象」的，故說「尋象以觀意」、「尋言以觀象」。〈繫辭上傳〉
說：「子曰：『書不盡言，言不盡意』……子曰：『聖人立象以盡意，設卦以盡情
偽，繫辭焉以盡其言。』」「象」指的是卦爻之象，是一種在「象天」、「法地」
基礎下所形成具有「通神明之德」、「類萬物之情」作用的抽象符號體系，「意」
之義必須由「象」完成，故說「立象以盡意」，而「象」又有待於「言」來解釋，
故說「繫辭焉以盡其言」。然而按照漢易繁冗的取象說，所盡之意已非《周易》
原來之卦義，因此王弼才提出「忘言得象」、「忘象得意」之論。

（2）「忘」為超越之意

「言」與「象」都是達「意」的工具而已，不可拘執在「言」、「象」之
上，如此才能達到「意」的體悟，所以王弼主張要「忘」，「忘」並不是拋棄

〔註72〕引自王弼《周易略例·明象》，見樓宇烈校釋《王弼集校釋》（台北：華正書
　　　局，1992年12月初版），頁609。
〔註73〕參考拙著〈試論王弼的「得意忘言」與儒釋道的形上義理〉，頁394～395，《嘉
　　　南學報》第30期，2004年12月。

與遺忘之意，而是一種超越，超越文字的表象去尋繹卦中的道理。《朱文公易說》把忘解爲「遽忘」，並對王弼之「忘象」有所疵議。如說：

> 《易》之有象，其取之有所從，其推之有所用，非苟爲寓言也。然兩漢諸儒必欲究其所從，則既滯泥而不通。王弼以來，直欲推其所用，則又疏略而無據。兩者皆失之一偏，而不能闕其所疑之過也。……固不必深求其象之所自來，然亦不可直謂假設而遽欲忘之也。〔註74〕

漢易拘泥於象數之所自來，故極盡取象之能事，深求的結果導致滯泥不通。而王弼認爲乾卦之義在健，未必取爲馬象；坤卦之義順，未必取爲牛象，故不重視象數之來源而倡「忘象」之說。朱鑑秉朱熹治《易》的精神立足於象數、義理兼治的立場，對於漢易之泥象與王弼之忘象的說法都不贊成，故說：「固不必深求其象之所自來，然亦不可直謂假設而遽欲忘之也。」意謂雖不可穿鑿附會象數之說，但亦不可如王弼一樣把象只是當個譬喻假設的地位而已。胡一桂也說：

> 卦有馬無乾，則僞說滋謾者，自漢儒以來，不能不墮此弊矣！然輔嗣雖知非先儒之失，實自未嘗勘破，夫子取象本不必同於先聖，是以卒無一說以爲之剖決，但謂不必泥象，至有忘象之論，是亦甚未爲得也。〔註75〕

漢儒以來因爲泥象造成僞說滋謾，此固爲缺弊；然王弼忘象之說又何嘗不是另一缺失。胡一桂治《易》兼重象數、義理，所以對牽合附會的漢易以及王弼的「掃象」、「忘象」都有不滿之處。筆者以爲王弼之「忘」，並非遽忘之意，而是超越形而下的「言」、「象」，而直悟形而上的「意」，此一功夫稱作「忘」，「忘」其實就是一種超越，一種內心的體悟，一種生命的實踐。

（3）「意」爲本體上之義理

「忘言」、「忘象」的目的，不是揚棄「言」、「象」，而是爲了挖掘「言」、「象」的絃外之音、言外之意，也就是要去探尋潛藏在「言」、「象」之外的蘊意與內涵，因此王弼所謂的「意」，不只是《周易》之卦義及宗旨而已，

〔註74〕見朱鑑《朱文公易說・卷八・象上傳》，經部，易類第十二冊（總第十八冊），收錄於文淵閣《四庫全書》（台北：商務印書館，1986年3月初版），頁18-585。

〔註75〕見胡一桂《易附錄纂註・卷十五》，收錄於《通志堂經解》本第七冊，清徐乾學輯、納蘭成德校訂（台北：漢京文化事業有限公司）（無年月版次），頁4059。

更應指涉為貫通萬物本體的「道」。如注〈乾〉時說：「天也者，形之名也。健也者，用形者也。」（《周易正義》引）天是道所生成的自然形體，四時代御、運行不已，表現著自強不息的剛健特性。王弼通過對〈乾〉卦象的體會，突破天之形象而直悟乾健之體。在此，無是體，天是用，由用顯現本體，這就是王弼體用一如的玄學體系。王弼借「象」來尋繹「意」，為了不被「象」所局限，所以主張要「忘」。湯用彤在《理學、佛學、玄學》一書中說：

> 言、象為意之代表，而非《易》之本身，故不能以言、象為《易》；然言、象雖非《易》之本身，而盡意莫若言、象，故言、象不可廢，而「得意」須「忘言」、「忘象」，以求「絃外之音」、「言外之意」，故須「忘象」而得意也。〔註76〕

言、象非《易》之本身，但要明白易理又非言、象不可，而言、象是個方法與橋樑，因此不可執泥，故必須忘。「忘言」、「忘象」的目的是在求「絃外之音」、「言外之意」，也就是萬物本體的「道」，王弼在解釋《論語‧述而》「志於道」時說：「道者，無之稱也，無不由也，況之曰道，寂然無體，不可為象。」〔註77〕道是萬物之宗，由無而生有，由體而化用，當然無法用具體形象顯示出來，故說「不可為象」。然道既「不可為象」，又如何認識呢？王弼透過「象」，由有體無，由用返體，由象通意，體悟最終的目的「道」。

　　湯用彤先生把王弼的「言意之辨」視之為「新眼光，新方法」，他說：「王弼首倡得意忘言，雖以意解，然實則無論天道人事之任何方面，悉以之為權衡，故能建樹有系統之玄學。」〔註78〕又說：「王弼依此方法，仍將漢易象數之學一舉而擴清之，漢代經學轉而為魏晉玄學，其基礎由此而定矣」。（同前，頁 26）王弼的「言意之論」不但對於漢易的煩瑣穿鑿有著廓清之功，〔註79〕同時也為易學義理學派的發展奠定了理論根基，更在哲學的體系上建立起認識本體的途徑和方法，在中國義理易學的發展史中，確實佔有一席之地。

〔註76〕湯用彤的《理學、佛學、玄學》（北京：北京大學出版社，1991 年 2 月第 1）版，頁 330。

〔註77〕引自王弼《論語釋疑》，見樓宇烈校釋《王弼集校釋》（台北：華正書局，1992 年 12 月初版），頁 624。

〔註78〕見湯用彤《魏晉玄學論稿‧言意之辨》，收錄在魯迅、容肇祖、湯用彤著《魏晉思想》乙編三種（台北：里仁書局，1995 年 8 月初版），頁 24。

〔註79〕黃宗羲《易學象數論‧自序》：「試談其注，簡當而無浮義，何曾籠絡玄旨。故能遠歷於唐，發為正義，其擴清之功，不可泯也。」（台北：廣文書局，1981 年 2 月再版），頁 5。

3. 注《易》以義理為主

漢易是泥象，王弼是忘象，從泥象到忘象就是將煩瑣的象數易推向義理易的過程。王弼掃象而言理，並非否定一切的象數之論，他所欲掃者是前面說「一失其原，巧愈彌甚。縱復或值，而義無所取」的象數之論，也就是失去《周易》作者原來的旨意卻巧設義例的諸多說法，或者是偶有說對的地方卻無法符合《周易》之卦義，於是借用各種取象的易例，造成如果互體說不通，則換以卦變說，卦變又無法通解則蔓衍為五行之說，對易理而言則無所取義，這些才是王弼所要掃者。至於《周易》本身的象數思想正是他所援以得意的重要工具，自然是不可以掃除的。

然而「象」對於王弼而言，只不過是得意的工具，卦義才是治《易》的最終目標。因此，王弼在注解八卦、六十四卦以及卦爻辭之時，主要的目的是在闡述卦義與卦德。闡述卦義與卦德及其所象徵的哲學義涵。

以上這些義理易學家的注《易》特色及理論確實使義理易學的發展逐漸強盛，終致威脅象數易之生存。

第二節　象數易學的振衰

義理易學的崛興固然對象數易學造成不小的震撼，但這並不代表象數易學從此一蹶不振，相反的，象數易展現活潑的生命力，圍繞著易學的一些理念，與義理易學家展開爭辯。《四庫全書總目·易類》說：

> 《隋書·經籍志》載，晉揚州刺史顧夸（顧悅之）等有《周易難王輔嗣義》一卷，《冊府元龜》又載顧悅之《難王弼易義》四十餘條。京口閔康之又申王難顧，是在當日已有異同。王儉、顏延年以後，此揚彼抑，互詰不休。〔註80〕

不滿玄學家以《老》合《易》、游辭浮說的說《易》方式，除了荀顗難王弼玄學盟友鍾會的「易無互體」，〔註81〕以及荀融質疑王弼的〈大衍義〉外，〔註82〕象數

〔註80〕見《四庫全書總目·易類一·周易正義十卷》（台北：藝文印書館，1989 年 1 月 6 版），頁 67。

〔註81〕孫盛《晉陽秋》說：「顗字景倩，……嘗難鍾會易無互體，見稱於世。」，收於黃奭《黃氏逸書考》第三冊，（京都：株式會社中文出版社，1986 年 10 月出版）（無版次），頁 2955。

〔註82〕此見於《三國志·鍾會傳》注引〈王弼傳〉說：「潁川人荀融難弼大衍義」。見盧弼《三國志集解》（臺北：漢京文化事業有限公司，2004 年 3 月初版），

易學家們紛紛站出來，或以象占合《易》，或以筮術注《易》，或者承繼漢易注《易》體例，或提出一套象數思想與理論來駁斥玄理易，充分肯定了象數易對於把握《周易》義理有不可取代的作用，使象數易學不會因爲掃象闡理風氣的盛行而衰亡。從以下的論述便可窺見易學家們捍衛象數易學的表現：

一、管輅立足於象數立場評論何晏 [註83]

何晏融合《老》《莊》儒道解《易》，卻也十分關注《周易》中有關陰陽之數的象數問題，曾以不解《易》之九事請教於象數派卜筮名家管輅。關於何晏不解《易》之事，歷來有不同的說法，茲列於下：

1. 《世說新語規箴篇注引〈管輅別傳〉》說：「冀州刺史裴徽舉輅秀才，謂曰：『何尙書神明清徹，殆破秋毫，君當愼之，自言不解易中九事，必當相問，比至洛，宜善精其理。』輅至洛陽，果爲何尙書問九事，九事皆明，何曰：『君論陰陽，此世無雙也。』」

2. 《三國志集解》引〈管輅別傳〉說：「輅辭裴使君，使君言：『何、鄧二尙書，有經國才略，於物理不精也。何尙書神明精微，言皆巧妙，巧妙之志，殆破秋毫，君當愼之！自言不解易九事，必當以相問。比至洛，宜善精其理也。』」

3. 《南齊書・張緒傳》說：「何平叔所不解《易》中七事，諸卦中所有時義，是其一也。」

4. 《梁書・儒林傳》伏曼容說：「何晏疑《易》中九事，以吾觀之，晏了不學也，故知平叔有所短。」

5. 王應麟《困學紀聞》說：「晏以《老》《莊》談《易》，係小子觀朵頤，所不解者，豈止七事哉？」

至於何晏不解《易》者究竟是九事或七事？實無足夠材料以資佐證，徐芹庭在《魏晉七家易學之研究》中說：「所言七事，其除陰陽與時義二者耶？」[註84] 意謂本有九事，今除了《世說新語・規箴篇・注引〈管輅別傳〉》所說

頁 681。

[註83] 凡有關管輅易學之說皆參見拙著〈管輅易學述論〉，國立高雄師範大學國文系，《第十四屆所友暨第一屆研究生學術討論會論文集》，2007 年 6 月，頁 25～44。

[註84] 徐芹庭在《魏晉七家易學之研究》中，蒐集資料，把何晏不解《易》九事之資料作了一詳盡的整理。並說明九事除陰陽一事與時義之事外，其餘則不可

的陰陽一事以及《南齊書‧張緒傳》所提的時義一事外，尚有七事。本文以為〈管輅別傳〉之資訊得自其弟，而《世說新語》又較《南齊書》、《梁書》接近管輅時代，《困學紀聞》乃又其後，所以推論九事應較七事為可靠爾！然而九事為何？除陰陽一事與時義之事外，餘則不可知矣！

　　管輅站在象數易學的角度為何晏解陰陽之數與時變之義。陰陽之數者，乃數之奇偶變化，即天地間陰陽二種本質屬性運動變化之體現，而占筮就是對事物變化的規律作一種預測結果的作用。至於時變之義者，更是藉由「納甲」、「五行」等筮法，感數而動，推知實際的干支日月，因而趨吉避凶。此二說在管輅則經常表現為『通神』的手段，雖然有些誇大，其實也符合〈繫辭上傳〉所說「極數知來之謂占，通變之謂事，陰陽不測之謂神」的精神。但管輅始終立足於現實人生來論《易》，而何晏則往往以《老》《莊》論《易》、以玄言論《易》，因此二人對《易》的看法上有很大的歧見。究竟孰是孰非？恐見仁見智！

（一）管輅推論三卦之象而占算何晏將死

　　當時吏部尚書何晏夢見青蠅數十頭，來駐鼻上，驅之不去，便請教於管輅，管輅以周公之德告之說：「公之翼成王，坐而待旦，故能流光六合，萬國咸寧。此乃履道休應。非卜筮之所明也。」〔註85〕周公輔佐成王以德，履道休應，非用卜筮也。然反觀何晏，勢若雷電，但使懷其德者寡鮮，畏其威者眾多，恐非善也。故管輅從卦象衍申其義而告誡何晏說：

> 又鼻者艮，此天中之山，高而不危，所以長守貴也。今青蠅臭惡，
> 而集之焉。位峻者顛，輕豪者亡，不可不思害盈之數，盛衰之期。
> 是故山在地中曰謙，雷在天上曰壯；謙則裒多益寡，壯則非禮不履。
> 未有損己而不光大，行非而不傷敗。願君侯上追文王六爻之旨，下
> 思尼父彖象之義，然後三公可決，青蠅可驅也。〔註86〕

所謂卜筮乃是藉術以說明福禍之根由。其實，一個人的吉凶休咎不在卜筮，在於德行而已。故管輅藉艮、謙、大壯三卦之象來推衍人事之理，告誡何晏為官必宣惠慈和，否則，一味專權將招致敗亡。

　　　　知矣！（台北：成文出版社有限公司，1977 年 2 月初版），頁 287～288。

〔註85〕引自盧弼《三國志集解》（臺北：漢京文化事業有限公司，2004 年 3 月初版），頁 697～698。

〔註86〕引自盧弼《三國志集解》（臺北：漢京文化事業有限公司，2004 年 3 月初版），頁 698。

　　管輅推三卦之象而占算何晏將死，後果如之。艮卦象徵鼻子，鼻子如天中之山，為高危之象；青蠅臭惡聚集，象徵害盈失德之情。「位峻者顛，輕豪者亡」，此時若能效周公之德，則高而不危，故管輅勸誡何晏宜效法謙卦之精神，將山高之勢收斂含藏於地中，以貴下賤，裒多益寡，均衡其勢，否則權勢過大，必然盛極轉衰，此乃《周易》物極必反之理。所以再次提出雷天大壯告以非禮不履之道，因為雷動於天上，其勢甚壯，天下之民皆動見瞻觀，若所動不合乎禮節，必然走到〈大壯・上六〉所說：「羝羊觸藩，不能進，不能退，無攸利」之窘境。

　　管輅雖善為占者，目的在體證易道、勸人以德，他希望何晏能思文王六爻之旨及尼父彖象之義，故假艮卦、謙卦、及大壯卦來提撕何晏當謙虛履禮，否則有殺身之禍。然何晏雖以《老》《莊》解《易》，實不悟《易》道，終致被殺。〔註87〕

　　為何如此？何晏以義理解《易》當重視人事道德，亦當知三卦之理以趨避之。又從其注《論語》引用《易傳》之言，〔註88〕也當曉「精義入神，以致用也；利用安身，以崇德也」（〈繫辭下傳〉）之道，然終不能免於被誅，乃不實踐《周易》哲理之過也。知象、推象而用象，這是管輅的治《易》之法，也是魏晉象數易學家藉由象數推闡義理的方法所在。而何晏雖妙於辭理，但卻不能實際運用於人生，故招來管輅「美而多偽」、「偽則神虛」之譏。

（二）管輅重視爻象，批評何晏背爻象之失

　　二人對於爻象觀點的差異將由「性與天道」這個議題來展開。管輅論性與天道，旨在以卦爻之象配合陰陽之數，找出自然、社會和人自身相感相通的精妙之理，此理雖透過《易》象，但實際上則超越《易》象而達到「可以性通，難以言論」的境地，故常以「神妙」喻之。〔註89〕〈管輅傳〉記載管

〔註87〕何晏不知《易》道合於陰陽之化，幽明之故，關乎吉凶，切乎人生。而只會用《老》《莊》解《易》，故終被誅殺。管輅因而誡之並批評之。

〔註88〕〈述而〉說：「加我數年，五十以學《易》，可以無大過矣。」，何晏注：「易窮理盡性以至於命，年五十而知天命，以知命之年讀至命之書，故可以無大過。」此以〈說卦傳〉說：「和順於道德而理於義，窮理盡性以至於命。」之義解之，何晏以《易》注《論語》，卻不知以此安頓性命，違背《易》以道德趨吉避凶之道。見何晏《論語集解》（十三經注疏本），（台北：藝文印書館，1982年8月9版）。

〔註89〕《三國志・魏書・管輅傳》裴松之注引〈管輅別傳〉說：「夫物不精不為神，數不妙不為術，故精者神之所合，妙者智之所遇，合之幾微，可以性通，難以

輅爲人占卦論怪之時，把人說成蛇與鳥，其鄉里之人曾質疑地問管輅說：「老書佐爲蛇，老鈴下爲鳥，此本皆人，何化之微賤乎？爲見於爻象，出君意乎？」〔註90〕人化而爲鳥、爲蛇，此說究竟是出自《易》象？亦或管輅以己意爲之？管輅回答說：

> 苟非性與天道，何由背爻象而任胸心者乎？夫萬物之化，無有常形，
> 人之變異，無有常體，或大爲小，或小爲大，固無優劣。夫萬物之
> 化，一例之道也。〔註91〕

意謂一切的《易》象皆有一定的理數，非人可恣意爲之，爻象是反映宇宙自然的規律，欲任乎心胸者必以爻象爲基礎，否則不可隨意任乎心胸，管輅立足於象之立場再藉由「性通」超越象數而直達聖人之意，使得他的「性與天道」，既無法純粹用孟子的「盡心知性以知天」的方式來溝通，又無法假借天道以論人事的法則來感通。故人與天通，只能透過個人的修爲與神明之性來驗證；天與人通，中間透過爻象的啓示，再以性來感通，這就是管輅論「性與天道」的要義。這樣的理論因爲帶有強烈主觀體證的意味，往往也給人神秘主義的印象。

　　至於何晏論「性與天道」，雖是注《論語》之論，但何晏在《論語集解》中往往融入《周易》的思想，如注《論語‧公冶長》：「子貢曰：『夫子之文章，可得而聞也；夫子之言性與天道，不可得聞。』」時則說：

> 性者，人之所受以生也。天道者，元亨日新之道。深微，故不可得
> 而聞也。〔註92〕

在這個注文中，性是人之所受以生的本質。而天道指的就是深微不可得聞之理。〈乾〉卦辭說：「乾：元、亨、利、貞。」、〈屯〉卦辭說：「屯：元亨，利貞。勿用有攸往，利建侯」；〈繫辭上傳〉說：「富有之謂大業，日新之謂盛德。」、〈大畜‧象〉說：「剛健篤實輝光，日新其德」。「元亨日新」都是用來說明天道生物長育、剛健篤實、自強不息的精神。何晏並沒有清楚地交待「性」是

　　　言論。是故魯班不能說其手，離朱不能說其目。……斯皆神妙之謂也。」，盧
　　　弼《三國志集解》（臺北：漢京文化事業有限公司，2004 年 3 月初版），頁 699。
〔註90〕引自盧弼《三國志集解》（臺北：漢京文化事業有限公司，2004 年 3 月初版），
　　　頁 694。
〔註91〕引自盧弼《三國志集解》（臺北：漢京文化事業有限公司，2004 年 3 月初版），
　　　頁 694。
〔註92〕引自《十三經注疏‧論語》（何晏集解、邢昺疏）（台北：藝文印書館，1982
　　　年 8 月 9 版），頁 43。

否得之於此「元亨日新」的天道，然從他注《論語·述而》：「加我數年，五十以學《易》，可以無大過矣。」的這句話說：「《易》窮理盡性以至於命，年五十而知天命⋯⋯故可以無大過。」可知何晏要盡之「性」確實是得自此深微不可得聞的天命，故說「窮理盡性以至於命」。若是，則天人皆具「元亨日新」之德，天人合德就在「窮理盡性」中完成，此窮盡之道就顯得玄奧而隱微，何晏故以深微表之。

由此視之，二人都主張天人合一，但是何晏從《周易》之義理來表達「窮理盡性以至於命」之道；管輅則是藉由爻象以顯天道，再以性來感通，故有「可以性通，難以言論」之神妙。何晏不用卦爻之象，直接以《周易》之微言妙理來體現「性與天道」之幽深，故有「不可得而聞」之精妙；管輅藉由卦爻象數之變化以推斷人事吉凶。何晏直接訴諸於心中之義理而不論象占；管輅以術數合《易》批評何晏爲浮辭華藻，不切人生。

（三）管輅以體《易》用《易》的精神反對何晏以玄理論《易》

從管輅論「性與天道」一文中，得知天地、日月、陰陽及萬化之理皆具備於卦爻的象數之中，依其象數便可推測幽明之事，斷定未來變化。管輅從這個角度來看何晏的義理易學，難免要以「未入於神」批評何晏，管輅說：

> 何若巧妙，以攻難之才，遊形之表，未入於神。夫入神者，當步天元，推陰陽，探玄虛，極幽明，然後覽道無窮，未暇細言。若欲差次老、莊而參爻、象，愛微辯而興浮藻，可謂射侯之巧，非能破秋毫之妙也。
>
> 若九事皆至義者，不足勞思也。若陰陽者，精之以久。〔註93〕

管輅認爲一個深於《易》者，必能步天元，推陰陽，探玄虛，極幽明，久之，陰陽之數，精妙之義，不需勞思勞神，自然達到。反之，若辭妙於理，不思害盈之數，不知「精義入神，以致用也；利用安身，以崇德也」之道，〔註94〕只能算是遊於形表的射侯之巧，不能視爲知《易》體《易》的人。甚者，以《老》《莊》比喻易義，摒棄象數，一味付諸玄理，華辭浮藻，此非諳《易》者，亦非能破秋毫之妙者，因此管輅以「少功之才」來批判何晏，故又說：

〔註93〕 引自盧弼《三國志集解》（臺北：漢京文化事業有限公司，2004年3月初版），頁697。

〔註94〕〈繫辭下傳〉說：「往者屈也，來者信也，屈信相感而利生焉。尺蠖之屈，以求信也；龍蛇之蟄，以存身也；精義入神，以致用也；利用安身，以崇德也。過此以往，未之或知也。窮神知化，德之盛也。」

　　欲以盆盎之水，求一山之形，形不可得，則智由此惑。故說老、莊
　　則巧而多華，說《易》生義則美而多僞；華則道浮，僞則神虛；得
　　上才則淺而流絕，得中才則游精而獨出，輅以爲少功之才也。〔註95〕
管輅認爲以《老》《莊》說《易》，就是背棄卦爻之象數，而卦爻象數繫乎天
地日月變化之理則，一旦悖離天地之象，陰陽之數，宇宙萬物變化的規律便
無從掌握，那麼一切事物的法則便無法推衍逆測，縱然辭妙於理，只能說是
美而不實，游談無根的理論而已，無法產生眞正趨吉避凶的智慧。

　　由此可見，管輅仍是立足於象數角度以論《易》，只是他的象數理論已非
漢代煩瑣的注經之學，他捨棄注《易》之事，改以卜筮象占，可說是一種用
術之《易》。

　　二人之論無分軒輊，以何晏之立場視之，雖不懂以「陰陽之數」與「時
義之事」切於世用，然以哲理解《易》確實開展易學之新局面，對於義理易
而言則有創發之功。以管輅之立場視之，雖以人事趨避爲要義，以占驗人生
爲實用，但多有神秘之論，如言書佐、鈴下二人，各以微軀幻化爲蛇、鳥，
反使人不得萬化之理，不得性通之道。此外，當管輅告知其舅爲何晏卜卦之
事，其舅責輅言太切，管輅竟說：「與死人語，何所畏邪？」既知其必死，又
何需卜之？又何需以三卦之理誡之？管輅斷言何晏有死喪之相，故不畏以嚴
厲之語告之。〔註96〕然而，筆者以爲一切若在命數之中，則不需卜矣！《周
易》之可貴在於變易之精神義蘊，人透過修德補過的作爲，可以突破命數之
限制，方是《周易》趨避之要義。

二、孫盛提出「易象妙於見形論」以反對玄理易

　　孫盛乃東晉有名的象數易學家，而殷浩則爲玄理易學家，二人都是清談
高手，都善於《老》、《易》，但對易象之見卻持著相反的看法。殷浩與其叔殷

〔註95〕引自盧弼《三國志集解》（臺北：漢京文化事業有限公司，2004 年 3 月初版），
　　　　頁 698。
〔註96〕《三國志・魏書・管輅傳》裴松之注引〈管輅別傳〉說：「輅還邑舍，具以此
　　　　言語舅氏，舅氏責輅言太切至。輅曰：『與死人語，何所畏邪？』舅大恐，謂
　　　　輅狂悖。……何之視候，則魂不守宅，血不華色，精爽煙浮，容若槁木，謂
　　　　之鬼幽。故鬼躁者爲風所收，鬼幽者爲火所燒，自然之符，不可以蔽也。」
　　　　他形容何晏魂不守宅，容若槁木，精散魂失，爲鬼幽，有死凶之象，後果被
　　　　誅殺。見盧弼《三國志集解》（臺北：漢京文化事業有限公司，2004 年 3 月初
　　　　版），頁 698。關於術數與命運之論則論述於第六章之結論中。

融同屬玄理易,《世說新語‧文學》記載殷融撰有〈象不盡意〉,這個論點基本上與王弼的「象不盡意」、「忘象得意」是相似的。〔註97〕而孫盛提出「易象妙於見形論」目的在於強調「易象」之妙用,反對殷浩、王弼貴道賤器之失,《世說新語‧文學》第五十六條,記載著:

> 殷中軍、孫安國、王、謝能言諸賢,悉在會稽王許。殷與孫共論〈易象妙於見形〉。孫語道合,意氣干雲。一坐咸不安孫理,而辭不能屈。會稽王慨然嘆曰:『使真長來,故應有以制彼。』即迎真長,孫意已不如。真長既至,先令孫自敘本理,孫麤說己語……孫理遂屈。〔註98〕

殷浩、孫盛就「易象妙於見形」的問題展開論辯,一開始孫盛勝過殷浩,後來又被劉真長(劉惔)屈服,《晉書‧孫盛傳》:「盛又著醫卜及〈易象妙於見形論〉,浩等竟無以難之,由是遂知名。」〔註99〕又《晉書‧劉惔傳》:「時孫盛作〈易象妙於見形論〉,帝使殷浩難之,不能屈,帝曰:『使真長來,故應有以制之』,乃命迎惔,盛素敬服惔,及至,便與抗答,辭甚簡至,盛理遂屈。」(同前,頁 1991)他主張易象的重要地位是不可抹滅的,但這個說法未必表示他反對「道」,他所反對的是王弼、殷浩等人以《老》《莊》玄旨解《易》的方式以及忽視象器的作用,故而提出易象之妙在於蘊藏萬事萬物變化之理,亦即萬事萬物的妙理其實都潛藏在卦爻象的變化當中,因此主張神妙之道仍須藉由卦爻象去表達,豈可忘象而直述《易》之理?又豈可擯落卦爻象數而代以玄旨麗辭?這就是孫盛的易象觀。

(一)從評論王弼派易學窺其思想梗概

由於當年論辯的文獻資料已殘佚,僅能從史志及《世說新語》等注文中尋繹其論《易》的觀點,首先看《三國志‧魏書‧鍾會傳》裴松之注引孫盛批評王弼《易》學的一段文字,可窺其易學思想梗概。

> 《易》之為書,窮神知化,非天下之至精,其孰能與於此?世之注

〔註97〕 見唐翼明先生在其《魏晉清談》的第六章〈清談的重振與衰落〉說:「推測殷氏叔姪論《易》皆承王弼之說,屬於魏晉清談中的主流派。」(台北:東大圖書公司,1992 年 10 月初版),頁 270。

〔註98〕 見劉義慶撰、余嘉錫著《世說新語箋疏》(北京:中華書局,1989 年 3 月出版),頁 238。

〔註99〕 唐房玄齡等撰《晉書‧孫盛傳》(北京:中華書局,2006 年 6 月第 8 次印刷),頁 2147。

解，殆皆妄也。況弼以附會之辨而欲籠統玄旨者乎？故其敘浮義則麗辭溢目，造陰陽則妙蹟無間，至於六爻變化，群象所效，日時歲月，五氣相推，弼皆擯落，多所不關。雖有可觀者焉，恐將泥夫大道。〔註100〕

從這一段話可看出他批評王弼的易學觀主要有三點：

1. 王弼以玄旨籠統附會易義，以道入儒，融合儒玄注《易》的結果，造成浮義麗辭，違背了作《易》者本來的聖意，如以陰陽爲例，《周易》講的變化之道就是陰陽變易之理，《周易》象數的微妙之道就在這一陰（－－）一陽（—）所包含的意蘊當中，如剛柔、動靜、男女、天地等，由此變化而衍生宇宙萬物，〈繫辭上傳〉說：「剛柔相推而生變化」、「一陰一陽之謂道」、「陰陽不測謂之神」，天地之間無時無地不在變化，這些都是陰陽絪縕的結果。如果捨棄《周易》的卦爻象及陰陽變易之道而直闡《易》理，雖有可觀之妙理，亦恐違背作《易》者畫卦之本意。王弼注〈復〉說：「復者，反本之謂也。天地以本爲心者也。凡動息則靜，靜非對動者也；語息則默，默非對語者也。然則天地雖大，富有萬物，雷動風行，變化萬端，寂然至無是其本矣。」（《周易正義》引）復卦䷗上坤下震，於自然卦象而言爲上天下雷，故宜解爲雷動地中，草木萌生，春回大地之象；於陰陽之道而言則解爲一陽復始，自下而上，自內而外，陽長陰消之象。從易象體會出周而復始、反復其道之理，並懂得靜默涵養，以維護一陽之初長，這才是「易象妙於見形」的作用。然王弼在解〈復〉卦時則背棄卦爻象之說，不從復卦䷗上坤下震、雷動地中理解，卻直抒「雷動風行」之意，不免違背《周易》設卦觀象之宗旨。且置陰陽之數於不顧，直接以「寂然至無是其本」之說結合《老子》之義：「致虛極，守靜篤，萬物並作，吾以觀物。夫物芸芸，各復歸其根。歸根曰靜，是謂復命。」（第十六章）從老子的「虛極靜篤」、「歸根復命」來闡揚〈復〉卦之精義。這就是王弼「附會玄旨」所導致。

2. 王弼倡「得意忘象」之說，把「象」放在次要的地位，並且僅視爲得「意」的工具，孫盛認爲這樣是不妥當的。因爲《周易》講變化，一切的陰陽剛柔變易，都存在於卦爻象及所取象的物象之中，故說：「六爻變化，群象所效」。王弼雖未掃盡《周易》原本的象數之說，卻主張「象之所生，生於義

〔註100〕見盧弼《三國志集解》（臺北：漢京文化事業有限公司，2004 年 3 月初版），頁 681。

也」，隨義而取象，以義為第一位，忽略易象是《周易》的根本，故注〈大壯·象〉「雷在天上，大壯」時說：「剛以動也」（《周易正義》引）。震，雷也，代表陽氣威動；乾，天也，代表剛健；陽氣威動於天之上，則助長天威，是大壯之象也。王弼不取卦象，只取剛動之義，這與其主張「忘象」理論不無關係。孫盛並非反對卦爻象上所蘊涵之易理，他認為應把「易象」與「易理」視為同等的地位，而且是認識易理不可或缺的要素，而不只是把象當作得意的工具而已。孫盛故說「窮神知化，非天下之至精，其孰能與於此？」窮神知化的易道精神就在卦爻象、所取物象以及萬物之象的形器當中，形而下的象器必然蘊含著形而上之義理，故說「易象妙於見形」，此「妙」字說明的就是這個道裡，故說「非天下之至精，其孰能與於此？」象本身就含藏著深奧義理，這一點，孫盛與王弼、殷浩等人並無不同。不同的是，孫盛重視卦象說，藉卦象以探精深之義蘊，而殷、王二人則重義理、玄理而輕忽易象。

3. 王弼一掃漢代繁瑣的象數體例，其中包含卦氣說，孫盛並不排斥卦氣之法，所以對於王弼擯落「日時歲月，五氣相推」，不表贊同。因為象數學中的卦氣說有「觀象授時」、「序四時之大順」的功能，使人們認識春生、夏長、秋收、冬藏等天道規律，對務實的孫盛而言自然是不會擯斥的。

（二）易象妙於見形論

前文曾提及《世說新語·文學》、《晉書·孫盛傳》、《晉書·劉惔傳》均記載孫盛著〈易象妙於見形論〉，其中劉孝標注《世說新語·文學》時，在「殷與孫共論〈易象妙於見形〉」一語下接著注解說：「其論略曰：聖人知觀器不足以達變，故表圓應於蓍龜。圓應不可為典要，故寄妙迹於六爻。……圓影備未備之象，一形兼未形之形。故盡二儀之道，不與〈乾〉〈坤〉齊妙。風雨之變，不與〈巽〉〈坎〉同體矣。」〔註101〕朱伯崑《易學哲學史》推斷此為殷浩所作，其理由有二：1. 他認為把此段放在「殷與孫共論〈易象妙於見形〉」一語的後面，而不放在「孫語道合」的後面，從行文筆法來看殷為主詞，所以「其」指的是殷浩。2. 整段文意似乎與王弼一派的「象不盡意」類近，故判為殷浩之作。〔註102〕清·嚴可均於《全晉文》中也認為此文是殷浩所作。〔註103〕而馬國翰

〔註101〕晉·孫盛〈易象妙於見形論〉一文見劉義慶撰、余嘉錫著《世說新語箋疏》（北京：中華書局，1989年3月出版），頁238。並見於見馬國翰《玉函山房輯佚書》（日本京都：株式會社中文出版社，1979年9月出版），頁247。

〔註102〕這段文字朱伯崑先生於《易學哲學史》一書中曾作論證，認為是殷浩對孫盛

輯此佚文則依據《晉書・孫盛傳》、《晉書・劉惔傳》的記載，判定爲孫盛所作。究竟這篇文章爲何人所作呢？筆者以爲要先確立孫盛的思想特色，並視其如何看待玄學問題，才能比較準確去論斷他對易學的看法，不能僅憑他批評王弼籠統玄旨、擯落爻象、五氣便認定孫盛堅持漢易象數學而不爲義理之作或不作論道之思。因爲經過魏與西晉的學術思潮的激盪，就算是名理派的儒家學者，以及站在象數立場反對玄理易的學者，或多或少都受到時代風尙的影響，都懂得融合玄學論理的方式，如管輅與孫盛都是著名的例子。更何況想要在論辯當中勝過對方，就得熟悉對方的理論，深入對方的論點再進而超越之，如此才能擊中對方要害，此法謂之「以子之矛攻子之盾」。因此筆者歸此文爲孫盛所作，有四個理由。1. 劉孝標的「其論略」並無交待「其」是指孫盛或殷浩。雖以殷爲第一位，然既說「共論」，則表示二人皆有作此文之可能，若直接斷爲殷浩，此證據則略顯薄弱。2. 根據《晉書・孫盛傳》、《晉書・劉惔傳》的記載，都指稱孫盛著有〈易象妙於見形論〉。今不信《晉書》，反信清人嚴可均《全晉文》之說，不甚合理。3. 既然以「易象妙於見形」爲題，其重易象可知。4. 嚴可均與朱伯崑先生皆認爲「易象妙於見形」一文較近「象不盡意」之宗旨，故判此文爲殷浩的玄理易之作。然筆者以爲若能深入孫盛的哲學思想，便能了解雖然他主張觀象知器，但非局限在漢象數易的範疇上，而是以圓化之道來論象數之說，亦即象數是形而下者，圓化之道是形而上者，形上形下是一體的，故論「易象之妙」在於見形而離形，即用以顯體。而非玄理易懸空不實，避形下之器而直蹈高妙形上之理，雖談體用合一，實以貴無爲尙，給人只有本體卻無象器的消極虛無之感。

　　而這三個理由中的第四點正是筆者以爲〈易象妙於見形論〉爲孫盛所作的重要理據。故將其理闡述於下：

1. 以「圓化之道」論「觀象知器」

　　孫盛重視形下的器，藉由「有」去體證「無」，這是他一貫的思想，也是論《易》的依據。但自從貴無思想盛行以來，名士放蕩之風熾盛，因此引起有心人士之反省，所以劉大杰在《魏晉思想論》中說：

〈易象妙於見形論〉的反駁，是殷浩的論《易》之作。（台北：藍燈文化事業，1991 年 9 月初版），頁 377～378。

〔註103〕嚴可均將此段文章直接放在殷浩的作品之下，且逕自把〈易象妙於見形論〉的篇名改爲〈易象論〉，見嚴可均《全晉文》（北京：商務印書館，2006 年 2 月第 2 次印刷），頁 1388。

> 西晉的名理派如裴頠之流，提出『有』與『有爲』的理論，反駁當
> 日流行的『無』與『無爲』的思想。到了東晉，名理派更進一步，
> 對於老莊的學說，採取正面的攻擊了。代表著這種思潮的，是孫盛
> 的攻老，王坦之的排莊。他們兩個都有儒家思想的根底，故其行爲
> 規矩謹嚴，沒有浸染一點當日流行的惡習氣。〔註104〕

孫盛面對玄學帶來的浮蕩之風，自然是不能沒有非議的，所以他著〈老聃非大賢論〉、〈老子疑問反訊〉、〈易象妙於見形〉等文，正是對玄學思想的反省與批判。這些反老、反玄的理論，表面上是反對老子，而內容卻是批判王弼一派貴無的偏執玄風，而且處處以儒家的理論去詰難，因爲他認爲眞正的聖人雖然已達隨時因順的境界，然必定要有所「迹」，有所著作，有所作爲，不可體無而貴無，必也由有而體無，故說：

> 大聖乘時，故迹浪於所因，大賢次微，故與大聖而舒卷。所因不同，
> 故有揖讓與干戈迹乖，次微道亞，故行藏之軌莫異，亦有龍虎之從
> 風雲，形聲之會影響，理固自然，非召之也。……賢庶幾觀象知器，
> 觀象知器，豫籠吉凶，豫籠吉凶，是以運形斯同，御治因應，對接
> 群方，終保元吉，窮通滯礙，其揆一也。〔註105〕

聖人應是行藏舒卷無礙的，可行則行，不可行則藏，所謂「大聖乘時」，無往而不可。大賢所因不同，與聖有著不同之迹，但近於大聖，亦能觀象知器，豫籠吉凶，凡事皆能予以對治因應，故也能變通無礙，與聖人一樣都能運形斯同，因應得宜。這說明孫盛重視「有」，重視「迹」。這與他重視易象的道理是一樣的。但重「有」與「迹」是否代表孫盛是執著於易象呢？答案當然是否定的。

〈易象妙於見形〉一文說：「聖人知觀器不足以達變，故表圓應於著龜。圓應不可爲典要，故寄妙跡於六爻。……繫器則失之矣。」〔註106〕觀象知器都不足以通達萬物之變，故推及於著龜圓應，著龜圓應亦無法掌握宇宙變化之道，於是就寄託於卦爻象之中，而卦爻象也只是妙理的形迹而已，不可執

〔註104〕見劉大杰《魏晉思想論》（上海：上海古籍出版社，2000年9月第2次印刷），頁179～180。

〔註105〕引自孫盛〈老聃非大賢論〉，收錄在《大藏經》第52冊《廣弘明集・卷五》中（台北縣：無量壽出版社，1988年），頁119。另外他還有一篇〈老子疑問反訊〉，也同樣收錄在此書中。

〔註106〕見嚴可均《全晉文》（北京：商務印書館，2006年2月第2次印刷），頁1388。

泥，故說：「繫器則失之矣」。從這個角度來看，孫盛之論與殷浩、王弼一派的終極目標是一致的，都是爲了表達最高的妙理，故嚴可均會將此文視爲殷浩所作。但若再全盤檢視孫盛反玄之思，即可明白筆者爲何將此文爲歸於孫盛所作之因。

雖然孫盛重易象、重觀器，但並不表示他不重視象外之理。反過來說，他與殷浩同樣重視象外之理，不同的在於他反玄的態度，亦即反對殷浩等人以王學掃象立說，直接以《周易》之妙理爲之。兩方爭論的焦點不在於象外之理，而是重器（象）與輕器（象）的問題。孫盛認爲妙理在於「因應無方，唯變所適」（〈老聃非大賢論〉），而這就一定要透過觀象知器才能實現，但觀象知器的同時又不可「繫器」，否則又拘泥在象器之上，無法體得最高的哲理，因此主張「擬器託象」，以「擬」與「託」來表示對象器的看法，象器都是通往形上之理的橋樑，故不可掃蕩擯落而只重視象外之意。孫盛提出了「圓化之道」，一方面批評貴無（只重妙理）之失，一方面指責崇有（執著象器）之弊，他說：

> 而伯陽以執古之道，以御今之有；逸民欲執今之有，以絕古之風。
>
> 吾故以爲彼二子者，不達圓化之道，各矜其一方者耳！〔註107〕

伯陽指稱老子，象徵王弼貴無之玄，而逸民指的是裴頠，象徵崇有之學。孫盛反對無爲、無迹之論，不僅是反對老子、王弼，更在反對當時末流之玄風，因爲眞正體道的人，在「迹」與「所以迹」中間是融合無間的，不可廢迹而貴無，不可以「無」來統「有」。至於孫盛也反對儒家禮秩與名教的崇有論，是因爲裴頠的「萬有」不是由「無」產生，而是「自生」的「有」，以「有」爲本體就會有所限制，就無法御治因應，對接群方，唯變所適，通達無礙，故孫盛批評裴頠「不達虛勝之道」。從他主張「虛勝」的必要性，可知孫盛的儒家之學其實已受當時學術背景的影響加上了道家之思，與殷浩的玄理著有共通之處，只是他反對過度玄虛走入了貴無之失。孫盛立足於儒家的聖學來矯正虛誕之玄，僅管以儒攻道或以儒統道，但其目的是在兼融合二者之說，因爲他所主張體道的「道」，除了具備儒家的仁聖之德、六經聖教的內涵外，同時也加入了老子「道之爲物，唯恍與惚」、「虛靜」、「謙沖」的成分，以及《周易》「因應無方」、「唯變所適」的特質。〔註108〕孫盛認爲「尙無既失之矣，

〔註107〕引自孫盛〈老聃非大賢論〉，見《大藏經》第52冊《廣弘明集‧卷五》（台北縣：無量壽出版社，1988年），頁120。

〔註108〕〈老聃非大賢論〉：「道之爲物，唯恍唯惚，因應無方，唯變所適。」孫盛也

崇有亦未爲得也」（〈老聃非大賢論〉），可見孫盛並非反對《易》《老》合論，而是反對殷浩等人輕視「觀象知器」的重要性。於是孫盛戮力於建構一套「有無玄通」的圓熟理論，這就是「圓化之道」。

「圓化之道」就是要融通有、無，因爲「道」圓通微妙、深不可識，唯有體道者，深入體證、善加運用，才能隨時委蛇，因時順勢，無所不宜，這叫作「迹冥圓融」。正如聖人著作六經來強調仁聖者必有仁聖之德，有仁聖之德必有仁聖之迹，如果沒有此「迹」就無法敷訓教化，也無法因時興功以達到「有爲」、「無爲」的融合統一。因此要冥體於道，順時而應，乘時而興，體道與達變二者運用自然，玄通無礙方可。

這種觀點同樣見於他所重視的「觀象知器」上，孫盛論《易》重視卦爻象，認爲卦爻象是體現萬事萬物變化的「迹」，聖人之意是不可脫離形器與事迹去求形上之道，因此卦義就必須要建築於易象之上，若無易象而空談義理則易落入浮辭玄虛。反之，若只是執著於易象又會造成繁瑣僵化而失去眞正的卦義。所以「圓化之道」就是要融通「迹」與「道」，從「形迹」與「象器」當中去體會卦義與形上之意。

2. 易象之妙

〈易象妙於見形論〉一文說：

> 其論略曰：聖人知觀器不足以達變，故表圓應於著龜。圓應不可爲典要，故寄妙迹於六爻。六爻周流，唯化所適。故雖一畫而吉凶並彰，微一則失之矣。擬器託象而慶咎交著，繫器則失之矣。故設八卦者，蓋緣化之影迹也。天下者，寄見之一形也。圓影備未備之象，一形兼未形之形。故盡二儀之道，不與〈乾〉〈坤〉齊妙。風雨之變，不與〈巽〉〈坎〉同體矣。〔註109〕

從卦象形器無法通達人事之變化時，則寄託於著龜，〈繫辭上傳〉說：「是故著之德圓而神」，然著德如神，「變動不居，周流六虛」（〈繫辭下傳〉），圓活不滯，不可捉摸，因此只能寄其妙理於六爻畫卦之形迹上。這六爻雖得以觀睹，而其所蘊藏之妙理則又變化不已、通變無礙。故說：「六爻周流，唯化所

承認「道之爲物，唯恍與惚」（《老子》語），並將《老子》虛靜、謙沖之德包含至堯孔聖教內。「因應無方」、「唯變所適」也是《周易》思想的要義之一。見《大藏經》第 52 冊《廣弘明集・卷五》（台北縣：無量壽出版社，1988 年），頁 120。

〔註109〕見嚴可均《全晉文》（北京：商務印書館，2006 年 2 月第 2 次印刷），頁 1388。

適」，然卦爻象的重要就在於它能象徵宇宙間一切的變化，一爻的符號可以代表凶象，也可以代表吉象，只要對爻象之義稍有誤解，就無法掌握《周易》真正的微言妙意。所以藉由象器與形迹去表達吉凶禍福，就不可過度執著在卦爻象之上，否則會像裴頠一樣「不達虛勝之道」而失之一端，故說：「雖一畫而吉凶並彰，微一則失之矣。擬器託象而慶咎交著，繫器則失之矣！」妥適地看待易象之地位，才能由「迹」冥「道」。如果只有「迹」而無「道」，就會落入執「有」的僵化中，無法圓通。

反之，殷浩承繼王弼一派象不盡意的理論，往往忽略易象的作用，以微言表意，導致「以附會之辨而欲籠統玄旨」、「敘浮義則麗辭溢目」的結果。因此，孫盛認為卦爻象是陰陽變化與吉凶慶咎之影迹，也是《易》理「因應無方，唯變所適」的形迹，所以圓通的易理可以兼備未備之象（可見之象），形下的卦爻象可以兼備未備之形（形上之理），透過《周易》兼備未備之形與象，由影迹求之即可盡意。因此乾坤二卦雖表天地之象，但不可局限於天地二象，它們也可代表父母、首腹、龍馬等象；巽坎二卦雖表風雨之象，但亦不可局限在風雨二象，它們也可代表長女中女、雞豕、股耳等象，所謂「圓影備未備之象，一形兼未形之形」，取象不同，其理亦異，因此由迹象逆求其理，方能尋得真正之妙理，這就是「易象妙於見形」的真正義蘊，也就是融通「有」與「無」、「形而上」與「形而下」的圓化之道。

天地萬物的道理都具備在《周易》的卦爻象之中，只要正確地了解卦爻象的運用之方以及《周易》「唯變所適」的原理，就能用象不執泥象，冥理不空談理。像殷浩等人不注重卦象、擯落五氣而著重在玄理易的發揚，其情就像老子一樣，因過度地強調無為，反而讓人有「冥體之道，未盡自然」之感。反之，若執於繫器象占之形迹，又會像裴頠主張崇有之失一樣，不達虛勝之道。因此他在〈老聃非大賢論〉一文中雖讚美賢人能夠觀象知器，豫籠吉凶，因時應事，變通無礙，但仍不許以大聖之名，主要的原因在於他認為大聖者必能跡冥圓融，在形迹當中體會象器以外的道，這才是所謂的「圓化之道」，也是「易象妙於見形」的意義所在，因此「易象」與「妙理」必須能融通無礙才可。

唐翼明說：「孫氏之論對當時崇尚《老》、《莊》之風，不啻當頭棒喝。」又說：「平心而論，孫盛的論《易》、論《老》都偏於保守，於魏晉玄學的精神無所深會，但在當時一片崇尚《老》、《莊》、矜貴虛無的空氣中，他能獨立

思考，敢於反潮流，是相當難能可貴的。」〔註110〕

孫盛雖主張圓化之道，融合儒道之思，然其思想的核心其實偏向儒家之見，因此對殷浩承襲王學之論頗不以爲然，故認爲「易象」必需「見形」，在「見形」之「用」中以悟「道體」之高妙，這種論點在崇尙《老》、《莊》、矜貴虛無的風氣中，確實有如唐先生所說是種反潮流，也相當難能可貴。然而他批評王弼擯落五氣、籠絡玄旨是否妥當呢？批判殷浩玄理貴無之論又是否正確？對於喜歡王學者，如唐‧孔穎達說：「魏世王輔嗣之注，獨冠古今」，〔註111〕清‧黃宗羲便說：「簡當而無浮義，何曾籠絡玄旨？」，〔註112〕清‧黃宗炎說：「輔嗣生當漢後，見象占之牽強拘泥，有乖於聖教，始一切掃除，暢以義理，天下之耳目煥然一新，聖道爲之復」，〔註113〕他們必然不贊成孫盛之論，因爲這些人認爲王學之義理雖爲《老》、《莊》之思，但既可矯正象數過度發展之弊，又表現得舉義明晰、簡約高致，實無「籠絡玄旨」之情。然也有與孫盛持相同之論者，如陳振孫便說：「弼好老氏，魏晉談玄自弼始輩倡之，易有聖人之道四焉，去三存一，於道闕矣」，黃震說：「王弼間以《老》、《莊》虛無之說，誤矣」，〔註114〕丁易東說：「以《老》、《莊》論《易》者，若王輔嗣、韓康伯……但王輔嗣以形爲累，韓康伯以一爲無……則非聖門之學矣」，〔註115〕這些人認爲易本有聖人之道四焉，若只存其理，去其象、變、占之道，非原易也，且易之理應爲儒理，今爲《老》、《莊》玄虛之理，又非三聖之道。

筆者以爲王弼、殷浩等人以《老》、《莊》之理談《易》，確實把握簡約清晰之法則，且藉此建立體用一如的玄學體系，其功亦不可沒！然若以形爲累，以道爲無，恐非《易》之本旨。孫盛認爲形器之重要與道體同功，故主張「易象妙於見形」，意在把握易象之要義，然若以此評判王學擯落五氣之非，則又

〔註110〕見唐翼明《魏晉清談》（台北：東大圖書公司，1992 年 10 月初版），頁 270～271。

〔註111〕見孔穎達《周易正義‧序》,《十三經注疏‧周易正義》（王弼韓康伯注、孔穎達等正義）（台北：藝文印書館，1982 年 8 月 9 版），頁 2。

〔註112〕見黃宗羲《易學象數論‧自序》（台北：廣文書局，1981 年 2 月再版），頁 5。

〔註113〕見清‧朱彝尊《經義考‧卷十》引（北京：中華書局，1998 南 11 月第 1 版），頁 64。

〔註114〕陳振孫、黃震之論皆見清‧朱彝尊《經義考‧卷十》（北京：中華書局，1998 南 11 月第 1 版），頁 63。

〔註115〕見宋‧丁易東《易象義‧統論》，經部，易類第十五冊（總二十一冊）），收錄於文淵閣《四庫全書》（台北：商務印書館，1986 年 3 月初版），頁 21-480～21-481。

過矣！原因是漢魏以後的卦氣說已然出現說法繁複且系統不一之失，王學擯落確有其道，只是落入貴道賤器之缺，又不能令人無憾！

三、干寶力倡漢易以對抗玄理易

　　為了糾正玄風造成的浮虛之弊，干寶在《晉紀》裡批判阮籍及其時人恣情任性違禮敗俗的行為，〔註116〕同時也在注《周易》時表達不滿的情緒，〈序卦傳〉說：「有天地，然後萬物生焉」，干寶注說：

> 物有先天地而生者矣。今正取始於天地，天地之先，聖人弗之論也。
> 故其所法象，必自天地而還。老子曰：「有物混成，先天地生，吾不
> 知其名，強字之曰：道」。〈上繫〉曰：「法象莫大乎天地」。莊子曰：
> 「六合之外，聖人存而不論」。《春秋穀梁傳》曰：「不求知所不可知
> 者，智也。」而今後世浮華之學，強支離道義之門，求入虛誕之域，
> 以傷政害民，豈非讒說殄行，大舜之所疾者乎。〔註117〕

干寶取《老子》、《莊子》、《周易》、《穀梁傳》的片斷之言並扭曲其義，目的都是為了一個「實」字。他認為老子所謂先天地生的道最好存而弗論，對於不可知者（指道、無）不必強求，因為社會風氣的敗壞正是來自於浮華之學，故主張以實對虛。這樣的說法雖然偏頗，但確實達到維護象數易學發展的目的，表現在他的易學觀上，即是注重以象數注《易》，反對空談義理易的虛誕之學。

（一）以取象說來反對捐象棄數

　　《晉書·干寶傳》說：「性好陰陽術數，留思京房、夏侯勝等傳。」〔註118〕

〔註116〕干寶說：「何曾嘗謂阮籍曰：『卿恣情任性，敗俗之人也。今忠賢執政綜合名實，若卿之徒，何可長也？』復言之於太祖，籍飲噉不輟輒，故魏晉之間有被髮夷傲之事，背死忘生之人，反謂行禮者，籍為之也。」（《晉紀》），收於黃奭《黃氏逸書考》第三冊（京都：株式會社中文出版社，1986年10月出版）（無版次），頁2885，干寶在〈晉記總論〉又說：「風俗淫僻，恥尚失所。學者以莊老為宗，而黜六經；談者以虛薄為辯，而賤名檢；行身者以放濁為通，而狹節信；進仕者以苟得為貴，而鄙居正；當官者以望空為高，而笑勤恪。……其倚杖虛曠，依阿無心者，皆名重海內。……悠悠風塵，皆奔競之士。」（同前，頁2889～2890）

〔註117〕引自李鼎祚《周易集解》（台北：商務印書館，1996年12月臺1版第2次印刷），頁188。

〔註118〕唐房玄齡等撰《晉書·干寶傳》（北京：中華書局，2006年6月第8次印刷），頁2150。夏侯勝與京房二人皆擅長推陰陽言災異。《漢書·眭兩夏侯京翼李傳》說：「漢興推陰陽、言災異者，孝武時有董仲舒、夏侯始昌；昭、宣則眭

干寶注《易》立足於京氏之學，再加以自己的創見推衍出一套象數易學體系，這對於在西晉就已經「有書無師」的京氏易而言，的確做到了發揚與傳播的作用。另外，干寶也承繼漢易學家的諸多象數體例，使後世之人得以了解晉代象數易學發展的風貌，尤為難能可貴。

王弼雖有象數之說，但主要的特色仍在參玄取義，干寶視此為虛誕之學，故主張不可廢象而注《易》。如注〈比・六二〉，干寶說：「二在坤中。坤，國之象也。」〔註119〕注〈姤・九五〉，干寶說：「初、二體巽，為草木。二又為田，田中之果，柔而蔓者，瓜之象也。」姤卦 ䷫ 上乾下巽，巽在自然現象代表木，故說「初、二體巽」，此取半象之說，僅以初、二爻為巽象。注〈困・初六〉，干寶說：「兌為孔穴，坎為隱伏。隱伏在下，而漏孔穴，臀之象也。」困卦 ䷮ 上兌下坎，干寶以兌為穴象，以坎表隱伏之象，孔穴隱伏在下，有臀之象。注〈革・初九〉，干寶說：「鞏，固也。離為牝牛。離爻本坤，黃牛之象也。」離爻本坤，本是卦變之論，不知干寶卦變之則為何，然此處藉由卦變之說，推知離本自於坤卦，坤為牛，故將離解為牝牛。注〈未濟〉，干寶說：「坎為狐。」自從掃象數、闡義理之風行，象數易幾乎步入衰勢，干寶以象釋易辭，可謂對象數易學的流傳起了很大的作用。

（二）留思京房之學以挽救衰頹之象數易

干寶性好陰陽術數，留思京房之學，並采眾家之長，注《易》用互卦、五行、干支、八宮、世魂、卦氣、消息、六親、九族福德、刑殺等體例來取象，可說復興漢代易學家以象數注《易》的風氣。以互卦取象之例，如〈旅・六五〉說：「射雉，一矢亡。」干寶注其爻象時說：「離為雉，為矢；巽為木，為進退；艮為手，兌為決。有木在手，進退其體，矢決於外，射之象也。」旅卦 ䷷ 上離下艮，離、艮本為旅卦之上下體，然巽、兌二卦從何而來呢？此干寶以二三四爻互巽，三四五互兌，乃以「互體」解卦。其他如〈益・六三〉、〈漸・上九〉之注亦如是。

以卦氣注《易》之例，如〈繫辭下傳〉說：「乾，陽物也；坤，陰物也」，

孟、夏侯勝；元、成則京房、翼奉、劉向、谷永；哀、平則李尋、田終術。此其納說時君著名者也。」

〔註119〕干寶注文除引自李鼎祚《周易集解》外，並見孫堂《漢魏二十家易注》、張惠言《易義別錄》、馬國翰《玉函山房輯佚書》、黃奭《黃氏逸書考》、《漢學堂經解》、黃師慶萱《魏晉南北朝易學書考佚》等諸本。

干寶注說：「一卦六爻，則皆雜有八卦之氣。」干寶重視爻體，所以一爻可備八卦之氣，如〈旅・六五〉即以一爻代表離卦之氣。又如注〈乾・九三〉時說：「爻以氣表」，再如注〈坤・上六〉則說：「陰在上六，十月之時也。……。坤位未申之維，而氣溢酉戌之間，〔註120〕……言陰陽離則異氣，合則同功。」以氣來表示爻體之情，干寶更把卦氣結合陰陽消息，創出與先儒不同的消息卦氣理論。卦變、卦氣之論至虞翻而已備，虞翻、蜀才的十二消息卦，皆本乾坤二卦爻變而來，如乾陽長至坤初爻爲復卦，繼而初、二陽爻生爲臨卦，而後初、二、三爻生爲泰卦，再爲大壯、夬卦，卒至乾卦六爻皆陽，此爲陽長陰消之過程，故稱爲息卦；後六卦由坤陰長至乾初爻爲姤卦，繼而初、二陽爻生爲遯卦，而後初、二、三爻生爲否卦，再爲觀、剝卦，卒至坤卦六爻皆陰，此爲陰長陽消之過程，故稱爲消卦，這都本乾坤爻變而生十二卦。然干寶卻持著相反的論調，說乾坤十二爻者乃來自消息卦，故注乾坤十二爻則說，乾之初爻自復來，乾九二自臨來，乾九三自泰來，乾九四自大壯來，乾九五自夬來。而坤之初六自姤來，坤六二自遯來，坤六三否自遯來，坤六四自觀來，坤六五自剝來。後世之人對此說有批評者，有讚譽者，將於第四章詳論之。

　　以八宮、納甲、五行說注《易》，在京房之時即創立了一套八宮易學體系，〔註121〕通過八卦納甲和納支將水火木金土五行與《周易》有機地結合起來，

〔註120〕依據《易緯・乾鑿度》：「震生物於東方，位在二月；巽散之於東南，位在四月；離長之南方，位在五月；坤養之於西南方，位在六月；兌收之於西方，位在八月；乾制之於西北方，位在十月；坎藏之於北方，位在十一月；艮終始之於東北方，位在十二月。」見黃奭輯《易緯、詩緯、禮緯、樂緯》（上海：上海古籍出版社，1993年4月第1版），頁6～7。又說：「艮漸正月，巽漸三月，坤漸七月，乾漸九月。」（同前，頁7）又根據《易緯・稽覽圖・卷下》說：「小過、蒙、益、漸、泰，寅。需、隨、晉、解、大壯，卯。豫、訟、蠱、革、夬，辰。旅、師、比、小畜、乾，巳。大有、家人、井、咸、姤，午。鼎、豐、渙、履、遯，未。恆、節、同人、損、否，申。巽、萃、大畜、賁、觀，酉。歸妹、無妄、明夷、困、剝，戌。艮、既濟、噬嗑、大過、坤，亥。未濟、蹇、頤、中孚、復，子。屯、謙、睽、升、臨，丑。坎六、震八、離七、兌九。」（同前，頁140）由此十二月配合八卦方位，再配合十二地支，形成「八卦十二位」之說。於是推得坤位在未申之間。又坤上六爻辭：「龍戰於野，其血玄黃」，干寶注說：「爻終於酉，而卦成於乾」，依照京房八卦干支排納法，乾上六爲壬戌，坤上六爲癸酉，因爲龍戰於野，坤逼乾之處，陰陽相戰，玄黃相雜，故說：「氣溢酉戌之間」

〔註121〕京房將六十四卦分爲八宮卦，以八純卦爲本宮卦，每一宮卦底下有一世、二世、三世、四世、五世、游魂、歸魂。如以乾宮例，乾宮一世、二世、三世、四世、五世、游魂、歸魂分別爲姤、遯、否、觀、剝、晉、大有。京房《周

賦予全部六十四卦和所有三百八十四爻以五行屬性，並且就五行之間的德刑、生剋，比和，扶抑…等說法而判斷福德刑殺之情，故《京氏易傳》說：「生吉凶之義，始於五行，終於八卦。」〔註122〕干寶承繼京房這一說法並廣爲運用，八宮者，每行八卦，八行共六十四卦。以一行爲一宮，又以每行起始之純卦爲宮名，於是形成八宮卦，八宮卦又可分爲上世（八純卦）、一世、二世、三世、四世、五世、游魂、歸魂，皆由爻變而來。其次，八宮卦配以十干，甲爲十干之首，此說稱爲「納甲」；又將各爻分別配以十二支，稱爲「納支」。其納甲、納支之規則一如京房，因爲乾坤二卦皆分內外卦，所以乾卦內卦納甲，外卦納壬；坤卦內卦納乙，外卦納癸。其餘六卦震、巽、坎、離、艮、兌，分別納庚、辛、戊、己、丙、丁。從初爻到上爻，乾配子、寅、辰、午、申、戌；坤配未、巳、卯、丑、亥、酉；震配子、寅、辰、午、申、戌；巽配丑、亥、酉、未、巳、卯；坎配寅、辰、午、申、戌、子；離配卯、丑、亥、酉、未、巳；艮配辰、午、申、戌、子、寅；兌配巳、卯、丑、亥、酉、未。故干寶說：「甲壬名乾，以乙癸名坤也。」（注〈繫辭下傳〉「乾，陽物也；坤，陰物也」）此爲八宮配干支之說。

再把八宮、地支配以五行，如以乾宮爲金，以震宮爲木，以坎宮爲水，以艮宮爲土，以坤宮爲土，以巽宮爲木，以離宮爲火，以兌宮爲金。又將地支分別賦予方位及五行，寅卯位於東、五行屬木，申酉位於西、五行屬金，巳午位於南、五行屬火，子亥位於北、五行屬水，辰未戌丑位於中、五行屬土。如此一來，每一爻都有地支，每一卦都有所屬宮卦，視每一爻的五行與其宮卦的五行二者之間的生克情形即可斷其吉凶。故干寶說：

> 若初九爲震爻，九二爲坎爻也。或若見辰戌言艮，巳亥言兌也。或若以甲壬名乾，以乙癸名坤也。或若以午位名離，以子位名坎。或若德來爲好物，刑來爲惡物。王相爲興，休廢爲衰。〔註123〕

易京氏章句》分別注此八卦説：「乾，此八純卦象天」、「乾宮一世卦」、「乾宮二世卦」、「乾宮三世卦」、「乾宮四世卦」、「乾宮五世卦」、「乾宮游魂卦」、「乾宮歸魂卦」。他卦亦然，皆以此法注之。見馬國翰《玉函山房輯佚書》第一冊（日本京都：株式會社中文出版社，1979年9月出版），頁97～103。

〔註122〕引自陸績《京氏易傳・卷下》，見嚴靈峯編輯無求備齋《易經集成》第177冊（台北：成文出版社，1976年臺1版）（無月份），頁113。以下凡引《京氏易傳》，皆從此本，故不再作註。

〔註123〕此干寶注〈繫辭下傳〉「乾，陽物也；坤，陰物也」之語，見李鼎祚《周易集解》引（台北：商務印書館，1996年12月臺1版第2次印刷），頁392。

「初九爲震爻，九二爲坎爻」講的是爻體，以一爻之體配八卦之氣。「辰戌言艮，巳亥言兌」講的是干支，因爲艮之初六爻配丙辰、六四爻配丙戌；兌之初爻配丁巳、九四爻配丁亥。至於「以午位名離，以子位名坎」講的是地支配八卦方位之說。綜合以上的天干地支、五行方位，再視其生剋刑德就能判斷「王相」、「休廢」之吉凶慶咎。這整套筮法是利用五行六位的卦象透過生剋運算的機制以預測吉凶禍福，故干寶又說：

> 等，群也。爻中之義，群物交集，五星四氣，六親九族，福德刑殺，
>
> 眾形萬類，皆來發於爻，故總謂之物也。〔註124〕

每一爻皆可藉由八宮、五行、干支、世魂、納甲、納支等諸法的應用，配以卦氣時日、六親九族等條件加以運算，便可預知「福德刑殺」之數，此則象數易學之家數也。〈繫辭下傳〉也說：「八卦以象告，爻象以情言，剛柔雜居，而吉凶可見矣。」

　　干寶注〈序卦傳〉時批評王學說：「浮華之學，強支離道義之門，求入虛誕之域，以傷政害民，豈非讒說殄行，大舜之所疾者乎」（《周易集解》引），干寶認爲王學以玄釋《易》，祖述虛無，其辭雖然高妙華美，卻無用於天下國家，因此視爲虛誕之空言。然而，他卻忽視王學將象占之學提昇到哲理的高度，而直批王學爲讒說殄行，這樣的批評實有過論。

　　然而干寶注《易》重視爻體與易象，留思京房之學，用消息、卦氣、八宮、世魂、六親、五行、干支等法注《易》，並且突軼京氏之說，采眾家之長而建立一己的箋注體系，對於玄學易盛行的晉代而言，干寶的努力無疑是替象數易注入一股振興的勢力，使能屹立於晉代而不致滅落。

　　綜合象數易學家以種種理論對辯玄理易，目的都是爲了使逐漸式微之象數易能夠再度振興。雖然他們並沒有取代玄理易而再度登上盟主寶座，但確實使象數易學維持了與玄理易抗衡之局面，對於振衰而言，可謂有汗馬功勞。管輅以術數合《易》的方式證明易象與易數的重要性。孫盛撰〈易象妙於見形論〉是從象可盡意的層面反對殷浩、王弼派等人的象不盡意的理論，凸顯象的妙形足以據用顯體。此二人雖詰難玄學易的棄象談理、浮辭虛誕，但爲了避免落入漢象數易學神秘、繁瑣、僵化、泥象等缺點，他們同時也吸收了玄學思維與玄學方法來改善自己的思想理論，使象數易學呈現新的面貌，以

〔註124〕此干寶注〈繫辭下傳〉「爻有等，故曰物」之語，見李鼎祚《周易集解》引（台北：商務印書館，1996 年 12 月臺 1 版第 2 次印刷），頁 395。

便可以對抗玄學易學。至於干寶則在注《易》方面繼承漢京氏易學的種種象數體例，同時也采集眾家之長以創新自己的詮釋理論，爲了詰難玄理易的游談無根，干寶更是突破京房之說，以史釋《易》，目的就是以實際的人事義理來反擊玄理易脫離人生的華辭妙理。這些理論都足以證他們對於振興象數易學的努力。

第三節　象數易與義理易的融合

　　魏晉的象數易學雖然在義理易學的衝擊下漸趨衰落，然在象數易學家極力地維護之下，仍能與義理易相互抗衡而不致於頹喪，直至唐・孔穎達才正式以王、韓之注爲核心，這說明象數易學一直發展到唐朝之前仍是力振不衰的。因爲有這些象數易學家的努力，使義理易學家不但無法輕易取代象數易學，同時也多少影響義理易的注《易》傾向，使易學呈現二者互相融合的局面。

一、義理易兼論象數者

　　在漢魏之際的學術背景下，用義理解《易》逐漸形成趨勢，尤其是在象數易學摻雜讖緯並且解經煩瑣的情況之下，義理易學家或直抒易理，或以訓詁方式注經，或以義疏形態注經，或以傳解經，或從人事道德的角度直接發揮易理的精蘊，皆著重在哲理的闡發上。雖然如此，象數是《易》之所以成《易》的基礎，因此這些義理易學家在注《易》之時也會兼採象數之說。

（一）董遇與象數的關係

　　〈繫辭上傳〉說：「聖人以此洗心」，董遇將洗作先。〔註125〕虞翻注此段文說：「聖人謂庖犧。以蓍神知來，故以『先心』。陽動入巽，巽爲退伏，坤爲閉戶，故藏密。」（《周易集解》引）又說：「乾神知來，坤知藏往。來謂出見，往謂藏密也」（同前），惠棟《周易述》則說：「乾神知來，坤知藏往，來謂先心，往謂藏密也。」〔註126〕先心乃指以蓍神預知未來之事也，此聖人所以能興神物，逆知吉凶，以前民用者。董遇以預知未來之先心解之，

〔註125〕陸德明《經典釋文》說：「洗……京荀虞董張蜀才作先，石經同。」楊家駱主編（台北：鼎文書局，1975 年 3 月再版），頁 32。

〔註126〕見惠棟《周易述・卷十六・繫辭上傳》（北京：九州出版社，2005 年 5 月第 1版），頁 283。

此用「蓍神」喻之，與虞翻之注有異曲同工之說。另外，〈剝‧上九〉：「君子得輿」，董遇作「君子德車」解，〔註127〕虞翻注說：「夬乾為君子，為德；坤為車，為民；乾在坤，故以德為車。」虞翻運用旁通、對應與飛伏之易例來釋此爻，剝卦 ䷖ 上艮下坤，夬卦 ䷪ 上兌下乾，剝與夬為旁通之卦，故與夬卦上六爻相應之卦體為乾，與夬卦上九爻相應之卦體為坤，夬卦與剝卦之下卦乾坤則互為隱伏，故虞翻以乾坤二卦解此爻辭。董遇不取其旁通、飛伏等說，然其注為德車者，本身即有《易傳》象數之思，蓋剝卦上艮下坤，坤於〈說卦傳〉中有「大輿」之象，因此董遇雖欲力陳新義，亦無法完全脫離象數之思。

（二）王肅與象數的關係

王肅雖主張以人事義理及《易傳》之義解經，反對煩瑣，以簡約為尚，但他並不擯斥取象之說，他反對的是鄭玄及漢易卦變、互體、爻辰等說法，故欲掃互體、卦變、納甲、爻辰、消息等衍蔓之象。他對於《周易》本身的象數易例也有所承繼，只是在取象方法上僅限於易卦本身上下二體之象、六爻符號之象以及《易傳》所言之象，如〈中孚‧象〉說：「利涉大川，乘木舟虛也」，王肅注說：「中孚之象，外實內虛，有似可乘虛木之舟也。」此則從卦爻之畫以擬自然之象而推得，蓋中孚卦 ䷼，四陽在外，為實象，代表舟身；二陰在內，為虛象，代表人所立之處，整體而言，則有舟之象焉。又如〈剝‧六四〉說：「剝牀以膚，凶」，王肅注說：「在下而安人者，牀也。在上而處牀者，人也。坤以象牀，艮以象人。牀剝盡，以及人身，為敗滋深，害莫甚焉。故曰：「剝牀以膚，凶也。」剝卦 ䷖ 上艮下坤，坤在文言有「坤厚載物」之象，大地載萬物如同牀以載人，故以坤為牀，艮為人之象，因為牀已剝盡，危及人身，因而有凶之象。由此可知王肅仍取象數之說，只是此象數非漢代易學家所滋衍之象數，乃依從《易傳》本有之象數而立說。此外，王肅雖廢漢代煩瑣諸象，然仍有五行之說，如〈繫辭上傳〉說：「河出圖，洛（雒）出書」，王肅注說：「漢家以火德王，故從雒」。《易》本不言五行，自漢象數易學家結合五行與八卦之說，比附取義的情況十分嚴重，王肅欲反漢象數學，卻從五行相生的角度而說「漢家以火德王」，此其未掃盡象數之說者。王肅以象數解《易》的情形，大致如下：

〔註127〕陸德明《經典釋文》說：「得輿，音餘，京作德輿，董作德車。」楊家駱主編（台北：鼎文書局，1975 年 3 月再版），頁 23。

1. 運用中爻、應、位、承乘、初上無位之說以注《易》

王肅不完全否定象數易例之說,從他的《周易》注中仍存在中爻、應、位、承乘、初上爻等說法可證,如〈坎・彖〉說:「維心亨,乃以剛中也。」王肅注說:「守險以德,據險以時,成功大矣。」坎卦,九五、九二均爲陽爻,象徵剛健,又居中,故說「剛中」,用德守險,隨時偕行,王肅以「中」發揮道德與時變的精神。再如〈損・上九〉說:「弗損益之,無咎,貞吉。」王肅注說:「處損之極,損極則益,故曰『弗損益之』。非無咎也。爲下所益,故『無咎』。據五應三,三陰上附,外內相應,上下交接,正之吉也。故『利有攸往』矣。剛陽居上,群下共臣,故曰『得臣』矣。得臣則萬方一軌,故『無家』也。」此王肅以「據五應三」來詮解《周易》。

這樣的解《易》之法及體例對往後的易學家產生了一定的影響,朱伯崑《易學哲學史》第一冊第三章〈魏晉玄學派的易學哲學〉中引〈損・上九〉一例,說明王肅與王弼二人對此爻之注解基本上是一致的,〔註128〕由此證明王肅易學的確對王弼易學產生影響。〔註129〕再從二人注經運用應、位、承乘、初上無位等說法來看,二人雖以義理爲主,但都不完全排斥象數解《易》體例,可知王弼對王肅《易》注思想是有所吸收的。〔註130〕二人都以義理解易,但都不完全廢棄象數之學。

〔註128〕 王肅曰:「處損之極,損極則益,故曰『弗損益之』。非無咎也。爲下所益,故『無咎』。據五應三,三陰上附,外內相應,上下交接,正之吉也。故『利有攸往』矣。剛陽居上,群下共臣,故曰『得臣』矣。得臣則萬方一軌,故『無家』也。」(《周易集解》引)。王弼《周易注》:「處損之終,上無所奉,損終反益。剛德不損,乃反益之,而不憂於咎,用正則吉,不制於柔,剛德遂長,故曰弗損,益之,無咎貞吉,利有攸往也。居上乘柔,處損之極,尚夫剛德,爲物所歸,故曰得臣。得臣則天下爲一,故無家也。」(十三經注疏本)從二人的注解視之,其思想幾乎相同,故不能說王肅易學對王弼沒有絲毫影響。

〔註129〕 湯用彤《魏晉玄學》中〈王弼之周易論語新義〉一文說:「王弼未必曾居荊州。然其家世與荊州頗有關係。……則王弼之家學,上溯荊州,出於宋氏。夫宋氏重性與天道,輔嗣好玄理,其中演變應有相當之連繫也。又按王肅從宋衷讀《太玄》,而更爲之解。張惠言說,王弼注《易》,祖述肅說,特去其比附爻象者。此推論若確,則由首稱仲子,再傳子雍,終有輔嗣,可謂一脈相傳者也。」(台北:佛光文化事業有限公司,2001年4月初版),頁109。湯用彤認爲宋衷之學傳予王肅再傳至王弼,此脈絡應是可信的。

〔註130〕 南金花《王肅周易注及其易學思想》大陸碩士論文則從解經體例及注經思想兩方面來論證王肅注經對王弼的影響。2005年5月15日。

2. 從本卦及《易傳》之象數思想來解經

此外，王肅解經也有所取象之說，亦即從本卦的上下二體之象推得其義，或從《易傳》的象數思想來解經，不採用漢代象數學家蕪雜的取象方式。如〈離·大象〉說：「明作兩，離，大人以繼明照於四方。」虞翻注說：「兩謂日與月也。乾五之坤成坎，坤二之乾成離，離坎日月之象，故明兩作離。」此乃從卦變立論，即從乾坤二卦經由卦變而成坎離來解日月之兩明。王肅對象數易的解經法大都廢而不用，直接從本卦之象取義，他注解此例說：「兩離相續，繼明之義也。」離者，上離下離也，〈離·象〉說：「日月麗乎天」，很明顯的，「兩離」指的是日與月，故有「兩明相續」之象，日月相繼，明之又明，故有「繼明」之說。又如〈咸·象〉說：「咸，感也。柔上而剛下，二氣感應以相與。止而說，男下女，是以亨利貞，取女吉也。」虞翻注說：「乾為聖人；初四易位成既濟；坎為心、為平，故『聖人感人心而天下和平』。此保合太和，品物流形也。」蜀才注說：「此本否卦。案：六三升上，上九降三，是柔上而剛下，二氣交感，以相與也。」王肅則說：「山澤以氣通，男女以禮感。男而下女，初婚之所以為禮也。通義正，取女之所以為吉也。」這個例子，虞翻以「易位成既濟」來解經，而蜀才從卦變的觀點出發，王肅則從《易傳》本身的象數思想取義，〈說卦傳〉說：「天地定位，山澤通氣。」以山澤通氣來比喻男女交感，這是從咸卦上下二體取象而得，咸 ䷞ 上澤下山，山氣本上而往下，澤氣本下而往上，如天地相交，上下往來，二氣自然相感相應，故有男女以禮感之說。故知王肅之論異於虞翻的成既濟說，也不同於蜀才卦變之論，是從六十四卦上下二體之象或《易傳》之說來取象。

（三）王弼與象數的關係

王弼一掃漢代穿鑿、繁瑣的象數易例和象數學說，提倡義理與思辨，表現出「崇義理黜象數」的特色。但他並不排斥《周易》經傳本身的象數思想，其《易》注仍時而出現以《易傳》為主的象數體例，如應、據、承、乘、初上無位、當位不當位、時中、卦主等說。況且卦象本為六十四卦成卦之特質，因此王弼注《易》也屢屢援用〈說卦傳〉的八卦卦象，如注〈屯·象〉說：「雷雨之動，乃得滿盈，皆剛柔始交之所為。」（《周易正義》引），屯卦 ䷂ 上坎下震，即上水下雷，雷雨為八卦之象，因此王弼不掃。除此之外，受到時代學術環境的影響，在漢象數易、占驗之學盛行的風氣下，王弼解易也不免援

引一些有關漢代的象數易例，述之如下：〔註131〕

1. 不全然排斥漢易中的陰陽氣論

陰陽氣論是漢易卦氣說賴以建構的重要理論基礎，卦氣創於孟喜、京房、《易緯》，利用陰陽之氣的進退升降來揭示闡發《周易》關於天地萬物及人類社會產生演變的規律性。王弼雖欲擯落陰陽消長之氣，然注〈乾·文言〉則說：「此一章全說天氣以明之也」（《周易正義》引），注〈復·象〉說：「陽氣始剝盡，至來復時，凡七日。」（同前），注〈咸·象〉說：「二氣相與，乃化生也。」（同前），注〈萃·象〉說：「方以類聚，物以群分，情同而後乃聚，氣合而後乃群。」（同前），注〈夬〉說：「剝以柔變剛，至於剛幾盡。夬以剛決柔，如剝之消剛。」（同前），注〈遯·象〉說：「天下有山，陰長之象。」（同前）雖然王弼從氣的角度來解釋乾卦六爻之變化，其目的不在漢易的陰陽氣化觀點上，而是說明乾卦六爻必然存在一定的變化規律。以氣來論述自剝卦至復卦的變化，也是藉由陰陽的變化來說明一切的「有」都必需返回「無」的原理。又「二氣相與」與「氣合而後乃群」都是為了說明天地萬物相感相應之情。至於「剝之消剛」、「陰長之象」雖有陰陽消長之說，然與取象說一樣，都是表達義理的媒介，並非是主要的易學思想。雖然如此，處其時，王弼也不免運用漢易之說作為表義之工具。

2. 強調適時之爻變

象數易學重卦變、爻變。王弼反對卦變，是因為漢易將卦變的方式煩瑣化、滯泥化。他並不反對爻變，且十分重視「唯變所適」的特質，王弼說：

> 夫卦者，時也。爻者，適時之變者也。……一時之制，可反而用也；
> 一時之吉，可反而為凶也。故卦以反對，而爻亦皆變。是故用無常
> 道，事無軌度，動靜曲伸，唯變所適。〔註132〕

「時」與「世」無時而不變，〔註133〕時則包含著深廣的義蘊，林師文欽在《周

〔註131〕參考田永勝〈論王弼易學對兩漢象數易學的繼承〉，《周易研究》，1998 年第 3
期（總第 37 期）。

〔註132〕引自王弼《周易略例·明卦適變通爻》，見樓宇烈校釋《王弼集校釋》（台北：
華正書局，1992 年 12 月初版），頁 604。

〔註133〕韓強《王弼與中國文化》說：「王弼在《周易注》豫、賁、睽、寒等卦的注文
中分別提到 "豫之時"、"賁之時"、"睽之時"、"寒之時"；在屯、隨、
大有等卦的注文中分別提到 "屯難之世"、"隨之世"、"豐富之世"，這
裡的時和世不是一般的時間，而是具有特定條件的時間系列。」（貴陽：貴州

易時義研究》說：

> 時在〈象傳〉中有指時令、四時；有指時運、命運；有指時機、時
> 勢。在先秦古籍中，沒有像《周易》這樣對時的重視，所以《周易》
> 是中國文化思維中，特具時間觀念與時間哲學的經典。……所以，
> 「時」的文化思維，應是不滯、不待而圓融周流的。〔註134〕

「時」具有時令、時變、時勢、命運等豐富的哲學深蘊，因此爻就應隨著「時」
的變化而往來返復，人生之萬事萬物亦必須與時偕行，故〈繫辭下傳〉說：「易
之爲書也不可遠，爲道也屢遷。變動不居，周流六虛，上下無常，剛柔相易，
不可爲典要，唯變所適。」因爲「唯變所適」，所以「一時之制，可反而用也；
一時之吉，可反而爲凶也。」這也是「卦以反對」的思想根源，有剝 ䷖ 就有
復 ䷗，有否 ䷋ 就有泰 ䷊，上下往來、剛柔往復，都是爻變的結果。

　　卦因時而推，而爻亦因時而異。卦爻之變皆由所處時機之不同而盡變化
之能事。從象數學家論《易》的體例而言，爻變是卦變的基礎，然「卦變」
又不同於「變卦」，漢易卦變是一套有理則、有系統的理論，藉由一爻動、二
爻易位的方式達到卦變的目的。王弼雖然沒有對卦變作出任何理論學說，但
受到荀爽乾升坤降及〈象傳〉剛柔往來的影響，也有易位爻變之說，如注〈損・
九二〉說：

> 柔不可全益，剛不可全削，下不可以无正。初九已損剛以順柔，九
> 二履中，而復損己以益柔，則剝道成焉，故不可「遄往」而「利貞」
> 也。（注〈損・九二〉，《周易正義》引）

凡事皆不可太過，如柔不可全益，剛也不可全削，否則如損卦 ䷖，初九、九
二損陽變陰而成剝卦，如此則損之太過則失矣，故宜適度減損，因此主張：「不
可遄往而利貞也。」王弼此解實際上已運用到爻變之說。又如注〈賁・象〉
說：

> 故坤之上六，來居二位，柔來文剛之義也。柔來文剛，居位得中，
> 是以亨。乾之九二，分居上位，分剛上而文柔之義也。剛上文柔，
> 不得中位，不若柔來文剛，故小利有攸往。（注〈賁・象〉，《周易正
> 義》引）

　　人民出版社，2001 年 10 月第 1 次印刷），頁 45～46。

〔註134〕見林師文欽《周易時義研究》（台北：國立編譯館，2002 年 10 月初版），頁
　　61。

而注〈賁‧象〉所說的「坤之上六，來居二位……乾之九二，分居上位」與荀爽、虞翻等人的「乾升陰降」、「二爻易位」有近似之說法，都是卦變之論。荀爽注〈賁〉說：「此本泰卦。謂陰從上來，居乾之中……分乾之二，居坤之上」，虞翻注說：「泰上之乾二，乾二之坤上」，泰卦 ䷊ 上六爻來居二位、乾之九二往居上六則成賁卦 ䷕，此以易位爻變爲基礎，終成卦變之說，王弼反對卦變卻也不自覺得用此說以解《易》，故朱伯崑說：「可見，王弼對卦變說，並非一概排斥。」〔註135〕

3. 重視卦主說

卦主思想蘊於《易傳》，易學史上首次提出卦主之思的是西漢象數易學家京房，爾後東漢鄭玄又發展爲「爻體說」，虞翻也以卦主解《易》。王弼更是在漢易卦主說的基礎上，進一步地發揮這個主爻，把它變成一種形而上的本體，並以此掌握紛繁的萬事萬物。所以卦主說既可說是王弼釋《易》的重要體例，也可視爲王弼哲學體系中「執一統眾」的思維與方法。此一體例將詳述於第四章。

4. 採用五行、方位說

王弼反對漢易以互體、卦變、五行等體例解易，宋‧朱震卻指出王弼有五行之說：「王弼云，卦變不足推致五行，然釋〈中孚‧六三〉曰：三四居陰，金木異性，木金云者五行也。」〔註136〕考王弼注〈中孚‧六三〉說：

> 三居少陰之上，四居長陰之下，對而不相比，敵之謂也。以陰居陽，
> 欲進者也，欲進而閡敵，故「或鼓」也。四履正而承五，非己所克，
> 故「或罷」也。不勝而退，懼見侵陵，故「或泣」也。四履乎順，
> 不與物校，退而不見害，故「或歌」也。不量其力，進退无恆，億
> 可知也。（《周易正義》引）

陰順陽爲承，陰爻居陰位爲當位，爲正也，陰對陰、陽對陽爲敵，王弼用「敵」、「位」、「承」的思維去解中孚 ䷽，故有三、四二陰爻之敵、四履正而承五之說，並無朱震所謂的「金木」五行觀。朱震之批評顯然用中孚 ䷽ 上巽下澤上體之象解之，巽爲木、澤爲金，故說：「三四居陰，金木異性」，金與木爲相剋爲五行之說。然王弼僅從三四兩陰相對爲敵，並無金木相剋之說。

〔註135〕朱伯崑《易學哲學史》（一）（台北：藍燈文化事業，1991年9月初版），頁 296。
〔註136〕朱震《漢上易傳‧叢說》，收錄於《通志堂經解》本第一冊清徐乾學輯、納蘭成德校訂（台北：漢京文化事業有限公司）（無年月版次），頁674。

　　然而仔細觀察王弼對其他卦的注解，確實可見王弼援引〈說卦傳〉的五行、八卦方位說與取象等說來注《易》，他說：

　　　　黃，中之色也。（注〈坤‧六五〉，《周易正義》引）

　　　　坎，北方之卦也。朱紱，南方之物也，處困以斯，能招異方者也。（注〈困‧九二〉，《周易正義》引）

　　　　西南，地也。東北，山也。（注〈蹇〉，《周易正義》引）

中土乃漢人五行之思，然王弼以中央之土爲黃色者，則衍漢人五行之說。至於困卦內卦爲坎，坎爲北方之卦。蹇卦 ䷦ 內卦爲艮卦，艮爲山之象，爲東北之卦，這象徵物與方位之說在〈說卦傳〉已有之。〔註137〕尹錫珉在其《王弼易學解經體例探源》一書中指出：「王弼在《周易注》中部分吸取了《易傳》與漢易的八卦方位與其象徵說。」〔註138〕這樣的評論是值得重視的。

　　除了以上用象數注《易》外，朱震說王弼《易》注又有互體例，如說：「王弼譏互體卦變，然注睽六二曰（應爲六三），始雖受困，終獲剛助，睽自初至五成困，此用互體也。」〔註139〕宋‧王應麟在《周易鄭康成注》的序中也說：「王弼尚名理，譏互體，然注睽六二曰（六三），始雖受困，終獲剛助，睽自初至五成困，此用互體也」，〔註140〕考王弼注〈睽‧六三〉說：「初雖受困，終獲剛助。」（《周易正義》引）卻不見有明顯的互體之說。實際上從睽卦初至五爻用五連互之法，所得到的卦並非困卦而是節卦，除非是先由互體得到節卦（上坎下澤），再上下卦互易成困卦（上澤下坎），否則王弼注〈睽‧六三〉「初雖受困，終獲剛助」的「困」應解爲困難，而非困卦。

〔註137〕〈說卦傳〉說：「雷以動之，風以散之，雨以潤之，日以烜之，艮以止之，兌以說之，乾以君之，坤以藏之。帝出乎震，齊乎巽，相見乎離，致役乎坤，說言乎兌，戰乎乾，勞乎坎，成言乎艮。萬物出乎震，震，東方也。齊乎巽，巽，東南也。齊也者，言萬物之絜齊也。離也者，明也，萬物皆相見，南方之卦也；聖人南面而聽天下，嚮明而治，蓋取諸此也。坤也者，地也，萬物皆致養焉，故曰致役乎坤。兌，正秋也，萬物之所說也，故曰說言乎兌。戰乎乾，乾，西北之卦也，言陰陽相薄也。坎者，水也，正北方之卦也；勞卦也，萬物之所歸也，故曰勞乎坎。艮，東北之卦也，萬物之所成終而所成始也，故曰成言乎艮。」

〔註138〕見尹錫珉《王弼易學解經體例探源》（四川：巴蜀書社，2006年12月第1版），頁142。

〔註139〕朱震《漢上易傳‧叢說》，收錄於《通志堂經解》本第一冊清徐乾學輯、納蘭成德校訂（台北：漢京文化事業有限公司）（無年月版次），頁675。

〔註140〕王應麟《周易鄭康成注‧序》，見嚴靈峯編輯無求備齋《易經集成》第175冊（台北：成文出版社，1976年臺1版）（無月份），頁1。

王弼訾責象數易學家捨卦爻之義而求之象學，專從互體、卦變、五行等說取法以窮通萬物之象，容易造成易學支分蔓衍，失去易義，因此反對這些易例。然而身處漢易盛行的時代，王弼也不自覺地在注《易》之時運用到一些象數易學的解《易》之風，因此遭到朱震、王應麟等人之批評。但是站在象數、義理融合的角度而言，二者本有不可相離之情。

（四）向秀與象數的關係

向秀注《易》講求義理，其特色則簡明達理，且善於即象言理，如〈大過・象〉說：「大過，大者過也；棟橈本末弱也。」向秀注說：「棟橈則屋壞，主弱則國荒。所以橈，由於初上兩陰爻也。初為善始，末是令終，始終皆弱，所以棟橈。」〔註141〕此就大過六爻之象而言之，大過 ䷛ 初爻、上爻為陰爻，中間四爻為陽。陽為剛，象徵「棟」；陰為柔，象徵「弱」。承王弼初上為始終之象的說法，也主張上為事之終，初為事之始，初始為本末之意，〔註142〕本末皆弱，故有棟橈之義。向秀既由象而言理者，就不能捨象而不談。但因其《易義》殘佚亡缺，今從其所存的資料中，得知以象數體例解易者僅此一例。又向秀注〈大畜・象〉說：「止莫若山，大莫若天，天在山中，大畜之象。天為大器，山則極止，能止大器，故名大畜也。」大畜 ䷙，山上下天本為《周易》八卦象徵之物，雖非以象數體例取象，亦不離〈說卦傳〉之象數觀。〔註143〕由此可知向秀亦取資象數之學，彰顯義理與象數結合之特質。

（五）韓康伯與象數的關係

王弼注六十四卦、〈彖傳〉、〈象傳〉、〈文言〉，雜論玄說，倡體無之思，韓康伯承之，亦力宗王弼，繼續注解〈繫辭上下〉、〈說卦〉、〈序卦〉、〈雜卦〉等傳，主張《周易》體無之思、體道用跡之論，並以「體化合變」、「執一統

〔註141〕向秀之注文並見孫堂《漢魏二十家易注》、馬國翰《玉函山房輯佚書》、黃奭《黃氏逸書考》、《漢學堂經解》、黃師慶萱《魏晉南北朝易學書考佚》、徐芹庭在《魏晉七家易學之研究》六本之輯錄與考證。

〔註142〕〈繫辭下傳〉說：「其初難知，其上易知；本末也」，又王弼《周易略例・明卦適變通爻》說：「初上者，始終之象也」，見樓宇烈校釋《王弼集校釋》（台北：華正書局，1992年12月初版），頁604。

〔註143〕見劉玉健《兩漢象數易學研究》（下冊），作者把虞翻以乾為「大」之義的注解一一找出，共有六處：1. 同人九五：「大師克」2. 益初九：「利用為大作」3. 〈繫辭上傳〉：「夫《易》廣矣大矣！」4. 〈繫辭下傳〉：「小懲而大誡，此小人之福也」5. 〈繫辭下傳〉：「其道甚大」6. 〈說卦傳〉：「（離）其於人也為大腹」（南寧市：廣西教育出版1996年第1版），頁760～761。

眾」等方式來表達《周易》變化適時之精神，[註144]這都是對王弼義理解《易》風格的承襲，因此對於漢易的互體、卦變、爻辰等取象方法均不予采納，但卻又論及象數、五行、卦主及爻位諸說，說明魏晉義理派易學家雖本於義理，但又無法完全棄象數於不顧，故知象數、義理本是一體而不可相離者。

1. 卦主說

所謂卦主，是說一卦六爻中，其中一爻或二爻足以表徵一卦的整体意義，這一爻或二爻就是主爻。卦主說之思蘊於《易傳》當中，如〈繫辭下傳〉中所說：「陽卦多陰，陰卦多陽，其故何也？陽卦奇，陰卦耦。」這是從「至少之地」來取卦主之標準，因陽卦多陰爻，故處至少之地的陽爻便可爲主爻；陰卦多陽爻，故處至少之地的陰爻便可爲主爻。京房說：「定吉凶只取一爻之象」（《京氏易傳・姤》），這也是後來所說的「卦主說」。[註145]其後東漢鄭玄則發展爲「爻體說」，[註146]虞翻、陸績也以卦主解《易》。[註147]然把漢易卦主說進一步地哲理化、玄學化的則爲王弼，他說：「凡〈象〉者，通論一卦之體者也。一卦之體必由一爻爲主，則指明一爻之美以統一卦之義，『大有』之類是也；卦體不由乎一爻，則全以二體之義以明之，『豐卦』之類是也。」[註148]根據「執一統眾」

[註144] 韓康伯注〈繫辭上傳〉「鼓萬物而不與聖人同憂」時說：「萬物由之以化，故曰鼓萬物也。聖人雖體道以爲用，未能全無以爲體，故順通天下，則有經營之跡也」。又注〈繫辭上傳〉「日新之謂盛德」時則說：「體化合變，故曰『日新』」。又注〈繫辭上傳〉「天地之道，貞觀者也」時則說：「貞者，正也，一也。……《老子》曰：『王侯（宜侯王）得一以爲天下貞』萬變雖殊，可以執一御也。」韓康伯繼承王弼以莊老解易方式注經，也往往結合玄學論道的精神，論「體化合變」、「執一御眾」都是當時重要的玄學議題。韓康伯注見《周易正義》見《十三經注疏・周易正義》（王弼韓康伯注、孔穎達等正義）（台北：藝文印書館，1982年8月9版）

[註145] 京氏取卦主的標準或用世爻，或至少之地，或尊位，或以變爻爲主，不一而定。將論述於第四章。

[註146] 鄭玄的爻體參見屈萬里《先秦漢魏易例述評》的爻體論。（台北：學生書局，1985年9月3版），頁108。

[註147] 卦主之說詳論於第四章。張惠言《周易虞氏易義》一書指出虞翻注易有卦主之思者十三處。（見嚴靈峯編輯無求備齋《易經集成》第178冊（台北：成文出版社，1976年臺1版）（無月份），頁21。民國徐昂《周易虞氏學》整理出虞翻卦主之說十三例。（見嚴靈峯編輯無求備齋《易經集成》第180冊，出處同前）。〈比卦・九五〉，《京氏易傳》說：「九五居尊，萬民服也。」陸績注：「比卦一陽五陰，少者爲貴，眾之所尊者也。」（見嚴靈峯編輯無求備齋《易經集成》第177冊，出處同前）此陸績亦宗卦主之說。

[註148] 引自王弼《周易略例・略例下》，見樓宇烈校釋《王弼集校釋》（台北：華正

的原則，一卦雖有六爻，但中心的旨意仍可由至少、至寡的一爻得知，這便是王弼的卦主說。韓康伯繼承之，也主張「以簡馭繁」的卦主說，他說：「夫象者，舉立象之統，論中爻之義。約以存博，簡以兼眾，雜物撰德，而一以貫之。」（注〈繫辭下傳〉，《周易正義》引），又說：「立卦之義則見〈彖〉、〈象〉，適時之功則存之爻辭；王氏之例詳矣！」（同前）〈彖〉、〈象〉主一卦之義，這是卦主思想之依據。「一」指的一卦思想的中心旨意，以一御眾，也是宗於王弼「執一統眾」之說而來，「一」喻指形而上的「道」；而六爻變化就是指形而下的現象。卦義掌握了，便能處理六爻紛繁的萬象，如同本體的「道」掌握了，萬物萬形就不會雜亂無章了，所以韓康伯又說：「夫少者多之所宗，一者眾之所歸。陽卦二陰，故奇爲之君；陰卦二陽，故耦爲之主。」（同前）此卦主說則繼王弼取「至少之地」爲卦主之依據，並將漢易卦主說加以玄理化，使卦主說成爲後世象數派及義理派特別關注的易學體系。

2. 初上無位說

王弼注《易》雖主張取義說，但對於複雜多端的爻義，也取其爻象往來之說，因爲爻象、爻義在一卦之中會因時而變，所以他在《周易略例・明卦適變通爻》中說：「夫應者，同志之象也。位者，爻所處之象也。承乘者，逆順之象也。遠近者，險易之象也。內外者，出處之象也。初上者，始終之象也。」他認爲初爻代表事情之端始，上爻代表事情之終結，事情的終始先後並非像二三四五爻有尊卑陰陽之分，故不可以陰爻或陽爻定之，所以有初上不論陰陽位之說。韓康伯承之，也主張「初上無陰陽定位」論，如〈說卦傳〉說：「故易六位而成章」，他注說：「六位，爻所處之位也。二、四爲陰，三、五爲陽，故曰：『分陰分陽』」（《周易正義》引）二、四爲陰，三、五爲陽，初上卻無陰陽之說。

二、象數易兼闡義理者

《周易》的象數形式，是爲了表現義理內涵而存在的，漢易爲了疏通卦爻辭與卦象之間的關係，而偏滯於象數的理論體系，浪用卦變、爻辰、互體等，造成迂曲立說，穿鑿附會之弊，於是王弼派義理易學興起，就「乘其極敝而攻之，遂能排擊漢儒，自標新學。」（《四庫全書總目》），〔註149〕排斥漢

書局，1992 年 12 月初版），頁 615。

〔註149〕見《四庫全書總目・易類一・周易正義十卷》（台北：藝文印書館，1989 年 1

易，建立了以義理爲旨歸的易學觀和易學體系。在這樣的思潮的衝擊下，漢末魏晉時期的象數易學家，也檢討泥於象數的種種弊端，再吸收義理易之長處，表現出「既明之以象數，又闡之以義理」的特色。

（一）陸績融象數、義理之長

陸績解《易》承漢象數之學，取資於多家之說，並以京氏易學爲核心，故對京易的八宮說、飛伏說、爻變說、卦氣說、干支五行說、爻辰說、互體說、納甲六親等說法多有研究，對荀爽的升降說與虞翻的之正說、旁通說等也有所鑽研，尤其在兼采各家外，又能提出一己的易數觀（四營而成易），〔註150〕對三國時代象數易學的貢獻可謂不小。張惠言說：「公紀以少年與仲翔爲友，觀其書亦幾欲荀、虞頡頏矣！」〔註151〕陸績乃吳之象數易學家，易學精神不違孟、京藩籬，注重象數之論，故觀其書知可與荀爽、虞翻之象數易相抗衡。雖然如此，陸績亦不忘義理之闡述。故徐芹庭《周易陸氏學》：「陸績《易》注，既揭象數之微旨，亦發義理之秘奧，故能融象數義理之長。」〔註152〕

陸績重視以象數易例解《易》，同時又推易象以闡人事之義理，表現出象、理兼具之特質，如〈剝・象〉說：「山附於地，剝。」陸績注說：「艮爲山，坤爲地，山附於地，謂高附於卑，貴附於賤，君不能制臣也。」〔註153〕觀剝之象▤▤，上山下地，山附於地表高貴之人依附於卑賤之人，在下者則有剝上之象，故有「君不能制臣」之義，此乃從易象而推出人事之義理。再如〈坎・象〉說：「水洊至，習坎，君子以常德行習教事。」陸績注說：「洊，再。習，重也。水再至而溢，通流不舍晝夜。重習相隨以爲常，有似于習，故君子象之。以常習教事，如水不息也。」坎卦▤▤上水下水，故說「再」、「重」，而水之情則川流不息，不舍晝夜，陸績取水之象欲人行事德教皆如水之長久不

月 6 版），頁 67。

〔註150〕陸績注〈繫辭上傳〉「大衍之數五十」時說：「分而爲二以象兩，一營也。掛一以象三，二營也。揲之以四以象四時，三營也。歸奇於扐以象閏，四營也。謂四度營爲方成一爻。」提出大衍之數有四營，接近〈繫辭〉原義，且爲韓康伯延用，至今仍爲大多數的學者所認同，參見林忠軍《象數易學發展史》第二冊〈陸績象數易學〉，（山東：齊魯書社，1998 年 7 月第 1 次印刷），頁 18。

〔註151〕張惠言《易義別錄・卷六》。見孫星衍、張惠言《孫氏周易集解・易義別錄》（山東：山東友誼書社，1992 年 9 月月第 1 版），頁 502。

〔註152〕徐芹庭《周易陸氏學》（台北：成文初版社，1977 年 2 月）（無版次），頁 22。

〔註153〕陸績《陸氏周易述》，見嚴靈峯編輯無求備齋《易經集成》第 177 冊（台北：成文出版社，1976 年臺 1 版）（無月份），頁 17。

息，此亦推天象闡人事之例。又如〈家人・象〉說：「家人，女正位乎內，男正位乎外。男女正，天地之大義也。……而家道正。正家而天下定矣。」陸績注說：「聖人教先從家始，家正而天下化之，修己以安百姓者也。」此例不從風火之象而推人事之義理，而是直接以〈象傳〉解易，從家道闡理，並引「修己以安百姓」（《論語・憲問》）一語以證齊家治國平天下之道理，此乃以傳解經者。由此可知，陸績雖重象數之說，亦能兼融義理之旨。

（二）姚信崇象數兼重義理

姚信注《易》承孟、京系統，且資取各家之說，尤宗荀爽之升降以及虞翻之卦變、互體、易位等例，張惠言謂其乾坤致用、卦變旁通、九六上下，則與虞氏注若應規矩，此說或許過於武斷，然其注《易》確有虞氏之風，尤其是消息、卦變之說，其解雖有小異，其例則與虞同，如姚信注〈繫辭下傳〉說：「陽稱精，陰為義，入在初也。陰陽在初，深不可測；故謂之神。變而姤復，故曰致用也。」變為姤復，此乃源自孟喜十二消息，虞翻衍為卦變之原則，指出一陰一陽之卦由姤、復來，故知姚信注《易》與虞翻近似。〔註154〕

雖然姚信承衍舊說，發為象數之論，卻又關注以《易傳》之義理闡釋經文。如〈屯・象〉說：「雲雷，屯。君子以經綸。」姚信注說：「經，緯也。時在屯難，是天地經綸之日，故君子法之，須經綸艱難也。」（《周易集解》引）又注說：「綸謂綱也。以織綜經緯此君子之事。」（《周易正義》引）此不從水雷取象，直接從〈象傳〉取義，指出君子值局勢屯難多艱之時，要能經緯天下，如治絲般，綸理經略，有所作為。再如〈繫辭上傳〉說：「可久則賢人之德，可大則賢人之業。」姚信注說：「賢人，乾坤也。言乾以日新為德，坤以富有為業也。」這也是承〈繫辭上傳〉：「乾以易知，坤以簡能」而來，以乾代表賢人之德，天行剛健，運行不息，故曰「可久」；以坤代表賢人之業，厚德載物，富有大業，故曰「可大」。又〈繫辭下傳〉說：「井，德之地也。」姚信注說：「井養而不窮，德居地也。」井之水源源不絕，養物不窮，掘地取水，處下以養人，是居美德之地也。故知姚信雖主象數易學，但亦以《易傳》之義理闡釋經文。

（三）蜀才力倡虞、荀之象數學，不廢義理

蜀才注《易》大抵不離象數藩籬，尤其崇尚卦變及升降之說，孫堂《漢

〔註154〕將於第四章卦變說詳述。

魏二十一家易注‧蜀才周易注》：「蜀才善天文，有術數，其所注《易》，大抵主荀爽乾坤升降之義。」〔註155〕但他不因著眼於象數易學而忽略卦義之闡述。蜀才發揮《周易》義理的方式有二：

1. 通過象數以推闡義理

通過象數以發揮義理者，如〈泰‧彖〉說：「小往大來，吉亨。」蜀才注說：「此本坤卦。小，謂陰也。大，謂陽也。天氣下，地氣上，陰陽交，萬物通，故吉亨。」又〈否‧彖〉說：「大往小來」，蜀才注說：「此本乾卦。大往，陽往而消。小來，陰往而息也。」某卦本某卦者，卦變之說也；十二消息卦由乾坤而來，所以泰否源自乾坤之說也。蜀才注此二卦首從卦變，次則消息往來，終則論之以理。泰卦 ䷊ 上地下天，大者，天也、陽也。小者，地也、陰也；天氣由上而下往，地氣由下而上來，三陽在下爲大來，三陰在上爲小往，天氣下，地氣上，陰陽相交則萬物生焉，這就是「陰陽交，萬物通」之理，天地交通也代表著上下同心，天下太平。反之，陽氣上升而不下，陰氣下降而不上，天地不交，萬物不通，則天下閉塞不暢，此以象數推理之論也。再如〈同人‧彖〉說：「柔得位得中，而應乎乾，曰同人。」蜀才注說：「此本夬卦。九二升上，上六降二，則柔得位得中，而應乎乾。下奉上之象，義同於人，故曰同人。」同人 ䷌ 上乾下離，而蜀才以爲此乃從上兌下乾之夬 ䷪ 而來。夬之九二上升爲上九，夬之上六下降爲六二，乃成同人。同人六二以陰居陰又處內卦之中，故稱柔得位、得中，又上應乎乾，六二應九五，爲「下奉上」之象，此則同於人事當中「下奉上」之理，有同於人之義，蜀才注此卦亦是從卦變論人事之理者。又〈損六四‧象〉說：「損其疾，亦可喜也。」蜀才注說：「四當承上，而有初應，必上之所疑矣！初，四之疾也；宜損去其初，使上亨喜。」六四本當奉承在上之六五，因六四得初九相應，必爲在上之君主所疑，初九反而成六四之患，宜損去其初，方可使在上者亨喜。此從謀略著想，借易象比擬世俗君臣之間的利害關係。以上諸例皆藉象數以論理者。

2. 從卦爻辭與《易傳》之文直抒義理

從卦爻辭之文直闡義理者，如〈夬‧九五〉說：「莧睦夬夬」。莧睦，《子夏易傳》解爲草名，馬鄭亦解爲草名，王弼也以草之柔脆解之，蜀才則不同

〔註155〕孫堂《漢魏二十一家易注》，見嚴靈峯編輯無求備齋《易經集成》第 171 冊（台北：成文出版社，1976 年臺 1 版）（無月份），頁 1103。凡引蜀才之注者，大抵見此版本，故不再作註。

於眾人之解而以親睦解之，蜀才注曰：「睦，親也、通也。」這是從睦字的訓詁立義，解為和睦親比之義。〔註156〕

從《易傳》之文直抒義理者，如〈萃・象〉說：「君子以除戎器，戒不虞。」蜀才注說：「除去戎器，修行文德也。」此直接勸戒國君以文德安邦定國，免爭戰之虞，故說：「除去戎器」，此從〈象傳〉之文疏通其義者。又〈坤・象〉說：「坤厚載物，德合無疆。」蜀才注說：「坤以廣厚之德，載含萬物，無有窮竟也。天有無疆之德，而坤合之，故云『德合無疆』也。」地之德廣厚博大能普載萬物，並孕育萬物使之生生不息、久遠無窮。天之德開創萬物亦使廣大無疆，而坤能合之，順承天之包含廣大，使萬物皆能生養不息。結合乾坤之德以發揮〈說卦傳〉「乾健坤順」之理，此則結合〈象傳〉與〈說卦傳〉以明易義理者。

（四）干寶留思京房之學，並彰顯人事之義理

干寶雖然是兩晉重要的象數易學家，繼承孟、京之學，又眾採象數易例以注《易》，而其實他也十分重視以義理注《易》。胡一桂《周易啟蒙翼傳》載蔡攸之上書說干寶易學：「其學以卦爻配月，或以配日時。傳諸人事，而以前世已然之迹證之。訓義頗有所據。」〔註157〕這一段話說明兩個要點：一、干寶以消息、干支配月、卦氣等體例注《易》。二、注重以人事之義理解《易》，落實《周易》之道，反對虛浮之玄理。由此可知，干寶的易學是兼重象數與義理兩大特色的。

1. 由史實論人事之理者

《四庫全書》館臣曾將易學分為義理、象數兩派，義理又分為王弼老莊之易，胡瑗、程子之儒易，以及李光、楊萬里之史易。干寶以殷周史事論易，正是義理易學的表現，也凸顯他重視人事、落實易道的精神。黃忠天先生在

〔註156〕《子夏易傳》說：「莧陸，木根草莖，剛下柔上也。」（《漢學堂經解》輯），見黃奭輯《漢學堂經解》（揚州：廣陵書社，2004 年 4 月第 1 版第 1 次印刷），頁 4。王弼《周易注》：「莧睦，草之柔脆者也。」（《周易正義》引）見《十三經注疏・周易正義》（王弼韓康伯注、孔穎達等正義）（台北：藝文印書館，1982 年 8 月 9 版），頁 104。《經典釋文》：「莧睦，馬鄭云：『莧睦，商陸也。……蜀才作睦，睦親也，通也。』」楊家駱主編（台北：鼎文書局，1975 年 3 月再版），頁 27。

〔註157〕見胡一桂《周易啟蒙翼傳・中篇》，收錄於《通志堂經解》本第七冊清徐乾學輯、納蘭成德校訂（台北：漢京文化事業有限公司）（無年月版次），頁 4121。

《宋代史事易學研究》說：

> 無論從憂患之作，或致用精神觀之，《周易》均與現實人生緊緊相繫，
> 未曾捨離人事而空言天道。此非徒說明《易》本爲人事而設，亦顯
> 現出中國哲學之傳統精神與特質，而此一精神與特質，亦與史事易
> 學用世之精神實相契合也。〔註158〕

干寶注重人事義理，而以商周鼎革的歷史來解《易》，就是體現人事實用的精
神，有別於玄學家之論義理者，且大量以史注《易》，對後世史學易一派的成
立影響頗大。張惠言說：「今令升之注，僅存者三十卦，而又不完。然其言文
武革紂、周公攝成王者，十有八焉。」〔註159〕意謂干寶以《易》辭推周家應
期，顯現出以史注經的特色，同時也矯正義理易參雜《老》《莊》玄浮之弊，
可說是儒家易的另一種表現。如〈乾·九三〉說：「君子終日乾乾，夕惕，若
厲，無咎。」干寶注說：「人爲靈，故以人事成天地之功者，在於此爻焉。故
君子以之憂深思遠，乾夕匪懈。仰憂嘉會之不序，俯懼義和之不逮。反復天
道，謀始反終。故曰終日乾乾。此蓋文王反國大理其政之日也。凡無咎者，
憂中之喜，善補過者也。文恨（王）早耀，文明之德，以蒙大難，增修柔順，
以懷多福，故曰無咎矣！」（《周易集解》引）以文王囚羑里的歷史事件顯出
強烈的憂患意識，告誡人事之道，義理之微，表達「戒慎恐懼方能無咎」的
哲學理念，並提撕人們「自求多福」的人文精神。

2. 由易象推人事之道

對於務實的干寶而言，掃蕩玄虛乃其注《易》之職責，繼承〈繫辭上傳〉
所說：「聖人立象以盡意」、「居則觀其象而玩其辭」的思想，肯定「象」是成
卦的基礎，發揚「象可盡意」的觀點，在注經當中往往取象數之說以表達天
地萬物之理，因此「藉象論義」也是干寶注《易》的另一個鮮明特色。如訟
卦，干寶注說：「訟，離之遊魂也。離爲戈兵，此天氣將刑殺，聖人將用師之
卦也。」（《周易集解》引）此以漢象數易例的八宮、世應、卦氣等說來喻人
事之理，因爲在八宮卦中，訟卦爲離宮之游魂卦，〈說卦傳〉說：「離……爲
戈兵」，所以訟卦亦有戈兵之象，又游魂卦與四世卦同，卦氣值八月之卦，八
月有刑殺之氣，又加上戈兵之說，故有「聖人用師之卦」的情況產生，聖人

〔註158〕見黃忠天《宋代史事易學研究》（高雄師範大學博士論文，1995年5月），頁9。
〔註159〕引自張惠言《易義別錄·卷七》，見孫星衍、張惠言《孫氏周易集解·易義別
　　　　錄》（山東：山東友誼書社，1992年9月月第1版），頁531。

因時順變，若情勢所需，則必為用師之舉，此其「唯變所適」也。又如〈師‧象〉說：「剛中而應，行險而順，以此毒天下，而民從之。」干寶注說：「坎為險，坤為順，兵革刑獄，所以險民也。毒民於險中，而得順道者，聖王之所難也。毒，荼，苦也。五刑之用，斬刺肌體，六軍之鋒，殘破城邑，皆所以荼毒奸凶之人，使服王法者也。故曰『以此毒天下，而民從之』。毒以治民，明不獲已而用之，故於彖象六爻，皆著戒懼之辭也。」（《周易集解》引），師卦 ䷆ 上坤下坎，〈說卦傳〉說：「坤，順也。……坎，陷也。」以坎為險、坤為順，此取上下二卦之象，用以說明毒民使順之道，蓋險之時必有險之用，以兵革刑獄、六軍之鋒來荼毒奸凶之人，使之服王法，然後才能吉而無咎，此則師卦之憂患戒備也。以上二例，一則以象數易例詮解人事之理，一則以上下卦象明人文之道，皆凸顯干寶以「藉象論義」的注《易》特點。

3. 由《周易》經傳文辭闡人事之德

闡述卦德或直接就卦爻辭推闡人事義理，這也是干寶解經常用的方法，如〈乾‧文言〉說：「君子行此四德者，故曰：『乾，元、亨、利、貞。』」干寶注說：「然則體仁正己，所以化物；觀運知時，所以順天；氣用隨宜，所以利民；守正一業，所以定俗也。亂則敗禮，其教淫；逆則拂時，其功否；錯則妨用，其事廢；忘則失正，其官敗。四德者，文王所由興。四愆者，商紂所由亡。」干寶以體仁正己、觀運知時、氣用隨宜、守正一業四者來表示元、亨、利、貞四種美德，並說明這四敬德正是文王所以興業之因。同時他也從元、亨、利、貞推闡出相反的四愆德，亂則敗禮、逆則拂時、錯則妨用、忘則失正，說明由於此四敗德，故商紂因而亡國。此例乃從卦辭、〈文言〉之辭而推闡人事之道者。又〈坤‧初六〉說：「履霜堅冰至」，干寶注說：「陰氣始動乎三泉之下，言陰氣之動矣。則必至於履霜，履霜則必至於堅冰，言有漸也。藏器於身，貴其俟時；故陽有潛龍，戒以勿用。防禍之原，欲其先幾，故陰在三泉，而顯以履霜也。」（《周易集解》引）履霜堅冰至說的就是防微杜漸之道，防禍之要，在謹乎一幾之動，能掌握時機之人，必能因應順變而與時偕行，故說：「藏器於身，貴其俟時。」可行則行，可止則止，如同龍在乾初，不宜妄動；陰氣始生，亦宜敬慎，此防禍之原在幾先之時就必須戒慎修德，否則，堅冰至矣！難生矣！故〈坤‧文言〉說：「臣弒其君，子弒其父，非一朝一夕之故，其所由來者漸矣，由辯之不早辯也。」此即干寶所謂「陰在三泉，而顯以履霜」之理，在三泉而戒之，勿使堅冰而悔之。這些例子都

是從卦辭、〈文言〉之辭而直闡人事之道者。

4. 引其他經典以發揮《周易》之思

　　干寶疏解經義還有一大特點便是引用其他經典以發揮《周易》之思，如〈乾‧文言〉說：「君子行此四德者。」干寶注說：「四行，君之懿德。是故乾冠卦首，辭表篇目，明道義之門，在於此矣；猶《春秋》之備五始也。」（《周易集解》引）以《春秋》之五始喻乾卦元、亨、利、貞之四德。又注〈坤‧六二〉說：「陰出地上，佐陽成物，臣道也，妻道也。臣之事君，妻之事夫，義成者也。臣貴其直，義尚其方，地體其大，故曰直方大。士該九德，然後可以從王事；女躬四教，然後可以配君子。道成於我，而用之於彼。」（同前）以「士該九德」來比喻臣道，以「女躬四教」來象徵妻道，臣道、妻道代表坤卦「直方大」之德性。而「九德」見於《尚書》，「四教」見於《周禮》，此以經注經之例也。〔註160〕又〈坤‧六五〉說：「黃裳，元吉」，干寶注說：「黃，中之色。裳，下之飾。元，善之長也。中美能黃，上美為元，下美則裳。陰登于五，柔居尊位，若成昭之主，周霍之臣也。百官總已，專斷萬機，雖情體信順，而貌近僭疑，周公其猶病諸。言必忠信，行必篤敬，然後可以取信於神明，無尤於四海也。故曰『黃裳，元吉』也。」（同前）此舉《左傳‧昭公十二年》及《論語》之文以解《周易》之思者。〔註161〕又〈師‧上六〉說：「大君有命」，干寶注說：「大君，聖人也。有命，天命也。……上六為宗廟，武王以文王行，故正開國之辭於宗廟之爻，明已之受命，文王之德也。故《書‧泰誓》說：「予克紂，非予武，惟朕文考無罪。紂克予，非朕文考有罪，惟予

〔註160〕「九德」見於《尚書‧皋陶謨》，「四教」見於《周禮‧天官九嬪》。《尚書‧皋陶謨》說：「寬而栗，柔而立，愿而恭，亂而敬，擾而毅，直而溫，簡而廉，剛而塞，強而義；彰厥有常，吉哉。」；《周禮‧天官冢宰第一》說：「九嬪：掌婦學之法，以教九御婦德、婦言、婦容、婦功。」皆見《十三經注疏本》。

〔註161〕《左傳‧昭公十二年》說：「南蒯之將叛也，其鄉人或知之，過之而歎，且言曰：『恤恤乎，湫乎攸乎！深思而淺謀，邇身而遠志，家臣而君圖，有人矣哉！』南蒯枚筮之，遇坤☷☷之比☵☷曰：『黃裳元吉』，以為大吉也。示子服惠伯曰：『即欲有事，何如？』惠伯曰：『吾嘗學此矣，忠信之事則可，不然，必敗。外強內溫，忠也；和以率貞，信也，故曰『黃裳元吉』。黃，中之色也；裳，下之飾也；元，善之長也。中不忠，不得其色；下不共，不得其飾；事不善，不得其極。外內倡和為忠，率貞以信為共，供養三德為善，非此三者弗當。且夫《易》不可以占險，將何事也？且可飾乎？中美能黃，上美為元，下美則裳，參成可筮。猶有闕也，筮雖吉，未也。』」；《論語‧衛靈公》說：「言忠信，行篤敬，雖蠻貊之邦行矣；言不忠信，行不篤敬，雖州里行乎哉！」

小子無良。」（同前）此則直引《尚書》之文以釋之。

　　由以上之論述，可知干寶雖然十分捍衛象數易學，然從《易》注又非常重視人事道德之思想，可說是位兼象數、義理於一身之大家。

小　結

　　漢象數易學到了魏晉時代，一方面因爲過度發展，造成象外生象、支離臆說的弊端。另一方面則因爲注經方式的改變，荊州易、王肅、王弼易學相繼興起，並注重以義理解《易》，而影響了象數易學的發展。在這樣的學術背景之下，漢象數易學由鼎盛逐漸走向了衰落。

　　此時，易學家爲了延續象數易學的生命，並爲了反對日益熾熱的玄理易，除了不斷反省、修正象數易學的理論外，也時時提出對玄理易的反詰，因此得以存而不墜。管輅以陰陽之數與時變之義屈何晏之浮辭華藻，易象之學，於是一振。荀顗、荀融立足於象數之基礎，發難鍾會之「易無互體」與王弼之「大衍義」，易象之學，於是再振。孫盛以「易象妙於見形論」，反對殷浩、王弼貴道賤器之失，易象之學，於是又振。干寶留思京房之學並且承襲虞翻、陸績、姚信、翟元、蜀才等人以象數解《易》之方式，易象之學，於是大振而不亡也。象數易學處於衰落之際，仍能與義理易學共同推進魏晉易學之發展，實有賴於這些易學家的振興之功。

　　因爲象數易學家的努力，使義理易學家雖極力掃象卻在無形之中受到象數易學的影響，在解《易》之時也能兼論象數。反之，在義理易學的激盪之下，象數易學家也能兼融各家之說，崇象數之餘也能兼論義理。由於二派有所對立爭辯，故皆能藉彼此之學來加以思考反省，並補一己之缺。在這種情況之下，魏晉象數易學家清楚認識到，象數易學一方面必須回歸於《周易》經傳本身的象數思想，避免漢易繁瑣穿鑿之失。另一方面則須兼闡儒家義理之要，以補救偏於易例而忽略人事之失。因此魏晉象數易學反映出一個現象，就是既不同於玄學易之虛辭浮理，又不同於漢代象數易之忽略義理，表現著以象數明天道，以儒理釋人事，力倡象數而不廢義理之特質。

第四章　注經派的易例說

　　漢人說《易》著重在卦象和特定數字的研究，主要的特色是利用奇偶之數和八卦之所象徵之物象、事象來比附自然界和人類社會的發展變化，並藉此以通辭達意，因此爲了取得更多的象，各種易學體例則紛至沓來，從孟喜、焦贛、京房、《易緯》，一直到馬融、鄭玄、荀爽等人創下卦氣、宮卦、納甲、世應、飛伏、爻辰、卦主等諸多易例，建立了一套有體系的象數學說，這些體例不但成爲爲漢易的主流，更爲魏晉及後世的象數易學奠定基礎。而這些易例究竟有那些內容呢？清·張鼎在《易漢學舉要》一書中舉出漢易有消息、六日七分、納甲、世應、游魂、歸魂、六親、飛神、伏神、互卦、爻辰、旁通、之卦、之正等說。〔註1〕張鼎所舉的易例事實上還未能代表漢學所有的易例，漢易尚有卦氣、卦主、升降、八宮、卦變等說。然這些易例往往因爲相互關連，互相涵攝，故可以分論，也可以合論。如消息、六日七分可單獨視爲易例之一，亦可統一視爲「卦氣」之例；又如世應、游魂、歸魂、六親、飛神、伏神、八宮等說皆可各別視爲易例之一，亦可統一視爲「納甲」之例。本論文則對漢代易例之要者作簡扼之回顧：

一、卦氣說

　　「卦氣」中的「卦」指的是六十四卦，「氣」指的是天地陰陽二氣及其運行所形成的四時節氣等。卦氣說是兩漢象數易學的重要內容，此說由孟喜首

〔註1〕　見清·張鼎《易漢學舉要》，收錄於《續修四庫全書》第二十八冊（上海：上海古籍出版社，2002年3月第1版），頁717～721。

創，將《易》與四時、八位、十二月、二十四節氣、七十二候相配合，據此以推測氣候變化，推斷人事吉凶。爾後，焦贛、京房、《易緯》、馬融、鄭玄等人皆有所發揮。卦氣說的觀點到了虞翻、干寶又有了新的轉變，將在本章「卦氣」的一節中作進一步地發揮。

二、消息卦

十二消息卦爲復、臨、泰、大壯、夬、乾、姤、遯、否、觀、剝、坤十二卦，陽氣之盈長爲息，陰氣之增強爲消，前六卦由復卦的一陽始生到乾卦的六爻皆陽，爲陽長陰消之過程，故稱爲息卦；後六卦由姤卦的一陰始生到坤卦的六爻皆陰，爲陰長陽消之過程，故稱爲消卦。藉由剛柔二爻的一消一長體現陰陽二氣的消長過程，用來代表一年四季的陰陽消長，故稱爲「十二月卦」，簡稱爲「十二辟卦」。同時它也可以用來代表一日十二時辰內陰氣與陽氣消長情形。圖示於下：

十二消息卦圖

卦　名	復		臨		泰		大壯		夬		乾	
卦　象	䷗		䷒		䷊		䷡		䷪		䷀	
月　份	十一月		十二月		一月		二月		三月		四月	
節　氣	大雪	冬至	小寒	大寒	立春	雨水	驚蟄	春分	清明	穀雨	立夏	小滿
時　辰	子		丑		寅		卯		辰		巳	
卦　名	姤		遯		否		觀		剝		坤	
卦　象	䷫		䷠		䷋		䷓		䷖		䷁	
月　份	五月		六月		七月		八月		九月		十月	
節　氣	芒種	夏至	小暑	大暑	立秋	處暑	白露	秋分	寒露	霜降	立冬	小雪
時　辰	午		未		申		酉		戌		亥	

三、八宮卦

京房八宮卦，每行八卦，八行共六十四卦。又每行爲一宮，以每行起始之純卦爲宮名，於是形成八宮卦。八宮卦如下圖：

本宮	一世	二世	三世	四世	五世	游魂	歸魂
乾宮	姤	遯	否	觀	剝	晉	大有
震宮	豫	解	恒	升	井	大過	隨
坎宮	節	屯	既濟	革	豐	明夷	師
艮宮	賁	大畜	損	睽	履	中孚	漸
坤宮	復	臨	泰	大壯	夬	需	比
巽宮	小畜	家人	益	無妄	噬嗑	頤	蠱
離宮	旅	鼎	未濟	蒙	渙	訟	同人
兌宮	困	萃	咸	蹇	謙	小過	歸妹

　　以乾坤爲父母卦，各統率三男三女，前四卦爲陽卦，後四卦爲陰卦，每一宮卦又統率七個卦，分爲一世、二世、三世、四世、五世、游魂、歸魂七階段，一世、二世爲地易，三世、四世爲人易，五世、八純爲天易，游魂、歸魂爲鬼易。八宮卦共有六十四卦，其排列順序始於乾卦，終於歸妹。

四、世應說

　　世應是〈彖〉、〈象〉應位說的發展。一卦有六爻，初爻爲元士，二爻爲大夫，三爻爲三公，四爻爲諸侯，五爻爲天子，上爻爲宗廟。六爻各有貴賤等級之位，發揮〈繫辭上傳〉「貴賤者存乎位」的說法。京房認爲一卦之吉凶主要定於一爻之象，這爲主的一爻就是引起該卦所以從該宮變爲該卦的一爻。因此，對於該卦來說，這一爻便是關鍵的一爻，京氏稱其爲「世爻」（卦主），與該爻相隔兩位之爻爲應爻。因此世爻多半爲一卦之卦主，〔註2〕每一卦都有一爻爲主，爲主之爻則稱爲「居世」、「臨世」、「治世」等。如初爻元士居世，當與四爻諸侯相應；二爻大夫居世，當與五爻天子相應；三爻三公臨世，則與上爻宗廟相應。相反的，五爻天子治世，則與二爻大夫相應等，這便是世應說。〔註3〕

〔註2〕　京房的卦主說，有以尊貴者爲主爻，有以成卦之義者爲主爻，也有以少者爲主爻。至於以世爻爲卦主者，大多都運用在占算之術數上。

〔註3〕　如解〈剝〉卦說：「天子治世，反應大夫」因爲〈剝〉爲乾宮五世卦，爲「天子治世」者，此卦則以六五爻爲主，所以需和六二爻相呼應，故稱「反應大夫」；又如解〈晉〉卦則說：「諸侯居世，反應元士」，〈晉〉爲乾宮游魂卦，其九四爻乃自剝卦之六四爻變陽而來，其主爻在四爻，故說：「諸侯居世」，與初六相應，所以說「反應元士」。像這些情形大底與占術有關，所以京房說：「定吉凶只取

五、飛伏說

所謂「飛」就是顯現，「伏」就是隱藏，亦即在顯現出來的卦象中隱藏著與它對立的卦象。京房認爲卦象與爻象都有飛和伏，所以飛和伏是指對立的卦象與爻象。八宮卦所呈現飛伏的情形大致如下：〔註4〕

（一）八純卦各與相對四卦爲飛伏，即乾與坤、震與巽、艮與兌、坎與離。乾卦爲飛，則坤卦爲伏；坤卦爲飛，則乾卦爲伏。其餘可依此類推。

（二）八純卦各與其反覆卦爲飛伏，如震與艮、巽與兌。

（三）一世、二世、三世與其內卦爲飛伏，如姤與巽、遯與艮、否與坤。

（四）四世、五世與其外卦爲飛伏，如觀與巽、剝與艮。

（五）游魂卦與五世卦的外卦爲飛伏，如乾宮的游魂卦晉與五世卦的外卦艮爲飛伏。

（六）歸魂卦與該宮本位卦的相對卦爲飛伏。如乾宮歸魂卦大有與其本宮卦的相對卦坤爲飛伏。

飛伏說的目地是在本卦爻象外，增加一卦爻象，以豐富本卦的內容，如此便更能比附人事之吉凶了。

六、五行說

京房創立了一套八宮易學體系，通過八卦納甲和納支將水火木金土五行與《易》巧妙地結合起來，賦予全部六十四卦和所有三百八十四爻以五行屬性，並且從五行之間的德刑、生克、比和、扶抑等情形來解釋卦爻象和卦爻辭的吉凶。這一五行說的主要內容歸納起來有幾個要點：

五星配卦說。五星即土星（鎮）、金星（太白）、水星（太陰）、木星（歲）、火星（熒惑）。《京房易傳》解釋各卦，都配以五星，都有「五星從位起某某」，自乾卦開始，至終歸妹卦，按五行相生之序，周而復始地以五星相配，如解乾卦說「五星從位起鎮星」，解姤卦說「五星從位起太白」，解遯卦說「五星從位起太陰」，解否卦說「五星從位起歲星」，解觀卦說「五星從位起熒惑」。

一爻之象」（《京房易傳・姤》），這也是後來所說的「卦主說」形成的原因之一。

〔註4〕 參見崔波《京房易學思想述評（上）》，周易研究，1994年第4期（總第二十二期）

以下又自土星開始，周而復始地配以五星。

五行生克說。這個說法是建立在「五行爻位說」的基礎上，以八宮爲母，以其爻位爲子，按五行關係，母子之間存在著相生或相克的關係。五行生克關係中，子克母爲繫爻，有束縛之意；母克子爲制爻，有制約之意；子生母爲義爻，有適宜之意；母生子爲寶爻，有財富之意；母子同位爲專爻，有特定之意。這是以五行相生相克之義來解說卦爻象之吉凶。

六位配五行說。《京氏易傳》將乾、坤、震、巽、坎、離、艮、兌八卦分別配以金、土、木、木、水、火、土、金，又將卦中的六個爻位配上五行。

鄭玄承京房五行之說。除了將五行與天地之數結合在一起外，又將大衍之數看成是五行之氣化生萬物的法則，並且將五行相生的順序配以七八九六之數用來解釋生死與鬼神之生命變化，甚至還援用五行來比擬儒家的德目。〔註5〕這些說法對魏晉及以後的象數易學皆有所影響。

七、納甲說

所謂納甲，即將八宮卦配以十干，其各爻又分別配以十二支。甲爲十干之首，以首甲爲名以概其餘，故名之曰「納甲」；又因爲配以十二支，故又可稱爲「納支」，然歷代學者大都統稱爲「納甲」。其法以乾納甲壬、坤納乙癸、震納庚、巽納辛、坎納戊、離納己、艮納丙、兌納丁。納甲說在西漢多半用於占筮，以干支所屬之五行及筮卦時的時日來推斷吉凶。

到了漢末魏伯陽採京房納甲說，配合月亮之盈虛及卦爻象之變化，而形成獨特的「月體納甲說」。以月相之晦、朔、弦、望，及月體運行之方位來說明卦爻象的變化及陰陽消長之理，並藉此導引出一套配合月亮消息盈虛而從事煉丹的納甲理論。爾後，虞翻受到魏伯陽納甲說的影響，亦以月體納甲的理論詮解《周易》。

八、爻辰說

〔註5〕　這些觀念見於鄭注〈繫辭傳〉「範圍天地之化而不過，曲成萬物而不遺」、「天數五，地數五，五位相得而各有合」、「大衍之數五十，其用四十有」、「精氣爲物，遊魂爲變，是故知鬼神之情狀與天地相似，故不違」、「知崇禮卑，崇效天卑法地」等句中。鄭玄注《周易》之引文並見王應麟《周易鄭康成注》、惠棟《鄭氏周易》、丁杰《周易鄭氏》、孫堂《漢魏二十一家易注》、張惠言《周易鄭氏注》、黃奭輯本《周易注》等諸本。

　　爻辰說是指以乾坤兩卦的十二爻配合十二辰，此說始於京房。《易緯·乾鑿度》的爻辰說可視為卦氣說的一種形式，它按六十四卦的次序，每對立的兩卦，其六爻配以十二辰，代表十二個月份，為一年；三十二對卦象，則代表三十二年，從乾坤到既濟、未濟，循環往復，周而復始。到了鄭玄加以修改，並運用在解《易》之上。

　　乾從初九爻到上九爻依次為子、寅、辰、午、申、戌，此為「天道左旋」之說。對於乾卦順行（左旋）之論，《易緯·乾鑿度》與鄭玄之說並無不同。但對於「地道右遷」，二者就出現了不同的看法。《乾鑿度》的六陰支取逆數之序，從初六爻到上六爻依次為未、巳、卯、丑、亥、酉，此說則同於京房納甲配辰法。〔註6〕至於鄭玄的六陰支則採順數之序，則從初六爻到上六爻依次為未、酉、亥、丑、卯、巳，是乾、坤二者皆用皆用順數。

《乾鑿度》乾坤爻辰圖		鄭玄乾坤爻辰圖	
乾爻左行	坤爻右行	乾爻左行	坤爻左行
九　月 —— 戌	四　月 —— 酉	九　月 —— 戌	四　月 —— 巳
七　月 —— 申	二　月 —— 亥	七　月 —— 申	二　月 —— 卯
五　月 —— 午	十二月 —— 丑	五　月 —— 午	十二月 —— 丑
三　月 —— 辰	十　月 —— 卯	三　月 —— 辰	十　月 —— 亥
正　月 —— 寅	八　月 —— 巳	正　月 —— 寅	八　月 —— 酉
十一月 —— 子	六　月 —— 未	十一月 —— 子	六　月 —— 未

　　「左行」、「右行」的順逆之說，到了虞翻與姚信都有各自不同的詮解，〔註7〕足以說明魏晉之時，對爻辰的看法雖承繼漢易之說，卻又有了新的轉變。

　　此外，還有諸多易例在魏晉之時或持續發展，或已嬗變。無論如何，漢代易例發展到虞翻已達鼎盛，也引起義理易學家之反動。魏晉象數易學家為挽回頹勢，更創立新說，企圖以矯玄虛之學，於是一面加強漢代本有的象數易，另一面則加深象數易例的複雜度，使之規則化、體系化，這些易例通常

〔註6〕其實《乾鑿度》也有相反的兩卦皆用順行的爻辰論，如泰、否兩卦的納辰法，《乾鑿度》說：「泰否之卦，能各貞其辰，其比辰左行相隨也。」由此視之，泰，否二卦皆採順數之序，即「比辰左行相隨」。泰卦從初九爻到上六爻依次為寅、卯、辰、巳、午、未，否卦從初六爻到上九爻依次為申、酉、戌、亥、子、丑。是二卦皆從左旋（順行）之說。

〔註7〕爻辰之論在第玖章〈對天文學的影響〉一段中有詳細之論述。

十分紛繁。本論文意在採魏晉諸儒注《易》特殊之例，並欲指出其特殊或短失之處，故僅擇其重要者如卦變、互體、卦主、卦氣、旁通、納甲〔註8〕等予以闡述之。同時又因爲這些體例學者多有論述，本論文將在這幾個易例之中，挑其重要之論，或是學者較少論及、忽略者，或是異於他人見解的地方加以發揮。

第一節　卦變說

卦變是易學史上重要的問題之一，自漢・京房之八宮卦變、虞翻的卦變之說一出，後世對於卦變之論更是紛沓而來，沒有定論。其原因在於易學家對「卦變」一詞含義的認知不同所致。高懷民在《兩漢易學史》中說：

> 「卦變」一詞，就字面上的意義看，凡是卦象所生的變化，都應如此稱呼。那就是不止孟喜得十二月卦、焦延壽的變占、京房的八宮，連鄭玄的爻辰、荀爽的升降，也都可以稱爲卦變。可是這樣就失之於太廣泛而無歸屬，所以易家言卦變，限制了此名的含義，以「某卦從某卦變來」作解釋。〔註9〕

「某卦從某卦變來」就是易家所謂的「推卦之所由來」，亦即每一個卦透過一定的規律找到生卦之由，且形成一套有系統的卦變理則，這才是本文所欲推闡與討論的卦變理論。何澤恒對此作了一個解說：「蓋一卦六爻，以其中奇偶二爻互換其位，而成另一卦，則謂之『卦變』或『之卦』。」〔註10〕「之卦」就是漢儒主一爻動、兩爻交易而得一卦的說法。宋・趙汝楳把漢儒的「之卦」稱之爲「爻變」，他說：

> 自卦下陰陽之純者爲始，上下互易而極三百八十四爻之變，此爻變

〔註8〕因爲納甲一說至管輅、干寶與郭璞之時已逐漸與術數易合論，故本論文則另立第七章專論納甲注經之說與納甲占筮之說。

〔註9〕見高懷民《兩漢易學史》（台北，中國學術著作獎助委原會，1970年12月初版），頁203。這一段話表示「卦變」應要有所限制，否則一切的爻變皆可變爲另一卦，皆稱之爲「卦變」，那麼「卦變」一說就失之浮泛。所以「卦變」應指有系統、有理則且有周全的卦象變化而言。

〔註10〕何澤恒〈論周易卦變〉，此文收錄於《毛子水先生九五壽慶論文集》，（台北：幼獅文化事業公司，1987年4月出版），頁312～360。何澤恒引清人錢大昕的話：「卦變之說，漢儒謂之『之卦』。」（《潛研堂文集・卷四・答問一》）並清楚解釋卦變之名義，同時也釐清「卦變」、「變卦」、「爻變」之間的異同。

也。乾坤重卦，交而爲六，☰☷爲一陰一陽之始，凡爻之一陽五陰與一陰五陽者皆由此次第互易，各五卦。☰☷爲二陰二陽之始，變如上，各十四卦。☰☷爲三陰三陽之始，變如初，各九卦。卦變之辭，如「健而巽」、「止而說」；爻變之辭，如「剛來而下柔」、「柔進而上行」，皆聖人作易之所取也。〔註11〕

卦變以爻之變化爲基礎，若乾變姤、夬、同人、大有、小畜；坤變剝、復、師、比、謙、豫，這就是一陰一陽之始，由一陽五陰與一陰五陽次第互易而成。其次爲二陰二陽、三陰三陽之類，亦以一爻動爲法則，兩爻交易而成卦，這是卦變的理論。故知所謂的『卦變』指的是卦與卦之間某種規律變化的關係，也就是「此卦本於彼卦」之說。

　　從卦爻變化規律的體例而言，「卦變」自是不同於「變卦」之說。然若從廣義的變動思想而言，有學者則認爲「卦變」可以包含「變卦」，這種立論的著眼點在於：只要一卦會變成另一卦，不管是一爻變或數爻變，都可稱之爲「卦變」。〔註12〕若是此說成立，那麼《左傳》、《國語》的「之卦」，焦延壽的《易林》、京房的八宮卦，荀爽的升降，都可以稱爲卦變，連占筮過程中隨機性的卦爻變動現象皆可涵蓋其中，如此一來，就無法凸顯爻與爻之間確切變化的規律性，也無法表現象數學中「卦變」、「爻變」特有的繁雜細密且具理則的體例與理論。因此分辨「變卦」、「卦變」之異，是有其必要性的。顧頡剛特別在《古史辨》釐清「變卦」與「卦變」之差別，他說：

> 『變卦』與『卦變』是不一樣的。『變卦』是從揲蓍而變；『卦變』是卦自爲變。……從本卦中以兩爻交易而得一卦之『卦變』與從揲蓍的從此卦變至彼卦之『變卦』自然不同。漢儒之『之卦』與左國某卦『之』某卦也是不同。左、國只言『變卦』卻沒有用『卦變』之法。談『卦變』當自漢儒始，其根源大概從卦爻辭與象傳所說的

〔註11〕 見趙汝楳《易雅・變釋第八》，附於趙氏《周易輯聞》之後，見《通志堂經解本》第五冊（台北：漢京文化事業有限公司）（無年月版次），頁2877～2878。

〔註12〕 張善文《象數與義理》說：「六十四卦中的任何一卦，無論一爻變或數爻變，均必轉化爲另一卦，謂之「卦變」。而導致「卦變」的某一卦中具體爻象的變化，稱「爻變」。」這是從《周易》變動哲學的立場發論，認爲「卦變」與「爻變」其實都是《周易》象徵哲學的變易思想所致，基本上，「卦變」與「爻變」之理是相通的，因此無須限制在「某卦自某卦變來」的「卦變」的狹義角度上。（台北：洪業文化事業有限公司，1997年1月初版1刷），頁126～127。

『往來』、『上下』、『剛柔』以及損之六三『三人行則損一人，一人行則得其友。』（顧亭林日知錄說）等推演出來。〔註13〕

『變卦』是從揲蓍而變；『卦變』是卦自爲變。〔註14〕《左傳》、《國語》記載的《周易》筮占，「〈大有〉之〈睽〉」、「〈屯〉之〈比〉」、「〈觀〉之〈否〉」、「〈坤〉之〈比〉」等乃由揲蓍過程中，從某一卦變成另一卦之例，如大有卦☲☰上離下乾，睽卦☲☱上離下兌，〈大有〉之〈睽〉即是大有九三變成六三而成睽卦，大有卦☰五陽一陰，睽卦☱四陽二陰，二者之間的關係並不符合「陰陽之數相同」規則性的變化，而是藉由揲蓍占筮，由此卦變至彼卦，這就是「變卦」。至於「卦變」是指有律則的爻變系統，正如前面所說的「此卦本於彼卦」之論。如四陽二陰者皆來自於遯卦☶☰、大壯卦☰☳。舉訟卦☰☵而言，此四陽二陰之例，由遯卦☶☰九三下降至二位、六二上升至三位即成訟卦☰☵，故說訟卦☰☵乃由遯卦☶☰而來。像這樣經由爻的變動，使陰陽之數相同的一卦變成另一卦，就稱之爲「卦變」。

構成卦變之要義有二：一、本於卦爻辭與〈象傳〉所主張的『往來』、『上下』、『剛柔』之義，運用卦中某一爻的升降變化來解釋卦義，就如趙汝楳所說的「健而巽」、「止而說」、「剛來而下柔」、「柔進而上行」的情形，從自然造化之理推闡剛柔上下之義，此爲卦變說之先河。二、以文王序卦的「反對」爲結構，六十四卦有五十六卦皆由二卦相綜而成，並由此釋上下往來之義，進一步成爲卦變理論之依據。〔註15〕不管是卦爻辭與〈象傳〉所說的「健而

〔註13〕見顧頡剛《古史辨》在此段文字中引朱子、《困學紀聞》及錢大昕《潛研堂集》的卦變理論說：「朱子《卦變圖說》：『凡一陰一陽之卦各六，皆自姤復而來。二陰二陽之卦各十有五，皆自臨遯而來。三陰三陽之卦各二十，皆自泰否而來。四陰四陽之卦各有五，皆自大壯觀而來。五陰五陽之卦各六，皆自夬剝而來。』《困學紀聞》：『一卦變六十四，六十四卦變四千九十有六。……』錢氏《潛研堂集》：『卦變之說，漢儒謂之『之卦』，虞翻說《易》專取『旁通』與『之卦』。『旁通』者，乾與坤，坎與離，艮與兌，震與巽，交相變也。『之卦』則以兩爻交易而得一卦。』目的在於論證『變卦』與『卦變』之異。《古史辨》第三冊〈變卦、互體〉（北平：樸社，1931年11月初版），頁179～180。

〔註14〕宋・趙汝楳在《易雅・卦變釋第十》也說：「『變卦』、『卦變』不同，蓋『卦變』者，卦自爲變；『變卦』者，變因乎著。」見《通志堂經解本》第五冊（台北：漢京文化事業有限公司）（無年月版次），頁2880。

〔註15〕所謂「反對」者，即是將整個卦翻轉過來變成另一卦者，如屯卦☵☳整個翻轉過來即成蒙卦☶☵，需卦☵☰翻轉過來即成訟卦☰☵，師卦☷☵翻轉過來即成比卦☵☷，六十四卦有乾☰、坤☷、坎☵、離☲、大過☱☴、小過☳☶、頤☶☳、中孚☴☱八卦翻轉過來仍是原來之卦，餘五十六卦可反對爲二十八組。「反對」之義在

巽」、「止而說」之義，或是序卦以「反對」表變化推移之義，只要陰陽剛柔按照一定的規律迭相推遷，奇偶兩爻周流於六位之間，或由下位升至上位，或由上位降至下位，上下交易，往來反復，這就是卦變的基礎理論。後世之人皆據此以論卦變之義，如江慎修即根據上下往來、剛柔反復之情來論虞翻卦變之說，他說：

> 孔子作《傳》，有當以反易取義者，亦曰往曰來。變文則曰上曰升，猶之言往也；曰下曰反，猶之言來也。凡言來者皆自外卦而居內，言往者皆自內卦而居外。無妄「剛自外來而爲主於內」，此語尤分明，其他皆可類推矣！此類虞翻謂之卦變，因反易而有變動，誠可謂之卦變。〔註16〕

江慎修主要立足於「反易之卦」來論虞翻之卦變，正如李挺之宗法虞翻而著有〈反對變卦圖〉，〔註17〕宋以後易家論卦變大都以「反對」之「剛柔往來」爲主要理論根據。江慎修舉蹇卦、解卦爲例，並說：「此說正得卦變之義」，〔註18〕蹇卦 ䷦ 整個顛倒過來則爲解卦 ䷧，二卦爲反易之卦，正合乎往來上下之理，此爲李挺之以後論卦變者之所宗。然也有持異議者，如來知德認爲「反對」只是「卦綜」（錯綜說之「綜」），並非卦變之說。〔註19〕

今考漢至魏晉之際論卦變者，實未有「卦變」之名，也尚未有以「反對」論卦變之說者。僅從〈象傳〉中的某一爻的升降變化以及由十二辟卦的消息往來尋繹出卦變說的根源。因此本文將釐清魏晉卦變說之源流與發展。

表達剛柔相易、周流變化的思維。

〔註16〕見江慎修《河洛精蘊・卦變說》（北京：學苑出版社，2006 年 3 月第 3 版），頁 138～139。

〔註17〕〈反對變卦圖〉在胡渭《易圖明辨》以及黃宗羲《易學象數論》皆有載記。項安世《項氏家說・卷二》說：「李挺之反對法，其實即生卦法也。故世之言卦變者，皆自挺之出。」（北京：中華書局，1985 年新 1 版）（爲《叢書集成初編》之一），頁 13。而其實生卦法最早應是自於虞翻之說，只是虞翻一則爲了牽就經文、二則並無提出明確生卦之理則，項安世因此認爲卦變之說皆自挺之出。而李挺之卦變說，應是宗法虞氏卦變說，明白〈象傳〉往來之義蘊，故將卦變圖加以改造，以「反對」爲依據來解釋卦變之形成。

〔註18〕見江慎修《河洛精蘊・卦變說》（北京：學苑出版社，2006 年 3 月第 3 版），頁 140。

〔註19〕來知德說：「宋儒不知文王序卦如屯蒙相綜之卦本是一卦，向上成一卦、向下成一卦，……如訟之剛來而得中，乃卦綜也，非卦變也，以爲自遯卦變來，非矣！」見來知德撰、鄭燦訂正《易經來註圖解》（台北：中國孔學會，1988 年 11 月再版），頁 115。

一、卦變說溯源

　　漢魏之際的卦變說源自於荀爽與虞翻，荀爽以陽升陰降為原則，虞翻則以陰陽消息為規律。前者大都以「升降」稱之，後者則以「卦變」稱之。屈萬里在《先秦漢魏易例述評》中明白指出荀氏「某卦從某卦變來」之易例。今以圖表示之。〔註20〕

生　卦	卦　名	注　經　之　辭〔註21〕
自乾坤來者	謙象傳	乾來之坤，故下濟。
	解象傳	乾動之坤，又說：乾坤交通，動而成解
自六子卦來者	屯象傳	此本坎卦也。案初六升二，九二降初，是剛柔始交也。(此案語為李鼎祚案)
	蒙象傳	此本艮卦也。案二進居三，三降居二，剛柔得中，故能通發蒙時，令得時中矣。」(此案語為李鼎祚案)
自消息卦來者	訟卦辭	陽來居二，而孚於初。焦循以為此卦則本於遯卦。〔註22〕
	晉六五爻辭	五從坤動，而來為離。焦循以為此卦則本於觀卦。
	賁象傳	此本泰卦，謂陰從上來，居乾之中。
	旅象傳	謂陰升居五，與陽通者也。(屈按：此謂自否來也。)
	萃上六象	此本否卦，上九陽爻，見滅遷移。

　　荀爽乃最早提出以卦變思想解經的易學家，但因資料亡佚不全，無法完整地看到他對卦變明確的主張。屈萬里指出其生卦之由有三：（一）自乾坤來者。（二）自六子卦來者。（三）自消息卦來者。此分類同於焦循之說，不同者在於焦循多出一條損卦本於泰卦之說，而屈萬里並無此說，然屈先生更從《周易集解》中多增一條賁卦本於泰卦之說。〔註23〕林忠軍先生則在《象數

〔註20〕見屈萬里《先秦漢魏易例述評・卷下荀氏卦變》（台北：學生書局，1985年9月3版），頁119～120。

〔註21〕荀爽之注文並見自李鼎祚《周易集解》、孫堂《漢魏二十家易注》、馬國翰《玉函山房輯佚書》、張惠言《周易荀氏九家義》、黃奭《黃氏逸書考》、《漢學堂經解》等諸本。以下凡引荀爽注文皆從此諸本出，故不再作註。

〔註22〕見焦循《易圖略・卷七論卦變上二》說：「荀爽謂……訟，陽來居二，則本遯。……晉，陰進居五，則本觀。」收錄於《續修四庫全書》，《經部・易類》第二十七冊《易圖略》（上海：上海古籍出版社，2002年3月第1版），頁520。

〔註23〕屈萬里之說見《先秦漢魏易例述評・卷下荀氏卦變》（台北：學生書局，1985

易學發展史》中則將荀爽卦變之說分爲三類：（一）一陰一陽之卦：有謙、剝、同人三卦，謂自乾坤升降而來。（二）二陰二陽之卦：屯、蒙、訟、晉、萃、解、蹇七卦，謂屯卦自坎卦來、蒙卦自艮卦來、訟卦自遯卦來、晉卦自觀卦來、萃卦自否卦來、解蹇二卦則自乾坤升降來。（三）三陰三陽之卦：隨、噬嗑、賁、恆、困、井、旅、渙、既濟、未濟等卦則自泰否二卦來。林先生以較寬廣的視野去看卦變，故認爲「以升降說去審視以上卦變種種，皆可融通。」這是就升降的立場來看卦變，從荀爽論卦變的例子視之，升降說確實對虞翻的卦變說影響頗深。〔註24〕

嚴格說來，荀爽明白指出「此卦本於彼卦」的卦變之思者，只有「自六子卦來者」的屯卦與蒙卦，以及「自消息卦來者」的賁卦等例。屯卦 ䷂ 本於坎卦 ䷜，坎卦 ䷜ 初六升居二位，九二降至初位則成屯卦 ䷂；蒙卦 ䷃ 本於艮卦 ䷳，艮卦 ䷳ 六二升居三位，九三降居二位則成蒙卦 ䷃；賁卦 ䷕ 本於泰卦 ䷊，泰卦 ䷊ 上六降至二位，九二升至上位則成賁卦 ䷕。從這三個例子可以歸納出兩個重點：（一）屯卦與坎卦爲四陰二陽之例，屯卦本於坎卦雖違反陽升陰降的原則，但於陰陽爻數卻沒有增減，仍是四陰二陽生四陰二陽之卦。蒙卦與艮卦亦爲四陰二陽之例，賁卦與泰卦則爲三陰三陽之例，其陰陽爻數亦無增減，仍是四陰二陽生四陰二陽、三陰三陽生三陰三陽之例。（二）卦變之思已有四陰二陽生四陰二陽，三陰三陽生三陰三陽之體例。這樣的卦變思想正啓發了虞翻以爻位消息推卦之所由來的卦變理論。故知荀爽以升降說與陰陽爻等數之說啓發了虞翻卦變之說。

二、虞翻卦變說

雖然荀爽卦變之例有違反陽升陰降之則（如屯卦本於坎卦），且有三陰三

年9月3版），頁119～120。而焦循之說則見《易圖略·卷七論卦變上二》說：「荀爽謂屯本坎卦，初六升二，九二降初。蒙本艮卦，二進居三，三降居二，則本六子矣！（指屯、蒙二卦）謙，乾來之坤，則謂乾上之坤三。解，乾動之坤，謂乾坤交通，動而成解，則本於乾坤矣！（指謙、解二卦）訟，陽來居二，則本遯。旅，陰升居五，則本否。晉，陰進居五，則本觀。損，前之三居上，則本泰。是又十二辟卦矣！（指訟、旅、晉、損四卦）乃萃則云此本否卦。」《續修四庫全書》，《經部·易類》第二十七冊《易圖略》（上海：上海古籍出版社，2002年3月第1版），頁520。

〔註24〕有關荀爽卦變論參見林忠軍《象數易學發展史》第一冊（山東：齊魯書社，1994年7月第1版），頁181～183。

陽生四陰二陽之失（如萃卦本於否卦）。〔註25〕但此對虞翻及後世之易家則有啓蒙之功，如虞翻注〈屯〉則說：「坎二之初」主張屯卦從坎卦而來，此為四陰二陽之例。注〈蒙〉則說：「艮三之二」主張蒙卦從艮卦而來，此為四陰二陽觀卦之例。注〈賁〉則說：「泰上之乾二，乾二之坤上」主張賁卦從泰卦而來，此為三陽三陰之例。顯然虞翻對於荀爽的卦變說是有所取資的。

虞氏卦變說，已掌握〈象傳〉剛柔往來之義蘊，並且認為乾坤生十辟卦，然後再由十辟卦生出五十二卦，五十二卦加上十辟卦及乾坤二卦則成為六十四卦，如此形成一套有理則、有系統的卦變理論，往往成為後人取法之依據，如李挺之效法虞氏之說並將卦變圖加以改造，且以「反對」為根據來解釋卦變的理論。故焦循說：「卦變之說，本於荀虞。」〔註26〕

雖然虞翻以消息卦推卦之所由來，創下卦變一說，對於象數易學而言，有開新之功，然也因注經之故，為了牽就經文而產生許多違例之處。有關虞翻卦變之情形將圖示於下，以資參照：

〔註25〕屈萬里在《先秦漢魏易例述評・卷下荀氏卦變》中指出荀爽自亂其例的情形有二。一、荀氏易例主張陽升陰降，而屯卦☷、蒙卦☷、訟卦☷、晉卦☷、旅卦☷等皆陰升陽降，此為變例。二、某卦自某卦來者，只有爻位之升降，不能增損其爻，而萃卦本於否卦卻有三陰三陽生四陰二陽之缺點。（台北：學生書局，1985年9月3版），頁120～121。

〔註26〕見焦循《易圖略・卷七論卦變上二》，收錄於《續修四庫全書》，《經部・易類》第二十七冊《易圖略》（上海：上海古籍出版社，2002年3月第1版），頁520。

虞氏卦變圖〔註27〕

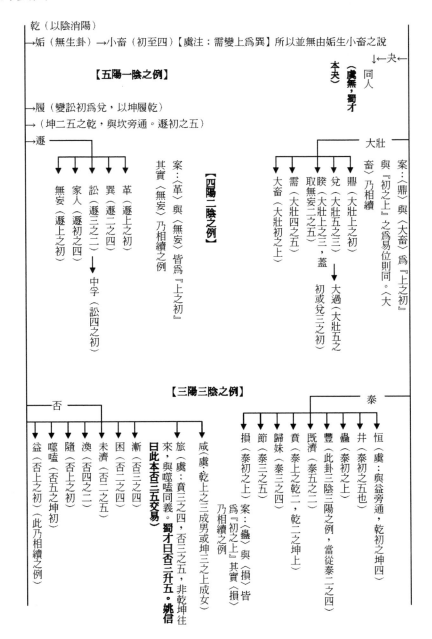

〔註27〕 〈虞翻卦變圖〉乃筆者改自朱震《漢上易傳》，並加上蜀才、姚信之見而畫者。
主要的資料來源則得自於李鼎祚《周易集解》，同時參考郭彧〈卦變說探微〉，
見《周易研究》，1998 年第 1 期（總第 35 期）。

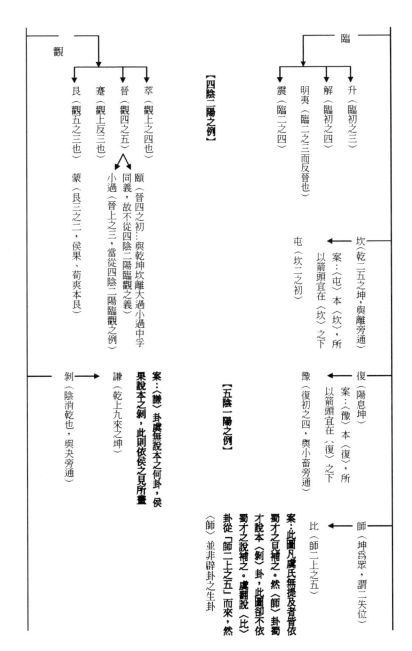

虞翻的卦變說雖有違例、變例之處，但確實是易學史上的創舉，故黃宗羲在其所撰的《易學象數論‧卦變二》說：

古之言卦變者，莫備於虞仲翔，後人不過踵事增華耳。一陰、一陽之卦各六，皆自復、姤而變；二陰、二陽之卦各九，皆自臨、遯而

變；三陰、三陽之卦各十，皆自否、泰而變；四陰、四陽之卦各九，皆自大壯、觀而變；中孚、小過變例之卦，乾、坤爲生卦之原，皆不在數中。其法，以兩爻相易，主變之卦，動者止一爻。……所謂主變之卦以一爻升降者，至此而窮，故變例也。〔註28〕

虞翻卦變之說雖多牽合違例，然大抵本於天地造化之理、剛柔往來之妙，且持之有故，自成一說，使後人得以轉精詳密，實虞翻之功也。而其創下卦變之例，主要的特色有二：〔註29〕

（一）以六辟卦爲主要的卦變基礎，即臨、遯、泰、否、大壯、觀。至於姤、復、剝、夬此四辟卦，只有復卦、剝卦各有一例生卦之情形，〔註30〕姤卦、夬卦則無生卦之例，故研究虞翻卦變之學者，皆稱此爲變例或違例也。

（二）其卦變之法主要以一爻之動爲主，主變之卦動一爻則兩爻相易。所以黃宗羲說：「四陰四陽，即二陰二陽之卦也，其變不收於臨、遯之下者，以用臨、遯生卦，則主變者須二爻皆動，而後餘卦可盡，不得不別起觀、壯（大壯）」〔註31〕四陰二陽與四陽二陰之所以有遯、大壯與臨、觀者，原因是以一爻之升降爲主，如四陽二陰的需卦☵☰來自大壯卦☳☰，虞注：「大壯四之五」，動大壯九四一爻往五位，六五爻至四位，四、五兩爻交易則成需卦☵☰；如果需卦不來自大壯卦，而是來自遯卦☰☶，就必須動遯卦九四、上九二爻而使一、二、四、上四爻交易才可，這就是李挺之〈六十四卦相生圖〉不以觀、大壯爲主變之卦，因此造成了兩爻動而四爻交易的缺點，如此既無定法且無法確切說明〈彖傳〉剛柔往來之義。

然虞翻受限於注解經文，故其卦變說則時有變例或違背〈彖傳〉剛柔往來之義者，將析之於下：

〔註28〕見黃宗羲《易學象數論·卦變二》（台北：廣文書局，1981年2月再版），頁91～92。

〔註29〕有關虞翻之學說，王新春《周易虞氏學》論之甚詳，故本文著重在其特色及違例之處，以詳人之所略爲原則而闡一己之見。以下有關虞翻諸易例皆從此則。王新春《周易虞氏學》（台北：鼎淵文化事業有限公司，1999年2月初版。）

〔註30〕注〈豫〉卦說：「復初之四」，注〈謙〉卦說：「剝上來之三」，引自李鼎祚《周易集解》。

〔註31〕見黃宗羲《易學象數論·卦變二》（台北：廣文書局，1981年2月再版），頁92。

（一）創下爻位遞續之例

大畜卦、無妄卦、損卦、益卦這四個卦是卦變中相續之例。1、大畜卦，虞翻注〈大畜〉說：「大壯初之上」，注〈鼎〉則說：「大壯上之初」，若以動一爻而兩爻互易的法則而言，〈大畜〉顯然是錯誤的，因為「初之上」與「上之初」主動之爻雖不同，但二爻互易的結果都成了鼎卦，因此大畜卦的「初之上」應是爻位遞續之例，即是將大壯卦 ䷡ 的初爻外往至上九爻，上六爻以下的每一爻則遞減一位，如上六爻成為六五爻，六五爻成為六四爻，九四爻成為九三爻，九三爻成為九二爻，九二爻成為初九爻，如此則成了上艮下乾大畜 ䷙ 卦了。2、無妄卦，虞翻注說：「遯上之初」，而注〈革〉則說：「遯上之初」，何以二者皆為「遯上之初」呢？其實無妄卦說的乃是爻位遞續之例，由遯卦 ䷠ 的上九爻下居於初位，原本遯卦初六爻則成為六二爻，六二爻成為六三爻，九三爻成為九四爻，九四爻成為九五爻，九五爻成為上九爻，如此則成了乾上下震之無妄卦 ䷘。3、損卦，虞翻注〈損〉與〈蠱〉都說：「泰初之上」，其實損卦為爻位遞續之例，由泰卦 ䷊ 的初爻外往至上九之位，原泰卦九二爻成為初爻，九三爻成為九二爻，六四爻成為六三爻，六五爻成為六四爻，上六爻成為六五爻，如此則成上艮下兌之損卦 ䷨ 了。4、益卦，虞翻注〈益〉與〈隨〉都說：「否上之初」，益卦乃爻位遞續之例，由否卦 ䷋ 的上九爻下居初九爻，原否卦初六爻則遞升為六二爻，六二爻成為六三爻，六三爻成為六四爻，九四爻成為九五爻，九五爻成為上九爻，如此則成為上巽下震之益卦 ䷩ 了。

（二）重複生卦之說

1、睽卦，虞翻注說：「大壯上之三。在〈繫〉蓋取無妄二之五也。」大壯 ䷡ 上之三，符合「辟卦生雜卦」的卦變原理，是為四陽二陰之例，由大壯 ䷡ 上六爻下居三位，九三爻則外往至上九，如此則成上離下兌的睽卦 ䷥ 了。另一「無妄二之五」的說法，並不符合「辟卦生雜卦」的原理，純粹是為了注解經文所致，虞翻在注解〈繫辭下傳〉「弧矢之利，以威天下，蓋取諸睽。」時說：「無妄五之二也」，「五之二」與「二之五」雖然二五兩爻交易其結果不變，但卻與「主變之卦動一爻」有了不同的意義，「二之五」主動者在二爻，「五之二」主動者在五爻，虞翻此注顯然注意到結果而忽視卦變之義，且忽略無妄卦並不是辟卦，無法生卦。

2、坎卦，虞翻注說：「乾二五之坤，與離旁通。於爻，觀上之二。」乾坤二卦乃生卦之母，坤體而乾來交或者乾體而坤來交，這樣的觀念自荀爽已

有之，不同的是荀爽是立足於升降的觀點，虞翻是就旁通的象數易例而言，亦即坎卦是由乾卦的二五爻旁通於坤卦的二五爻位而成。但就卦變的體例視之，坎卦則本於觀卦，觀卦 ䷓ 上九爻下居二位，二上互易則成坎卦。如此一來，坎卦即有三個生卦之源。

3、離卦，虞翻注說：「坤二五之乾，與坎旁通。于爻，遯初之五」，離卦成卦之理與坎卦同，一則從旁通立說，一則從卦變體例釋之，故有兩個卦之所自來的說法。

4、大過卦，虞翻注說：「大壯五之初，或兌三之初。」又注〈繫辭下傳〉「後世聖人易之以棺槨，蓋取諸大過。」時說：「中孚，上下易象也。……中孚，艮爲山丘，巽木在裏，棺藏山陵，槨之象也，故取諸大過。」對於大過卦之所自來，虞翻提出了三個生卦之由，只有大壯五之初是符合卦變之例。至於兌三之初雖然也可形成大過卦，但兌並生卦之辟卦，虞翻此說不知所據爲何？另外以中孚卦上下兩體對調形成大過之之法，是上下易象，爲兩象易之體例，並非卦變之規則。

5、益卦，虞翻注說：「否上之初也。」這並非上爻與初爻互易之卦，乃爻位遞續之例，如前所言。又注〈繫辭下傳〉「耒耨之利，以教天下，蓋取諸益。」時說：「否四之初也。」爲了合理地詮釋經文，故又存此一說。

6、困卦，虞翻注說：「否二之上」，此乃卦變之例。又注〈繫辭下傳〉「非所困而困焉，名必辱。」時說：「困本咸」咸非辟卦，從卦變之體例視之，咸不能生卦，故知此爲違背卦變之例。虞翻兩說並存，亦是爲了詮解經文。

7、旅卦，虞翻注說：「賁初之四，否三之五，非乾坤往來也。與噬嗑之豐同義」，說明旅卦乃由否卦六三爻與九五爻交易而來，爲坤往而乾來之卦，此說正合乎虞翻卦變之義。至於提出「賁初之四」是爲了取得賁卦 ䷕ 二三四爻所形成的互體之象—坎象，虞翻注〈旅・大象〉「君子以明慎用刑，而不留獄」時則說：「坎爲獄。」利用坎獄之象來解釋〈旅・大象〉之辭，故又有「賁初之四」之說，此說也非卦變之例，純粹又是爲了注解經文。

8、豐卦，虞翻注說：「此卦三陰三陽之例，當從泰二之四。而豐三從噬嗑上來之三，折四於坎獄中而在豐，故『君子以折獄致刑』。」按照虞翻卦變之例，豐卦爲三陽三陰之卦，從泰卦來，由泰卦 ䷋ 的九二爻外往至四位，六四爻下居至二位，遂成豐卦。另一說則認爲豐卦來自噬嗑卦上九爻與六三爻互易其位，此則爲了詮釋〈豐・大象〉「君子以折獄致刑」之文，因爲噬嗑卦

三四五爻互體爲坎獄之象，所謂「折四於坎獄中而在豐」，故採噬嗑卦「上來之三」的說法。如此一來，豐卦之來亦有兩說。凡此重複生卦之說者，一個重要的原因，就是爲了牽就經文。

（三）當從卦變之例而不從者

在虞翻的注解中，有兩例是當從卦變之例卻又不從者，一爲中孚，一爲小過。

1、中孚卦，虞翻注說：「訟四之初也。坎孚象在中，謂二也，故稱『中孚』。此當從四陽二陰之例。遯陰未及三，而大壯陽已至四，故從訟來。」依照虞翻卦變之說，中孚卦當從四陽二陰之例，亦即應從大壯卦或遯卦而來。〔註 32〕如此一來，大壯卦則須九三、九四兩爻與六五、上六兩爻互易其位才可成中孚卦；而遯卦亦須初六、六二爻與九三、九四兩爻互易其位才可成中孚卦。那麼這樣便違反「以兩爻相易，主變之卦，動者止一爻」的規則，因此只得從訟卦的九四爻與初六爻互易其位而得，然訟卦並非生卦之源。

2、小過卦，虞翻注說：「晉上之三。當從四陰二陽，臨觀之例。臨陽未至三，而觀四已消也；又有飛鳥之象，故知從晉來。」依照虞翻卦變之說，小過卦當從四陰二陽之例，亦即應從臨卦或觀卦而來。〔註 33〕然若從觀卦而變則須六三、六四兩爻與九五、上九兩爻互易其位才可成小過卦；若從臨卦而變則須六三、六四兩爻與初九、九二兩爻互易其位才可成小過卦；同樣的這也違背虞翻卦變的規則，所以只得從晉卦上九爻與六三爻互易其位而得，晉卦也非生卦之源。

（四）一陰一陽之例或變或缺

虞翻卦變無姤、夬生卦之例，而一陽五陰（自復、剝來）之例有復卦、師卦、謙卦、豫卦、比卦、剝卦六卦，僅有豫卦符合卦變之則，豫卦，虞翻注說：「復初之四，與小畜旁通。」指出豫卦由復卦而來；但在注解〈小畜・象〉時卻又說：「豫四之坤初爲復」，又說復卦來自豫卦，變成二卦互生的情形。其餘

〔註32〕見黃宗羲《易學象數論・卦變二》說：「中孚從二陰之卦，則遯之二陰皆易位；從四陽之卦，則大壯三、四一時俱上。」（台北：廣文書局，1981 年 2 月再版），頁 92。

〔註33〕見黃宗羲《易學象數論・卦變二》說：「小過從二陽之卦，則臨之二陽皆易位；從四陰之卦，則觀三、四爻一時俱上。」（台北：廣文書局，1981 年 2 月再版），頁 92。

－149－

如師卦則無生卦之說。又如注〈比〉說：「師二上之五」，顯然在一陽五陰之例中看不出卦變體例的規則性。至於五陽一陰（自姤、夬來）則缺生卦之例，此例之卦有姤卦、同人卦、履卦、小畜卦、大有卦、夬卦六卦，其中無注生卦者為同人卦與大有卦，注〈履〉說：「變訟初為兌也」，注〈小畜〉說：「需上變為巽」，在五陽一陰之例中非但看不出規則性的卦變體例，甚且違背之，如履卦、小畜卦皆為五陽一陰，訟卦與需卦皆為四陽二陰，說履卦自訟變、小畜卦自需卦變根本不合卦變「陰陽爻數不變」的原則。在虞翻卦變體例中，合乎理則且明顯可見者為二陰二陽、三陰三陽、四陰四陽之例，黃宗羲說：「一陰、一陽之卦各六，皆自復、姤而變」，這是後人從其卦變學說中探索之結果，非虞翻本人之見也。簡博賢《今存三國兩晉經學遺籍考》則說：「虞氏注豫卦云：『復初之四』，是虞氏不取一陰一陽之例，非不知有復、姤之說也。」〔註34〕

（五）非生自辟卦者

不是直接從辟卦所生的情形有兩種。

（一）從辟卦復變而得：如中孚卦、大過卦、小過卦、頤卦。1、中孚卦來自訟卦四之初，而訟卦則來自遯卦三之二。2、大過卦來自兌卦三之初，而兌卦又來自大壯卦五之三。3、小過卦來自晉卦上之三，而晉卦又來自觀卦四之五。4、頤卦來自晉卦四之初，而晉卦則來自觀卦四之五。此四卦皆間接從遯卦、大壯卦、觀卦復變而來，而其生卦訟卦、兌卦、晉卦皆非辟卦。

（二）這一種情形則完全不是生自辟卦者，如屯卦、蒙卦、比卦。1、屯卦，虞翻注說：「坎二之初」2、蒙卦，虞翻注說：「艮三之二」3、比卦，虞翻注說：「師二上之五」，坎卦、艮卦、師卦與前面所說的訟卦、兌卦、晉卦皆非辟卦。〔註35〕

（六）卦變與旁通、互體並用

乾坤是易之門戶，六十四卦之卦象均由乾坤二卦變來，故十二辟卦為乾坤二卦所生，六子亦出自乾坤而來，〈繫辭上傳〉說：「是故剛柔相摩，八卦相盪。」

〔註34〕見簡博賢《今存三國兩晉經學遺籍考》（台北：三民書局，1986 年 2 月初版），頁 38。

〔註35〕參考郭彧〈卦變說探微〉，此文以師卦、比卦、蒙卦、屯卦、履卦及大有卦為非十辟卦所生，然履卦自訟變、小畜卦自需卦街不符合卦變體例故不論。師卦無注生卦之由、大有卦注缺亦不論。本文在此僅論比卦、蒙卦、屯卦三者。見《周易研究》，1998 年第 1 期，頁 12。

虞翻注說：「乾以二五摩坤，成震、坎、艮。坤以二五摩乾，成巽、離、兌。」
意謂乾初四之坤則生震，乾二五之坤則生坎，乾三上之坤則生艮；而坤初四之
乾則生巽，坤二五之乾則生離，坤三上之乾則生兌。乾坤各以二爻互易則生六
子。若以卦變的立場視之，「乾以二五摩坤」、「坤以二五摩乾」成爲主動者二爻
且爲四爻交易之變例。然若從旁通的角度視之，則不會有兩爻同時動變的破例。
何以得知此爲旁通而非上下互易呢？虞翻注〈坎〉卦辭說：「坎爲心。乾二五旁
行流坤，陰陽會合，故亨也。」乾二五旁行流坤，是兩卦相錯旁通，而非「乾
二升坤五，坤五降乾二」之意義。〔註36〕坎、離二卦都是旁通與卦變並用之例。

　　至於旅卦，則是卦變與互體並用之例。虞翻認爲旅卦是由否卦六三爻與
九五爻交易而來，之所以多提出「賁初之四」一說，其實是爲了利用賁卦䷕ 的
互體之象—坎獄來解釋文辭，故又多具一說。

　　可知虞翻卦變之法除了以辟卦生卦、動者止一爻之外，尚有許多的變例，
無怪乎何澤恆在〈論周易卦變〉一文中深切地指出：

> 而否、泰兩卦皆由乾、坤兩經卦組合而成，……無論經傳，除可直
> 接就其本卦內外二體（即上下卦）之卦象爲說外，並皆可兼取乾、
> 坤二卦之象以爲配合。若再益之以其他象數之例，如互體之類，則
> 上下經卦爻辭以至易傳之文，幾逐字逐句，無一不可附會而得其極
> 委曲深微而巧妙之解釋。〔註37〕

總之，虞翻雖然確立卦變生卦之例，然爲求肳合卦爻之文辭，常有兼及其他
易例之說，給人支離雜亂之感，造成後人說法紛繁不一，是爲其短。

三、姚信卦變說

　　張惠言《易義別錄・卷二》說《周易姚氏義》：「其言乾坤致用、卦變旁
通、九六上下，則與虞氏之注，若應規矩；元直豈仲翔之徒歟？抑孟氏之傳
在吳，元直亦得有舊聞歟？」〔註38〕張惠言指出姚氏之乾坤致用、卦變旁通、
九六上下與虞翻若應規矩，而實際上是否如此，將論述於下：

〔註36〕參見高懷民《兩漢易學史》：「虞氏乾坤二五互交，與荀爽『乾二升坤五、坤五
　　　　降乾二』不同」（台北，中國學術著作獎助委原會，1970 年 12 月初版），頁 212。

〔註37〕見何澤恒〈論周易卦變〉，此文收錄於《毛子水先生九五壽慶論文集》（台北：
　　　　幼獅文化事業公司，1987 年 4 月出版），頁 319。

〔註38〕見孫星衍、張惠言《孫氏周易集解・易義別錄》（山東：山東友誼書社 1992
　　　　年 9 月第 1 次印刷），頁 446。

（一）尋生卦（辟卦）之源

〈繫辭下傳〉說：「精義入神，以致用也。」姚信注說：「陽稱精，陰為義，入在初也。陰陽在初，深不可測；故謂之神。變而姤、復，故曰致用也。」乾坤為易之門戶，虞翻卦變亦以乾坤為生卦之母，然卻無完整的一陰一陽之例。姚信主張乾坤變而為姤、復，基本上已經明白地指出五陽一陰與一陽五陰的生卦（姤、復）乃由乾坤而來，對於虞翻無完整的一陰一陽之例進行了補正作用，惠棟《易漢學》說：

> 卦變之說，本於〈彖傳〉，荀慈明、虞仲翔、姚元直及蜀才、盧氏、侯果等之註詳矣！而仲翔之說尤備。乾坤者，諸卦之祖也；坎離者，乾坤之用也。復、臨、泰、大壯、夬，陽息之卦，皆自坤來。姤、遯、否、觀、剝，陰消之卦，皆自乾來。〔註39〕

虞翻卦變說的基本生卦之源就是辟卦，藉由辟卦剛柔二爻的變化而形成卦變說，如遯卦初之四為家人卦，遯卦是辟卦，由遯卦初六爻與九四爻剛來柔往，陰陽二爻互易就形成家人卦，這就是卦變的基本原理。而此辟卦則由乾坤旁通或消息而來，虞翻時有此說，〔註40〕而姚信已清楚掌握到這一點，故有「變而姤復」、「乾坤致用」之說。其餘論爻變之例亦與虞翻近似，故知張惠言之說恐非無的放矢。

（二）推某卦之所由來

旅卦，姚信注說：「此本否卦，三五交易，去其本體，故曰客旅。」姚信與虞翻一樣都以辟卦為卦變之基礎，故曰：「此本否卦」，三陰三陽之例自泰、否二卦來，否卦六三、九五兩爻互易其位即成旅卦，此亦同於虞翻。虞翻注〈旅〉則說：「賁初之四，否三之五，非乾坤往來也。」很明顯地，其「否三之五」是據卦變體例而來，至於兼存「賁初之四」一說，目的是為了詮釋經文，並非重在卦變之思，故張惠言說：「此（姚注）卦變之例與虞同。」〔註41〕指的是「此本否卦」之說。故知姚信與虞翻相同的卦變之例指的是

〔註39〕引自惠棟《易漢學・卷八卦變說》，見惠棟《周易述、易漢學、易例》（北京：中華書局，2007年9月第1版），頁637～638。

〔註40〕如前言虞翻的坎離二卦就是卦變兼旁通之例，惠棟《易例》一書更為虞翻立「旁通卦變」一節，專言乾坤上下、旁通致用之例。嚴靈峯編輯無求備齋《易經集成》第150冊（台北：成文出版社，1976年臺一版）（無月份）。

〔註41〕簡博賢在《今存三國兩晉經學遺籍考》說：「虞從賁說，故四成旅義；姚本否言，故五為客旅。此二家絕異之處，正見姚之正虞。」（台北：三民書局，1986

「旅本否卦」之說，而非「賁初之四」之說，因此張惠言稱姚信「卦變旁通、九六上下，則與虞氏之注，若應規矩」，實有其理。

四、蜀才卦變說

　　自從虞氏創制消息卦皆出於乾坤、而諸卦皆出於消息卦的卦變體例，其後的學者則不斷地精研，除了姚信意識到一陰一陽（姤、復）之卦變體例外，蜀才對虞翻違例的部分也進行補充與匡正作用。今見《周易集解》保存蜀才資料，主要集中在卦變思想，可知在蜀才是論卦變易例的象數易學大家。今將其論卦變之說製成圖表：

分　類	所生之卦	生　卦	注解之文	李鼎祚之案語
五陽一陰	同人	夬卦	此本夬卦。九二升上，上六降二，則柔得位得中而應乎乾，下奉上之象，義同於人，故曰同人。	
四陽二陰	需卦	大壯卦	此本大壯卦	六五降內，有孚，光亨，貞吉，九四升五，位乎天位，以正中也。
	訟卦	遯卦	此本遯卦	二進居三，三降居二，是剛來而得中也。
	無妄卦	遯卦	此本遯卦	剛自上降為主於初，故動而健，剛中而應也。於是乎邪妄之道消，大通以正矣！無妄，大亨，乃天道恆命也。
	大畜卦	大壯卦	此本大壯卦	剛自初升為主於外，陽剛居上，尊尚賢也。

年2月初版），頁80。簡博賢先生認為張惠言說：「此（姚注）卦變之例與虞同。」實殊失其旨，故主張虞姚絕異，且為姚之正虞。本文則以為張惠言此言無誤。虞翻注曰：「賁初之四，否三之五，非乾坤往來也。與噬嗑之豐同義」，姚信注曰：「此本否卦，三五交易，去其本體，故曰客旅。」姚信同於虞翻皆從否卦而來。至於虞翻另提「賁初之四」之說，並非意謂旅卦本從賁卦而來，存此一說乃純粹為了解經，利用賁卦二三四爻所形成的互體──坎卦，取其爻象及文辭以詮釋經文。故知從卦變的角度來看，姚信與虞翻對旅卦的說法應是一致的。張說實可徵信。

三陽三陰	泰卦	坤卦	此本坤卦。小謂陰也，大謂陽也，天氣下，地氣上，陰陽交，萬物通。故吉亨。	
	否卦	乾卦	此本乾卦。大往，陽往而消；小來，陰來而息也。	
	隨卦	否卦	此本否卦。剛自上來居初，柔自初升上，則內動而外說，是動而說隨也。相隨而大亨，無咎，得於時也。則天下隨之矣！故曰隨時之義大矣哉！	
	咸卦	否卦	此本否卦	六三升上，上九降三，是柔上而剛下，二氣交感以相與也。
	旅卦	否卦	否三升五。柔得中於外，上順於剛，九五降三，降不失正，止而麗乎明，是以小亨，旅貞吉也。	
	恆卦	泰卦	此本泰卦	六四降初，初九升四，是剛上而柔下也。分乾與坤，雷也；分坤與乾，風也，是雷風相與，巽而動也。
	損卦	泰卦	此本泰卦	坤之上九（宜六）下處乾三，乾之九三上升坤六，損下益上者也。陽德上行，故曰其道上行矣！
	益卦	否卦	此本否卦	乾之上九下處坤初，坤之初六上升乾四，損上益下者也。
二陽四陰	臨卦	坤卦	此本坤卦。剛長而柔消，故大亨，利正也。	臨十二月卦也。自建丑之月至建申之月，凡歷八月則成否也，否則天地不交，萬物不通，至於八月有凶，斯之謂也。
	觀卦	乾卦	此本乾卦	柔小浸長，剛大在上，其德可觀，故曰大觀在上也。

晉卦	觀卦	此本觀卦	九五降四，六四進五，是柔進。
明夷卦	臨卦	此本臨卦	夷，滅也。九二升三，六三降二，明入地中也。明入地中則明滅也。
師卦	剝卦	此本剝卦	上九降二，六二升上，是剛中而應，行險而順。
比卦	師卦	此本師卦	六五降二，九二升五，剛往得中，為比之主，故能原究筮道，以求長正而無咎矣！

（最左欄合併儲存格為「一陽五陰」，對應師卦與比卦兩列）

由此圖表整理出蜀才卦變說約有幾項要點：

（一）有兩個生卦之源

1、乾坤生辟卦：如乾卦生否卦、觀卦；坤卦生泰卦、臨卦。2、辟卦生他卦：夬卦生同人。大壯生需卦、大畜卦；遯卦生訟卦、無妄卦。泰卦生恆卦、損卦；否卦生隨卦、咸卦、益卦、旅卦。觀卦生晉卦，臨卦生明夷卦。剝卦生師卦。

（二）分為五個體例

1、五陽一陰來自姤、夬。有同人本夬卦之說，無姤卦生卦之例。2、四陽二陰來自大壯卦與遯卦。需卦、大畜卦本大壯卦；訟卦、無妄卦本遯卦四例。3、三陽三陰來自泰卦、否卦。恆卦、損卦本泰卦；隨卦、咸卦、益卦、旅卦本否卦。4、二陽四陰來自觀卦、臨卦。晉卦本觀卦；明夷卦本臨卦。5、一陽五陰來自剝卦、復卦，有師本剝卦之說，無復卦生卦之例。

（三）結合荀爽與虞翻卦變體例

1、採用荀爽升降之說，如同人卦，蜀才注說：「此本夬卦。九二升上，上六降二」。隨卦，蜀才注說：「此本否卦。剛自上來居初，柔自初升上，則內動而外說。旅卦，蜀才注曰：「否三升五」。另外由李鼎祚以升降說來為蜀才之注作解說的則有需卦、訟卦、無妄卦、旅卦、晉卦、大畜卦、咸卦、恆卦、損卦、益卦、明夷卦、師卦、比卦。〔註42〕由此可知，荀爽升降說是蜀才卦變之基礎。2、採用虞翻乾坤生辟卦、辟卦生他卦的說法。另外也遵循虞翻四陽二陰、三陽三陰、二陽四陰、一陽五陰之體例。孫堂《漢魏二十一家

〔註42〕見圖表內李鼎祚之案語。李鼎祚幾乎是用升降說的理論來解釋蜀才的卦變理論。

易注》：「蜀才善天文，有術數，其所注《易》，大抵主荀爽乾坤升降之義。」〔註43〕張惠言《易義別錄‧卷四》說：「蜀才之易，大約用鄭虞之義爲多，卦變全取虞氏。其不同者，剝爲師，夬爲同人。」〔註44〕大抵延續虞翻卦變之說，並作一些補正，這些都是蜀才注《易》之特色。

（四）重視〈彖傳〉剛柔往來之說

用卦中的某一爻升降變化來解釋卦義，是〈彖傳〉釋卦的重要理論，也是卦變說的主要依據。蜀才也從〈彖傳〉剛柔往來之義解釋卦變。

1、同人卦，〈同人‧彖〉說：「柔得位得中，而應乎乾，曰同人。」蜀才注說：「此本夬卦䷪。九二升上，上六降二，則柔得位得中而應乎乾。下奉上之象，義同於人，故曰同人。」蜀才以爲此乃從上兌下乾之夬䷪而來，夬之九二上升爲上九，夬之上六下降爲六二，乃成同人卦。上六下降爲六二，正是柔得位得中，又上應乎乾。此正符合〈彖傳〉剛柔往來之義。

2、隨卦，〈隨‧彖〉說：「隨䷐之義大矣哉！」蜀才注說：「此本否卦䷋。剛自上來居初，柔自初升上，則內動外說，是動而說，隨也。……故曰隨時之義大矣哉！」蜀才認爲隨卦乃自否卦變來，否卦上九陽剛下降於初九，初六陰柔上升爲上六，乃成隨卦。此亦爲剛來柔往之例。

3、旅卦，〈旅‧彖〉說：「柔得中乎外，而順乎剛，止而麗乎明，是以小亨，旅貞吉也。」蜀才注說：「否䷋三升五，柔得中乎外，上順於剛；九五降三，降不失正，止而麗乎明，所以小亨，旅貞吉也。」蜀才認爲旅卦乃從否卦而來，否卦六三上升爲六五，乃柔得中乎外，上順於剛；九五下降爲九三，降而不失正。此又爲柔上剛下之例。

（五）補正虞翻闕如之體例

五陽一陰由姤、夬來，這是虞翻所沒有的體例。姚信雖已意識到一陰一陽由復、姤來，卻缺乏實際的例子，而蜀才雖無姤卦之例，卻有夬卦之例，他注〈同人〉時則說：「此本夬卦。」蜀才謂同人本於夬卦，補足虞翻闕如之體例，虞翻用旁通之師卦與互體所成的姤卦來注解，並不是用卦變之思解同人卦之說。至於一陽五陰來自剝、復之例，虞翻有豫卦從復卦來之例，卻無

〔註43〕見孫堂《漢魏二十一家易注‧蜀才周易注》，嚴靈峯編輯無求備齋《易經集成》第171冊（台北：成文出版社，1976年臺一版）（無月份），頁1103。

〔註44〕見孫星衍、張惠言《孫氏周易集解‧易義別錄》（山東：山東友誼書社 1992年9月第1次印刷），頁473。

剝卦之例，蜀才則補之，他在注解〈師〉時則說：「此本剝卦」，意謂師卦由剝卦而來，而虞翻僅以「坤爲眾，謂二失位」解之，足見蜀才對虞翻卦變之體例有匡補的作用。〔註45〕

（六）違背卦變之例

蜀才與虞翻一樣皆有違例之說者，如比卦，蜀才說：「此本師卦」，師並非辟卦，並不能生他卦，且比卦是一陰五陽之卦，當自復卦來，而蜀才此說正是自違其例者。

綜上所述，可以將虞翻、姚信、蜀才等人之卦變說歸綜爲幾點摘要：

1. 已有一陰一陽、二陰二陽、三陽三陽、四陰四陽、五陰五陽之體例。而且已有一陰一陽自夬、剝、復三卦而來，二陰二陽自臨、遯、大壯、觀卦而來，三陰三陽自泰、否而來之說法。

2. 二陰之卦即四陽之卦，二陽之卦即爲四陰之卦，有關所變之卦何者本於臨、遯？何者本於大壯、觀卦？往往因爲無法了解他們確切的體例而有不知所從之情況。

3. 虞翻、姚信、蜀才等人的作品因亡佚不全，今其注僅能從李鼎祚的《周易集解》和後人輯佚所得，尚難窺其全豹，故無法給予十分公允的評論。

4. 他們的卦變說，因爲受了注經的影響，不能像京房的八宮卦變有一定的系統及完整的理則，也不能像南宋俞琰的〈先天六十四卦直圖〉以虞翻的一爻動爲法則，規定爲動升不動降，故能完成有理序且沒有變例的卦變圖。高懷民在《兩漢易學史》中指出俞琰所以完成了這個卦變圖，在於擺脫注經，且將虞氏的一爻動爲法則，規定爲動升不動降，凡一陽者起於復卦終於剝卦，一陰者起於姤卦終於夬卦；二陽者起於臨卦終於觀卦；二陰者起於遯卦終於大壯卦；三陰三陽者則以泰否爲起訖；再加上乾坤二卦，如此含納六十四卦而無例外，不像魏晉象數易學家的卦變觀處處可見違例、變例之說。〔註46〕

〔註45〕唐明邦〈范長生的易學思想〉則指出蜀才與虞翻之異者在於同人與師卦二者。虞謂同人來自於姤卦，師卦本於復卦。蜀才則謂同人本於夬卦，師卦本於剝卦。不知唐先生所說的同人姤卦來，師卦自復卦來何據？今見《周易集解》所輯虞翻易注關於此二卦的卦變之說是闕如的。此文見《宗教學研究》，2001年第4期。

〔註46〕高懷民《兩漢易學史》說：「他（虞翻）所以沒有竟其全功的原因，只是因爲受了注經的牽制，注經是東漢象數易學的最高目標，是虞翻不能擺脫掉的。……俞琰所以完成了這個卦變圖，關鍵仍在於擺脫了注經的牽制。虞氏爲了遷就注經，所以他雖然創立了一爻動的卦變法則，但在卦案中有升有降，

5. 爲了解釋經文，有時又求之於互體、旁通、兩象易等易例，終於造成王弼所說：「互體不足，遂及卦變，變又不足，推致五行，一失其原，巧愈彌甚」的情況。〔註47〕

第二節　互體說

東漢注經的象數學家爲了取得更多的物象與事象來詮釋《周易》之文辭，於是利用卦變、五行、互體等各種易例，以達到注《易》的目的。其中互體之法，有二至四爻、三至五爻的三爻互，也有中四爻、下四爻、上四爻的四爻連互法，也有下五爻、上五爻的五爻連互法，因其法繁複，故往往可使一卦增衍成數卦，推展出更豐富的卦爻象，以方便解經。

一、互體說溯源

互體之說，最早則見於《左傳》。《左傳》載，陳侯筮陳氏代齊，令周史行占，遇觀䷓之否䷋，周史釋曰：「坤，土也；巽，風也；乾，天也。風爲天於土上，山也。有山之材，而照之以天光，於是乎居土上，故曰『觀國之光，利用賓於王。』」杜預注《左傳》莊公二十二年「陳侯使筮之，觀之否」首先以互體之例注之，他說：「自二至四，有艮象，艮爲山」，《春秋左傳正義》亦在此例下解爲「互體」。〔註48〕觀卦䷓上巽下坤，巽爲風，坤爲土，變卦爲否䷋上乾下坤，乾爲天，坤土，本卦與變卦共有坤、巽、乾三體，然周史之辭中有「風爲天於土上，山也。」歷代易學家皆以爲此乃互體之用，〔註49〕

以致未能成功一定的卦序排列；俞琰因爲不理會注經，所以將虞氏的一爻動，規定爲動升，而不動降，這樣歲成功了一套井然有序的卦變圖。」（台北，中國學術著作獎助委原會，1970 年 12 月初版），頁 204～205。

〔註47〕引自王弼《周易略例・明象》，見樓宇烈校釋《王弼集校釋》（台北：華正書局，1992 年 12 月初版），頁 609。

〔註48〕杜氏注《左傳》莊公二十二年「陳侯使筮之，觀之否」首先注曰「互體」，《左傳正義》亦在此例下解「互體」，見《十三經注疏附校勘記・春秋左傳正義》（台北：大化書局，1989 年 10 月 4 版），頁 3849～3850。

〔註49〕元・胡一桂贊成以互體說解《左傳》此筮，見文中撰述。元・錢義方《周易圖說》也說：「按《左傳・莊公二十二年》陳侯筮遇觀之否，……杜氏注謂此互體，正卦三四五爲艮，變卦二三四爲艮。竊謂全易六十四卦，唯乾坤二卦不可互體，餘六十二卦皆可互體。」，見《中國古代易學叢書》第二十一卷（中國書店出版，1998 年 3 月第 1 版），頁 631～632。（無載出版地）。又清・錢

因為觀 ䷓ 之二、三、四爻為坤卦，三、四、五爻為艮卦；變卦否卦 ䷋ 之二、三、四爻為艮卦，三、四、五爻為巽卦，艮為山。本卦變卦之互體皆有艮山之象，頗符合《左傳》所說。如元・胡一桂說：

> 易大傳曰若夫雜物撰德，辨是與非，則非中爻不備。……互體說，漢儒多用之，《左傳》占得觀卦處亦舉得分明，看來此說不可廢。陳屬公生敬仲，筮之遇觀 ䷓ 之否 ䷋，曰坤，土也；巽，風也；乾，天也。風為天於土上，山也。有山之材，而照之以天光，於是乎居土上。兩卦皆有互體之艮，故言山。……謂互體非易中一義，斷斷乎其不可也。〔註50〕

胡一桂贊成杜預以互體來解《左傳》占筮之例，如此便能合理解釋「山之象」的由來，因此認為可備此一說，不宜廢之。事實上也有抱持反對意見的，如宋・林至說：

> 至論周太史筮觀 ䷓ 之否 ䷋，曰坤，土也；……大抵一卦之中凡具八卦，有正有伏，有互有參。正謂上下二體也。伏謂二體從變也。互謂一卦有二互體也。參謂二互體參合也。為易者求之象學，往往捨本爻之正義而專求互體之間，參錯雜揉以通百物之象，其流入於筮占，支分蔓衍，此王輔嗣之所訶也。〔註51〕

林至反對互體之說，就是認為它並非《周易》之正，因為一個卦除了本身的上下二體外，還有變卦例的上下二體，加上互卦上下二體，再參合之，一卦可衍至多卦，甚至繁生百物之象，尤其是經過京房、馬融、鄭玄、荀爽、宋衷、虞翻等人的運用之後，逐漸趨於紛繁，此王弼所以要擯落者，因為恐其流於筮占，支分蔓衍，造成論象太密，出現體例不一之情況。

　　然而互體仍不失為象數易學取象的方式之一，漢・鄭玄更把互體說當作

澄之《田間易學・卷首下・互體例》中也持相同的主張，甚至批評王弼雖反對互體之說卻在注解〈睽・六二〉時以互體解之，見《中國古代易學叢書》第三十四卷，出處同前，頁 639～640。另外清王宏撰《周易筮述・卷七》也舉此例並說：「此占取互體甚明，說象無滯礙。」見《中國古代易學叢書》第三十六卷，出處同前，頁 119。

〔註50〕見胡一桂《易附錄纂註》卷十五，收錄於《通志堂經解》本第七冊，清徐乾學輯、納蘭成德校訂（台北：漢京文化事業有限公司）（無年月版次），頁 4063。

〔註51〕林至不贊成互體例，然也承認互體亦為一家之學，故附於外篇，林至《易禪傳外篇》，見《中國古代易學叢書》第十一卷（中國書店出版，1998 年 3 月第 1 版），頁 90。（無載出版地）

解經的重要方法，而其互體之例有三連互、四連互說、互體兼爻辰說者。注〈大畜·六四〉說：「互體震」、〔註52〕注〈離·九四〉說：「又互體兌」、注〈漸·九三〉說：「九三上與九五互體爲離」、注〈豐·九三〉說：「互體爲巽」、注〈旅·初六〉說：「互體艮」、注〈既濟·九五〉說：「互體爲坎又互體爲離」此三連互也。四連互如注〈大畜〉「不家食吉，養賢也」說：「自九三至上九有頤象」。至於注〈坎·六四〉說：「六四上承九五，又互體在震，爻辰在丑」是互體說兼爻辰說者。〔註53〕至於荀爽也有互體之說，如注〈恆·九三〉說：「與五爲兌，欲悅之，隔四。」（《周易集解》引），恆卦 ䷟ 之三、四、五爻互體爲兌，故說「與五爲兌」；又注〈需·九五〉爻說：「五互離，坎水在火上，酒食之象」（《周易集解》引），需卦 ䷄ 三、四、五爻互爲離卦，而坎卦本爲需卦之卦體，故說「坎水在火上」。直到虞翻則擴爲五連互之說，〔註54〕致有三爻互、四連互、五連互之說，這些連互之象其例不一，有的須先易位或之正後而成，有的則需結合卦變之說，有的則在旁通中完成。

二、虞翻互體說

觀虞氏以互體解《易》之說，更可了解王弼必欲擯落之因，雖有一定體例可循，但爲解經之便，仍然出現不少難以理解的互體之例，使《周易》之學變得紛繁難懂。徐芹庭在《虞氏易述解》一書中將互體之例分爲九種：1、二至四，三爻互卦之法。2、三至五，三爻互卦之法。3、中四爻互卦之法。4、下四爻互卦之法。5、上四爻互卦之法。6、下五爻互卦之法。7、上五爻互卦

〔註52〕 鄭玄注《周易》之引文並見王應麟《周易鄭康成注》、惠棟《鄭氏周易》、丁杰《周易鄭氏》、孫堂《漢魏二十一家易注》、張惠言《周易鄭氏注》、黃奭輯本《周易注》。其版本之優缺，胡自逢《周易鄭氏學》考之甚詳（台北：文史哲出版社，1990 年 7 月文 1 版），頁 7～15。

〔註53〕 王應麟在《周易鄭康成注》輯本自序中也指出鄭注多互體之論。鄭玄互體多三爻互，四爻互體則大畜卦一例。林忠軍《周易鄭氏學闡微》對鄭玄互體說有詳盡之介紹（上海：上海古籍出版社，2005 年 8 月第 1 版），頁 184～186。並參考劉玉健《兩漢易學研究》（廣西：廣西教育出版社，1996 年），頁 388～390。

〔註54〕 劉玉健指出五爻互體法不是始自虞翻，而是始於西漢京房，《京氏易傳》解渙卦說：「互見動而上，陰陽二象，資而益也，風行水上，處險非溺也。」劉玉健認爲二、三、四爻外互爲震爲動，故說「互見動而上」。二至上五爻互體爲益，故有「資而益」之益卦，由於有此益卦，因此有「雷動風行」順動不止之益象。見劉玉健《兩漢易學研究》（廣西：廣西教育出版社，1996 年），頁 271～272。

之法。8、兩畫互卦之法。9、一畫互卦之法，亦即爻體也。〔註55〕屈萬里則
分爲四類：1、二至四爻，三至五爻各互一三畫之卦。2、一至五爻，二至上
爻各互六畫之卦。3、初至四爻，二至五爻，三至上爻，各互六畫之卦。4、
有本不成體，而據其半象，以爲互體者。〔註56〕屈萬里四類相當於徐芹庭之
前八類。而這些類例，一般而言，以二至四爻，三至五爻，三爻互卦之法爲
互體最基本也最常用的體例。今人王新春先生則逐次爬梳每個互體之例，共
述 102 個註解，詳細地說明互體的各種體例。〔註57〕爲了掌握互卦整體概念，
本論文則重新歸綜爲以下幾個條例：

（一）三爻互體之例

三爻互即指二至四爻，三至五爻之互體。虞翻三爻互體，如 1. 注〈蒙‧
大象〉☶ 說：「震爲出」，此指從蒙卦 ䷃ 二、三、四爻所互之震卦。2. 注〈謙‧
上六〉☷ 說：「應在震」，謙卦 ䷎ 三、四、五爻互爲震。3. 注〈賁‧初九〉
☶ 說：「應在震…艮爲舍，坎爲車」，賁卦 ䷕ 三、四、五爻互震，二、三、
四爻互坎，艮則爲賁卦上卦之卦體，此震體坎即爲互體之說。4. 注〈噬嗑〉☲
說：「坎爲獄，艮爲手」，噬嗑卦 ䷔ 三、四、五爻互坎，二、三、四爻互艮，
此亦以互體解卦之例。5. 注〈明夷‧象〉☷☲ 說：「三喻文王…三幽坎中，象
文王之拘羑裏。震爲諸侯，喻從文王者。」九三象徵文王，文王幽坎中，此
坎爲明夷二、三、四爻之互卦，震則爲三、四、五所互之卦。此例甚多，無
法一一條列。

（二）四爻互體之例

六畫卦中，上四爻互卦，中四爻互卦，下四爻互卦這三種都可稱爲四爻
互體。四爻互體一般採用的方法是由四爻中的第一、第二、第三爻互得下卦，
第二、第三、第四爻互得上卦，上下二卦則合成一別卦，如大畜卦 ䷙ 初至
四爻之互卦，由四爻中的第一、第二、第三爻互得乾卦，第二、第三、第四
爻互得兌卦，上兌下乾爲夬卦 ䷪（此以下四爻互卦爲例）。清‧李銳《周易
虞氏略例‧體弟十二》舉出三個四爻互之例以說明四爻互構成之法，如〈師‧

〔註55〕見徐芹庭《虞氏易述解》（台北：五州出版社，1974 年 2 月出版），頁 45～46。
〔註56〕見屈萬里《先秦漢魏易例述評‧卷下荀氏卦變》（台北：學生書局，1985 年 9
　　　 月 3 版），頁 127～129。
〔註57〕見王新春《周易虞氏學》（台北：鼎淵文化事業有限公司，1999 年 2 月初版），
　　　 頁 131～148。

大象〉☷，虞翻注說：「五變執言時，有頤養象，故『以容民畜眾矣』。」
李銳解說：「五變則二、三、四爲震，三、四、五爲艮，震下艮上成頤卦，
此以二至五四爻體一卦」，〔註58〕先行六五爻變，師卦☷即成坎卦☵，根
據前面所說的以四爻體中的第一、第二、第三爻爲下卦（震卦），第二、第
三、第四爻爲上卦（艮卦），上艮下震，互體頤卦成矣（此以中四爻互卦爲
例）。另二例小畜卦、泰卦皆從此法。王新春先生在《周易虞氏學》一書中
則整理出另一個四爻互的方法，即是令四爻中的第二、第三爻各自重複一次
形成六畫卦，其中第一、第二、第三爻爲下卦，第四、第五、第六爻爲上卦，
上下二卦則合成一別卦，如前例大畜卦☶初至四爻之互卦，由四爻中的第
二、第三爻各重複一次即成夬卦☱（此以下四爻互卦爲例）。〔註59〕由上述
四爻互之法所得之卦則視爲常例，若非由此二法所互者則稱爲變例。常例者
如下：

1. 小畜☴大象，虞翻注說：「初至四體夬，爲書契。」
2. 泰卦☷九三爻，虞翻注說：「從三至上，體復」
3. 同人☲九五爻，虞翻注說：「二至五，體姤遇也。」
4. 豫卦☳初六小象，虞翻注說：「體剝」，由豫卦☳初至四爻透過四爻
   互之法而得剝卦☶。
5. 隨卦☱六二爻，虞翻注說：「體大過。…三至上，有大過象。」
6. 蠱卦☶初六爻，虞翻注說：「父死大過稱考」，由蠱卦☶初至四爻透
   過四爻互之法而得大過卦☱。
7. 蠱卦☶六四爻，虞翻注說：「四陰體大過」，同前一例之解。
8. 無妄卦☳大象，虞翻注說：「體頤養象」，由無妄卦☳初至四爻透過
   四爻互之法而得頤卦☶。
9. 大畜卦☶卦象，虞翻注說：「至上有頤養之象」，指由大畜卦☶三至

〔註58〕 李銳解小畜卦互爲夬卦時則說：「初、二、三三爻爲乾，二、三、四三爻爲兌，
乾下兌上成夬，此初至四四爻體一卦。」由小畜卦的初至四互爲夬卦，
四爻中的第一、第二、第三爻爲下卦（即乾卦），第二、第三、第四爻爲上卦
（即兌卦），上兌下乾爲夬卦。解泰卦則說：「三、四、五三爻爲震，四、五、
上三爻爲坤，震下坤上成復，此以三至上四爻體一卦。」有關李銳論虞翻之
四爻互者，見《周易虞氏略例·體弟十二》，嚴靈峯編輯無求備齋《易經集成》
第 150 冊（台北：成文出版社，1976 年臺一版）（無月份），頁 33～34。

〔註59〕 見王新春《周易虞氏學》（台北：鼎淵文化事業有限公司，1999 年 2 月初版），
頁 131。

上爻透過四爻互之法而得頤卦 ䷚。

10. 大畜卦 ䷙ 六五爻，虞翻注說：「三至上，體頤象」，同前一例之解。

11. 頤卦 ䷚ 六三爻，虞翻注說：「三失位體剝」，由頤卦 ䷚ 三至上爻透過四爻互之法而得剝卦 ䷖。

12. 頤卦 ䷚ 上九爻，虞翻注說：「體剝居上」，同前一例之解。

13. 大過卦 ䷛ 九五爻，虞翻注說：「體姤淫女」，由大過卦 ䷛ 初至四爻透過四爻互之法而得姤卦 ䷫。

14. 坎卦 ䷜ 六四爻，虞翻注說：「三（二之誤）至五，有頤口象。」由坎卦 ䷜ 二至五爻透過四爻互之法而得頤卦 ䷚。

15. 益卦 ䷩ 大象，虞翻注說：「體復象」，由益卦 ䷩ 初至四爻透過四爻互之法而得復卦 ䷗。

16. 益卦 ䷩ 初九爻，虞翻注說：「體復初得正」，同前一例之解。

17. 益卦 ䷩ 上九爻，虞翻注說：「上不益初，則以剝滅乾」，由益卦 ䷩ 二至五爻透過四爻互之法而得剝卦 ䷖。

18. 萃卦 ䷬ 上六爻，虞翻注說：「上體大過，死象」，由萃卦 ䷬ 三至上透過四爻互之法而得大過卦 ䷛。

19. 鼎卦 ䷱ 大象，虞翻注說：「體姤」，由鼎卦 ䷱ 初至四透過四爻互之法而得姤卦 ䷫。

20. 艮卦 ䷳ 六五爻，虞翻注說：「三至上，體頤象」，由艮卦 ䷳ 三至上透過四爻互之法而得頤卦 ䷚。

21. 豐卦 ䷶ 大象，虞翻注說：「折四入大過，死象。」，由豐卦 ䷶ 二至五爻透過四爻互之法而得大過卦 ䷛。

22. 豐卦 ䷶ 九三爻小象，虞翻注說：「四死大過」，同前一例之解。

23. 兌卦 ䷹ 象傳，虞翻注說：「三至上，體大過死。」，由兌卦 ䷹ 三至上三至上透過四爻互之法而得大過卦 ䷛。

24. 小過卦 ䷽ 大象，虞翻注說：「體大過」，由小過卦 ䷽ 二至五爻透過四爻互之法而得大過卦 ䷛。

25. 小過卦 ䷽ 初六爻及小象，虞翻注說：「大過死」、「四死大過」，同前一例之解。

26. 小過卦 ䷽ 六二爻及小象，虞翻注說：「折入大過死」、「體大過」，亦同前一例之解。

27. 小過卦 ䷽ 九三爻，虞翻注說：「折四死大過中」，亦同前一例之解。

28. 小過卦 ䷽ 九四爻小象，虞翻注說：「體否上傾」，由小過卦 ䷽ 初至四爻透過四爻互之法而得否卦 ䷋。

29. 〈繫辭下傳〉說：「易其心而後語」，虞翻注說：「益初體復心」，由益卦 ䷩ 初至四爻透過四爻互之法而得復卦 ䷗。（後面互體兼卦變處有更進一步地說明）

30. 〈說卦傳〉：「離，其於木也為折上槁」，虞翻注說：「體大過死」，由離卦 ䷝ 二至上爻透過四爻互之法而得大過卦 ䷛。

（三）五爻互體之例

五爻互之法則由五爻中的第三爻重複一次成為六畫卦，由六畫卦中的初、二、三爻為下卦，四、五、上爻為上卦，如此則形成另一別卦。

1. 蒙卦 ䷃ 卦辭，虞翻注說：「二體師象」，由蒙卦 ䷃ 初至五爻透過五爻互之法而得師卦 ䷆。

2. 蒙卦 ䷃ 象傳、大象，虞翻分別注說：「體頤，故養體頤，故養」、「二至上有頤養象」，由蒙卦 ䷃ 二至上爻透過五爻互之法而得頤卦 ䷚。

3. 師卦 ䷆ 上六爻，虞翻注說：「體迷復凶」，由師卦 ䷆ 二至上爻透過五爻互之法而得復卦 ䷗。

4. 比卦 ䷇ 六三爻，虞翻注說：「體剝傷象」，由比卦 ䷇ 初至五爻透過五爻互之法而得剝卦 ䷖。

5. 否卦 ䷋ 大象，虞翻注說：「體遯象」，由否卦 ䷋ 二至上爻透過五爻互之法而得遯卦 ䷠。

6. 同人卦 ䷌ 大象，虞翻注說：「體姤」，由同人卦 ䷌ 二至上爻透過五爻互之法而得姤卦 ䷫。

7. 大有卦 ䷍ 大象，虞翻注說：「體夬」，由大有卦 ䷍ 初至五爻透過五爻互之法而得夬卦 ䷪。（此例亦可由大有卦 ䷍ 二至五爻透過四爻互之法而得夬卦 ䷪。）

8. 豫卦 ䷏ 卦辭，虞翻注說：「初至五體比象」，由豫卦 ䷏ 初至五爻透過五爻互之法而得比卦 ䷇。

9. 隨卦 ䷐ 六二爻，虞翻注說：「體咸」，由隨卦 ䷐ 二至上爻透過五爻互之法而得咸卦 ䷠。

10. 臨卦 ䷒ 九二爻，虞翻注說：「體復出元吉」，由臨卦 ䷒ 二至上爻透過

五爻互之法而得復卦䷗。（此例亦可由臨卦䷒二至五爻透過四爻互之法而得復卦䷗。）

11. 無妄卦䷘六二爻，虞翻注說：「有益耕象」，由無妄卦䷘初至五爻透過五爻互之法而得益卦䷩。

12. 坎卦䷜象傳，虞翻注說：「體屯難」、「有屯難象」，由坎卦䷜二至上爻透過五爻互之法而得屯卦䷂。

13. 咸卦䷞九四爻小象，虞翻注說：「初體遯」，由咸卦䷞初至五爻透過五爻互之法而得遯卦䷠。

14. 大壯卦䷡九四爻，虞翻注說：「體夬象」，由大壯卦䷡初至五爻透過五爻互之法而得夬卦䷪。（此例亦可由大壯卦䷡二至五爻透過四爻互之法而得夬卦䷪。）

15. 明夷卦䷣大象，虞翻注說：「體師象」，由明夷卦䷣二至上爻透過五爻互之法而得師卦䷆。

16. 益卦䷩六二爻，虞翻注說：「體觀象」，由益卦䷩二至上爻透過五爻互之法而得觀卦䷓。

17. 萃卦䷬卦辭、象傳及六二爻，虞翻分別注說：「體觀享祀」、「五至初，有觀象」、「體觀象」，由萃卦䷬初至五爻透過五爻互之法而得觀卦䷓。

18. 升卦䷭卦辭，虞翻注說：「又有臨象」，由升卦䷭二至上爻透過五爻互之法而得臨卦䷒。

19. 革卦䷰象傳，虞翻注說：「體同人象」，由革卦䷰初至五爻透過五爻互之法而得同人卦䷌。

20. 革卦䷰九四爻，虞翻注說：「體大過死」，由革卦䷰二至上爻透過五爻互之法而得大過卦䷛。

21. 鼎卦䷱初六爻與九四爻，虞翻分別注說：「折入大過」、「象入大過死」，由鼎卦䷱初至五爻透過五爻互之法而得大過卦䷛。

22. 鼎卦䷱上九爻，虞翻注說：「體大有上九」，由鼎卦䷱二至上爻透過五爻互之法而得大有卦䷍。

23. 〈繫辭下傳〉：「子曰：德薄而位尊，知少而謀大，力少而任重。」虞翻注曰：「鼎四也。……五至初，體大過，本末弱。」，由鼎卦䷱初至五爻透過五爻互之法而得大過卦䷛。

（四）先之正、爻變、成既濟而後取互者

此動之正或成既濟再取互體之例，這在虞翻的象數易例中仍為重要的一環，其中包含三爻互之例、四爻互之例、五爻互之例，有些例子還加上半象之說（見下面據其半象，以為互體者所述），因為類似此例者甚多，故僅舉數例以陳：

1. 三爻互之例：如（1）注〈乾‧象〉說：「已成既濟，上坎為雲，下坎為雨」，乾卦䷀九二、九四、上九先變為六二、六四、上六，成既濟卦䷾，再由既濟卦之二、三、四爻互為坎卦，故曰「下坎為雨」，此乃成既濟卦後再取互者。（2）注〈乾‧九五〉說：「謂四已變，則五體離」，即乾卦䷀九四爻變，成小畜卦䷈，小畜卦䷈三、四、五爻互離，此乃爻變之後再互者。（3）注〈未濟‧九四〉說：「變之震」，即未濟䷿九四爻變，成蒙卦䷃，蒙卦䷃之二、三、四爻互為震卦，此乃變之正後再互者。（4）注〈益‧卦辭〉說：「三失正，動成坎，體渙。」，益卦䷩六三爻變之正而成家人卦䷤，家人卦䷤之二、三、四爻互為坎卦，此亦變之正後再互者。

2. 四爻互之例：如（1）師卦䷆六五爻變之正成坎卦䷜，再從坎卦䷜二至五爻透過四爻互之法得頤卦䷚。（2）剝卦䷖六三爻變而復位為艮卦䷳，再從艮卦䷳三至上爻透過四爻互之法得頤卦䷚。（3）坎卦䷜九二爻變之正成比卦䷇，再從比卦䷇二至五爻透過四爻互之法得剝卦䷖。（此亦可由比卦䷇初至五透過五爻互之法得剝卦䷖。）（4）睽卦䷥九四爻變之正而成損卦䷨，再從損卦䷨二至五爻透過四爻互之法得復卦䷗。（5）漸卦䷴初六爻變之正、九三爻變成六三而成益卦䷩，再從益卦䷩初至四爻透過四爻互之法得復卦䷗。（6）歸妹卦䷵九二、六三兩爻變之正而成豐卦䷶，再從豐卦䷶二至五爻透過四爻互之法得大過卦䷛。（7）豐卦䷶六五爻變之正而成革卦䷰，再從革卦䷰二至五爻透過四爻互之法得姤卦䷫。（8）旅卦䷷九三爻變動成六三而成晉卦䷢，再從晉卦䷢初至四爻透過四爻互之法得剝卦䷖。（9）兌卦䷹九二、九四變之正而成屯卦䷂，再從屯卦䷂二至五爻透過四爻互之法得剝卦䷖。（10）小過䷽六五爻變之正成咸卦䷞，再從咸卦䷞二至五爻透過四爻互之法得姤卦䷫。〔註60〕

〔註60〕有關此段所提到的十個四爻互之注文，一一列出：（1）師卦䷆〈大象〉，虞翻

3. 五爻互之例：（1）比卦䷇初、三爻變之正成既濟卦䷾，再由既濟卦䷾初至五爻透過五爻互之法得離卦䷝。（2）泰卦䷊九二爻變之正成明夷卦䷣，再從明夷卦䷣二至上爻透過五爻互之法得師卦䷆。（3）大有卦䷍九二爻變之正成離卦䷝，再從離卦䷝二至上爻透過五爻互之法得鼎卦䷱。（4）復卦䷗六三爻變而復位為夷卦䷣，再從明夷卦䷣二至上爻透過五爻互之法得師卦䷆。（5）晉卦䷢初六爻變之正而成噬嗑卦䷔，再從噬嗑卦䷔初至五爻透過五爻互之法得屯卦䷂。（6）睽卦䷥六五爻變之正而成履卦䷉，再從履卦䷉二至上爻透過五爻互之法得同人卦䷌。（7）益卦䷩六三爻變之正而成家人卦䷤，再從家人卦䷤二至上爻透過五爻互之法得渙卦䷺。（8）兌卦䷹九二、九四變之正而成屯卦䷂，再從屯卦䷂二至上爻透過五爻互之法得比卦䷇。（9）未濟䷿九四爻變之正而成蒙卦䷃，再從蒙卦䷃初至五爻透過五爻互之法得師卦䷆。〔註61〕

（五）易位後再互者

　　一卦先經由二爻易位或四爻易位成別卦再互者，如：

1. 泰卦䷊九三爻，虞翻注說：「二之五，……體噬嗑食」，泰卦䷊九二爻與六五爻易位成既濟卦䷾，再由既濟䷾卦初至五互卦，本應互為重離卦䷝，但此例為互體兼半象之例，故宜由五爻互中之第三、第四、第五爻互為離卦䷝，五爻互中之第一、第二則取震象半見，如此上離

注說：「五變……有頤養象」，（2）剝卦䷖上九爻，虞翻注說：「三已復位，有頤象」。（3）坎卦䷜上六爻，虞翻注說：「二變則五體剝」。（4）睽卦䷥初九爻，虞翻注說：「四動得位，……二至五體復象」。（5）漸卦䷴九三爻，虞翻注說：「初已之正，三動……二體復焉」（6）歸妹卦䷵九四爻，虞翻注說：「二變、三動之正，體大過象」。（7）豐卦䷶初九爻，虞翻注說：「五動體姤遇」。（8）旅卦䷷九三〈小象〉，虞翻注說：「三動體剝」。（9）兌卦䷹九五爻，虞翻注說：「二、四變，體剝象」。（10）小過䷽六二爻，虞翻注說：「五變，三體姤遇」

〔註61〕有關此段所提到的九個五爻互之注文，一一列出：（1）比卦䷇九五爻，虞翻注說：「初、三已變，體重明」。（2）泰卦䷊上六爻，虞翻注說：「二動時，體師」。（3）大有卦䷍九三爻，虞翻注說：「二變得位，體鼎象」。（4）復卦䷗上六爻，虞翻注說：「三復位時而體師象」。（5）晉卦䷢卦辭，虞翻注說：「初動體屯」。（6）睽卦䷥《象》，虞翻注說：「五動體同人」。（7）益卦䷩卦辭，虞翻注說：「三失正，動成坎，體渙。」（8）兌卦䷹〈象傳〉及九四爻，虞翻分別注說：「二、四已變成屯，有順比象」、「體比順象」（〈象傳〉）、「體比象」（九四爻）。（9）未濟䷿九四爻，虞翻注說：「變之震，體師」

下震則爲噬嗑卦䷔。（此例下卦據其半象，上卦則以互體爲論。）

2. 解卦䷧卦辭，虞翻注說：「二往之五，四來之初，成屯，體復象。」
「二往之五，四來之初」，即是將解卦䷧二、五易位，初、四易位而
得屯卦䷂，再由屯卦䷂初至四爻透過四爻互之法而得復卦䷗。

3. 損卦䷨六四爻及小象，虞翻分別注說：「二上體觀」、「二上之五，體
大觀象」，損卦䷨九二爻與六五爻易位而得益卦䷩，再由益卦䷩二
至上爻透過五爻互之法得觀卦䷀。

4. 鼎卦䷱象傳，虞翻注說：「初、四易位，⋯⋯體頤象」鼎卦䷱初六、
九四二爻易位而得大畜卦䷙，再由大畜卦䷙三至上爻透過四爻互之
法而得頤卦䷚。

（六）互體兼卦變者

欲得互體，必先推其卦之所由來，再由其生卦互卦而得。如：

1. 隨卦䷐上六爻，虞翻注說：「否乾爲王，謂五也，有觀象」，隨卦䷐在
虞翻的卦變易例中是由否卦䷋上之初而來，推得生卦否卦䷋，再由
否卦䷋初至五爻透過五爻互之法得觀卦䷀。

2. 渙卦䷺卦辭，虞翻注說：「否體觀」，渙卦䷺在虞翻的卦變易例中是
由否卦䷋四之二而來，推得生卦否卦䷋，再由否卦䷋初至五爻透
過五爻互之法得觀卦䷀。

3. 〈繫辭下傳〉：「易其心而後語」，虞翻注說：「益初體復心」，益卦䷩在
虞翻的卦變易例中是個變例，它是由否卦䷋上之初由爻位遞續而
得，[註62] 推得生卦否卦䷋，再由否卦䷋初至四爻透過四爻互之法
得剝卦䷖。

（七）先旁通再互者

先藉由旁通之法將原卦錯 [註63] 成別卦，再由別卦取互，如：

1. 離卦䷝卦辭，虞翻注說：「乾二五之坤成坎，體頤養象」，離卦先旁通
爲坎卦䷜，再由坎卦䷜二至五爻透過四爻互之法得頤卦䷚。

〔註62〕可參見第一節虞翻卦變說，說明益卦乃由否卦「上之初」而來，此「上之初」
乃虞翻卦變之變例，由爻位遞續而得，亦即由否卦䷋的上六爻下居初六爻，
原否卦初九爻則遞升爲九二爻，九二爻成爲九三爻，九三爻成爲九四爻，六
四爻成爲六五爻，六五爻成爲上爻，如此遞續則成上巽下震之益卦䷩了。

〔註63〕錯綜之法，錯指旁通，綜指反對。

2. 離卦 ䷝ 象傳，虞翻注說：「乾二五之坤成坎，震體屯」，離卦先旁通為坎卦 ䷜，再由坎卦 ䷜ 二至上爻透過五爻互之法得屯卦 ䷂。

（八）互體兼半象例者

依照四爻互、五爻互的構成之法，無法完成卦爻辭中所需要的卦體、卦象時，根據李銳的觀察，虞翻加上半象的易例便可使問題迎刃而解。李銳《周易虞氏略例・半象弟十一》：「一爻不足以見象，故以兩爻為半象。」〔註64〕李銳舉了五個四爻互兼半象例、以及四個五爻互兼半象之例來說明此情況，以下則各舉二例說明互體兼半象之法：〔註65〕

李銳舉出四爻互、五爻互兼半象之例，根據筆者嘗試從李銳的注解中逐一驗算虞翻互體兼半象之例，結果發現有一個方法幾乎都可以得到通解，而這個方法就是從互體所形成的別卦的上下體取其一，再取原卦的半象，如此一取互體的上下卦，一取原卦的半象，這樣便能得到一個新的別卦。

1. 四爻互之例：（1）豫卦 ䷏ 卦辭，虞翻注說：「三至上，體師象」，李銳解說：「三至上體師，五、上坤象半見。」三至上為四爻互，依照四爻互的構成之法，只能互為上震下坎的解卦 ䷧，若必欲成為師卦，一定得用半象解決之。故豫卦之互卦解卦 ䷧ 的下卦為坎卦，再取原卦豫卦 ䷏ 五、上二爻為坤卦半象，如此上坤下坎就成為師卦 ䷆。（2）隨卦 ䷐ 上六，虞翻注說：「有觀象」，李銳解說：「二至五體觀，二、三坤象半見」，依其四爻互之法，由隨卦 ䷐ 二至五必互得上巽下艮之漸卦 ䷴，以漸卦的上卦為巽卦，再取原卦隨卦 ䷐ 二、三兩爻為坤卦半象，如此上巽下坤則成觀卦。另還有三例為豐卦、渙卦、小過卦，〔註66〕若以此法而言，豫卦 ䷏，隨卦 ䷐，豐卦 ䷶，渙卦 ䷺ 此四卦皆可解通，然於小過卦 ䷽ 則必須稍作變通，李銳注〈小過〉卦說：「三至

〔註64〕見《周易虞氏略例・半象弟十一》，嚴靈峯編輯無求備齋《易經集成》第150冊（台北：成文出版社，1976年臺一版）（無月份），頁32。

〔註65〕有關李銳論互體兼半象之例者，見《周易虞氏略例・體弟十二》，嚴靈峯編輯無求備齋《易經集成》第150冊（台北：成文出版社，1976年臺一版）（無月份），頁32～36。

〔註66〕李銳注〈豐〉曰：「三至上體大壯，初二乾象半見。」，注〈渙〉卦曰：「三至上體遯，五上乾象半見。」見《周易虞氏略例・體弟十二》，嚴靈峯編輯無求備齋《易經集成》第150冊（台北：成文出版社，1976年臺一版）（無月份），頁35～36。

上體否，三、四乾象半見，五、上坤象半見。」〈小過〉卦䷽依前所言四爻互的二個方法，由三至上可得歸妹卦䷵或泰卦䷊，若是先互卦成歸妹䷵再取歸妹五、上坤象半見爲別卦之下體，再取原卦小過卦䷽三、四乾象半見爲別卦之上體，如此則得否卦，符合互體兼半象之說。若以泰卦䷊而言，則取此卦五、上坤象半見爲別卦之下體，再取原卦小過卦䷽三、四乾象半見爲別卦之上體，如此上乾下坤則得否卦，亦符合互體兼半象之說。

2. 五爻互之例：（1）需卦䷄，虞翻注說：「二失位，變體噬嗑爲食」，李銳解說：「二變，初至五體噬嗑，初、二震象半見」，需卦䷄二爻變而成既濟卦䷾（視爲原卦），欲得噬嗑之象，則須將既濟卦初至五中的三、四、五爻互卦離卦爲上體，再取既濟卦䷾的一、二爻震象半見爲下體，如此上離下震則爲噬嗑。（2）蠱卦䷑，虞翻注說：「體大畜」，李銳注說：「二至上體大畜，二、三乾象半見。」由蠱卦䷑二至上爻依五爻互之法則成損卦䷨，取損卦䷨的上卦艮卦爲上體，再取原卦蠱卦䷑二、三乾象半見爲下體，如此上艮下乾則爲大畜卦。（3）歸妹卦䷵，虞翻注說：「初至五體需象」，李銳注說：「初至五體需，初、二乾象半見。」由歸妹卦䷵初至五爻依五爻互之法互成節卦䷻，取節卦䷻上卦坎卦爲上體，再取原卦歸妹卦䷵的一、二爻乾象半象爲下體，如此上坎下乾則成需象䷄。

除此之外，以互體兼半象者，四爻互之例尚有虞翻對大畜卦九三爻、坎卦六三爻、晉卦上九爻、渙卦初六爻、中孚卦卦辭、中孚卦六四爻以及〈繫辭上傳〉：「君子將有爲也、將有行也。」等的注解。大畜卦䷙九三爻，虞翻注說：「二已變，……二至五體師象。」（賁卦䷕二至五爻，坤象半見）；坎卦䷜六三爻，虞翻注曰：「體師」（坎卦䷜初至四爻，坤象半見）；晉卦䷢上九爻，虞翻注說：「動成震而體師象」（豫卦䷏三至上爻，坤象半見）；渙卦䷺初六爻，虞翻注說：「初失正，動體大壯」（中孚卦䷼初至四爻，乾象半見）；中孚卦䷼卦辭、中孚卦六四爻，虞翻分別注說：「三至上體遯」、「體遯山中」（中孚卦䷼三至上爻，乾象半見）；〈繫辭上傳〉：「君子將有爲也、將有行也。」，虞翻注說：「乾二、五之坤成震，有師象。」（乾二、五之坤爲坎卦䷜，由坎卦䷜初至四爻體師象，坤象半見）。這些卦的解法都與上面所述的四爻互之例同。

五爻互中以互體兼半象者尚有虞翻對睽卦六五爻、同人卦九四爻、歸妹卦六三爻、訟卦六三爻、益卦六二爻、井卦九五爻、鼎卦〈象傳〉、漸卦六二爻、豐卦〈象傳〉、渙卦䷲〈大象〉等的注解。睽卦䷥六五爻，虞翻注說：「二體噬嗑」（睽卦䷥二至上爻，震象半見）；同人卦䷌九四爻，虞翻注說：「變而成五體訟」（家人卦䷤二至上爻，乾象半見）；歸妹卦䷵六三爻，虞翻注說：「初至五體需象」（歸妹卦䷵初至五爻，乾象半見）；訟卦䷅六三爻，虞翻注說：「初、四、二已變之正，三動得位，體噬嗑食」（初、二、三、四爻皆變動成家人卦，再由家人卦䷤初至五爻體噬嗑，震象半見）；益卦六二爻，虞翻注說：「三變……體噬嗑食」（家人卦䷤初至五爻，震象半見）；井卦九五爻，虞翻注說：「初、二已變，體噬嗑食」（既濟卦䷾初至五爻，震象半見）；鼎卦䷱〈象傳〉，虞翻注說：「三動噬嗑食」（未濟䷿二至上爻，震象半見）；漸卦䷴六二爻，虞翻注說：「初已之正，體噬嗑食」（家人卦䷤初至五爻，震象半見）；豐卦䷶〈象傳〉，虞翻注說：「五動……四變體噬嗑食」（既濟卦䷾初至五爻，震象半見）；渙卦䷺〈大象〉，虞翻注說：「成既濟，有噬嗑食象」〔註67〕（既濟卦䷾初至五爻，震象半見）這些卦的解法都與上面所述五爻互之例同。

綜觀虞翻的互體說，或以三爻、四爻、五爻取互，或先之正、爻變、成既濟而後取互，或易位再互，或先旁通再互，或互體兼卦變、半象等說法，都是為了推衍更多的卦體，取得更多的卦象，以方便解《易》。如此類例繁滋，加上半象之說往往牽強比附，使得象數易學之失暴露無遺。

三、陸績、姚信、翟元之互體說

陸績也以象數易學名世，其注《易》雖偶見虞氏之義，卻不似虞翻互體之說幾達到無以復加之地步，陸績往往以上下二體之象以詮《易》，以互體解《易》之說並不多見，只有數例可考，且僅限於三爻互之法。而姚信、翟元同樣也以三爻互為主。可見魏晉以後，互體只是易學家注解經傳的一個方式，並不像虞翻將之視為重要的象數易例。

（一）陸績之互體說

陸績注《易》間取互體，其例如下：

〔註67〕渙卦䷺欲成既濟卦，必初六、九二、六三、上九爻變之正方可。

1. 否卦 ䷋ 九五爻辭，陸績注說：「言其堅固不亡，如以巽繩繫也。」（《周易集解》引）否卦 ䷋ 之三、四、五三爻互爲巽卦，《說卦傳》：「巽……爲繩直」，故有「以巽繩繫也」之說。

2. 賁卦 ䷕ 六四爻，陸績注說：「震爲馬、爲白，故曰白馬翰如。」（《周易集解》引）賁卦 ䷕ 之三、四、五爻互爲震，震代表馬之的顙，《說卦傳》：「震……其于馬也，爲善鳴，…爲的顙。」的者，白也，[註68] 故有「震爲馬、爲白」之說。

3. 益卦 ䷩ 〈大象〉，《京氏易傳》說：「互見坤，坤道柔順，又外見艮，艮止陽益，陰止於陽，柔道行也。」陸績注說：「內外順動，風雷益，四象分明，剛柔定矣！」益卦 ䷩ 本身上巽下震，加上二、三、四爻所互之坤卦以及三、四、五所互之艮卦，則有巽、震、坤、艮四象，震、艮爲剛，巽、坤爲柔，故說：「四象分明，剛柔定矣！」

4. 旅卦 ䷷ ，《京氏易傳》曰：「火居山上爲旅之義」陸績注說：「離爲陰，初九爲陽，艮爲陽，初六爲陰，二氣交互上下見木也，火在上無止象，旅之義。」離爲中女，爲陰；艮爲少男，爲陽。火山二氣交互何以見木？又何以上下卦體皆見之？此必從互體與反對的情況釋之，旅卦 ䷷ 二、三、四爻所互者爲巽卦（爲木）；三、四、五所互者爲兌卦，兌卦從反對的角度視之則爲巽卦，故有上下二氣交互皆見木之說。

（二）姚信互體說

謙卦 ䷎ 六二爻：「鳴謙」，姚信注說：「三體震，爲善鳴，二親承之，故曰『鳴謙』。」謙卦 ䷎ 之三、四、五互震，故有「三體震」之說。三爻互乃互體之常例，姚信以互注《易》之例僅見此，可知互體之說並非姚信解《易》的主要特色。

（三）翟元互體說

巽卦 ䷸ 六四爻：「悔亡，田獲三品。」翟元注說：「田獲三品，下三爻也：謂初巽爲雞；二兌爲羊，三離爲雉也。」「初巽爲雞」指的是巽卦的下卦，《說卦傳》：「巽爲雞」。「二兌爲羊」指的是巽卦 ䷸ 二、三、四所互的兌卦，〈說

[註68] 李鼎祚《周易集解》說：「的，白。顙，額也。震體頭，在口上白，故『的顙』。《詩》云：有馬白顛，是也。此上虞義也。」（台北：商務印書館，1996 年 12 月臺 1 版第 2 次印刷），頁 421。

卦傳〉：「兌爲羊」。「三離爲雉」指的是巽卦 ䷸ 三、四、五所互的離卦，〈說
卦傳〉：「離爲雉」。翟元在這一爻辭中充分利用互體與八卦取象之說。

　　從以上的論述得知，易學家解易，在本卦之象無法合理解釋卦爻辭之時，
他們就會轉而從其他的象數易例以求取更多的卦象，此互體之說即是其一，
如姚信見謙卦 ䷎ 六二爻有「鳴謙」之辭，即從互體震卦以取得「其于馬也，
爲善鳴」（〈說卦傳〉）之說，目的都是爲了更妥適地詮釋卦爻辭之義，然若再
益之以卦變、旁通，附之以之正、半象，必然會強彼合此，造成附會通解之
情況。故屈萬里說：

> 然本卦之象，不足以濟其說也，乃求之互體；互體仍不足以濟也，
> 遂更求諸爻變。《周易》之學，自是而愈紛矣！
>
> 按一卦之中，有本體二，並三畫之互體二而爲四。五畫之互體二卦，
> 而有四體；四畫之互體三卦，而有六體。復益之以半象之互體，則
> 卦體之多，莫可究極矣。〔註69〕

每一個六畫卦本身就有上下二體，再加上三爻互二體就有四體。若爲上四爻
互、中四爻互、下四爻互三種情形可得三個別卦，每一個別卦也有上下二體，
這樣四爻互就有六體。加上五爻互亦有初至五、二至上兩種情形，這兩種方
法可得二個別卦，四個卦體。若益之以卦變、旁通、之正、半象等其他象數
易例，一個卦就可衍生爲無數個卦體與卦象，如此便失之浮濫。互體本身並
無可非議，然若三爻互、四爻互、五爻互再加上旁通、半象等體例之推衍，
使象數之學紛然雜陳、莫可究極，如此就不可避免被攻詰。

第三節　卦主說

　　卦主，指的是一卦當中的主爻，這個主爻或決定該卦之所以成卦的原因，
或者成就該卦之大義，或是影響該卦性質最重要的一爻。卦主思想蘊於〈彖
傳〉，易學家舉〈無妄・彖〉：「剛自外來而爲主於內」來說明「主」在一卦中
之重要性，〈彖傳〉大多透過卦中重要的一、二爻來論述一卦的主要精蘊，與
卦主說集中在一、二爻以說明一卦的基本涵義，二者精神是一致的，因此我

〔註69〕 此處二個引文皆出自屈萬里的《先秦漢魏易例述評》，前者引自〈互體及爻變〉
　　　　一文，頁98。後者引自〈虞氏互體〉一文（台北：學生書局，1985年9月3
　　　　版），頁129。

們常將卦主說的源頭指向《易傳》，然而《易傳》並沒有明確地指出卦主之說，故無法得知卦主眞正確立的標準何在？易學史上首次提出卦主說的是西漢象數易學名家京房。京房卦主說的意義主要表現在兩個方向：一、卦主是解《易》的體例。二、卦主是占筮體系中的世爻。卦主說的提出，對後世的影響甚大，陸績、王弼、韓康伯、孔穎達、李鼎祚、吳澄、俞琰、胡煦、李光地、王宏撰、張惠言、徐昂等人都無不殫精竭力地想從京房的卦主易例中挖掘出更完整的理論體系，來發展一己的易學思想。因此欲知魏晉卦主說，就不能不對京房的卦主理論作一番溯源的工夫。

一、卦主說溯源

以卦主說解《易》始自京房，這一體例對後世象數派或義理派的易學家而言，都具有一定的意義。京房在其《易傳》中已明確地運用卦主說來注經，至於他選取卦主的標準大概有如下的幾個標準：

（一）以少為貴

京房說：「定吉凶只取一爻之象」（《京氏易傳‧姤》），這是以一個卦的陰陽爻數目來決定的，若陽多陰少即以陰爻爲主爻，若陰多陽少即以陽爻爲主爻，此爻往往也是決定該卦之所以成卦的意義所在。如 1. 注〈姤〉䷫ 說：「定吉凶只取一爻之象」2. 注〈大有〉䷍ 說：「少者爲多之所宗」3. 注〈復〉䷗說：「一陽爲一卦之主」4. 注〈謙〉䷎ 說：「一陽居內卦之上爲謙之主」，京房在首先在復卦與謙卦提出「卦主」的觀念，並且確立五陽一陰的卦（姤卦、大有卦）與一陽五陰的卦（復卦、謙卦）以少爲主的標準。這點影響著後世陸績、王弼、韓康伯等人的卦主說。

（二）成卦之義

指卦中的某一爻成就該卦之大義，爲該卦之所以成卦的要義所在，如 1. 注〈剝〉䷖ 說：「成剝之義，出於上九」2. 注〈豫〉䷏ 說：「成卦之義在於九四一爻，以陽盪陰。」3. 注〈解〉䷧ 說：「成卦之義在於九二」4. 注〈坎〉䷜ 說：「成坎之德在於九五、九二也」5. 注〈損〉䷨ 說：「成高之義在於六三」6. 注〈臨〉䷒ 說：「陽長之爻，成臨之義」。7. 注〈泰〉䷊ 說：「存泰之義在於六五」8. 注〈小畜〉䷈ 說：「小畜之義在於六四」9. 注〈家人〉䷤ 說：「酌中之義在於六二。」這些爻不管其位高低或尊卑，亦不管其情吉凶或悔吝，

能表現該卦之所以成爲該卦的主要意義所在即是卦主。這就是清・李光地所謂「成卦之主」的來源與依據，不論其爻位之高下、德之善惡，只要能決定該卦成卦之義即可爲卦主。〔註70〕

（三）德尊當位

指卦中的某一爻，其德高，其位尊，即能成爲該卦之卦主，在《易》中往往取第五爻者爲多，第二爻爲次。如 1. 注〈大有〉䷍說：「六五爲尊也」2. 注〈井〉䷯說：「九五處至尊」3. 注〈坎〉䷜說：「成坎之德在於九五、九二也」4. 注〈屯〉䷂說：「世上見大夫，應至尊」，六五本身爲世爻又居尊位。5. 注〈豐〉䷶說：「陰處至尊爲世」六五本身爲世爻又居尊位。6. 注〈師〉䷆說：「處下卦之中爲陰之主，……九二貞正，能爲眾之主。」7. 注〈大畜〉䷙說：「九二大夫應世，應六五爲至尊，……爲（大）畜之主。」九二爲世爻，六五爲至尊九二應乎六五，六五以尊爲卦主。8. 注〈漸〉䷴說：「六二陰柔得位，應至尊」至尊者九五也，故以九五爲卦主。9. 注〈比〉䷇說：「九五居尊，萬民服也」10. 注〈噬嗑〉䷔說：「六五居尊」11. 注〈旅〉䷷說：「六五爲卦之主」12. 注〈鼎〉䷱說：「六五居尊見應」13. 注〈渙〉䷺說：「九五履正思順，……九五居尊」14. 注〈萃〉䷬說：「九五定羣陰，……九五至尊」這些爻皆處於當位或至尊之地故能成爲卦主。這就是清・李光地所謂「主卦之主」的來源與依據。〔註71〕

（四）以世爻爲卦主

從占卜系統而言，京房立爲八宮之說，以乾坤爲父母卦，各統率三男三

〔註70〕見李光地《周易折中・卷首・卦主》說：「凡所謂卦主者，有成卦之主焉，有主卦之主焉。成卦之主則卦之所由以成者，無論位之高下、德之善惡，若卦義因而起則皆得爲卦主也。」如舉履卦䷉說：「履以六三爲成卦之主……蓋三以一柔履眾剛之間，多危多懼，卦之所以名履也。」又如舉漸卦䷴說：「以女歸爲義，而諸爻唯六二應五，合乎女歸之象，則六二卦主也。」這都說明該爻因爲能成就該卦的意義，故能成爲卦主。（台北：眞善美出版社，1981年7月再版），此三引文分別見頁107、110、118。

〔註71〕見李光地《周易折中・卷首・卦主》說：「主卦之主必皆德之善而得時得位者爲之，故取於五者爲多，而他爻亦間取焉。」如舉履卦䷉說：「而九五則主卦之主也。……居尊位尤當常以危懼存心，故九五之辭曰：『貞厲』而〈象傳〉曰：『剛中正履帝位而不疚』。」又如舉大有卦䷍說：「大有以六五爲主，蓋六五以虛中居尊，能有眾陽，故〈象傳〉曰柔得尊位六中，而上下應之。」這是以爻的德高、得時、位當爲考量之重點。（台北：眞善美出版社，1981年7月再版），此三引文分別見頁107、110、111。

女，〔註72〕前四卦爲陽卦，後四卦爲陰卦，以此八卦爲本宮卦，每一宮卦又統率七個卦，這樣便構成六十四卦排列順序，始於乾卦，終於歸妹。八宮卦即爲八純卦：乾☰、震☳、坎☵、艮☶、坤☷、巽☴、離☲、兌☱；以八宮卦爲準地，次變本卦初爻得一世卦；次變本卦初、二爻得二世卦；次變本卦初、二、三爻得三世卦；次變本卦初、二、三、四爻得四世卦；次變本卦初、二、三、四、五爻得五世卦；次變五世卦之四爻得游魂卦；次變游魂卦初、二、三爻得歸魂卦。京房認爲一卦之吉凶主要定於其中一爻之象，這爲主的一爻就是引起該卦從其本宮卦變爲該卦的一爻。因此，對於該卦來說，這一爻便是該卦關鍵的一爻，京氏稱其爲「世爻」，因此世爻在占筮系統中可視爲一卦之卦主。每一卦都有一爻爲主，八純卦以上爻爲世爻，一世卦以初爻爲世爻；二世卦以二爻爲世爻；三世卦以三爻爲世爻；四世卦以四爻爲世爻；五世卦以五爻爲世爻；游魂卦乃由五世卦之四爻變來，故以四爻爲世爻；歸魂卦則由游魂卦三爻以下而變，故以三爻爲世爻。這些爲主之爻常稱爲「居世」、「臨世」、「治世」等，也可以視爲一卦之主。

至於占筮系統中的世爻與解《易》體系所論的卦主有時也有重複的情形，容易讓人混淆解《易》體系的卦主說就是占筮系統中所說的世爻。這些例子如一世卦的姤卦初六爻、復卦初九爻。二世卦的解卦九二爻、家人卦六二爻。三世卦的損卦六三爻。四世卦的大壯卦九四爻。五世卦的井卦六五爻、豐卦六五爻、渙卦九五爻、噬嗑卦六五爻、謙卦六五爻。

（五）以兩爻爲卦主

雖然京房卦主說主張取一爻之象，但也有出現兩爻的情況，如 1. 注〈同人〉☰ 說：「吉凶之兆，在乎五、二」2. 注〈觀〉☷ 說：「陰陽升降定吉凶，成敗取六四至於九五，成卦之終也」3. 注〈坎〉☵ 說：「成坎之德在於九五、九二也」同時出現兩爻爲卦主，坎卦是站在以德爲尊的立場，而同人卦、觀卦是站在吉凶成敗的角度來論卦主。

（六）以八宮爻變爲卦主

某宮爻變成爲某一卦，則此爻變之某爻則成爲卦主。如 1. 注〈觀〉☷ 說：

〔註72〕以乾父統三男，坤母統三女之說則來自〈說卦傳〉：「乾，天也，故稱乎父；坤，地也，故稱乎母；震一索而得男，故謂之長男；巽一索而得女，故謂之長女；坎再索而得男，故謂之中男；離再索而得女，故謂之中女；艮三索而得男，故謂之少男；兌三索而得女，故謂之少女。」

「陰陽升降定吉凶，成敗取六四至於九五，成卦之終也」2. 注〈臨〉䷒說：「吉凶以時配於六位，用於陽長之爻，成臨之義。」3. 注〈大壯〉䷡說：「九四庚午火之位，入坤爲卦之本」。這幾個卦特別指出八宮卦變的成卦之因。觀卦屬於乾宮，乾宮變至四爻爲觀卦，因此四爻爲世爻，又觀卦九五爻處於至尊之位，故有兩爻同時爲卦主之說。臨卦，京房並無指出卦主之爻，致有學者認爲是從消息爻變而來，〔註73〕有這個說法殆因元易學家吳澄主張一陰一陽的姤卦、復卦以初爻爲卦主，二陰二陽的臨卦、遯卦以第二爻爲卦主，三陰三陽的泰卦、否卦以第三爻爲卦主，四陰四陽的大壯卦、觀卦以第四爻爲卦主，五陰五陽的夬卦、剝卦以第五爻爲卦主，六陰六陽的乾卦、坤卦以上爻爲卦主，這樣的說法乃是從消息卦所變動的爻爲主。〔註74〕實際上，京房的八宮卦是一套完整的卦變之說，藉由每一宮有規律的爻變，即可推知卦之所由，故此臨卦爲坤宮爻變而來，坤宮陽長至初爻成復卦，陽長至二爻成臨卦，故此陽長之爻可爲一、二兩爻，也可以只是指主變的第二爻爲主。至於大壯卦屬坤宮四世卦，由坤卦初六至六四之爻變而得，最主要以第四爻爲主，故說：「九四……入坤爲卦之本」，此爻變之說與世爻爲主之例，其情頗同。

綜論京房卦主之說雖未完整，然此體例對後世學者產生不少影響。

二、陸績卦主說

陸績注《京氏易傳》，其論卦主說亦不出京房之範疇，析之如下：

（一）以少爲尊

這是承襲《易傳》以少爲貴的思想，〈繫辭下傳〉所說：「陽卦多陰，陰卦多陽，其故何也？陽卦奇，陰卦偶。其德行何也？陽一君二民，君子之道也；陰二君而一民，小人之道也。」少者爲君，多者爲民，故少者爲眾人之所尊。

〔註73〕劉玉健《兩漢易學研究》說：「某些消息卦以所變之爻爲卦主，各卦由乾坤依次所變之爻而定。如〈臨〉由〈復〉六二變爲九二而來，如此，變爻九二決定了臨卦卦象及其卦義，京氏在其《易傳》中曾將這種所變之爻視爲卦主。」從消息的角度來看卦主，亦可備爲一說。（廣西：廣西教育出版社，1996年），頁230。

〔註74〕見吳澄《易纂言外翼・卷一》的〈卦主第四〉說：「大成 之卦六十有四，復、姤一陽一陰主初，臨、遯二陽二陰主二，泰、否三陽三陰主三，大壯、觀四陽四陰主四，夬、剝五陽五陰主五。乾、坤六陽六陰主上」，此乃以消息卦所變之爻爲卦主。見《中國古代易學叢書》第十七卷（中國書店出版，1998年3月第1版），頁650。（無載出版地）

陸績以此思想爲依據而定卦主之義。如 1.《京氏易傳・姤》：「定吉凶只取一爻之象」，陸績注說：「多以少爲貴」2.《京氏易傳・比》：「九五居尊，萬民服也」陸績注說：「比卦一陽五陰，少者爲貴，眾之所尊者也。」3.《京氏易傳・坎》：「成坎之德在於九五、九二也」陸績注說：「內外居坎，陽處中而爲坎主，純陰得陽爲明，臣得君而安其居也，君得一作臣而顯其道也。」君尊民卑乃當時之體制，陸績處其時必有君尊民卑之觀念，且以少者爲君，多者爲民、爲臣，這也是根據〈繫辭下傳〉所言「陽卦多陰，陰卦多陽」、「陽一君二民，君子之道」的精神而立論，因此陸績注《京氏易傳・隨》時說：「震一陽二陰，陽君陰民得其正也。」像這種以少者爲貴的思想，基本上是承襲《易傳》及京房「少者爲多之所宗」的理念而來。然而《周易》六爻都有貴賤之位，六位之中通常以五位爲尊位，〈繫辭上傳〉說：「列貴賤者存乎位」，〈繫辭下傳〉說：「三多凶，五多功，貴賤之等也。」凡居五位者往往德、位兼備，故不管其爲陽爻、陰爻大都能成爲該卦之卦主，如《京氏易傳・大有》：「六五爲尊也」，陸績注曰：「柔處尊位，以柔履剛，以陰處陽，能柔順物，萬物歸附，故曰照於四方。」大有卦䷍六五爻爲卦中唯一之陰爻，因有柔順之德又處尊位，故能成爲卦主。

（二）成卦之義

在一卦之中某爻成爲該卦的根據，表現該卦之所以成爲該卦的主要意義，此爻便是卦主。如《京氏易傳・離》：「陽爲陰主，陽伏於陰也。」陸績注說：「成卦義在六五」六五爲陽位卻以柔居之，故京氏說：「陽爲陰主，陽伏於陰」。〈離・六五〉說：「出涕沱若，戚嗟若吉。象曰：六五之吉，離王公也。」六五爲尊位，卻以柔順之德居之，並以憂患意識存心，涕若、嗟若，戒愼恐懼，終能附麗王公之位而得吉，此六五所以成就離卦之義，故爲卦主。這是立足於「卦之德」、「卦之義」來闡發該卦之所以成卦的意義所在，而這關鍵性的一爻便是卦主。

（三）吉凶之情

〈巽・象〉說：「柔皆順乎剛，是以小亨。」陸績注說：「陰爲卦主，故小亨。」（《周易集解》引）陸績並沒有指出卦主爲一爻或二爻，但就巽卦而言，初六、六四皆能以陰柔卑順承於陽剛，故皆可視爲卦主。然因爲以陰爲卦主，又非居尊位，故說：「小亨」。處巽卦卑順之時，以柔德主之，正是以吉凶之情作爲衡量卦主的標準。

三、王弼卦主說

京房、陸績以少為貴的觀念也在王弼的卦主思想中也得到進一步地發揮，王弼力斥象數易例，但在注《易》時卻重視此一體例，原因是他將卦主之思提升到老子「無」的境界，王弼認為事物有「一」必有「眾」，「一」是統馭之主，「眾」是萬事萬物。「一」是主爻、是「無」；「眾」是六爻、是「有」。把「一」運用在六十四卦時就有六十四個道理產生，也就是說有一卦之卦名即有一卦之義，如益卦稱益道、履卦稱履道、謙卦稱謙道，而這一義正體現在每一卦的主爻之中，此則為王弼的卦主思想。

然而每個卦的主爻如何去掌握與確立呢？從王弼對〈象傳〉的解釋便能得知，他說：「夫〈象〉者，何也？統論一卦之體，明其所由之主者也。」《周易略例·明象》，〔註75〕每卦的卦義在於〈象〉，得知〈象傳〉之義，就可以掌握全卦之宗旨了，故說：「繁而不憂亂，變而不憂惑，約以存博，簡以濟眾，其為〈象〉乎！……故觀〈象〉以斯，義可見矣。」（同前），〈象〉既是通論一卦之主體，那麼必有一主要的卦義來源，那麼這個卦義就是王弼所謂的主爻，他在《周易略例·略例下》說：「凡〈象〉者，通論一卦之體者也。一卦之體必由一爻為主，則指明一爻之美以統一卦之義，〈大有〉之類是也」，〔註76〕一卦之體由其中關鍵的一爻為之，故又說：「故六爻相錯，可舉一以明也；剛柔相乘，可立主以定也。」（同前，《周易略例·明象》，頁591）。根據王弼「執一統眾」、「以簡馭繁」的原則，一卦雖有六爻，但中心的旨意仍可由至少、至寡的一爻得知，而其方法如下：

（一）一陰一陽為卦主

以一卦中唯一的陰爻或陽爻為卦主，以並此來說明一卦的意義，故說：「六爻相錯，可舉一以明也。」如 1. 注〈師〉䷆九二爻說：「以剛居中，而應於上，在師而得其中者也。承上之寵，為師之主。」以九二爻為師卦之卦主。2. 注〈比〉䷇卦辭曰：「使永貞而無咎者，其唯九五乎！」又注〈比·九五〉

〔註75〕見樓宇烈校釋《王弼集校釋》（台北：華正書局，1992年12月初版），頁591，凡引王弼《周易略例》者，皆自此版。

〔註76〕王弼主張以一爻統論一卦之義，此為卦主說的要義。然王弼卦主說也有例外之處，即無法由一爻表示卦義之時，亦可由上下二卦體為之。故在《周易略例·略例下》：「卦體不由乎一爻，則全以二體之義以明之，〈豐卦〉之類是也。」一卦當中無法找出一爻以說明該卦之義，於是就由卦的內外二卦體而明之。見樓宇烈校釋《王弼集校釋》（台北：華正書局，1992年12月初版），頁615。

䷇ 說：「爲比之主而有應在二，『顯比』者也」，以九五爻爲比卦之卦主。3. 注〈小畜〉䷈ 卦辭說：「謂六四也，成卦之義，在此爻也。體無二陰，以分其應故上下應之也。既得其位，而上下應之，三不能陵，小畜之義。」此謂六四爻爲小畜卦之卦主。4. 注〈履〉䷉ 卦辭說：「凡〈象〉者，言乎一卦之所以爲主也，成卦之體在六三也。『履虎尾』者，言其危也。三爲履主，以柔履剛，履危者也。」言一卦之主在六三爻。5. 注〈同人〉䷌ 卦辭說：「二爲同人之主」言六二爻爲同人卦之卦主。6. 注〈大有・六五〉䷍ 說：「居尊以柔，處大以中，無私於物，上下應之，信以發志，故其孚交如也。……爲大有之主。」大有九五爻既是獨陽又具尊德，故爲卦主。7. 注〈謙・九三〉䷎ 說：「處下體之極，履得其位，上下無陽以分其民，眾陰所宗，尊莫先焉。」未明言何爻爲卦主，但以履得其位爲眾陰所宗，知九三爲謙卦之卦主。8. 注〈豫・六五〉䷏ 說：「四以剛動爲豫之主」，以九四爲豫卦之卦主。這八卦，是以一卦中唯一的陰爻或陽爻爲主，來統論整卦之義。王弼說：

> 夫少者，多之所貴也；寡者，眾之所宗也。一卦五陽而一陰，則一陰爲主矣；五陰而一陽，則一陽爲之主矣。夫陰之所求者陽也，陽之所求者陰也。陽苟一焉，五陰何得不同而歸之？陰苟隻焉，五陽何得不同而從之？故陰爻雖賤，而爲一卦之主者，處其至少之地也。

〔註77〕

獨陰、獨陽之所以可統一卦之義，最主要的原因在於「處其至少之地」，這個「以少統多」、「以寡統眾」的說法正是繼承京房、陸績「以少爲貴」的卦主之思而來。至於京、陸「德尊當位」之原理，在王弼的卦主之思中也同樣得到印證，如同人卦䷌ 六二爻、大有卦䷍ 六五爻、師卦䷆ 九二爻、比卦䷇ 九五爻，這四卦不僅以卦中之獨陰、獨陽爲主，他們同時也處在「處中」、「居尊」、「有德」的第二爻或第五爻，故能爲一卦之主，主導一卦之義。

對於獨陰、獨陽爲一卦之主的說法，王弼也有例外的地方，如一陽五陰的剝卦與一陰五陽的夬卦，其唯一的陰爻、陽爻不但沒有成爲卦主，反而是其他的爻位成爲卦主，如注〈剝・六五〉䷖ 說：「處剝之時，居得尊位，爲剝之主也。」（《周易正義》引），〔註78〕 剝卦唯一的陽爻爲上九，但王弼違背

〔註77〕引自王弼《周易略例・明象》，見樓宇烈校釋《王弼集校釋》（台北：華正書局，1992 年 12 月初版），頁 591～592。

〔註78〕凡引王弼《周易注》皆見《十三經注疏・周易正義》（王弼韓康伯注、孔穎達

「至少之地」，而以「居尊」的六五爲一卦之主。又注〈夬‧九四〉☱☰ 說：「五爲夬主」（同前）同樣的，夬卦唯一的陰爻爲上六，王弼不以上六爲卦主而以「居尊」的六五爲之，顯然，這是站在「位」的立場來選卦主，而不是以「至少之地」爲標地。

（二）上下卦之中爻為主

以卦中第二爻、第五爻爲主，發揮「若夫雜物撰德，辯是與非，則非其中爻不備。」（〈繫辭下傳〉）的精神。清‧錢澄之說：

> 輔嗣謂獨取中一爻者，蓋有得乎〈彖傳〉之旨也。夫所謂中一爻者，
> 二與五也。〈彖傳〉大抵主二、五而言。〔註79〕

一卦的中爻爲二、五爻，尤其是五爻，通常被易學家視爲尊貴、德高且得位的卦主。這與京房注〈同人〉說：「吉凶之兆在乎五、二。」、注〈坎〉說：「成坎之德，在於九五、九二也。」的理念是一致的。如 1 注〈訟‧九五〉☰☵ 說：「處得尊位，爲訟之主，用其中正」2. 注〈師‧九二〉☷☵ 說：「在師而得其中者也。承上之寵，爲師之主。」3. 注〈比‧九五〉☵☷ 說：「爲比之主而有應在二，『顯比』者也。」4. 注〈同人‧六二〉☰☲ 說：「二爲同人之主」5. 注〈大有‧六五〉☲☰ 說：「居尊以柔，處大以中，無私於物，上下應之，信以發志，故其孚交如也。……爲大有之主。」6. 注〈觀‧六五〉☴☷ 說：「居於尊位，爲觀之主，……。上之化下，猶風之靡草」7. 注〈噬嗑‧彖〉☲☳：「謂五也。能爲齧合而通，必有其主，五則是也。」以六五爻爲噬嗑卦之卦主。8. 注〈賁‧六五〉☶☲ 說：「處得尊位，爲飾之主。」賁卦有美飾之義，六五爲飾之主即賁之主 9. 注〈剝‧六五〉☶☷ 說：「處剝之時，居得尊位，爲剝之主者也。」10. 注〈無妄‧九五〉☰☳ 說：「居得尊位，爲無妄之主者也。」11. 注〈大畜‧六五〉☶☰ 說：「五處得尊位，爲畜之主。」12. 注〈坎‧九五〉☵☵：「坎之主而無應輔可以自佐，未能盈坎者也。坎之不盈，則險不盡矣。祗，辭也。爲坎之主，盡平乃無咎。」13. 注〈恆‧六五〉☳☴ 說：「居得尊位，爲恆之主」14. 注〈遯‧六二〉☰☶ 說：「居內處中，爲遯之主。」15. 注〈益‧九五〉☴☳ 說：「得位履尊，爲益之主者也。」16. 注〈渙‧九五〉☴☵ 說：「處

等正義）（台北：藝文印書館，1982 年 8 月 9 版）。以下王弼、韓康伯之《周易注》皆從此本出，故不再作註。

〔註79〕引自清‧錢澄之《田間易學‧卷首下‧卦主論》，見《中國古代易學叢書》第三十四卷（中國書店出版，1998 年 3 月第 1 版），頁 650。（無載出版地）

尊履正，居巽之中，散汗大號，以蕩險阨者也，爲渙之主。」17. 注〈節・九五〉☵☱ 說：「九五居於尊位，得正履中，能以中正爲節之主。」18. 注〈未濟・六五〉☲☵ 說：「以柔居尊，處文明之盛，爲未濟之主」這十八卦當中以第二爻爲主的有三卦，以第五爻爲主的有十五卦，二爻居內處中爲卦之主，五爻或處尊、或當位、或以德故能成爲一卦之主。

（三）以成卦之義選取卦主

使該卦之所以成爲該卦的關鍵性一爻，亦即成就該卦意義的主要一爻，就稱之爲卦主，如 1. 注〈需・九五〉☵☰ 說：「謂五也，位乎天位，用其中正，以此待物，需道畢矣，故『光亨貞吉』。」需九五爻因履正居中，能等待適宜的時機以處事，故得「需道」，因此九五爻成爲卦主。2. 注〈屯・初九〉☵☳ 說：「屯難之世，陰求於陽，弱求於強，民思其主之時也。初處其首而又下焉。爻備斯義，宜其得民也。」屯卦☵☳ 上坎險下動難，一陽處艱困之時能發揮「利居貞，利建侯」的精神，與卦辭所說的「元、亨、利、貞，勿用有攸往，利建侯」的意義是一致的，故說：「爻備斯義」，指初九爻具備屯卦之義，因此成爲卦主。3. 注〈明夷・初九〉☷☲ 說：「明夷之主，在於上六。上六爲至闇者也。」注明夷〈上六〉：「上六居明夷之極，是至闇之主。」上六爻處在最黑暗之處，顯現出明夷至晦蒙難之狀，故上六爻爲明夷之卦主。4. 注〈小畜・六四〉☴☰ 說：「謂六四也，成卦之義，在此爻也。……三不能陵，小畜之義。」六四爻居九三之上，乘陵於三，但能以一陰止三陽之亢進，成就小畜以柔制剛之義，故爲卦主。5. 注〈履・六三〉☰☱ 說：「成卦之體在六三也。」一陰且爲一卦之主。

在王弼的卦主論中，不管是以唯一的陰爻或陽爻爲主，或者以一卦的中爻爲主，或者以一爻備全卦之義，這一爻都是王弼所謂的至寡、至少之地，以此爻來掌握全卦之義理，這便是王弼哲學「執一統眾」方法的運用。故說：

> 自統而尋之，物雖眾，則知可以執一御也。由本以觀之，義雖博，
> 則知可以一名舉也。故處璇璣以觀大運，則天地之動未足怪也；据
> 會要以觀方來，則六合輻輳未足多也。故舉卦之名，義有主矣；觀
> 其彖辭，則思過半矣！〔註80〕

〔註80〕引自王弼《周易略例・明象》見樓宇烈校釋《王弼集校釋》（台北：華正書局，1992 年 12 月初版），頁 591。王弼的卦主說取法於象數體例的用法，但其目的則導入哲學的思想高度，以卦中之主代表一卦之義，象徵本體的

這個主爻，雖是代表一卦之義，更是一種形而上的主體，它就等同王弼注《老子》時的「無」，「無」是超越的，是形而上的道；而六爻就是形而下的有，是現象界中的具體事物。在這裡，「一、眾」的關係便是「無有」、「本末」、「體用」、「母子」等關係的運用，「無」既是形而上，就必須落入形而下的「有」，由這個「有」的具體現象來體現。反過來說，「有」同時也必須依恃「無」來做形而上的本體，才能掌握至簡、至約、至寡的原則。所以卦主說其實也可以視爲王弼哲學體系中「執一統眾」的思維與方法。

四、韓康伯卦主說

　　繼承王弼「執一統眾」的理論，韓康伯把象數體例的卦主說也提昇到玄理哲思的高度，他說：「立本，況卦。趣時，況爻。……《老子》曰：『王侯得一以爲天下貞』萬變雖殊，可以執一御也。」（注〈繫辭下傳〉，《周易正義》引）「一」指的是〈彖〉、〈象〉中所論述的一卦大義，這是卦主思想之依據，故說：「夫彖者，舉立象之統，論中爻之義。約以存博，簡以兼眾，雜物撰德，而一以貫之。」（同前）又說：「立卦之義則見〈彖〉、〈象〉，適時之功則存之爻辭；王氏之例詳矣！」（同前）卦之義在〈彖〉、〈象〉，具體表現則在卦主一爻上，所以韓康伯接著說：「夫少者，多之所宗；一者，眾之所歸。陽卦二陰，故奇爲之君；陰卦二陽，故耦爲之主。」（同前）〔註81〕這也是繼承王弼取「至少之地」爲卦主之依據，主張少者爲貴，正如君一而民眾，少者爲眾人所尊，故說「一者眾之所歸」。舉一以明，執一以御，說明王、韓卦主說的特色，同時也給後人論卦主說者提供了一個思考的方向。

　　「無」，並以此來統御紛繁的「有」，這是王弼、韓康伯卦主說異於象數學家的地方。

〔註81〕此段有四處引文：一、「立本，況卦。趣時，況爻。……萬變雖殊，可以執一御也。」此乃韓康伯注〈繫辭下傳〉：「變通者，趣時者也。吉凶者，貞勝者也；天地之道，貞觀者也；日月之道」之文。二、「夫彖者，舉立象之統，論中爻之義。……雜物撰德，而一以貫之。」此乃注〈繫辭下傳〉：「若夫雜物撰德，辯是與非，則非其中爻不備。」之文。三、「立卦之義則見〈彖〉、〈象〉，……王氏之例詳矣！」此乃注〈繫辭下傳〉：「剛柔相推，變在其中矣；繫辭焉而命之，動在其中矣。」之文。四、「夫少者，多之所宗；一者，眾之所歸。……故耦爲之主。」此乃注〈繫辭下傳〉：「陽卦多陰，陰卦多陽，其故何也？陽卦奇，陰卦耦。」之文。見《十三經注疏‧周易正義》（王弼韓康伯注、孔穎達等正義）（台北：藝文印書館，1982 年 8 月 9 版）。

第四節　卦氣說

卦氣說是兩漢象數易學的重要內容，此說由孟喜首先建立理論體系，重視天道陰陽消息，並將《周易》與四時、八位、十二月、二十四節氣、七十二候相配合，開啓兩漢象數易學整體學說的建構，是象數易學家用以理解和把握宇宙與人生且處理天人關係的憑藉。

一、卦氣說溯源

卦氣說由孟喜首創之後盛行於兩漢時期，然而在漢之前應有一段演進的過程。學者對卦氣說產生的年代錯見紛歧，有的認爲卦氣說並非漢易新說，漢之前已然存在；又有認爲卦氣說應始自於漢，因爲先秦易學並無確切的卦氣理論。前者以劉大鈞先生爲代表，後者以梁韋弦先生爲代表。劉大鈞先生在《周易概論》所說：

> 「卦氣」之說，雖不見於先秦，但與「爻辰」、「納甲」一樣，溯其源，恐怕也不是漢人獨創。……〈繫辭〉及〈象〉的作者，可能見過當時《周易》與律曆知識相結合的遺說。……在〈說卦〉寫成之際，或者更早，古人已有以「兌」主秋之說。……〈復〉卦在「冬至」。西漢時，每逢冬至夏至，官吏休息不辦公，據說其習相沿已經很久……〈乾〉〈坤〉兩卦之爻主一歲的說法，也與「卦氣」說一致。故「卦氣」說，恐亦爲太史遺法，古太史亦主曆法。《禮記・月令》云「太史謁天子曰『某日立冬』」即其證。〔註82〕

「卦氣」中的「卦」指的是六十四卦，「氣」指的是天地陰陽二氣及其運行所形成的四時節氣等。持此說法的理由是因爲在《易傳》及先秦、漢初的各種學說中可以找到卦氣說的理論依據。尤其是《易傳》當中，有些思想也成爲漢易學家據以闡衍「卦氣」說的理論來源：如

1. 《易傳》當中對陰陽變化之義也有多處闡述，〈繫辭下傳〉說：「剛柔相推，變在其中矣。」又如〈繫辭上傳〉說：「剛柔相推而生變化」，此「剛」、「柔」指的是陰陽二氣，宇宙的變化、自然的運行都是由二氣交感而生，相互作用的結果。

〔註82〕見劉大鈞《周易概論》（山東：齊魯書社，1988 年 6 月第 3 次印刷），頁 168～169。劉先生認爲「卦氣」、「爻辰」都是漢之前已有，漢人只是在前人的基礎上作補充與整理，使之更完備而已。

2. 《易》與陰陽、四時、日月相配的時空觀念，也是配合卦氣說所表現的觀念。〈繫辭上傳〉說：「夫《易》廣矣大矣……夫坤，其靜也翕，其動也闢，是以廣生焉。廣大配天地，變通變四時，陰陽之義配日月，易簡之善配至德。」配天地、四時、日月，體現了與陰陽、四時結合的觀念。

3. 〈繫辭上傳〉說：「乾之策，二百一十有六；坤之策，百四十有四。凡三百有六十，當期之日。」乾、坤之策共三百六十，此乃與兩卦主一歲之卦氣理論的思想相應。

4. 〈說卦傳〉有「萬物出於震」一段文字中，坎、震、離、兌位於四方正位，而艮、巽、坤、乾位於四方偏位上。其中，四方正位主管一年四季，代表冬至、春分、夏至、秋分，象徵四時節氣之變化。

　　這種觀點認為卦氣說非一時之論，乃是經由很長時間的演變過程，且是《周易》與律曆結合的一個學說。然而持不同意見者如梁韋弦先生在《易學考論》一書中所說：

　　　　考察卦氣說形成與流傳的過程，我認為先秦文獻中不見卦氣說，這
　　　　種學說是由西漢孟喜、京房等象數學家建構的以占驗人事吉凶為宗
　　　　旨的占筮體系。它源於秦漢間方士將陰陽五行雜占之術與《周易》
　　　　占筮術的結合。……我認為卦氣說並非源於先秦儒家易學，也不足
　　　　以反映中華文化之底蘊。〔註83〕

因為先秦文獻中不見卦氣說，斷然說卦氣說始於先秦或更早的時代確有不妥。然而若無先秦或之前蘊含卦氣思想的根源，也不可能在孟喜之時突然創立整套有關卦氣的理論系統。因此，筆者以為完整的卦氣說始自於西漢確屬無疑，而西漢之前應有《周易》與律曆結合的思想以及有關卦氣說的理論存在，以致於孟、京大力提倡，才能成為體系之學。朱伯崑說：

　　　　此說來於《禮記・月令》、《呂氏春秋・十二紀》、《淮南子》的《天

〔註83〕見梁韋弦《易學考論》（黑龍江：黑龍江人民出版社，2005 年 5 月第 1 次印刷），頁 125。梁韋弦先生在此做了確實且詳細的考證，從種種資料顯示卦氣說是一個以天人感應與五行災異說為依據，結合《周易》與曆法以占驗吉凶的方術。他並認為與《易傳》闡揚義理的宗旨迴異，故而反對之。對於考證先秦文獻資料以確定卦氣說形成於漢代的見解的確具體而實在，然若認為卦氣純為占驗災異且不足以反映中華文化，此說則值得商榷。因為每一個學說與文化的形成必有其時代背景與優缺得失，如此斷然否定卦氣說的文化價值，恐與個人對於象數易學的看法不同所致。

文訓》和《時則訓》。這幾篇都講一年氣候的變化，其中關於二十四節氣的區分，七十二候的說法大體具備。孟喜不過是以六十四卦解說一年節氣的變化。他以坎、震、離、兌爲四正卦，主管一年四季，又是本於〈說卦〉八卦方位說。

基本上在孟喜之前，《易傳》、《禮記‧月令》、《呂氏春秋‧十二紀》、《淮南子》的《天文訓》和《時則訓》都隱約含有一年氣候的變化，二十四節氣的區分，以及七十二氣候的介紹，且說法大致具備。雖然從現存輯佚孟喜的《易》學資料中雖看不到完整的卦氣之論，但從《漢書》、《新唐書》等史志的記載可以得知孟喜據此以推測氣候變化，進而推斷人事吉凶。〔註 84〕其卦氣說主要的內容，大致可以概括爲以下幾點：

1. 以坎、震、離、兌爲四正卦主管一年四季，並以四時配四方。其餘六十卦配一年的日數以解說節氣的變化。〔註85〕

〔註84〕今其章句大多亡佚，易說內容，見引於唐僧一行的〈卦議〉：「自冬至初，中孚用事。一月之策，九六七八，是爲三十。而卦以地六，候以天五。五六相乘，消息一變。十有二變而歲復初。坎、震、離、兌，二十四氣，次主一爻。其初則二至二分也。坎以陰包陽，故自北正。微陽動於下，升而未達，極於二月，凝固之氣消，坎運終焉。春分出於震，始據萬物之源，爲主於內，則群陰化而從之。極於正南，而豐大之變窮，震功究焉，雖以陽包陰，微陰生於地下，積而未章，至於八月，文明之質衰，離運終焉。仲秋陰形於兌，始循萬物之末，爲主於內，則群陽降而承之。極於正北，而天澤之施窮，兌功究焉。故陽七之靜始於坎；陽九之動始於震。陰八之靜始於離，陰六之動始於兌。故四象之變，皆兼六爻，而中節之應備矣。」（《新唐書‧歷志》卷二十七上引）這一段話所顯示的四正卦、十二月卦說、六十四卦配七十二候等內容，即爲孟喜卦氣說的主要內容。《漢書‧儒林傳》：「孟喜字長卿，……從田王孫受易。喜好自稱譽，得易家候陰陽災變書。」卦氣說爲孟喜創立，藉以推測氣候變化，並占斷災異。

〔註85〕孟喜解坎卦曰：「坎以陰包陽，故自北正。微陽動於下，升而未達，極於二月，凝固之氣消，坎運終焉。」（見馬國翰《玉函山房輯佚書‧周易孟氏章句二卷》）坎卦卦象是☵，上下爲陰爻，中爲陽爻，故云以陰包陽，據〈說卦傳〉的八卦方位說，此卦居於正北方，故言「自北正」。卦中陽爻表示陽氣開始萌動但還未上升，故此卦初六爻爲十一月中冬至，可是到二月，凝固之氣解散，坎卦用事即告結束，故曰「坎運終焉」。其於震、離、兌三正卦的情形亦如斯。依孟喜之見，陰陽二氣不斷消長，陽氣息自仲冬十一月冬至起，至仲春二月止，屬少陽之時；逮仲春二月中春分轉壯，盛極於五月，屬太陽之時；陰氣則息自仲夏五月中夏至，至仲秋八月始著，屬少陰之時；逮仲秋八月中秋分轉壯，盛極於仲冬十一月大雪，屬太陰之時。此冬至、春分、夏至、秋分正爲坎、震、離、兌四正卦所主，故曰「四象之變，皆兼六爻」（唐僧一行〈卦議〉，見《新唐書‧歷志》卷二十七上引）。由此可知，孟喜以居東南西北的

2. 以十二辟卦剛柔二爻的變化來體現陰陽二氣的消長過程。同時也用來代表一年四季的陰陽消長。〔註86〕

3. 提出「卦以地六，候以天五」之說，即「六日七分」法。〔註87〕

震、離、兌、坎爲四正卦，分主一年四季，並每卦六爻共二十四爻分主一年中的二十四節氣。所以〈震〉卦自初爻至上爻，分別表示二月至四月三個月中的春分、清明、穀雨、立夏、小滿、芒種六個節氣。〈離〉卦自初爻至上爻，分別表示五月至七月三個月中的夏至、小暑、大暑、立秋、處暑、白露六個節氣。〈兌〉卦自初爻至上爻，分別表示八月至十月三個月中的秋分、寒露、霜降、立冬、小雪、大雪六個節氣。〈坎〉卦自初爻至上爻，分別表示十一月至一月三個月中的冬至、小寒、大寒、立春、雨水、驚蟄六個節氣。以四正卦主一年四季，以二十四爻主一年的二十四節氣，以「九六七八」之老陽、老陰、少陽、少陰來解釋四正卦中的陰陽消長，並以之顯示季節與氣候的變化。此從注重卦象與奇偶之數的動靜消長，進而結合四時、二十四節氣，這正是卦氣說的重要特色。

〔註86〕十二消息卦是從《周易》六十四卦中選取十二個卦以代表十二個月，因爲這十二卦的卦象中剛柔二爻的變化能體現出陰陽二氣的消長過程。同時也用來代表一年四季的陰陽消長，所以十二消息卦又稱爲「十二月卦」，亦簡稱「辟卦」。十二個月有二十四節氣，每個月兩節氣，每個節氣又分初、次、末三候，所以共七十二候。然六十四卦中除四正卦之外的六十卦，則按辟（君）、公、侯、卿、大夫五等分五組，每組有十二卦。凡初候二十四則配以公卦與侯卦，次候二十四則配以辟卦與大夫卦，末候二十四則配以侯卦與卿卦。因爲六十卦配七十二候，所以侯卦分內外，每月的初、次、末三候依次由侯卦之外卦（初）、大夫卦、卿卦、公卦、辟卦，侯卦之內卦（末），所以每個月有五個卦。十二卦代表一年節氣中的中氣，中氣是一個月的基本象徵。每月中的辟卦，即表示該月中氣之次候，同時也表示示該月陰陽二氣消息之基本情狀或常態情狀。

〔註87〕《漢書・律曆志》的描述得知，漢武帝的新曆法，天文學家們規定一月的日數爲二十九日又八十一分之四十三（29又43/81），一年的月數爲十二月又十九分之七（12又7/19），一年的日數爲三百六十五又四分之一（365又1/4）。而《淮南子・天文訓》說：「故三百六十音，以當一歲之日。」將六十律乘以六，配一年之日數，亦即以十二律配十二月，認爲十二律生出六十音，再以六乘之，當一年之數。孟喜吸收二者之思，取一年爲三百六十五又四分之一日，以六十卦配之，即周年之期。因此將三百六十五又四分之一日除以六十，商數爲六又八十分之七日，亦即每個卦相當六又八十分之七日，這就是「六日七分」法。之所以稱「卦以地六，候以天五」，是因爲每卦主管六日七分，所以說「卦六」，同時又因六爲地數「二、四、六、八、十」之中數，故曰「卦以地六」。而天道具體展現在各月、各節氣、各候之中，所以月、候、日一體而不分，一年七十二候，二十四節氣，所以一月二氣，三候一氣，五日一候（宜五日餘），故說「候五」，同時又因五爲天數「一、三、五、七、九」之中數，因此稱爲「候以天五」。其實「卦以地六，候以天五」就是「六日七分」法，這也是孟喜卦氣說的重要內容。

4. 提出「自冬至初，中孚用事」之說。〔註88〕

京房綜合孟喜、焦贛的卦氣說，全面豐富且深化了卦氣說之內涵。京房主要是以陰陽二氣說來解釋孟喜的卦氣說。他說：「龍德十一月子在坎卦，左行；虎刑五月午在離卦，右行。」（《京氏易傳・卷下》）此則以坎卦主冬至，以離卦主夏至，此說同於孟喜。不同的是，京房以卦爻配一年之日和八卦卦氣說。孟喜以六十卦三百六十爻配一年之日數，京房則將震、兌、坎、離四正卦納入一年的日數之中，即以六十四卦配一年之日數。《新唐書》卷二十七上《歷志》三上，僧一行〈卦議〉稱：

十二月卦，出於孟氏《章句》，其說《易》本於氣，而後以人事明之。京氏又以卦爻配朞之日。坎、離、震、兌，其用事自分、至之首，皆得八十分日之七十三。頤、晉、井、大畜，皆五日十四分。餘皆六日七分。〔註89〕

京房以四正卦的初爻，主二至（冬至、夏至）、二分（春分、秋分），各爲八十分之七十三日，而在二至、二分前十一、二、五、八月節末候的頤、晉、井、大畜四個卿卦，各值五日又十四分；其餘五十六卦，仍分別值六日七分。顯然，四正卦各卦所值之日數，與在它們各自之前卿卦所值日數之和，正是孟喜卦氣說中各卿卦所值之日數，即六日七分。這樣，將四正卦納入一年的月份當中，坎當十一月，離當五月，震當二月，巽當四月，而其餘的四個本卦則乾當十月，坤當七月，艮當正月，兌當八月，這個說法與《說卦傳》的八卦方位亦有所關連。京房除以上六十四卦卦氣說，還有八卦卦氣、十二爻說卦氣，〔註90〕體例頗爲繁複。

〔註88〕以中孚卦配冬至初候，爲一年節氣之開始。這個說法與律曆中的十一月律的說法一致。《呂氏春秋・十二紀》與《淮南子・天文訓》，以十二律配十二月，皆以黃鐘爲十一月律。按五行的說法，以中央爲土德，其色爲黃，所以有十一月律黃鐘之說。又土爲中正之德，故孟喜以中孚爲一年節氣之始，當有所本。按孟喜十二辟卦配月說，中孚爲（子月）仲冬十一月；又中孚，〈象傳〉：「孚，柔在內而剛得中……中孚以利貞，乃應乎天也。」卦二、五爻皆居中位，而又當位，有中正之義。因此以中孚代表十一月冬至初候，一方面配合律曆的十一月律說，另一方面則取此卦卦義。

〔註89〕見宋・歐陽修《新唐書》（台北，藝文印書館，1958年版），頁269。

〔註90〕六卦十二爻配卦氣的方式，京房依太初曆，以建寅爲歲首，前半年六個月，其節氣從立春到大暑；後半年六個月，其節氣從立秋到大寒。前半年和後半年的節氣，相互對應，如立春正月節對立春七月節。這種卦氣說與孟喜相比，京房並沒有將乾坤父母卦納入卦氣中，反而以六子卦主管二十四節氣。二十

　　孟喜與京房的卦氣說對後世論卦氣的易學家都產生了莫大的影響力。漢魏之際的虞翻、陸績繼漢易以卦氣解《易》，東晉的干寶更在漢易卦氣論的基礎上來詮釋《周易》，但他一反漢卦氣乾坤生辟卦之說法，而主張以乾坤十二爻來自十二辟卦，藉此表現其卦氣理論。

二、虞翻卦氣說

　　漢易卦氣說借用天文曆法的知識，將《周易》與曆數結合，或以之解經，或援以占候，或論陰陽災異。虞翻承繼漢人卦氣之論，以震兌爲春秋、坎離爲冬夏，以十二消息卦來表現變通趨時，並將六十四卦與十二月、四時、方位相應，體現易與天地準，變通配四時，陰陽之義配日月的精神。其主要的學說特色如下：

（一）主要卦氣內容

1. 四時、四象、四方、四教之說

　　對於以震兌爲春秋、坎離爲冬夏的四象四時之說，其例甚多，如 1. 注〈乾‧九五〉說：「震春、兌秋、坎冬、離夏，四時象具。」2. 注〈大有‧九五〉說：「比初動成震爲春；至二，兌爲秋。至三，離爲夏。坎爲冬。故曰『時行』。」3. 注〈豫‧象〉說：「謂天地亦動，以成四時。」4. 注〈隨‧象〉說：「震春兌秋。三四之正，坎冬離夏，四時位正。」5. 注〈觀‧象〉說：「震兌爲春秋，三上易位，坎冬離夏，日月象正。故四時不忒。」6. 注〈賁‧象〉說：「離日坎月」7. 注〈恆‧象〉說：「春夏爲變，秋冬爲化，變至二離夏，至三兌秋，至四震春，至五坎冬。故四時變化而能久成。」8. 注〈損‧象〉說：「震二月……兌八月。」9. 注〈益‧象〉說：「四時象正」10. 注〈升‧象〉說：「震兌爲春秋，二升，坎離爲冬夏，四時象正。」11. 注〈革‧象〉說：「震春，兌秋；四之正。坎冬離夏，則四時具坤。」12. 注〈歸妹‧九四〉說：「震春兌秋，坎冬離夏，四時體正，故歸有時也。」13. 注〈節‧象〉說：「震春，兌秋，坎冬。三動，離爲夏。」14. 注〈繫辭上傳〉的「兩儀生四象」時說：「四象，四時也。……震春兌秋，坎冬離夏。」以震、兌、坎、離四象爲春、夏、秋、冬四時之說，乃得自天地日月之理，虞翻此論一方面承襲漢易卦氣之說，一方面則結合《易傳》四時之思，〈繫辭上傳〉說：「廣大配天地，變通變四時，陰陽之義配日月」、

四節氣分別配以十二支，如立春和立秋爲同爲寅。六子卦每卦主兩個節氣。

「法象莫大乎天地，變通莫大乎四時」，〈恆・彖〉說：「四時變化而能久成」，〈革・彖〉說：「天地革而四時成」，〈節・彖〉說：「天地節而四時成」。又孟喜以居東、南、西、北的震、離、兌、坎四正卦，分主一年四季春、夏、秋、冬。虞翻在這樣的基礎下以四象配四時，目的也是爲了說明四時變通之理乃本乎陰陽之氣而來，剛柔迭運，往來變化，一寒一暑，一闔一闢，故能久成天下。然而將此四象又配合四方位，《易傳》已有之，〈說卦傳〉說：「萬物出乎震，震，東方也。……離也者，明也，萬物皆相見，南方之卦也；……兌，正秋也，萬物之所說也，故曰『說言乎兌』。……。坎者，水也，正北方之卦也。」孟喜也見四象配四方之說，如說：「坎以陰包陽，故自北正。……極於正南，而豐大之變窮焉，震功究焉，雖以陽包陰，微陰生於地下，積而未章。」（引自於唐僧一行的〈卦議〉，見歐陽修《新唐書・卷二十七上》）坎象明言北方，南方雖未言何卦，然從以「以陽包陰」，知其爲離卦。虞翻強調四時位正，其注文只有〈姤・大象〉說：「復震二月，東方」只見震爲東方，卻未見其他方位。然而他確實是以春夏秋冬來確立東南西北的方位，如注〈姤・大象〉又說：「姤五月，南方；巽八月，西方；復十一月，北方；皆總在初，故以誥四方也。」從這裡可以肯定虞翻以夏月爲南方，以秋月爲西方，以冬月爲北方。只是這並非四象之說，而是以六十四卦值月並附會方位之說。

此外，《易傳》推天道以論人事，從四時變化之理體其妙義，行之於政教民用，故〈豫・彖〉說：「日月不過而四時不忒；聖人以順動，則刑罰清而民服。」，又〈觀・彖〉說：「觀天之神道，而四時不忒；聖人以神道設教，而天下服矣。」虞翻注〈損・彖〉也表達這樣的旨意，他說：「時謂春秋也。……損七月，兌八月，秋也。謂春秋祭祀，以時思之。艮爲時，震爲應，故應有時也。」損卦 ䷨ 上艮下兌，艮爲時（逸象），震爲春，春爲祭祀之時，故說「應」。春夏秋冬無非教也，以春秋表祭祀之時，乃知四時運行，無有差忒，聖人以順動，就能刑罰清而民服。

2. 藉由十二辟卦體現陰陽二氣之消長

孟喜的卦氣論以剛柔二爻的變化來體現陰陽二氣的消長過程，同時也用來代表一年四季的陰陽消長，所以十二消息卦又稱爲「十二月卦」，亦簡稱「辟卦」、「月卦」、「候卦」。虞翻也以十二消息卦當中陰陽爻數的消長變化來解釋十二月氣候的運動變化及盈虛消長，他注〈繫辭上傳〉「變通配四時」時說：「變通趨時，謂十二月消息也。泰、大壯、夬，配春；乾、姤、遯，配夏；否、觀、剝，

配秋；坤、復、臨，配冬，謂十二月消息相變通，而周於四時也。」注〈姤・大象〉說：「復十一月，北方」，注〈繫辭下傳〉「龍蛇之蟄，以存身也。」時說：「陰息初，巽爲蛇。陽息初，震爲龍。十月坤成，十一月復生。」注〈說卦傳〉「戰乎乾。乾，西北之卦也，言陰陽相薄也」時說：「坤十月卦，乾消剝入坤，故陰陽相薄也。」注〈大過・九五〉說：「夬三月時，周之五月。」注〈臨・卦辭〉：「與遯旁通，臨消於遯，六月卦也。于周爲八月。」由「復十一月」、「十月坤成，十一月復生」、「夬三月」、「臨消於遯，六月卦」這幾句話可以推得虞翻十二月卦之陰陽消長情狀，如下圖所示：〔註91〕

復卦	䷗	十一月	冬
臨卦	䷒	十二月	冬
泰卦	䷊	正月	春
大壯卦	䷡	二月	春
夬卦	䷪	三月	春
乾卦	䷀	四月	夏
姤卦	䷫	五月	夏
遯卦	䷠	六月	夏
否卦	䷋	七月	秋
觀卦	䷓	八月	秋
剝卦	䷖	九月	秋
坤卦	䷁	十月	冬

十二卦氣原圖

由十二辟卦象徵二十四節氣與七十二候的變化，以又稱爲消息卦。今依《易緯・稽覽圖》以十二支配十二月的排序，〔註92〕此圖與孟喜卦序排列雖有一

〔註91〕連斗山從先儒論十二消息卦配合十二支而畫〈十二卦氣原圖〉，連斗山《周易辨畫・卷四十》，見《中國古代易學叢書》第四十八卷（中國書店出版，1998年3月第1版），頁411。（無載出版地）

〔註92〕《易緯・稽覽圖・卷下》說：「小過、蒙、益、漸、泰，寅。需、隨、晉、解、大壯，卯。豫、訟、蠱、革、夬，辰。旅、師、比、小畜、乾，巳。大有、

點差異，然大致依孟喜卦氣說之理念而來：〔註93〕

（寅月）孟春正月，小過、蒙、益、漸、泰。

（卯月）仲春二月，需、隨、晉、解、大壯。

（辰月）季春三月，豫、訟、蠱、革、夬。

（巳月）孟夏四月，旅、師、比、小畜、乾。

（午月）仲夏五月，大有、家人、井、咸、姤。

（未月）季夏六月，鼎、豐、渙、履、遯。

（申月）孟秋七月，恒、節、同人、損、否。

（酉月）仲秋八月，巽、萃、大畜、賁、觀。

（戌月）季秋九月，歸妹、無妄、明夷、困、剝。

（亥月）孟冬十月，艮、既濟、噬嗑、大過、坤。

（子月）仲冬十一月，未濟、蹇、頤、中孚、復。

（丑月）季冬十二月，屯、謙、睽、升、臨。

王新春先生在〈哲學視野下的漢易卦氣說〉一文中曾說：「卦氣說之成為漢易的顯學、主流學說、乃至基石意義上的基本學說，始於孟喜易學之正式登上西漢學術之舞臺。此一學說大顯於焦贛、京房，深化於《易緯》，發皇於

家人、井、咸、姤，午。鼎、豐、渙、履、遯，未。恆、節、同人、損、否，申。巽、萃、大畜、賁、觀，酉。歸妹、無妄、明夷、困、剝，戌。艮、既濟、噬嗑、大過、坤，亥。未濟、蹇、頤、中孚、復，子。屯、謙、睽、升、臨，丑。坎六、震八、離七、兌九。已（應為以）上四卦者，四正卦，為四象。每歲十二月，每月五月（應為卦），卦六日七分。每期三百六十六日，每四分」，見黃奭輯《易緯、詩緯、禮緯、樂緯》（上海：上海古籍出版社，1993年4月第1版），頁140。

〔註93〕 盧央《京房評傳》說：「這六十卦的排列次序與僧一行為孟喜卦氣所作的卦氣圖的排列次序相同。只是這個卦序排列與孟喜卦序排列有一點差異，就是它將十二支與六十卦相配，又同時配以十二月，例如復卦配子為十一月辟卦。……孟氏卦氣圖中沒有這一類配應。當然這中間也還有一點另外的小小的差異，即《易緯・稽覽圖》卦氣對五等卦以天子、諸侯、三公、九卿、大夫稱之，而孟喜卦氣稱為辟、公、侯、卿、大夫。」（南京：南京大學出版社，2001年10月第2次印刷），頁198。按孟喜之說，十二個月有二十四節氣，每個月兩節氣，每個節氣又分初、次、末三候，所以共七十二候。然六十卦中除四正卦之外的六十卦，則按辟（君）、公、侯、卿、大夫五等分五組，每組有十二卦。凡初候二十四則配以公卦與侯卦，次候二十四則配以辟卦與大夫卦，末候二十四則配以侯卦與卿卦。因為六十卦配七十二候，所以侯卦分內外，每月的初、次、末三候依次由侯卦之外卦（初）、大夫卦、卿卦、公卦、辟卦，侯卦之內卦（末），所以每個月有五個卦。

馬融、荀爽、鄭玄諸人，達其極致於虞翻。」〔註94〕虞翻論卦氣大抵承襲漢
易卦氣之說，從以下的注文便可看到其中的因循軌跡，如注〈大過‧九五〉
說：「解，二月」，注〈繫辭上傳〉「言行，君子之所以動天地也。可不慎乎。」
時說：「中孚十一月」，注〈損‧象〉說：「益正月，春也。損七月，兌八月，
秋也。」注〈姤‧大象〉說：「巽八月」，基本上與孟喜六十卦用事之月的說
法是一致的，都是借助陰陽流轉的現象來詮釋卦爻辭及《易傳》，並立足於動
變的觀點妙契陰陽消息、剛柔往來之妙，故在〈復卦〉、〈臨卦〉、〈泰卦〉、〈大
壯卦〉、〈夬卦〉都有「陽息」之詮釋；在〈姤卦〉、〈遯卦〉、〈否卦〉、〈剝卦〉
都有「陰消」之詮釋，〔註95〕說明虞翻利用卦氣說來顯示《易》道陰陽消息
之要，因此〈繫辭下傳〉說：「剛柔相推，變在其中矣！」虞翻注說：「謂十
二消息，九六相變。剛柔相推而生變化，故變在其中矣」。「九六相變」就是
「陰陽相變」，十二消息實際上就是陰陽相變的結果，也就是說，十二消息卦
就是由乾坤陰陽消長而來。又注〈繫辭下傳〉「寒往則暑來，暑往則寒來」時
說：「乾為寒，坤為暑，謂陰息陽消，從姤至否，故寒往暑生為也。陰詘陽信，
從復至泰，故暑往寒來也。」從姤至否，為夏轉秋之際；從復至泰，為冬轉
春之際。說明四時、十二月都是陰陽二氣交互消長的結果。虞翻注《易》結
合卦氣之說，其目的是將陰陽二氣的消長、節氣物候的變遷與四象六爻的說
法融合，如此可以更方便地說解卦爻動變的情形，但也因為這樣造成了一些
說法上的不一致與缺失。

（二）論卦氣之失

1. 無法統一方位、值月之說

　　據四象、四時之說，虞翻稱震春為東方，故知其用文王八卦方位配卦氣
之說，以震春為東，離夏為南，兌秋為西，坎冬為北。故注〈損‧象〉說：「兌
八月，秋也。」然而卻在注〈姤‧大象〉又說：「巽八月，西方」，不知虞翻

〔註94〕見王新春〈哲學視野下的漢易卦氣說〉一文，《周易研究》，2002 年第 6 期（總
　　　　第五十六期），頁 51。

〔註95〕虞翻注〈復〉說：「陽息坤」，注〈臨〉說：「陽息至二」，注〈泰〉說：「陽息
　　　　坤反」，注〈大壯〉說：「陽息，泰也」，注〈夬〉說：「陽決陰，息卦也」。注
　　　　〈姤〉說：「消卦也」、「陰息剝陽」，注〈遯〉說：「陰消姤二也」，注〈否〉
　　　　說：「陰消乾」，注〈剝〉說：「陰消乾」。見李鼎祚《周易集解》（台北：商務
　　　　印書館，1996 年 12 月臺 1 版第 2 次印刷），分別見頁 130、108、75、170、
　　　　211、216、166、80、123。

是從十二支之空間酉位立說（十二支配十二消息卦），〔註96〕亦或依據十二消息卦所說否、觀、剝三卦爲秋，觀卦上體爲巽，故取巽爲西方。爲了詮釋經文，將八卦方位與其他方位之說混而論之，使人有不知所從之感。

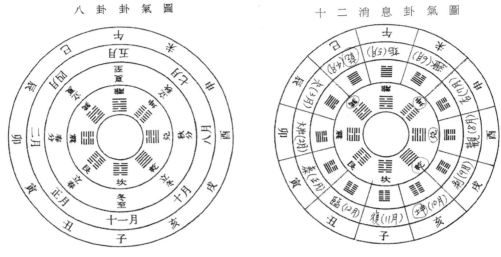

上圖引自朱伯崑《易學哲學史》頁一百六十　　　　右圖自繪

又若從八卦卦氣論，乾卦宜置於西北之位，坤卦宜置於西南之位。然依照前面所說以十二卦值十二月，故知泰、大壯、夬三卦爲春；乾、姤、遯三卦爲夏；否、觀、剝三卦爲秋；坤、復、臨三卦爲冬。乾卦爲夏四月，方位處於東南之間，與八卦卦氣的西北之位並不吻合；而坤卦爲冬十月，方位處於西北之間，與八卦卦氣的西南之位亦不相合。

且虞翻曾說：「兌八月，秋也。」（注〈損‧象〉），又說：「巽八月，西方」（注〈姤‧大象〉），從八卦卦氣的系統來看，兌卦爲八月，巽卦卻爲四月。但從十二消息卦氣圖視之，兌卦與巽卦皆可同時爲八月。另外，虞翻也同時出現兩個十一月的卦，一爲中孚卦，一爲復卦，〔註97〕從十二消息卦氣圖來

〔註96〕王新春在《周易虞氏學》說：「巽卦值八月西，爲是月之候卦（按，是處未採《易緯》之「八卦卦氣說」）；就十二支之空間方位而言，酉值正西方。故曰云云。」（台北：鼎淵文化事業有限公司，1999年2月初版），頁77。謂其乃從十二支的酉位取說，酉在十二支的空間屬西方。

〔註97〕虞翻注〈繫辭上傳〉「言行，君子之所以動天地也。可不慎乎。」時說：「中孚十一月」，又注〈姤‧大象〉及〈繫辭下傳〉「龍蛇之蟄，以存身也」時皆說：「復爲十一月」、「十一月復生」，見李鼎祚《集解集解》（台北：商務印書館，1996年12月臺1版第2次印刷），頁328、180、371。

看，復卦值子十一月，為一年之始；然從孟喜、《易緯》的六十卦值月說來看，仲冬十一月同時有中孚卦、復卦二卦。在此，不知虞翻採用的究竟是何種體例？顯示虞翻論卦氣尚未能統一其說法。

2. 未能合理說明「卦起中孚」之因

虞翻繼承漢易以中孚卦配冬至初候，為一年節氣之開始的說法。這個說法與律曆中的十一月律為黃鐘的意義有相似之處。《淮南子・天文訓》都以十二律配十二月，並以黃鐘為十一月律。

> 黃者，土德之色；鐘者，氣之所種（踵）也。日冬至，德氣為土，
>
> 色黃，故曰黃鐘。（《淮南子・天文訓》）

按五行的說法，以中央為土德，其色為黃，故有十一月律黃鐘之說。然如何證明中孚卦與黃鐘有關而可以相對應呢？或許我們會以為中孚卦於京房八宮卦為土宮，土之顏色為黃，故可比附為十一月黃鐘。然未有八宮卦之前，又將如何理解中孚卦象徵土德？此為問題之一。且八宮卦為土德者有艮宮八卦、坤宮八卦，何不取之他卦而獨取中孚乎？此為問題之二。

虞翻對此不取中孚為「信」之義，亦不從奇偶升降消長為言，更無說明「卦氣獨起中孚」之義或「以中孚卦配冬至初候」之原理，僅從中孚卦 ䷼ 的二至四爻取互體「震卦」之象而有「中孚十一月，雷動地中」之說，既從中孚之互體取震象「雷動地中」以表一年之初始，何不直接從復卦 ䷗ 取「一陽生於初萬物始生之說」、「動於地中」之說呢？何況虞翻注〈繫辭上傳〉「言行，君子之所以動天地也。可不慎乎。」時說：「中孚十一月」，又注〈姤・大象〉時說：「復十一月」、注〈繫辭下傳〉「龍蛇之蟄，以存身也。」時說：「十月坤成，十一月復生」之語，可見他已意識到中孚卦、復卦二卦皆可表徵冬至之情，然惜不能統一其說，以致於胡一桂曾質疑卦氣說究竟應起於中孚卦或起於復卦？他說：

> 然卦氣不自他卦始而獨起於中孚，不知何義？復以一陽初生謂之冬
>
> 至之候，猶有說也。屯以一陽震動於坎離之中謂之冬至之候，猶有
>
> 說也。至於中孚以兌巽為卦而謂之冬至，則無一說而可。〔註98〕

〔註98〕 胡一桂針對京房、揚雄以中孚卦配冬至初候為一年節氣之始的說法提出質疑，雖未提及虞翻，然所慮之問題則一也。見胡一桂《周易啟蒙易傳・外篇》，收錄於《通志堂經解》本第七冊，清徐乾學輯、納蘭成德校訂（台北：漢京文化事業有限公司）（無年月版次），頁4196。

胡一桂認爲漢易學家以中孚卦配冬至初候，乃是取其孚信之義，並非取節氣之實。黃宗羲亦有如是之論，認爲一年節氣始乎中孚卦乃是求其義於卦名，並非擬之以氣，才會有宋・邵雍黜卦起中孚之說，代之以復爲冬至、姤爲夏至之說。〔註 99〕故知虞翻取中孚之互體震象「雷動地中」之說，不如以復爲冬至之說來得明白清楚。

三、干寶卦氣說

干寶性好陰陽之術，繼承《易緯》及京房卦氣之說並加以改造，主要的論述乃是陰陽二氣之消長盈虛及唯變所適的原理，以爻的變化來體現陰陽二氣的消長，並結合八宮、納甲、干支、五行等說以解《易》，取代吉凶占候，使其卦氣理論雖承繼了孟、京之思，卻能突軼其說而表現出新的特色。

（一）陰陽二氣盈虛消長

干寶卦氣說的基礎仍是消息盈虛之理，故注〈蒙〉說：「於世爲八月，於消息爲正月卦也。正月之時，陽氣上達，故屯爲物之始生，蒙爲物之稚也。」以蒙卦值正月，與孟、京之說同，正月之時，陽氣息，象徵萬物始生之狀，此從月卦「消息」立論。又注〈乾・九三〉說：「爻以氣表，緣以龍興」，認爲六十四卦，三百八十四爻無非表徵陰陽二氣之運行，以爻之陰陽消息來對應自然界的盈虛消長，故注〈繫辭下傳〉「乾，陽物也。坤，陰物也。」則說：「一卦六爻，則皆雜有八卦之氣。」八卦之氣就是陰陽二氣，天地之間無非此氣之運，氣的流動展現在六爻相盪之中就是變，因此注〈坤・初六〉說：「剛柔相推故生變，占變故有爻，〈繫〉曰：『爻者，言乎變者也』，故《易・繫辭》皆稱九六，陽數奇，陰數偶，是以乾用一也，坤用二也。」造化之機無一時不變，天地之間、人事物時亦無一刻或息，〈說卦傳〉說：「觀變於陰陽而立卦，發揮於剛柔而生爻」，〈繫辭下傳〉說：「八卦成列，象在其中矣；因而重之，爻在其中矣。剛柔相推，變在其中矣。」，〈繫辭下傳〉說：「道有變動，故曰爻」，陰陽二氣激盪，剛柔之情則變，卦氣理論與爻變之說結合，遂產生以乾坤十二爻值消息十二月卦之說。

〔註99〕 見黃宗羲《易學象數論・卦氣二》說：「漢儒別求其義於卦名而有中孚之起，……未免穿鑿附會，未嘗爲易之篤論也。宋儒始一變其說，以奇偶之升降消長爲言，於經文四時可據之方位，一切反之。則宋儒之畫，漢儒之義，猶二五之爲十，孰分其優劣哉？」（台北：廣文書局，1981 年 2 月再版），頁 78。

（二）乾坤十二爻值消息十二月卦

　　由十二消息卦中剛柔二爻的變化體現出陰陽二氣的消長過程，並以之統領一年十二個月，這是漢人卦氣說之一環。《新唐書‧曆志》說：「十二月卦，出於孟氏章句。其說本於氣，而後以人事明之。」〔註100〕以十二消息卦配十二月，京房、《易緯‧乾鑿度》、虞翻等皆踵其說，然干寶與前人最大的不同就是認為乾坤十二爻乃自十二月卦來，與前人所主張乾坤生十辟卦的說法大相逕庭，簡博賢先生在《今存三國兩晉經學遺籍考》一書評之為「倒本為末」之說，他表示：

> 今考其佚說，於乾坤諸爻皆云自某卦來者，是乾坤反生於他卦也。……卦變之例，莫備於虞氏。其說以乾坤二卦為本。乾陽坤陰，故陽息而復而臨而泰而大壯而夬，而乾道純成；陰消而姤而遯而否而觀而剝，而陰體備就：謂之十二消息卦。十二消息卦升降往來，諸卦以生。是十二消息卦出於乾坤，而諸卦則出於消息卦也。〔註101〕

從卦變的角度來看，虞翻、蜀才皆認為十二消息卦乃出自於乾坤兩卦之爻變，而雜卦再從十二消息卦生焉，這才符合〈序卦傳〉所說：「有天地然後萬物生焉」的原理。因為乾坤是父母之卦，由之生六子與萬事萬物乃是天經地義之事，今干寶卻一反其說，主張乾坤諸爻來自消息卦，變成諸卦生出乾坤二卦，讓人似有本末倒置之感。干寶注〈乾〉〈坤〉二卦說：

乾卦 ䷀

注〈乾‧初九〉說：「陽在初九，十一月之時，自復來也。」

注〈乾‧九二〉說：「陽在九二，十二月之時，自臨來也。」

注〈乾‧九三〉說：「陽在九三，正月之時，自泰來也。陽氣始出地上，而接動物。」

注〈乾‧九四〉說：「陽在九四，二月之時，自大壯來也。」

注〈乾‧九五〉說：「陽在九五，三月之時，自夬來也。」

注〈乾‧上九〉說：「陽在上九，四月之時也。……乾體既備，上位既終。天之鼓物，寒暑相報。」

〔註100〕見宋‧歐陽修《新唐書‧曆志十七上》（台北：成文出版社，1971年10月初版），頁16368。

〔註101〕見簡博賢《今存三國兩晉經學遺籍考》（台北：三民書局，1986年2月初版），頁102～105。

坤卦 ䷁

注〈坤‧初六〉說：「陰氣在初，五月之時，自姤來也。陰氣始動乎三泉之下，言陰氣之動矣。」

注〈坤‧六二〉說：「陰氣在二，六月之時，自遯來也。」

注〈坤‧六三〉說：「陰氣在三，七月之時，自否來也。陽降在四，三公位也。」

注〈坤‧六四〉說：「陰氣在四，八月之時，自觀來也。」

注〈坤‧六五〉說：「陰氣在五，九月之時，自剝來也。」

注〈坤‧上六〉說：「在上六，十月之時也。爻終於酉，而卦成於乾。」

這是從卦變的觀點來看干寶的乾坤二卦之注，確乖天地自然之理。張惠言《易義別錄‧卷七‧干氏上》說：「乾坤十二爻主十二月，干以之解爻辭，故云十一月之時，自復來也。干無卦變之例。來者，言其用事，蒙息來在寅，以正月用事也。此用十二辟卦之例。」〔註102〕卦變基本思維是「某卦自某卦來」，乾坤產生消息卦、雜卦，方才符合《易傳》有天地然後有萬物的規律，因此張惠言指出干寶並無卦變之例，認爲乾、坤二卦十二爻之解釋不可以卦變的體例視之，宜從卦氣推衍的角度來看，乾坤每一爻位之變化皆由一消息卦而來，故說：「此用十二辟卦之例」，這樣才符合陰陽消長、剛柔二氣的推盪與交替。孔穎達《周易正義》說：

陰陽二氣共成歲功，故陰興之時仍有陽在，陽生之月尚有陰存，……
乾之初九則與復卦不殊，乾之九二又與臨卦無別。〔註103〕

此以天道釋爻象也。……諸儒以爲建辰之月，萬物生長不有止息，
與天時而俱行，若以不息言之，是建寅之月，三陽用事；三當生物
之初，生物不息，同於天時，生物不息，故言與時偕行也。〔註104〕

以天道來釋爻象，說明這是從消息盈虛的角度立論，孔穎達說乾初爻與復卦不殊，乾之九二與臨卦無別，這與干寶注〈乾‧初九〉、〈乾‧九二〉說：「陽

〔註102〕見孫星衍、張惠言《孫氏周易集解‧易義別錄》（山東：山東友誼書社 1992年9月第1次印刷），頁533。

〔註103〕孔穎達注乾九二爻，見《周易正義‧卷一》，見《十三經注疏‧周易正義》（王弼韓康伯注、孔穎達等正義）（台北：藝文印書館，1982年8月9版），頁9。

〔註104〕孔穎達注乾〈文言〉：「中日乾乾，與時偕行」之文，見《周易正義‧卷一》（台北：藝文印書館，1982年8月9版），頁16。

在初九，十一月之時，自復來也。陽在九二，十二月之時，自臨來也。」的精神是一致的。因此有關干寶對於乾、坤十二爻的詮釋，宜從消息卦氣來理解，不宜從卦變來立論。干寶認為陰陽二氣的消息盈虛與天地變化的道理是相同的，乾卦初九代表一陽初生之時，故由復卦一陽微生之象明之；九二爻則陽息至二，故由臨卦二陽之象表之；九三爻三陽用事，陽息升至三，故由泰卦三陽之象示之。坤卦之六爻則從陰消的規律爲之，整個乾、坤十二爻皆由爻位出發，象徵「天地盈虛，與時消息」（〈豐・彖〉）之道，體現與前人不同的盈虛消長之理，也代表了易例體系的另一種說法。〔註105〕

（三）兩個值得商榷的卦氣問題

孟、京的卦氣理論是一種占候災異的筮法，干寶的卦氣理論是用來詮解《周易》卦爻辭的，然也因爲個人認知的不同而出現迥異的說法。干寶的卦氣說，值得商榷的問題有下列三點：

1. 以震爲首和以艮爲首的卦氣說

朱彝尊《經義考》於《連山》一節中引干寶之言說：「帝出乎震，齊乎巽，相見乎離，致役乎坤，說言乎兌，戰乎乾，勞乎坎，成言乎艮。此《連山》之易也。」「帝出乎震」這是〈說卦傳〉的八卦排序說，干寶注《周禮》引用此《周易》的說法卻指稱爲《連山易》，〔註106〕《連山易》的八卦排序以艮爲首，與〈說卦傳〉以震爲首是不同的，〔註107〕顯然干寶混淆〈說卦傳〉與《連山易》之說。

〔註105〕 林忠軍在《象數易學發展史》一書則從卦氣推衍的角度指出此爲乾坤爻辰說，不同於京房與鄭玄的地支爻辰法。乾坤爻辰說是站在每一爻的卦氣消長而言，而京房與鄭玄的爻辰法是結合天文曆的知識與《周易》的爻位而成，是對經義的一種比附，遠不如干寶用陰陽消長的道理來解釋乾坤爻位更貼近經義之說。此亦備爲一說。見林忠軍《象數易學發展史》第二卷（山東：齊魯書社，1998 年 7 月第 1 版），頁 59～60。

〔註106〕 此乃朱彝尊《經義考》於〈連山易〉中引干寶之言，見朱彝尊《經義考》（北京：中華書局，1998 南 11 月第 1 版），頁 23。「帝出乎震，齊乎巽，相見乎離，致役乎坤，說言乎兌，戰乎乾，勞乎坎，成言乎艮。此《連山》之易也。」之語乃干寶注《周禮》所言，馬國翰說：「干寶《周禮注》引云：此《連山》之易也」，見馬國翰《玉函山房輯佚書・連山》（日本京都：株式會社中文出版社，1979 年 9 月出版）（無版次），頁 28。

〔註107〕 朱彝尊《經義考》於〈連山〉一節中引皇甫謐之言說：「《連山》易，其卦以純艮爲首。艮爲山，山上山下是名連山。……夏以十三月爲正，人統，艮漸正月，故以艮爲首」，指出《連山易》應以艮爲首。（北京：中華書局，1998 南 11 月第 1 版），頁 23。

況〈說卦傳〉八卦的排列體現卦氣流行之理，〔註108〕故干寶注〈繫辭下傳〉「六爻相雜，唯其時物也。」時說：「一卦六爻，則皆雜有八卦之氣。……或若以午位名離，以子位名坎。」這表示干寶的卦氣理論主要仍是以〈說卦傳〉的八卦之氣爲主，但他卻說此爲《連山易》，顯然他的理論出現牴牾的情形。

　　另外毛奇齡批評干寶注《三易》時曾說「《歸藏》首坤」，但排序之時又把坤卦放在次位，這些都表現其注體例不一的情況。毛奇齡說：

> 干寶註三易謂《連山》首艮、《歸藏》首坤，《周易》首乾，然又云天地定位，山澤通氣，雷風相薄，水火不相射，此小成之易也。帝出乎震，齊乎巽，相見乎離，致役乎坤，說言乎兌，戰乎乾，勞乎坎，成言乎艮。此《連山》之易也。初乾、初奭（即坤）、初艮、初兌、初犖（即坎）、初離、初鼇（即震）、初巽，此《歸藏》之易也。則《連山》終艮，《歸藏》次坤，與首艮、首坤之說自相牴牾。〔註109〕

《連山》易本應首艮，然「帝出乎震，……成言乎艮，此《連山》之易也。」卻以《周易・說卦傳》的系統肯定以震爲首，此其失誤一也。又《歸藏》本應以坤爲首，然「初乾、初奭（即坤）」之說又以坤爲次。毛奇齡認爲干寶之說自相牴牾。

　　以艮爲首論卦氣並非錯誤，錯的是干寶不能統一其說。劉彬在〈《易緯》八卦卦氣思想初探〉一文說：

> 「艮漸正月」，以艮爲首也即以春爲首，這確實符合夏人以春爲一年之首的思路和曆法。皇甫謐指出了這一點：「夏以十三月爲正，人統，艮漸正月，故以艮爲首。」因此，以震春爲首的《說卦》這段內容，與以艮爲首的《連山》有同一的古代易學知識背景，確應歸入《連

〔註108〕〈說卦〉：「帝出乎震，齊乎巽，……成言乎艮。萬物出乎震，震東方也。齊乎巽，巽東南也。……兌，正秋也，萬物之所說也，故曰說言乎兌。」劉大鈞認爲〈說卦傳〉這一段話是「卦氣」說之鐵證，因爲依照京房「卦氣」說，震卦春分是萬物出生之時節，兌卦秋分是萬物收成之時節，艮卦便是舊一年和新一年之間「成終成始」之階段。故說：「〈說卦〉此章，實際上乃是記錄了古人『卦氣』之說。其中尤爲明確無誤的一句話是『兌，正秋也，萬物之所說也』，這就極其清楚地道出了早在〈說卦〉成篇時，已有以兌主秋之說，這成爲〈說卦〉作者應用『卦氣』說的另一條確證。」見劉大鈞〈「卦氣」溯源〉，《中國社會科學》，2000 年第 5 期，頁 127。
〔註109〕引自毛奇齡《易小帖・卷二》，見《中國古代易學叢書》第三十六卷（中國書店出版，1998 年 3 月第 1 版），頁 558。（無載出版地）

山》系統，干寶之言確有見地。而由此推之，《乾鑿度》的八卦卦氣
說也當屬於《連山》系統。〔註110〕

這個說法基本上與《易‧乾鑿度》說法一致。《易‧乾鑿度》一方面認爲震
生物於東方，爲二月；巽在東南方，爲四月，艮終始於東北方，爲十二月；
坤在西南方，爲六月；乾在西北方，爲十月。另一方面又說：「故艮漸正月，
巽漸三月，坤漸七月，乾漸九月」。〔註111〕爲何如此呢？原因是八卦與十二
地支無法一一對應，故以「漸」來說明艮十二月其實是震春正月之端始，因
處於十二月與正月之間，故有「艮漸正月」之說；坤六月其實已近七月之立
秋，故有「坤漸七月」之說。如此一來，八卦卦氣與十二地支便能相互符應。

　　然而究竟〈說卦傳〉與《連山易》是否爲同一系統，從干寶僅有的一段
資料，確實令人無所適從。

2. 值月的說法不一致

　　漢人卦氣說的確存在著一些問題，以致於干寶取資前人的說法時也產生
無法統一的現象，如起月說便是一例。胡一桂從八宮卦論京房六十四卦起月
例時說：

> 一世卦陰主五月，一陰在午也。陽主十一月，一陽在子也。二世卦
> 陰主六月，二陰在未也。陽主十二月，二陽在丑也。三世卦陰主七
> 月，二陰在申也。陽主正月，三陽在寅也。四世卦陰主八月，四陰
> 在酉也。陽主二月，四陽在卯也。五世卦陰主九月，五陰在戌也。
> 陽主三月，五陽在辰也。八純上世陰主十月，六陰在亥也。陽主四
> 月，六陽在巳也。游魂四世所主與四世卦同，歸魂三世與三世同。

〔註112〕

干寶留思京房之學，其世卦起月的說法大抵承襲京房而來，胡一桂將京房的

〔註110〕見劉彬在〈《易緯》八卦卦氣思想初探〉，《周易研究》，2004 年第 6 期（總第
　　　　六十八期），頁 24。

〔註111〕《易緯‧乾鑿度》說：「震生物於東方，位在二月；巽散之於東南，位在四月；
　　　　離長之於南方，位在五月；坤養之於西南方，位在六月；兌收之於西方，位
　　　　在八月；乾剝之於西北方，位在十月；坎藏之於北方，位在十一月；艮終始
　　　　之於東北方，位在十二月。」，頁 7～8。又說：「故艮漸正月，巽漸三月，坤
　　　　漸七月，乾漸九月」，頁 8，見黃奭輯《易緯、詩緯、禮緯、樂緯》（上海：
　　　　上海古籍出版社，1993 年 4 月第 1 版），頁 7～8。

〔註112〕見胡一桂《周易啓蒙翼傳‧外篇‧起月例》，清徐乾學輯、納蘭成德校訂（台
　　　　北：漢京文化事業有限公司）（無年月版次），頁 4192。

八宮卦與起月例作出條理的論述，並稱之爲「起月例」，〔註113〕爲方便比較，今則作成圖表，如下：

世月例（依元・胡一桂《周易啓蒙翼傳・外篇》所制）

世、游、歸	陰		陽	
月份、地支	月份	地支	月份	地支
一世	五月	午	十一月	子
二世	六月	未	十二月	丑
三世	七月	申	一月	寅
四世	八月	酉	二月	卯
五世	九月	戌	三月	辰
上世（八純）	十月	亥	四月	巳
游魂	與四世同	與四世同	與四世同	與四世同
歸魂	與三世同	與三世同	與三世同	與三世同

京氏八宮卦序表（依清・惠棟《易漢學》所制的八宮卦次圖）

世、游、歸	八　宮　卦							
上世（八純）	乾	震	坎	艮	坤	巽	離	兌
一世	姤	豫	節	賁	復	小畜	旅	困
二世	遯	解	屯	大畜	臨	家人	鼎	萃
三世	否	恆	既濟	損	泰	益	未濟	咸

〔註113〕京房以六十四卦主一年十二月，胡一桂稱爲「起月例」，惠棟《易漢學》則稱爲《世卦起月例》，李道平《周易集解纂疏》則稱爲「世月」。

四世	觀	升	革	睽	大壯	無妄	蒙	蹇
五世	剝	井	豐	履	夬	噬嗑	渙	謙
游魂	晉	大過	明夷	中孚	需	頤	訟	小過
歸魂	大有	隨	師	漸	比	蠱	同人	歸妹

　　干寶注經繼承著京房八宮世應與起月之說，然卻又雜用孟喜六十卦直日用事與十二消息卦之說，如注〈比〉說：「比者，坤之歸魂也。亦世於七月，而息來在巳。」比卦在八宮爲坤之歸魂卦，根據胡一桂整理出京房世卦起月例的規則，知道比卦在卦氣說的值月爲歸魂三世，歸魂三世視同三世卦，三世卦的起月法則爲「陰主七月，三陰在申也。陽主正月，三陽在寅也。」比卦屬坤宮爲陰，故主七月。干寶與之同者爲「坤之歸魂也，亦世於七月」，與京房世卦起月例異者則地支一屬申，一屬巳。按照世卦起月之說，陰卦三世之地支宜爲申，而干寶用巳，原因在於他運用孟喜、《易緯·稽覽圖》十二消息卦配十二月及十二地支之說法，即（巳月）爲孟夏四月，有旅、師、比、畜、乾等卦，故干寶有「而息來在巳」之說。〔註114〕

　　干寶注〈蒙〉情形亦復如斯，按照世卦起月說，蒙卦爲離宮四世卦，四世卦的起月之法爲「四世卦陰主八月，四陰在酉也。陽主二月，四陽在卯也。」蒙卦屬離宮爲陰，故應主八月，地支應爲酉。干寶注〈蒙〉說：「蒙者，離宮陰也。世在四。八月之時，降陽布德，薺麥並生，而息來在寅，故『蒙』。於世爲八月，於消息爲正月卦也。」從世卦起月的規則來看，蒙卦爲離宮四世，陰也，故主八月。然同樣地，干寶又用了孟喜的六十卦用事之月的系統，即（寅月）爲孟春正月，有小過、蒙、益、漸、泰等卦，故說：「而息來在寅，故『蒙』。於世爲八月，於消息爲正月卦也。」從世卦起月而言爲八月，從十

〔註114〕參見劉玉健〈京氏世卦起月〉一文，《周易研究》，1996 年第 2 期（總第二十八期）。

二消息卦而言則爲正月，故取地支爲寅之說。干寶論卦氣的情形與漢易、虞翻的卦氣說一樣，皆出現體例不一的情況，虞翻一個卦同時結合八卦卦氣說與十二消息卦理論，導致一個乾卦既是處於東南方，值四月；又位於西北方，值十月，讓人不知乾卦究竟該位於何方、值何月？干寶除了兼論世卦起月、消息卦值月之說外，在注〈歸妹〉卦時又有內卦、外卦分值不同月分的說法，干寶說：「雷薄于澤，八月九月，將藏之時也。」（注〈歸妹〉），依據前面所說六十卦值月之法，歸妹卦應值季秋九月；又按照八宮卦的世卦起月說，歸妹卦爲兌宮歸魂卦屬陰，在卦氣說的值月中應視同三世卦，故應主七月，然干寶在此卻說八月、九月，不知八月是否就八卦卦氣系統而言？因爲歸妹卦的下卦爲兌卦，在八卦卦氣說中爲八月。無論如何，這些不同的說法已經顯示干寶的卦氣說至少運用二種（或二種以上）不同的理論體系所導致。

第五節　旁通說

一、旁通說溯源

　　旁通者，陰陽相變而相通，如乾☰、坤☷，坎☵、離☲，艮☶、兌☱，震☳、巽☴，交相變也，相變而相成。其原理依據則來自於〈乾·文言〉：「六爻發揮，旁通情也。」旁通者，曲盡之謂也，〔註115〕亦即旁通其蘊、推類以盡之義，如乾旁通於坤，離旁通於坎之情，表達《周易》變動不居的精神。屈萬里在《先秦漢魏易例述評》說：「旁通者，謂兩卦相比，爻體互異，此陽則彼陰，彼陰則此陽，兩兩相通也。」〔註116〕而這個解《易》體例最早則見於虞翻說《易》。

二、虞翻旁通說

　　李銳在《周易虞氏略例》指出虞翻旁通之例二十一：1. 小畜卦☰，與豫卦☷旁通。2. 比卦☷，與大有卦☰旁通。3. 履卦☰，與謙卦☷旁通。4. 同人卦☰，與師卦☷旁通。5. 大有卦☰，與比卦☷旁通。6. 剝卦☷，

〔註115〕旁通，朱熹解爲曲盡之意，見朱熹《周易本義》（台北：老古文化出版社，1981年7月初版），頁一之八。

〔註116〕見屈萬里《先秦漢魏易例述評》論「旁通」例（台北：學生書局，1985年9月3版），頁133。

與夬卦 ䷪ 旁通。7. 復卦 ䷗，與姤卦 ䷫ 旁通。8. 大畜卦 ䷙，與萃卦 ䷬ 旁通。9. 頤卦 ䷚，與大過卦 ䷛ 旁通。10. 坎卦 ䷜，與離卦 ䷝ 旁通。11. 謙卦 ䷎，與履卦 ䷉1 旁通。12. 豫卦 ䷏，與小畜卦 ䷈ 旁通。13. 蠱卦 ䷑，與隨卦 ䷐ 旁通。14. 臨卦 ䷒，與遯卦 ䷠ 旁通。15. 離卦 ䷝，與坎卦 ䷜ 旁通。16. 恆卦 ䷟，與益卦 ䷩ 旁通。17. 夬卦 ䷪，與剝卦 ䷖ 旁通。18. 姤卦 ䷫，與復卦 ䷗ 旁通。19. 革卦 ䷰，與蒙卦 ䷃ 旁通。20. 鼎卦 ䷱，與屯卦 ䷂ 旁通。21. 師卦 ䷆，注闕，但與同人卦 ䷌ 為旁通。〔註117〕簡博賢先生《今存三國兩晉經學遺籍考》則又補充了睽卦 ䷥ 與蹇卦 ䷦ 之例。〔註118〕從這些例子知道旁通意謂兩卦中所有同位之爻的爻性皆相反者，兩個旁通卦除了卦爻陰陽性質互相參錯外，彼此的卦爻象、互體之象都可以互相發揮交通。王新春先生在《周易虞氏學》對此體例作了詳盡地介紹，他除了舉出李銳所言的前二十個旁通之例外，還列出五個虞翻未明言卻實際是旁通的例子，即 1. 以坤卦六二爻詮釋乾卦九二爻之說。2. 坤卦〈文言〉的注「以乾通坤」說。3. 用同人卦上卦乾象與互體巽象去詮解師卦。4. 泰否雖互反，亦為旁通。5. 以睽卦下卦兌之象詮釋蹇卦。同時也指出虞翻以「反」稱「旁通」之例，如「同人反師」、「夬反剝」之例。他更進一步地介紹旁通形成的情況，如以旁通之卦之爻象詮解本卦同位爻之爻象（如以坤卦六二之辭來詮乾卦九二爻之象之德），以旁通卦的上下體來解釋本卦之辭象（如師卦、大有卦、大畜卦各自涵攝著同人卦、比卦、萃卦之象），以旁通卦中的互體或連互之象來詮釋本卦之辭象（如師卦涵攝著同人卦之內中的互體之象、離卦涵攝著坎卦的內中的連互之象）。最後更以本卦、旁通卦的卦爻自初至上爻的依次變動以詮釋本卦之辭象（如豫卦自初爻始依次動變最終變為小畜卦、蠱卦自初爻始依次動變最終變為隨卦、恆卦自初爻始依次動變最終變為益卦、比卦自初爻始依次動變

〔註117〕參見李銳《周易虞氏略例》，嚴靈峯編輯無求備齋《易經集成》第150冊（台北：成文出版社，1976年臺一版）（無月份），頁23。

〔註118〕簡博賢以睽卦上離下兌卻有「坎為志」之注以及蹇卦上坎下艮卻有「離為見」之注證明二者為旁通之例。見《魏晉四家易研究·虞翻易學研究》（台北：文史哲出版社，1986年1月初版），頁19。〈睽·象〉說：「睽，火動而上，澤動而下。二女同居，其志不同行。」虞翻注說：「二女，離兌也。坎為志。離上兌下。无妄震為行，巽為同，艮為居。」而蹇卦卦辭說：「利見大人。」虞翻注說：「離為見，大人謂五」雖然睽卦有互卦坎卦，蹇卦有互卦離卦，但睽卦無法藉由互卦而得艮象，睽卦之「艮為居」顯然從旁通卦蹇卦之下卦通其象者，故可視睽卦 ䷥ 與蹇卦 ䷦ 為旁通之例。

最終變爲大有卦）。〔註119〕

雖王新春先生析論甚詳。對虞翻旁通之說，筆者仍提出幾個主要的觀點：

（一）坎離爲旁通之本：虞翻的旁通說，李銳認爲乾坤爲之母，坎離爲之本。因爲坎離乃自乾坤而來，〔註120〕虞翻注「四象生八卦」則說：「乾二五之坤，則生震坎艮。坤二五之乾，則生巽離兌。」注〈離・卦辭〉、〈離・象傳〉、〈離・上九〉分別說：「坤二五之乾，與坎旁通」、「乾二五之坤成坎」、「乾二五之坤成坎」，注「作結繩而爲罟，以佃以魚，蓋取諸離」則說：「坤二五之乾成離」，坎離自乾坤來，而旁通之卦又自坎離來。虞翻二十一個旁通之例，有坎離之象與坎離互爲旁通者則有多卦，更證明了旁通之說乃藉由乾坤坎離互相消長交盪而來，如 1. 小畜卦☲☴與豫卦☷☳。2. 履卦☰☱與謙卦☶☷。3. 同人卦☲☰與師卦☵☷。4. 大有卦☲☰與比卦，這八個卦皆有坎離象，與坎離同義，是爲坎離旁通之例。另外有兩個卦也呈現自然之妙，一爲革卦☲☱，一爲鼎卦☴☲，此二卦若從坎卦、離卦透過初至五爻及至二至上爻之連互法皆可得到其旁通之卦蒙卦與屯卦。以坎卦☵☵而言，初至五爻連互得蒙卦☶☵，二至上爻連互得屯卦☵☳，蒙卦☶☵爲革卦☲☱的旁通卦，屯卦☵☳爲鼎卦☴☲的旁通卦。再以離卦☲☲證之，初至五爻連互得革卦☲☱，二至上爻連互得鼎卦☴☲。坎卦透過五連互得到的是革卦與鼎卦的旁通卦屯卦與蒙卦，從離卦透過五連互得到的是本卦革卦與鼎卦，從此例可看出坎離互通之理，這說明虞翻「乾坤互通」、「陰陽互攝」的思想，指天地之間萬事萬物莫不經由乾坤兩卦動態上的變化互通，陰陽互相絪縕而來。

（二）以對相通之思：不管是用旁通卦的爻象、互體或連互之象來詮釋本卦之辭象，或者依本卦、旁通卦自初至上爻的依次變動來詮釋本卦之辭象，都離不開「以對相通」之法，項安世特別對虞翻的旁通說作出解釋，他說：

> 虞翻易專用旁通說以解爻義，其法皆取相反之卦，陰反陽、陽反陰，即以反爲通，如夬之一陰五陽，即與剝之一陽五陰相通也。……以對相通，如乾之通坤，震之通巽，艮之通兌，……其爻象相反，此

〔註119〕見王新春《周易虞氏學・第二章》（台北：鼎淵文化事業有限公司，1999 年 2 月初版），頁 104～115。

〔註120〕李銳《周易虞氏略例》說：「乾二五之坤成坎，坤二五之乾成離，坎離者，旁通之本也。」嚴靈峯編輯無求備齋《易經集成》第 150 冊（台北：成文出版社，1976 年臺一版）（無月份），頁 24。

即虞氏旁通之法也。〔註121〕

取相對相反之卦以解易，這也是宋明易學家所說的反卦、錯卦，也是今人說
的正對卦。〔註122〕〈繫辭下傳〉說：「參伍以變，錯綜其數。通其變，遂成天
下之文。極其數，遂定天下之象。」虞翻注說：「變而通之，觀變陰陽始立卦。
乾坤相親，故『成天地之文』。物相雜，故曰文。數六畫之數。六爻之動，三
極之道，故定天下吉凶之象也。非天下之至變，其孰能與於此。」此虞翻從
「錯」取思，以「反」立義，故能使萬物相雜成文，成就〈繫辭下傳〉所說：
「六爻相雜」、「物相雜，故曰文。文不當，故吉凶生焉」、「雜物撰德，辯是
與非」的精神。〈泰・卦辭〉說：「小往大來」，虞翻注說：「陽息坤反，否也」，
此以通卦否卦之反義來詮適泰卦；又〈泰初九・小象〉：「拔茅征吉，志在外
也。」虞翻注說：「否泰反其類，否巽爲茅。茹，茅根。艮爲手。」巽、艮爲
否卦之互體，因此有「否泰反其類」之說，以否卦釋泰卦，以「反」來說明
二卦旁通，卦爻相錯之理，故能成天下之文，虞翻說：「陽息坤成泰。天地反，
以乾變坤，坤化升乾，萬物出震，『故天地變化，草木蕃』矣。」（注〈坤・
文言〉）天地能如此變化，在於旁通易例推類以曲盡、觸類以旁通之圓活不滯。

（三）卦爻象相互涵攝通用：靈變周通的旁通卦，固然能表達陰陽相反
相成、消長往來之情，以及卦爻之象相互涵攝的深刻思想。然其體例之論亦
不宜過度衍申，否則將造成屈萬里先生所說：「木小畜卦也，而乃以豫說之；
豫又不足，更及於復。本大有卦也，而以比說之；比又不足，更及於屯。展
轉牽引，將無窮極。」〔註123〕小畜卦☰ 與豫卦☷ 本旁通之卦，以豫卦之爻
辭、爻象、爻德以及豫卦上下卦體之象、互體及連互之象詮解小畜卦本無可
厚非，但若無限牽引，恐因其過於泥象而陷入繁雜瑣碎之失。如小畜卦，以

〔註121〕見項安世《項氏家說・卷二・虞氏晁氏旁通卦法》（北京：中華書局，1985
　　　　年新 1 版）（爲《叢書集成初編》之一），頁 15。
〔註122〕朱熹《朱子語類・卷第六十七・卦體卦變》說：「卦有反，有對，乾坤坎離
　　　　是反，艮兌震巽是對。」乾坤坎離是反卦即是錯卦、旁通卦，又稱爲正對
　　　　卦；艮兌震巽是對卦即是綜卦，又稱反對卦或覆卦，見朱熹《朱子語類》（北
　　　　京：中華書局，2004 年 2 月第 5 次印刷），頁 1668。來知德有〈伏羲文王
　　　　錯綜圖〉，以二卦六爻陰陽屬性相反者爲錯，以二卦上下反覆者爲綜，來知
　　　　德說：「相錯，一左一右謂之錯。相綜一上一下謂之綜。」，見來知德撰、
　　　　鄭燦訂正《易經來註圖解・圖象》（台北：中國孔學會，1988 年 11 月再版），
　　　　頁 5～9。
〔註123〕見屈萬里《先秦漢魏易例述評》論「旁通」例（台北：學生書局，1985 年 9
　　　　月 3 版），頁 134。

旁通卦豫卦之卦爻象解小畜卦之辭義，可盡得變化互通之妙義。但虞翻在〈小畜‧象傳〉及〈初九〉分別注說：「豫四之坤初爲復，復小陽潛，所畜者少，故曰小畜。」、「謂從豫四之初成復卦，故復自道。」旁通卦豫卦之卦爻象不足以解釋小畜卦之義時，虞翻又利用二爻易位推衍至豫卦所變之卦復卦，再以復卦之卦爻象來解釋小畜卦，如此展轉牽引，既紊亂卦變原理又顯得繁瑣駁雜，已背離陰陽絪縕、隱顯交錯之功。蓋依虞翻卦變之理，豫卦乃由復初之四而來，故注〈豫〉卦辭則說：「復初之四，與小畜旁通。」今爲詮釋小畜卦，則又說：「與豫旁通。豫四之坤初爲復。」此爲易位之說，非卦變說，故使惠棟《易例》舉此例時亦以〈旁通卦變〉之名稱之，由此可見虞翻體例之繁複。〔註124〕

三、陸績旁通說

陸績注〈乾‧文言〉說：「乾六爻發揮變動，旁通於坤，坤來入乾，以成六十四卦，故曰旁通情也。」陸績所說的旁通與虞翻所說者並不相同，陸績的旁通是站在爻變、動爻的立場而言，指乾交坤，坤交乾的情形，乾坤相交，陰陽互錯，曲盡旁通之意，〈繫辭上傳〉說：「變而通之以盡利」，陸績注說：「變三百八十四爻，使相交通，以盡天下之利。」盪陰入陽，盪陽入陰，陰陽相盪，剛柔交錯，六十四卦生焉。

張惠言《易義別錄‧卷六‧陸氏易》舉例以說明陸氏學的旁通情況：〔註125〕

1. 注《京氏易傳‧損》說：「乾九三變六三，陰柔益上，則亦從泰來。」言損卦來自泰卦，由泰卦上六爻下居三位，九三爻上居上位，二爻相易，於是泰卦九三變成六三，上六變成上九，損卦形焉。然若要成就損義，則需損下以益上，故曰陰柔益上。李鼎祚注此卦亦說：「坤之上六，下處乾三。乾之

〔註124〕惠棟指出旁通卦變的情況如 1. 小畜與豫旁通，又豫四之初爲復。2. 履卦與謙旁通，又以坤履乾釋之。3. 大有與比旁通，卻又從比卦初爻逐次變至大有。然惠棟在此所說的卦變並非虞翻所謂的卦變，乃從廣義的動爻論卦變。見惠棟《易例‧卷下》，嚴靈峯編輯無求備齋《易經集成》第150冊（台北：成文出版社，1976年臺一版）（無月份），頁115～117。

〔註125〕張惠言《易義別錄‧卷六‧陸氏易》注〈乾‧文言〉：「六爻發揮，旁通情也。」時舉損卦來自泰卦、訟四乾變而巽、困三變之大過、小畜二五交易、噬嗑卦四上與五交易等五例來說明「旁通」之情。見孫星衍、張惠言《孫氏周易集解‧易義別錄》（山東：山東友誼書社1992年9月第1次印刷），頁504。

九三，上升坤六。損下益上者也。」藉由泰卦上下卦的乾坤相交，陰陽交錯則成損卦，此陸績六爻發揮旁通之義。

2. 訟四乾變而巽，指訟卦 ䷅ 六四爻失位不正，恐與五之君訟，故動爻成陰，成陰則正，四陽成陰，上卦則由乾卦變巽，此發揮陰陽旁通交錯之義。

3. 困三變之大過，六三以陰柔居陽位，失位不正，動變使之正，由陰變陽成大過之象，此亦發揮陰陽旁通交錯之義。

至於張惠言再舉小畜二五交易、噬嗑卦四上與五交易之例，皆是陸績動爻之說，乾變坤爻，坤變乾爻，乾坤陰陽發揮變動，互相交錯，這就是旁通之情。此旁通實際上就是一種爻變，〔註126〕林至《易裨傳外篇》說：「陸績、虞翻又論動爻，曰陰陽失位則變，得位則否。」〔註127〕又朱震《漢上易傳叢說》：「陸績之學，始論動爻」〔註128〕此動爻即陰陽旁通交錯之義。

四、翟元旁通說

陸績以動爻論旁通交錯，那是取其推類曲盡之義，非真創為旁通之例。而今所謂的旁通易例，宜為虞翻「以對相錯」之說，亦即來知德所稱之「錯卦」，如艮 ䷳ 與兌 ䷹ 旁通，震 ䷲ 與巽 ䷸ 旁通之情況，此體例為虞翻始創，翟元繼之，亦以陰陽交變為義，用旁通詮《易》，如夬卦 ䷪，翟元注說：「坤稱邑也。」夬卦上兌下乾，無坤之象，而翟元以坤注之，乃以夬卦旁通卦剝卦之上下體以解之，剝卦 ䷖ 上艮下坤，坤為地，故稱邑也。張惠言《易義別錄·卷三·周易翟氏》說：「夬取坤象，是亦剝坤也。此知翟有旁通之例。」〔註129〕坤象乃夬卦旁通卦剝卦下體之象，以坤象來詮釋夬卦，即是以旁通之象來類推本卦之辭義。蓋旁通之目的乃為「推象盡意」也。

〔註126〕張惠言在《易義別錄·卷六·陸氏易》引惠棟之言說，說此乃卦變之始。他說：「惠徵士云周易以變者為占，故〈象傳〉獨言卦變，乾坤旁通，卦變之始也。」然其實這並非卦變之說，只能視為陰陽失位，動爻使不正成正，故以動爻稱之。

〔註127〕引自林至《易裨傳外篇》，見《中國古代易學叢書》第十一卷（中國書店出版，1998年3月第1版），頁93。（無載出版地）

〔註128〕朱震《漢上易傳·叢說》，收錄於《通志堂經解》本第一冊（台北：漢京文化事業有限公司）（無年月版次），頁676

〔註129〕張惠言《易義別錄·卷三·周易翟氏》注夬卦之例。見孫星衍、張惠言《孫氏周易集解·易義別錄》（山東：山東友誼書社1992年9月第1次印刷），頁466。

小　結

　　自西漢孟喜以卦氣占斷災異之學興起，經焦贛、京房、《易緯》之發揚，以及東漢推衍其說，至三國達至鼎盛。魏晉之象數易學家，餘風未泯，爲延續孟氏、京氏之學，一方面繼續漢易各種解經體例之闡述，一方面則欲突軼漢人之說，創有卦變、旁通、之正、動爻等新的體例，或在前人之基礎上另立新見，如干寶雖留思京房之學，卻不完全依照其卦氣理論，反提倡乾、坤十二爻來自於消息卦之說，頗異於漢人說卦氣之體系。整體而言，卦變、互體、卦主、卦氣、旁通諸說固然有許多新意與發明，然也因爲發展太過，象外生象，導致例變紛歧，繁賾複雜，到達莫可究詰的地步，才會引發王弼掃象之舉。綜觀魏晉象數易學的解經特色，可歸納爲以下三點摘要：

一、延續漢人象數易學之迹

　　繼承孟、京之「卦氣」、「卦主」、「宮卦」、「五行」、「納甲」、「世應」、「飛伏」等說法並能發揮闡揚之，使象數易學在義理易學的衝擊下仍能屹然生存。如「卦主」說，經過陸績的注解與說明，後人更明白京房「以少爲貴」、「以尊爲主」、「以中位爲主」等思維方式。連主張以義理解《易》的王弼都不免借此體例以說明「以無爲本」的思想理路，可知「卦主」確實是《周易》重要的體例之一。又如鄭玄的「互體」一說，經由虞翻、陸績、姚信、翟元等人的發揚，形成三連互、四連互、五連互等豐富的內容，也成爲後人解《易》的一種易例。又如「八宮」、「世應」、「飛伏」、「納甲」等易例之所以傳諸後世，陸績、干寶之功不可泯也。今人得以窺觀漢易人象數易學之豹斑，實得自此諸賢闡揚之力也。

二、求諸漢易而不得則創爲新說

　　易之取象，必有所自來，故〈繫辭下傳〉說：「庖犧氏之王天下也，仰則觀象於天，俯則觀法於地，……於是始作八卦，以通神明之德，以類萬物之情。」「始作八卦」並非無的放矢，必先仰觀俯察，方能畫八卦之象，因此每一卦畫之作必有其象徵，也必有其意義。魏晉諸儒必欲究其象數之所自來，於是在漢易不能通解經文之處，遂相創爲卦變、旁通、動爻諸說，一一推求卦象之由來，尋覓《周易》文辭與象數之關連，以求其符合《周易》「始作八

卦」之精神。後世象數易學家如朱熹、李挺之、俞琰之所以能創制有體系、有規則的卦變理論，實自虞翻、姚信、蜀才等人啓發之功。而朱熹的正卦、反卦、來知德的錯綜論與焦循的旁通、相錯之說，雖對漢魏象數易學持有異見，然他們能在象數易例上獲得突破性的進展，不能不說是得之於虞翻、陸績、翟元等人旁通之情的影響。

三、體例紛繁造成變例違例之弊

　　雖從然伏羲仰觀俯察而始作八卦，知易之取象，必有所本，然其取象之法，今已不復可考，若必求其偶合而擴展爲卦變、互體、卦氣、旁通、納甲等諸說，其說雖然豐富了此一時期象數易學的發展，然亦因過度滯泥在取象方法上的推求，以致於造成變例歧出、穿鑿附會的情況產生。本論文在逐條考證之下，將每一人、每一易例違例或變例之處皆一一論述。如以卦氣說爲例，在漢易時即出現各種不同的說法，屈萬里整理漢人「六日七分」法，即有三種情況。〔註130〕今人所見卦氣說的內容，大都見引於唐僧一行的《卦議》，或恐已非孟喜本來面貌。又經過京房、《易緯》之衍申運用，已呈紛繁之狀。而虞翻、陸績、干寶論此體例，附會漢人之論，或採此說，或採彼法，或兼採眾說，造成體例不一，臆說支離的現象。其他象數易例的情況，大致與此相同，這也是魏晉象數學說日以趨衰的主要原因。

〔註130〕見屈萬里《先秦漢魏易例述評》論「卦氣」例（台北：學生書局，1985 年 9 月 3 版），頁 84～85。

第五章　注經派的易義說

　　任繼愈說：「凡有生命的文化，都根植於現實生活之中，不能游離於社會之外。」〔註1〕因此，象數易學的研究也不可以局限在注經的易例上，更應植根於實際人生當中去闡述易學的智慧及其哲理，為象數易學的發展注入一股生命力。易理據象數而成說，象數也要以易理為依歸，理象不相離才是研易者的正確態度。因此在討論完象數體例的內涵、特色外，本章特別把重點放人事義理的探討，目的在一闡象數易學所蘊含的人生哲理及思想旨歸。

　　〈繫辭下傳〉說：「《易》之為書也，廣大悉備。有天道焉，有人道焉，有地道焉。」明確地說明《周易》是一本三道並立的書，包含著自然界的運行規律及人類社會的秩序法則，故《四庫全書總目・提要》說：「《易》之為書，推天道以明人事者也。」〔註2〕通過自然界雷霆鼓動，風雨澤潤，日月相推，寒暑往來等陰陽二氣的運動，尋繹出人事活動的規則，故〈賁・象〉說：「觀乎天文，以察時變。觀乎人文，以化成天下。」人宜推天道以明人事，法天道以開人文，因此不管是象數學派或義理學派都不可偏執一端而論之。李鼎祚《周易集解・序》說：

　　　　唯王、鄭相沿，頗行於代。鄭則多參天象，王乃全釋人事。且《易》
　　　　之為道，豈偏滯於天人者哉！致使後學之徒，紛然淆亂，各脩局見，
　　　　莫辨源流。天象遠而難尋，人事近而易習？〔註3〕

〔註1〕　引文見王博《易傳通論・總序一》（北京：中國書店，2003年8月第1版），頁2。
〔註2〕　見《四庫全書總目・易類一》（台北：藝文印書館，1989年1月6版），頁62。
〔註3〕　引自李鼎祚《周易集解・序》（台北：商務印書館，1996年12月臺1版第2次印刷），頁2。

「鄭則多參天象，王乃全釋人事」鄭、王代表的是象數易與義理易的區別，李鼎祚這句話是概括之詞，說明象數易學比較著重在以奇偶之數所代表的陰陽符號及宇宙運行規律上，而義理易學則著重在《周易》義理的闡發。他認為象數深奧微妙，義理淺近易習，造成人們捨棄象數而專研義理。他並強調《周易》不可偏於天人，應該包容宇宙之道與人事義理。實際上，象數學派雖然偏重取象運數的應用，卻非遠而難求，對於人事得失之情、吉凶占斷之辭以及人倫道德之說，也往往在象數易例及著占系統中體現無遺。反之，王弼之學雖以義理取勝，強調人文之理，然也因參雜《老》《莊》哲理、蹈涉玄虛，反而使人有玄遠難習之感。不管是象數學派或義理學派唯有互相取資，拋開門戶之見才能真正掌握《周易》辭、變、象、占的聖人之道。〔註4〕

第一節　天人合德

　　張載《正蒙上·神化篇四》說：「氣有陰陽，推行有漸為化，合一不測為神。」〔註5〕氣有陰陽，乃就天而言；推行有漸為化，乃就人事而言；合一不測為神，乃就天人合一而言。陸績說：「陰窮則變為陽，陽窮則變為陰，天之道也。庖犧作網罟，教民取禽獸，以充民食。民眾獸少，其道窮，則神農教播殖以變之。此窮變之大要也。窮則變，變則通，與天終始，故可久。民得其用，故無所不利也。」（注〈繫辭下傳〉）〔註6〕「陰窮則變為陽，陽窮則變為陰」，陰窮變陽，陽窮變陰，二者交相迭運，故能與時推移、久照久成，這是天之道；「庖犧作網罟，教民取禽獸，以充民食。民眾獸少，其道窮，則神

〔註4〕 《周易》四大領域缺乏一項都不算完整，因此〈繫辭上傳〉說：「《易》有聖人之道四焉：以言者尚其辭，以動者尚其變，以制器者尚其象，以卜筮尚其占。是以君子將有為也，將有行也，問焉而以言，其受命也如響。無有遠近幽深，遂知來物。非天下之至精，其孰能與於此？參伍以變，錯綜其數，通其變，遂成天地之文；極其數，遂定天下之象。非天下之至變，其孰能與於此？《易》無思也，無為也，寂然不動，感而遂通天下之故。非天下之至神，其孰能與於此？夫《易》，聖人之所以極深而研幾也。唯深也，故能通天下之志；唯幾也，故能成天下之務；唯神也，故不疾而速，不行而至。子曰『《易》有聖人之道四焉』者，此之謂也。」通達《周易》的精義就必須兼重象、數、理、占，上達天道，下濟人生方是真正學《易》。

〔註5〕 引自張載《正蒙上·神化篇四》，見楊家駱主編《張子正蒙注》（台北：世界書局），1967年9月再版，頁54～55。

〔註6〕 凡本章的引文，無標明出處者，皆自李鼎祚《周易集解》。

農教播殖以變之。」取獸以食，獸少易殖，開物成務，日新其德，故能生生不息，這是人之道；「窮則變，變則通，與天終始，故可久。民得其用，故無所不利也。」把天地變化運行的規律與法則運用在人類社會中，再藉由人類社會的道德、禮秩、法制去完成天地之功者，如此終始反復，迭代前進，這就是天人合一之道。天有其陰陽之理，人有其運用之德；天人之間有其統一和諧之道。

天人關係就像所有的陰陽關係一樣，由上至下，又由下至上，上下往來、交通不已，故能變化不息。又每一次的上下往來皆是無限的遞進、無窮的開展，故能成就宇宙生物不息之德。虞翻說：「泰，乾坤為天地。謂終則復始，有親則可久也。」（注〈恆·象〉），〈泰〉卦，天往下，地往上，上下交通；男親女，女近男，男女交融；天示人以道，人合天以德，天人相成；此所以成就「萬物生息，種類繁滋」〔註7〕之功也。本節將分三個層次展開論述：（一）推天道以明人事。（二）以人事成天地之功。（三）融天道人事為一體。就論述而言，就人事而論，有其層次；就道而言，體即是用，用即是體，過程即是結果，結果也渾融在過程的變化中，每一個變化過程本身又含有天示人、人順天、天人合一的本質存在，因此張載說：「合一不測為神」。

一、推天道以明人事

余敦康先生在林忠軍的《象數易學史》序文中說：「一般說來，象數派的易學過分地強調自然之理而忽視人文之理，蔽於天而不知人。義理派的易學過分地強調人文之理而忽視自然之理，蔽於人而不知天。」〔註8〕大抵義理易學容易因為重視人文之學而忽略天文自然之理，象數易學又因將重心擺在曆法、卦氣、天象等自然之道而忽略人事義理。然而魏晉的象數易學家卻不局限在天道變化的範疇上，反而藉由對天道的領悟而開展出注重人事的特點。

（一）陰陽之道

宇宙世界的變化運行皆因陰與陽的相摩、相盪所致，天地萬物的形成、人事物理的規律亦由陰陽二氣的絪縕而來，虞翻說：「日月在天，動成萬物，

〔註7〕 此乃荀爽注〈繫辭上傳〉「有親則可久，有功則可大」之語，他說：「陰陽相關，雜而不厭，故可久也。萬物生息，種類繁滋，故可大也」（《周易集解》引）
〔註8〕 見林忠軍的《象數易學史》第二冊，余敦康先生為此書寫序文，說明象數派與義理派共同推進易學史之演進。（山東：齊魯書社，1998年7月第1版），頁7。

故稱作矣。」〔註9〕（注〈離・象〉），日月之象懸於天，春夏秋冬、白晝黑夜變化相蕩，萬物自然生生不已，陸績也說：「天地因山澤孔竅，以通其氣，化生萬物也。」〔註10〕（注〈泰・象〉）天地之氣相通、交感相和，萬物自然化育生長，人文之理取資於天，亦由此二氣交蕩、消長而來，故蜀才同樣主張：「天氣下，地氣上，陰陽交，萬物通。」〔註11〕（注〈泰・象〉）君臣上下之志相通正如天地之氣相互往來，翟元更是把人事的法則歸諸於對天地之象的效法，他說：「見象立法，莫過天地也」，〔註12〕（注〈繫辭上傳〉）天地之象都體現著陰陽變化的道理，效法天地日月之義，就能成就人事男女、吉凶、善惡之情，虞翻曾說：「配日月，則天地交而萬物通。故以嫁娶也。」（注〈歸妹〉）認為明白陰陽之義及天地相交之道就能實行嫁娶之理。因此，聖人體道之極功，推天文以歸乎人事就能化成天下，故干寶說：「四時之變，縣乎日月；聖人之化，成乎文章。觀日月而要其會通，觀文明而化成天下。」〔註13〕（注〈賁・象〉）

　　萬物因天地陰陽二氣交感而化育醇厚，所以欲得人文之理、人事之正者，則莫過於效天法地，陸績說：「言天地正，可以觀瞻為道也。」（注〈繫辭下傳〉「天地之道，貞觀者也」）、「言日月正，以明照為道矣。」（注〈繫辭下傳〉「日月之道，貞明者也」）萬事萬物之動如天地般守正純一，如日月般光明炳

〔註9〕　注〈離・象〉說：「明兩作離」，虞翻說：「兩謂日與月也。乾五之坤成坎，坤二之乾成離，離坎日月之象，故『明兩作離』。作，成也。日月在天，動成萬物，故稱作矣。或以日與火為明。兩作也。」見《周易集解》引。李鼎祚《周易集解》（台北：商務印書館，1996年12月臺1版第2次印刷）。以下凡引自皆從此版，故不再作註。

〔註10〕　見《周易集解》引。然陸績之注文可並見姚士粦《陸公紀易解》及《陸公紀京氏易注》以及《陸氏周易述增補》、孫堂《漢魏二十家易注》、張惠言《易義別錄》、馬國翰《玉函山房輯佚書》、黃奭《黃氏逸書考》、徐芹庭《周易陸氏學》等諸本。本章有關陸績之注文皆從此出，故不再作註。

〔註11〕　見《周易集解》引。蜀才之注文並見孫堂《漢魏二十家易注》、張惠言《易義別錄》、黃奭《黃氏逸書考》、《漢學堂經解》等本。有關蜀才之注文皆從此出，故不再作註。

〔註12〕　見《周易集解》引。此翟元注〈繫辭上傳〉「是故法象莫大乎天地」之語。翟元之注文並見孫堂《漢魏二十家易注》、張惠言《易義別錄》、黃奭《黃氏逸書考》、《漢學堂經解》等本。本章有關翟元之注文皆從此出，故不再作註。

〔註13〕　見《周易集解》引。干寶之注文並見孫堂《漢魏二十家易注》、張惠言《易義別錄》、馬國翰《玉函山房輯佚書》、黃奭《黃氏逸書考》、《漢學堂經解》、黃師慶萱《魏晉南北朝易學書考佚》等諸本。

煥，正大光明不乖於天地日月之理，因此陸績又說：「天道有晝夜、日月之變。地道有剛柔、燥濕之變。人道有行止、動靜、吉凶、善惡之變。聖人設爻以效三者之變動，故謂之『爻』者也。」〔註14〕爻者，效也，效法天地之撰，聖人以乾剛坤柔比擬之，於是有乾坤合德之說，虞翻說：「合德謂天地雜，保大和，日月戰。乾剛以體天，坤柔以體地也。」（注〈繫辭下傳〉「陰陽合德而剛柔有體」）由天地推至夫婦，由日月明乎君臣，由晝夜比德仁義，於是乾坤二德的義理也由此天地陰陽二氣而發軔。

（二）乾坤之德

天、地、人三才在陰陽二氣上的基礎同德並立，於是天道、地道都各自有其相應的內涵，將天地二者具體化爲人道則爲乾坤二德，魏晉象數學家是如何從陰陽二氣、乾坤二卦的比擬合德來展開這一問題呢？以下從《周易集解》提出諸家之說以見乾坤合德之義。

（1）虞翻說：「知謂乾，效天崇；禮謂坤，法地卑也。」（注〈繫辭上傳〉「陰陽合德而剛柔有體」）又說：「謂立人之道曰仁與義。和順謂坤，道德謂乾。以乾通坤，謂之理義也。」（注〈說卦傳〉「和順於道德而理於義」）

（2）姚信說：「賢人，乾坤也。言乾以日新爲德，坤以富有爲業也。」（注〈繫辭上傳〉「可久則賢人之德」）

（3）蜀才說：「坤以廣厚之德，載合萬物，無有窮竟也。」（注〈坤‧象〉）又說：「天有無疆之德，而坤合之，故云『德合無疆』也。」（同前）

（4）干寶說：「陰氣在二，六月之時，自遯來也。陰出地上，佐陽成物，臣道也，妻道也。臣之事君，妻之事夫，義成者也。臣貴其直，義尚其方，地體其大，故曰『直方大』。」（注〈坤‧六二〉），又說：「坤含藏萬物，順承天施，然後化光也。」（注〈坤‧文言〉），又說：「陰氣之始，婦德之常，故稱元。與乾合德，故稱亨。行天者莫若龍，行地者莫若馬，故乾以龍緣，坤以馬象也。」（注〈坤〉）明君與天地相應，合德同化，動靜不違也。

乾尊而高，坤謙而卑，天地確立其高下、尊卑之位，事物之貴賤則由此

〔註14〕陸績說：「聖人設爻以效三者之變動，故謂之『爻』者也。」後人稱此爲「動爻」之說。大抵說來，《左傳》卜筮之例的「某卦之某卦」的「之」，指的就是動爻，而其目的主要是爲了占筮，因爲占卜以動爻爲主而論其變。然至魏時，虞翻、陸績論動爻並非爲了卜筮，虞翻的動爻運用在「卦變」理論上，而陸績則是運用在「旁通」的體例上。可參見本論文第四章論「陸績旁通說」一文。

而定。乾謂知、謂始；坤謂禮、謂從。乾爲夫、爲君，坤爲妻、爲臣。乾爲龍，坤爲馬。乾之德爲日新，坤之德爲富有。聖人體會乾坤之德，故假易象以明人事之理，因而成就日新又新的盛美德性與載物厚廣的弘大功業。從虞翻、姚信、蜀才、干寶等人之說，知道他們雖爲象數易學家，但在效天法地的原則下，最終的目的仍是落實在人道的實踐當中。

二、以人事成天地之功

天文之化表現爲陰陽二氣之運行，從而指示乾坤二德的顯用，這是推天道至人事的理路。人道繼之，以此二德變通體化，盡人事之理而德侔天地、崇德廣業，這是從人道體證天道的路向。二者上下往來，交感而變化，變化而亨通，合德無間，故能生物不息。張載《正蒙上‧神化篇四》說：「中庸曰『至誠爲能化』，孟子曰『大而化之』，皆以其德合陰陽，與天地同流而無不通也。」〔註15〕人類社會要安詳和諧必然要與天地合其德，人世秩序要井然有理也必需與天地合其律，此則《周易》天人合一之要義，故說「與天地相似，故不違」（〈繫辭上傳〉）

（一）盛德配合天則

天道中含藏著人事之理，人事中亦顯發天道之義蘊，必也陰陽合德才能完成天道人事之盛德大業。干寶注〈乾‧九三〉說：「爻以氣表，繇以龍興，嫌其不關人事，故著君子焉。……人爲靈，故以人事成天地之功者，在於此爻焉」，這一爻特別重要在於凸顯「以人事成天地之功者」的精神。干寶唯恐人們執著在卦爻符號所象徵的陰陽二氣上，故乾乾惕厲地強調君子之德，藉此以著明《易》乃關乎人事者。故干寶於注〈乾‧上九〉「亢龍有悔」時，再次強調人事之用，他說：「天之鼓物，寒暑相報；聖人治世，威德和濟；武功既成，義在止戈。盈而不反，必陷於悔。」李鼎祚進一步推闡說：「以人事明之，若桀放於南巢，湯有慚德是也。」〔註16〕聖人設立威德相濟之功，這就是「立人之道曰仁與義」的精義所在，人類一切的活動都不能違背天地寒暑的變易規則，故需與天地合其德。干寶反覆地以人事注解《周易》，目的都是

〔註15〕引自張載《正蒙上‧神化篇四》，見楊家駱主編《張子正蒙注》（台北：世界書局），1967年9月再版，頁56。

〔註16〕見李鼎祚《周易集解》（台北：商務印書館，1996年12月臺1版第2次印刷），頁3。

爲了揭示人事的重要性，故又說：「男女猶陰陽也。故『萬物化生』。不言陰陽，而言男女者，以指釋損卦六三之辭，主於人事也。」（注〈繫辭下傳〉「男女構精，萬物化生」），不以陰陽解釋萬物化生而代之以男女者，主於人事也，表示人類社會也要合於天地之德。

〈乾・文言〉說：「大人者，與天地合其德，與日月合其明，與四時合其序，與鬼神合其吉凶。先天而天弗違，後天而奉天時。」要實現人類社會的和諧，必需要德侔天地，配合宇宙運行之規律，不失其明、不亂綱紀，不背吉凶之理，使人人都能安身立命，得其所養，這就是所謂的大德大生。虞翻說：「聖人與天地合德，鬼神合吉凶，故不違」（注〈繫辭上傳〉），人擬天地之道而行，不能違背天之理，不能胡作妄爲，知性命之始終，故能與鬼神合其吉凶。陸績說：「聖人以著能逆知吉凶，除害就利，清潔其身，故曰以此齋戒也。吉而後行，舉不違失其德，富盛見稱神明，故曰神明其德也。」（注〈繫辭上傳〉），要能逆知吉凶，言行舉止就不可違失，這就是以德配天的精神，明白表示人類社會與鬼神一樣，皆以德爲福禍之憑據，皆有一定的理路與規則，因此人類的行爲要符合並配合天地之秩序，才能與鬼神合其吉凶，與天地同流而亨通。

（二）禮制合乎天律

《易》以天道推闡人事，也以人事之功來體證天道之理。卦爻之設正是聖人援以神道設教者，聖人擬議人類道德生活的種種理念，並立下種種的社會制度與規範，就是爲了逆證天道運行之法則。陸績說：「故譬以聖人在天子之位，功成制作，萬物咸見之矣。」人類社會相應於「天道」的運行，治國者須觀乎天文，考察一切的典章制度、禮法度數是否皆合乎天時和自然運行的法則。

人以天爲指標，故人類社會當中的尊卑長幼、禮樂制度、政令風教都隨之而有各種倫理規範，干寶說：「錯，施也。此詳言人道、三綱、六紀有自來也。人有男女陰陽之性，則自然有夫婦配合之道。有夫婦配合之道，則自然有剛柔尊卑之義。陰陽化生，血體相傳，則自然有父子之親。以父立君，以子資臣，則必有君臣之位。有君臣之位，故有剛上下之序。有上下之序，則必禮以定其體，義以制其宜，明先王製作，蓋取之於情者也。上經始於乾坤，有生之本也。下經始於咸恒，人道之首也。……以言天不地不生，夫不婦不成，相須之至，王教之端。故《詩》以〈關雎〉爲國風之始，而《易》於咸

恒備論，禮義所由生也。」（注〈序卦傳〉）人道、三綱、六紀來自於天，因此男女各有其性、各有其理、亦各有其職，有男女之性、之理、之職則有夫婦之別，有夫婦之別則有尊卑之義，以至有父子君臣上下之禮。干寶把這一套倫理秩序、禮樂制度視爲人事合天道之體現，認爲社會倫理、禮樂制度都不出於自然的原理、陰陽剛柔的相蕩相合，因此人要窮理盡性就是要在君臣上下、男女尊卑的秩序中各盡其性而各修其德，順天地陰陽之理，然後才能保合太和以至於上達天命而與天合德。

三、融天道人事爲一體

天道啓示人事的就是陰陽二氣的規律運動，人道體現天道就是要能合變其德，「天之道」與「人之道」必需要交感、流轉，事物才能產生變化，進而亨暢而久成。「誠者」與「誠之者」相互感通，宇宙就能生生不息。虞翻說：「順動天地，使日月四時，皆不過差。刑罰清而民服，故『義大』也。」（注〈豫・象〉），又說：「議天成變，擬地成化，天施地生，其益無方也。」（注〈繫辭上傳〉「擬議以成其變化」）天之生物有序，人之禮制必有其規則，聖人順四時之變、日月之運而制定刑獄罰懲，必也如自然律則般井然有秩。干寶說：「江河淮濟，百川之流行乎地中，水之正也。及其爲災，則泛溢平地，而入於坎窞，是水失其道也。刑獄之用，必當于理，刑之正也。及其不平，則枉濫無辜，是法失其道也。」（注〈坎・初六〉）水有常性，流乎地中，爲水之正道，若失其常性，流溢平地，則氾濫成災；人事之用亦如斯，當於理則爲正刑，悖於理則成酷刑，枉濫無辜則如水之失其道，法之失其度則逆天而行，必至凶險，因此人須正法如水之正流，使天人之間合德不失其序，則能成就天人和諧之境界。

（一）乾道變化，各正性命

〈說卦傳〉說：「昔者聖人之作《易》也，將以順性命之理。是以立天之道，曰陰與陽；立地之道，曰柔與剛；立人之道，曰仁與義。」天自有其性命之理，不待人立，人之所以立爲陰陽，乃思性命之理來自於天者，自天而命之，故立天地之道。說明人的本性就是天道陰陽變化的結果，天地間的千變萬化皆不越吾性，同是陰陽變化的規律所形成，故說：「乾道變化，各正性命」（〈乾・象〉）天以其道產生萬事萬物，萬事萬物稟受天道陰陽的變化而各

得其所，各有其性，虞翻説：「水性有常，消息與月相應」（注〈坎・象〉）、「水性流」（注兌・九四），陸績也説：「水性趨下」（注〈坎・象〉），萬物得天之道各得其宜，各遂其性，水性有流動與趨下的性質。人爲萬物之一，稟天道而有人之性，故〈繫辭上傳〉説：「一陰一陽之謂道，繼之者善也，成之者性也。」順天之理成就人之性，自然稟承善的美德，在乾道爲元始、爲生物，在坤爲合德、爲和順，二者迭用配合，形成性命之理，同稱之爲道義之門。虞翻説：「以乾推坤，謂之窮理，以坤變乾，謂之盡性。性盡理窮，故『至於命』。巽爲命也。」（注〈説卦傳〉「窮理盡性以至於命」），以乾通坤或者以坤變乾指的是氤氳相盪之變化，所謂的理義與盡性本無分別，乃虞翻爲了詮《易》而強分之，其實殊名而一義也，乾坤之德雖有別，然發揮陰陽剛柔之道則一也，故虞翻再説：「繼，統也。謂乾能統天生物，坤合乾性，養化成之，故『繼之者善，成之者性』也。」（注〈繫辭上傳〉「繼之者善也，成之者性也」）、「易爲乾息，簡爲坤消，乾坤變通，窮理以盡性，故『天下之理得矣』。」（注〈繫辭上傳〉「易簡而天下之理得矣」）天道落在於人則爲仁與義之善性，聖人體天地之道，無違天命，無悖人性，則順其理、盡其性，學至於命而已。

　　魏晉象數易學家論性，大都承襲《易傳》而來，表徵事物之性皆稟自天地之化育，亦即皆得自於一陰一陽之變化，如水性潤下、人性繼善，性合於剛柔健順之理，本應無所偏滯，無過與不及，一切都顯得和諧而理順，故説：「成性存存，道義之門」（〈繫辭上傳〉）。然干寶從人事的層面論性，以父母子女、君臣尊卑的倫理秩序表現陰陽之性，主張利養貞正，他説：「以施化利萬物之性，以純一正萬物之情。」（注〈乾・文言〉）在上者因性制宜、設施舉措，使無一人不得其養、無一物不得其所，善萬物之生，養萬物之德，濟天下之民，合天地之撰，使萬物都能繼性成善。然性見著於外則生種種之情，情接於物又恐累於欲，故干寶主張以純一之德正之。純一者，純粹至精，中正無雜，性也。此論與王弼義理派之説有異曲同工之妙，王弼主張性爲本，情爲末；性是體，情是用，性情爲本末體用的關係，故應該以性統情，以情從理，他注〈乾卦〉説：「不爲乾元，何能通物之始？不性其情，何能久行其正？是故始而亨者，必乾元也。利而正者，必性情也。」〔註17〕（《周易正義》引）王弼主張以性統情，

―――――――――――――――――――――――――

〔註17〕見《十三經注疏・周易正義》（王弼韓康伯注、孔穎達等正義）（台北：藝文印書館，1982年8月9版），頁16。本章凡引自孔穎達《周易正義》之注文，皆從此本，故不再作註。

情之善由乎性之善，情與性者，由用顯體，由著顯幽，體用合一，利於貞者，乾之性情也，以美利利天下，不歸於性情之正，何能成就生物成物之功？故說「不性其情，何能久行其正」，此同於干寶「以施化利萬物之性，以純一正萬物之情。」之義也。如此天得其理，人得其性，天人無間矣！

（二）有孚顒若，下觀而化

四時運行有序，沒有差忒，因此聖人便利用這個自然規律作為治國之依據，設立教化，讓天下百姓皆能悅服。虞翻說：「聖人謂乾，退藏於密，而齊於巽，以神明其德教，故『聖人設教』，坤民順從，而天下服矣。」（注〈觀·象〉）又說：「以五陽觀示坤民，……孚，信，謂五。顒顒，君德，有威容貌。……孔子曰：禘自既灌，吾不欲觀之矣。巽為進退，容止可觀，進退可度，則下觀其德而順其化。上之三，五在坎中，故『有孚顒若，下觀而化』。《詩》曰：顒顒卬卬，如珪如璋。君德之義也。」〔註18〕（同前）觀天之運行，化育萬物，誠意精一，無有差忒；聖人體其神妙，設為政教，亦精誠專一，使天下人涵泳其德莫不心悅誠服，如風行地上，草木必偃，下民瞻仰從化矣！

故欲設教化民，在上者必先因順至神至妙之天道，使品德大中至正，儀容舉止得宜，行事進退可度，然後在下者自然能夠仰觀其德而順其教化，翟元說：「遇中處正，教化大行於天下也。」（注〈姤·象〉）又說：「天下有風，風無不周布，故君以施令告化四方之民矣。」（注〈姤·象〉）風行草偃必也至中至正方能無物不遇，不中必有偏，不正不能久，欲德化四方、光被四表，無不周布，須遇中處正方可。故知象數易學家雖借象衍義，然所推衍者莫非人事至誠之理，天地至和至順之道。

（三）天地養萬物，聖人養賢以及萬民

翟元說：「天地以元氣養萬物，聖人以正道養賢及萬民，此其聖也。」（注〈頤·象〉）天地以其自然資源生養萬物，萬物就能生生不息；聖人法天，當以正道養賢及天下之民，人民自然能安居樂業。而自然界中井水是人們賴以維生的重要物質，猶如德行是人得以生存的主要價值。井德養物無窮，人君

〔註18〕《詩經·大雅·卷阿》說：「顒顒卬卬，如圭如璋，令聞令望。豈弟君子，四方為綱。」此為虞翻所引之《詩》，用來讚美君子之德者。至於引用其他經典來詮解《周易》也是魏晉象數易學家解《易》的一大特色。另外干寶也常以此法注《周易》，可參見第三章第三節〈干寶留思京房之學，並彰顯人事論易的義理特質。〉

德惠施民，施政教利養天下，布恩惠澤及百姓，陸績說：「井以德立，君正民信，德以其道也。」（注〈井・象〉），姚信說：「井差而不窮，德居地也。」（注〈繫辭下傳〉），干寶說：「井以養生。政以養德。無覆水泉而不惠民。無蘊典禮而不興教。故曰『井收網幕』。網幕，則教信於民。民服教，則大化成也。」（注〈井・上六〉）井之水施之不竭，聖賢之德亦剛中明正，以仁義之道為天下之法則，興天下之典禮，濟眾化民，澤及萬物，如井之養生利民，故說：「井以養生。政以養德」。

井之德養而不窮必須有行潔賢明之士方可勝任，因為修潔其行者則有仁義之道可濟成天下，故干寶說：「夫井，德之地也。所以養民性命而清潔之主者也。自震化行，至於五世，改殷紂比屋之亂俗，而不易成湯昭假之法度也。故曰『改邑不改井』。……當殷之末，井道之窮，故曰『汔至』。周德雖興，未及革正，故曰『亦未繘井』。井泥為穢，百姓無聊，比者之間，交受塗炭，故曰『羸其瓶，凶』矣！」（注〈井・卦辭〉）井除了養生外，井尚有二德：一為守恆不渝，一為潔淨之意。干寶藉殷周之事說明井德之用，認為為君者實行政令必善始令終，不可隨意更改聖人之制，並要潔己修為，不使污穢，否則「井泥為穢，百姓無聊，比者之間，交受塗炭」，凶必至矣！井體不改如人之常德，始終不渝方能養物不窮；反之行恩施惠不能慎終如始，德行無恆則違背井德養物不竭之理，如此凶咎必至，故行常德者雖有損益但也須必終始如一。此外，井象徵洗濯之性、潔淨之貌，滌去穢濁，修治其井，如人改過不吝，日新其德，故陸績說：「井道以澄清見用為功也，井象德不可渝變也。」（注〈井〉）井既修滌則有淨水可以食用，德行修潔必有賢明之士可以修己治人，無偏曲之心則可斷制非妄，無貪濁之臣則可利民濟眾，如此化育天下，則萬民服而天地順。

（四）天之所助者順，人之所助者信

君子體得〈蹇〉卦之象，當知見險知止之道，所謂止者，反身修德之事也，陸績說：「水在山上，失流通之性，故曰蹇。水本應在山下，今在山上，終應反下，故曰反身。」（注〈蹇・象〉），又說：「水本應在山下，今在山上，終應反下，故曰反身。處難之世，不可以行，只可反自省察，修己德用，乃除難。」〔註19〕（同前）以水流之象來比喻反身之德也。虞翻也說：「君子謂觀。乾坤為身，觀上反三，故『反身』。陽在三，進德修業，故『以反身修德』。

〔註19〕陸績此兩段注文皆引自孔穎達《周易正義》，見《十三經注疏・周易正義》（王弼韓康伯注、孔穎達等正義）（台北：藝文印書館，1982年8月9版），頁92。

孔子曰：『德之不修，是吾憂也。』」（注〈蹇・象〉），在虞翻的卦變法中蹇卦
☲☷ 乃從觀卦 ☷☴ 上六爻反降三位、六三上升至上位而得，故他取「觀上反三」
的「反」象來表徵「反身」之義，以君子代表觀，並結合孔子之言來闡述行
有不得必反求己身的思想，〔註20〕孟子所說：「愛人不親，反其仁；治人不治，
反其智；禮人不答，反其敬。行有不得者，皆反求諸己。」（《孟子・離婁上》）。
此說與王、韓注《易》並無二致，王弼注說：「除難莫若反身修德」（《周易正
義》引），王肅也說：「守險以德，據險以時，成功大矣。」〔註21〕（注〈坎・
象〉），一個人遇艱困必自反身修德，方是處蹇之道。

　　然舉凡忠信謙順、寬仁禮敬者無不稱之爲德也。虞翻說：「震爲寬，仁爲
行，謂居寬行仁，德博而化也。」（注〈乾・文言〉）、「重言君德者，大人善
世不伐。信有君德，後天而奉天時。」（同前）又說：「乾稱君子。陽出成爲
上德，雲行雨施則成離，日新之謂上德。」（同前）、「謂乾也。右，助也。大
有通比，坤爲自，乾爲天，兌爲右，故『自天右之』。比坤爲順，乾爲信。天
之所助者順，人之所助者信。履信思順，又以尚賢，故『自天右之，吉無不
利』」（注大有・上九）以象比德是象數易學家論德之方，震爲寬、仁爲行、
善世不伐、履信思順等都是虞翻所謂的德，然虞氏更強調以陽爲德之說，虞
翻說：「坤爲柄。柄，本也。凡言德，皆陽爻也。」又說：「乾爲德，坤爲業，
以乾通坤，謂爲『進德修業』。」以乾爲德，以坤爲業；以陽爲德，以坤爲本，
這是受《周易》陽尊陰卑的思想影響所致。

　　雖然如此，立人之道仍是魏晉象數易學家關心之議題，陸績說：「天尊雷
卑，君子見卑乘尊，終必消除，故象以爲戒，非禮不履。」（注〈大壯・象〉）
君子見氣勢熾盛的大壯之象，則以此爲戒，因爲以卑乘尊，易生驕縱之情，

〔註20〕《論語・述而》說：「德之不修，學之不講，聞義不能徙，不善不能改，是吾
　　　　憂也。」虞翻舉《論語》之說以闡《易》，與前面注〈觀〉卦舉《詩經》之例
　　　　以詮《易》一樣，都是援引其他經典以疏解《易》義！爲了詮通〈蹇・象〉
　　　　文辭：「山上有水，蹇。君子以反身修德。」虞翻以卦變法解之，蹇卦是由觀
　　　　卦「上反三」而來，亦即觀卦上爻反至三位，三爻上升至上爻，三、上兩爻
　　　　易位即成蹇卦。以「上反三」作爲「反身」之比附，再詮解爲反身修德之義，
　　　　這是「援象闡義」之法。

〔註21〕王肅之注文並見孫堂《漢魏二十家易注》、張惠言《易義別錄》、馬國翰《玉
　　　　函山房輯佚書》、黃奭《黃氏逸書考》、《漢學堂經解》、黃師慶萱《魏晉南北
　　　　朝易學書考佚》、徐芹庭《魏晉七家易學之研究》、李振興《王肅之經學》等
　　　　諸本之輯錄與考證。

陸績乃以此誡人必恭謙和順，凡言行舉止，出處語默皆以禮爲準，故說「非禮不履」。干寶說：「柄，所以持物。謙，所以持禮者也。」（注〈繫辭下傳〉）又說：「百官總已，專斷萬機，雖情體信順，而貌近僭疑，周公其猶病諸。言必忠信，行必篤敬，然後可以取信於神明，無尤於四海也。」（注坤・六五）履之以禮，必須由內心之誠信做起，忠信之人，無一念不誠，無一行不實，故能取信於神明與百姓，翟元說：「居三修其教令，立其誠信，民敬而從之。」（注〈乾・文言〉）因此一個居上位者，必須時時以誠信自守方能民敬而從，干寶注〈乾〉四德時說：「夫純陽，天之精氣。四行，君之懿德。是故乾冠卦首，辭表篇目，明道義之門在於此矣，……四德者，文王所由興。四愆者，商紂所由亡。」元亨利貞冠於首卦並非表示只有乾卦才有此四德，〔註22〕而是干寶認爲此四德爲一切人事之總綱領，故置於乾卦而言之。元，始生也，首出庶物也，君子體仁，以愛民爲務必能正己化物；亨者，通也，通暢長養也，欲養生不窮必須順天之道，知時觀運，權通得宜，上下相通，暢順其情。利者，義也，利民不息也，乾道變化，天地氤氳，造化不息，萬物各得其所，各正性命，是謂利也；貞者，正也，合於事理、貞固不移也，凡事要能始終如一、安寧卓立，定要以正爲第一要義，故說利之道守於正固而已。君子行此四德則業興功成，亂此四德則事廢業敗，干寶因此稱〈乾〉爲「道義之門」。

（五）天行健，君子以自強不息

天地運行之勢，至強至健，無一日或怠，人道法之，亦當勤奮不倦，永不鬆懈，陸績說：「水再至而溢，通流不舍晝夜。重習相隨以爲常，有似於習，故君子象之。以常習教事，如水不息也。」（注〈坎・大象〉）水流而不止，故能成就大川之勢，君子若習而不止如水般流動不息，必能成就大德。干寶說：「言君子通之於賢也。凡勉強以進德，不必須在位也。故堯舜一日萬機，文王日昃不暇食，仲尼終夜不寢，顏子欲罷不能，自此以下，莫敢淫心舍力。

〔註22〕《仲氏易・卷三》說：「每疑易象元亨不止乾卦，凡坤而屯而隨而無妄臨革皆當以四德爲訓，而孔子贊易首重乾元，懼其與諸卦相埒，故自乾而外或易爲大亨以正，使德獨歸乾，以爲德之有四即四象八卦之所由始，故干寶曰猶春秋之備五始，是四德之訓，舊詞啓之，孔子又從而更定之，他卦可易，在乾則斷斷不可易者，乃必曰大亨而利於正，然則孔子非與！」元亨利貞不獨乾卦有之，置於乾卦者，乃六十四卦之首，由乾發之，散於其他諸卦則可約而論之。《中國古代易學叢書》第三十六卷（中國書店出版，1998 年 3 月第 1版）（無載出版地），頁 200。

故曰『自強不息』矣。」（注〈乾‧象〉）乾之用也，至健至固，自強不息，此天所以歷萬古而常存，水所以不舍晝夜，皆天體之常德也，君子法此自然之象，必乾乾惕厲，無時或息，如成湯之昧爽丕顯坐以待旦，文王日昃不暇食，仲尼、顏子之膏油繼晷、兀兀窮年。然人非生而自誠明者，常有五官之欲望、沉溺之習性，自非強健之志無以制之，故虞翻說：「君子謂三。乾健，故強。天一日一夜過周一度，故自強不息。老子曰：自勝者強。」（同前）君子日新其德，莊敬日強，需要自制其欲，以道克情，營修不已，至誠無息。人一旦牽習於欲，則有荒怠之情，故要自強不息者，宜先自勝。

　　從以上所論得知象數易學家解《周易》雖然並兼義理，仍然以象為第一位，把象數視為《周易》之根本，故闡述易道之時，往往取資於物象、事象，再從其中衍生出義理，虞翻說：「錯，置也。謂天、君、父、夫象尊，錯上。地、婦、臣、子禮卑，錯下。坤地道、妻道、臣道，故『禮義有所錯』者也。（注〈序卦傳〉「有上下，然後禮義有所錯」）」，以乾為君父之象，以坤為臣婦之象，表現出以象為主，闡理為次的注經特色。又干寶說：

> 坎為險，坤為順，兵革刑獄，所以險民也。毒民於險中，而得順道者，聖王之所難也。毒，荼，苦也。五刑之用，斬刺肌體，六軍之鋒，殘破城邑，皆所以荼毒奸凶之人，使服王法者也。故曰「以此毒天下，而民從之」。毒以治民，明不獲已而用之，故於彖象六爻，皆著戒懼之辭也。（注〈師‧彖〉）

〈師卦〉上坤下坎，在〈說卦傳〉中，坤為順，坎為險，聖人順天之道，為使奸凶之人服王法，就須以險道為之，亦即用兵革刑獄整飭之，這是〈師卦〉「行險以順」之義，干寶不直接訴之以義理，先取象數，再說出「毒民於險中，而得順道」的真正涵義，就是聖人順時、順勢之智，不可不善用之，藉此干寶更表達出「戒慎恐懼」的憂患意識。因此〈乾‧文言〉說：「先天而天弗違，後天而奉天時」，唐‧孔穎達注說：「『先天而天弗違』者，若在天時之先行事，天乃在後不違，是天合大人也。『後天而奉天時』者，若在天時之後行事，能奉順上天，是大人合天也。」〔註23〕人之睿智何能勝過天，但言「天合大人」，乃推天道而合人事也；至於奉順上天者，乃指人類與天合德而成就成社會之生存與發展。「天合大人」與「大人合天」都說明天人是合一不二的。

〔註23〕《十三經注疏‧周易正義》（王弼韓康伯注、孔穎達等正義）（台北：藝文印書館，1982 年 8 月 9 版），頁 17。

第二節　吉凶之辨

從天地自然的和諧而推至人事關係的和諧，這是《周易》天人合一的基礎，若人類價值生命與宇宙的秩序順應協和便是吉；反之，失去道德生命而與天道疏離乖逆者便是凶。天道與人德是相應的，六十四卦的卦義與人事之理以及天地萬物的秩序也是一致的，故〈泰・象〉說：「財成天地之道，輔相天地之宜」，人事當調諧節制以成就天地之道，參贊輔助天地化生之宜，如此陰陽交通和諧，天地剛柔交泰，自然通暢吉利；反之，天地不交，陰陽失序，情惡交攻，剛柔失節，惡則生矣！

一、吉凶之由

吉凶產生的原因最主要來自於乾坤陰陽之變化，剛柔摩蕩而產生情偽、善惡、利害、生殺等情形，虞翻說：「乾爲愛，坤爲惡。謂剛柔相摩，以愛攻惡，生吉；以惡攻愛，生凶，故『吉凶生』也。」（注〈繫辭下傳〉「是故愛惡相攻而吉凶生」）虞翻把「乾」視爲吉、爲愛、爲生、爲情、爲利，把「坤」視爲凶、爲惡、爲殺、爲偽、爲害，當乾坤相蕩、剛柔相摩之際，若以愛攻惡則爲吉，象徵君子得道，符合仁義之性，故爲吉；反之，以惡攻愛則爲凶，象徵小人道長，悖離坤合乾德之序，故爲凶。虞翻注解《周易》大多以此觀念來說明人事吉凶之道，如說：「物三稱群，坤方道靜，故以類聚。乾物運行，故以群分。乾生，故吉；坤殺，故凶，則吉凶生矣！」（注〈繫辭上傳〉「吉凶生矣」）、「行得，則乾報以吉。行失，則坤報以凶也。」（注〈繫辭下傳〉「因貳以濟民行」）、「居乾吉，則存，居坤凶，則亡。」（注〈繫辭下傳〉「噫！亦要存亡吉凶，則居可知矣。」）、「情，陽。偽，陰也。情感偽生利，偽感情生害。乾爲利，坤爲害。」（注〈繫辭下傳〉「情偽相感而利害生」）乾坤二德本是相反相成、相摩相利，彼此調節協順則吉，阻塞失位則凶，然虞翻以乾爲吉、爲得、爲情，以坤爲凶、爲失、爲偽，一方面是受到陽尊陰卑的觀念所影響，另一方面是爲了牽就經文所致。

雖然如此，虞翻也主張吉凶是由道德與時勢處位的因素所造成，他說：「得正言吉，失位言凶也。」（注〈繫辭上傳〉「吉凶者，言乎其失得也。」）吉凶真正的原因在於德與位，人的道德行爲與所處的時地事物等環境因素都是決定禍福的重要原因，故注〈比〉卦辭說：「得位，眾陰順從，比而輔之，故吉。」說明國君居其位能以剛中之德安撫萬民，在下者就能親進輔比之，故有吉象，

因此知「位」與「德」皆是吉凶之主因。干寶注〈比‧六二〉說:「二在坤中。坤,國之象也。得位應五,而體寬大,君樂民人自得之象也,故曰『比之自內,貞吉』矣。」指臣下盡其本分,忠其職責且柔順中正,寬容大度並相應在上者,因此上下呈現一片安樂吉祥之景象。反之失位或失德,必然導致凶險。

然而吉凶並非一成不變,爻象動乎內,吉凶就見乎外,人事處於瞬息萬變之中,自然會有進退、動靜、吉凶等變化,虞翻說:「動,謂爻也。爻者,效天下之動者也。爻象動內,吉凶見外。吉凶生而悔吝著,故生乎動也。」(注〈繫辭下傳〉「吉凶悔吝者,生乎動者也」)陸績說:「天道有晝夜、日月之變。……人道有行止、動靜、吉凶、善惡之變。」(注〈繫辭下傳〉「道有變動,故曰爻。」)剛柔兩相迭運乘承,在一進一退的推移變化當中就會產生陰陽相得或相攻之情,適得其時,動得其當,順合其位,則進退得宜、剛柔俱妙;若動之不以其時,變之不以其位,應之不以其德,則惡愛相攻悔吝生矣!故知陸績所謂「行止、動靜、吉凶、善惡」指的就是一個變化的規律,這就是吉凶不定的原因。因此掌握吉凶之道雖然要懂得會通變化,趨時合宜,然而最重要的仍是貞正的道德精神,故〈繫辭下傳〉說:「吉凶悔吝者,生乎動者也。……吉凶者,貞勝者也;……天下之動,貞夫一者也。」吉凶悔吝生乎動,人要趨吉避凶便要變化趨時,因時、因地、因人、因事、因物等之變化而處置得宜,然最重要的仍是道德精神,陸績注〈噬嗑‧九四〉說:「失位用刑,物亦不服。……噬胏雖復艱難,終得申其剛直。」不能順應時勢、舉措失當,失位用刑,人固不服,但若能以艱貞之德應之,仍可化險為夷,這說明吉凶是可以轉化的,而其主要的關鍵仍在於德行,故虞翻說:「之正則吉,故貞吉,無悔」(注〈未濟‧六五〉)。姚信也說:「以陽養陰,動於下,止於上,各得其正,則吉也。」(注〈頤‧象〉)一個人若能堅貞守正,臨危不亂,處變不驚,修身不懼,就能化凶為吉,轉危為安。

迺知貞正之德為「得吉」之第一要義,虞翻注〈大有‧上九〉說:「謂乾也。右,助也。大有通比,……。比坤為順,乾為信。天之所助者順,人之所助者信。履信思順,又以尚賢,故『自天祐之,吉無不利』。」大有乃至盛之象,若益發盛狀則驕而敗,虞翻以〈大有〉卦之乾象與旁通卦〈比〉卦之坤象來象徵順與信之義,說明貞吉者,唯有謙卑自牧,履信守順,重德敬賢,方能長保不衰,姚信注〈謙卦‧六二〉說:「三體震,為善鳴,二親承之,故

曰鳴謙。得正處中，故貞吉。」以謙德承上，居處中道，守持正固，自然吉無不利。故說人助而後天助，天道惡盈，順天之道，則履信思順，尊尚賢能，合乎天理，因此說「自天祐之，吉無不利」。反之，應之不以正道，其凶固矣！

得道者天助之，失德者自招禍，故知吉凶由人。象數易學家雖重視取象運數，然其兼重人事義理由此可知。

二、恐懼修省

《周易》見殷紂因逸樂肆志，致有傾覆之禍，故作危辭以惕厲天下之人，陸績說：「文王在紂世，有危亡之患，故於易辭多趨危亡。本自免濟，建成王業，故易爻辭危者使平，以象其事。」（注〈繫辭下傳〉「危者使平，易者使傾」）又說：「紂安其位，自謂平易，而反傾覆，故易爻辭『易者使傾』，以象其事。」（同前）一個人危懼能惕，知所戒慎，謹身修德，則危者反可平，如文王之德；若輕易慢忽，驕恣奢淫，不知節制則平者反傾覆也，如商紂之亡。故人宜謹慎戒懼，防微杜漸，如文王當休否之時，深明終始循環之理，故惕厲終日，如臨深淵，如履薄冰，不忘艱難困窘，未敢有慢易之心，如繫結於苞桑，堅固不拔，故能免咎而趨平，因此陸績又說：「自此以上，皆謂否陰滅陽之卦。五在否家，雖得中正，常自懼以危亡之事者也。」（注〈繫辭下傳〉「《易》曰：『其亡其亡，繫于苞桑。』」）處於否塞之時，君子道消，宜以「其亡其亡」自我戒慎，因恐危亡，故更加堅定貞正之德，故翟元說：「在安慮危，在存而不忘亡，在治而慮亂。」（注〈繫辭下傳〉「君子安而不忘危，存而不忘亡，治而不忘亂」）說的就是《周易》之憂患。

作易者之用心，在顯示「憂患意識」以戒人堅守正道，預防未來之事變，虞翻說：「神以知來，故明憂患。知以藏往，故知事故。作易者其有憂患乎？」（注〈繫辭下傳〉「又明於憂患與故」），又說：「乾稱易道，終日乾乾，故無咎。危者使平，易者使傾，惡盈福謙，故易之道者也。」（注〈繫辭下傳〉「易者使傾，其道甚大，百物不廢」）易之道，察鑑前事，可推知未來，君子當思患豫防之；且天地之理，盈則溢，謙則福，日中則昃，月盈則食，若以易心待之，則禍反生於所忽；故誡人要戒懼存心，憂慮深長，守持正固，以此終始，方能歸於無咎。干寶說：「言易道以戒懼為本，所謂懼以終始，歸無咎也。外為丈夫之從王事，則夕惕若厲。內謂婦人之居室，則無攸遂也。雖無師保切磋之訓，其心敬戒，常如父母之臨已者也。」（注〈繫辭下傳〉「無有師保，

如臨父母」）又說：「故君子以之憂深思遠，乾夕匪懈。仰憂嘉會之不序，俯懼義和之不逮。反復天道，謀始反終。故曰終日乾乾。」（注〈乾・九三〉）人宜自我警惕，視如父母之教誨，謹慎從事，恐懼修省，戰戰兢兢，猶乾德惕若，夙夜匪懈，故說「易道以戒懼為本」，凡此皆顯《周易》憂患之精神。

三、知幾待時

欲使人知所警惕而不蹈凶險，知幾為吉凶之先兆，干寶注〈坤・初六〉說：「陰氣始動乎三泉之下，言陰氣之動矣。則必至於履霜，履霜則必至於堅冰，言有漸也。……防禍之原，欲其先幾，故陰在三泉，而顯以履霜也。」陰氣始凝，積累為霜，至堅冰也；喻陰道始萌，漸漸積著，乃成堅冰；象徵惡始於小，漸累為大，實由乎不早辯之失，故人事不可不在吉凶之先幾就防微慮漸，制其節度，慎其端始，這說明知幾之重要。因為稍有延遲，失其一幾，不知防漸，則會導致大禍，虞翻說：「剛爻為朝，柔爻為夕；乾為寒，坤為暑，相推而成歲焉。故非一朝一夕，所由來漸矣。」（注〈坤・文言〉）天地寒暑由漸而成，吉凶之由亦由漸而來，如弒君弒父非一夕卒起，禍患之來，積漸久遠，由辯之不早辯也，因此萬事萬物之起皆由小至於大，從微至於著，故不可不慎其一幾。

幾微者，吉之先見者也，虞翻說：「祥，幾祥也，吉之先見者也。」（注〈繫辭下傳〉「是故變化云為，吉事有祥」）又說：「陽見初成震，故動之微。復初元吉，吉之先見者也。」（注〈繫辭下傳〉「幾者，動之微，吉之先見者」）所謂幾者，天理之萌動，其動至微，兆而未著。凡人處事接物，其幾必有先動者，苟順其幾，本無不吉，故說「吉之先見者」，唯人心時有所蔽，溺於物欲不及察，不能見微知幾，乃至禍端生矣，干寶說：「言君子苟達於此，則萬夫之望矣。周公聞齊魯之政，知後世強弱之勢；辛有見被髮而祭，則知為戎狄之居。凡若此類，可謂知幾也。皆稱君子。君子則以得幾，不必聖者也。」（注〈繫辭下傳〉「萬夫之望」）周公以「尊尊親親」治國，太公見其後必弱矣，然太公以「舉賢上功」治國，周公料其後必有劫殺之君；又辛有到伊川見有被髮而祭於野者，預料不及百年禮將亡、將為戎矣！〔註24〕這說明德慧清明之君子，燭照義理之精微，在事情未顯著之前就能洞見吉凶之兆，干寶

〔註24〕周公與太公望之事載於《呂氏春秋・長見篇》及《淮南子・齊俗篇》及《史記・周公世家》。而辛有之事則見載於《左傳・僖公二十二年》。

認為能朗鑒幽隱纖微之人便已是萬夫之望，不必聖人。君子存察之密，於理未著之前，洞澈幾微，見幾而作，順理而動，如此豫前知幾，便可向吉而背凶。〈繫辭下傳〉：「幾者，動之微，吉之先見者也。君子見幾而作，不俟終日。《易》曰：『介於石，不終日，貞吉。』介如石焉，寧用終日，斷可識矣！君子知微知彰，知柔知剛，萬夫之望。」姚信說：「此謂豫卦也。」（注〈繫辭下傳〉「君子知微知彰」），〈豫・六二〉說：「介於石，不終日，貞吉。」豫卦之德，順天理之動而無少差過，履中得位，安於中正，修善去惡，謹於幾微，慎於初始，守志不移，時時刻刻如石之耿介，於妄動未萌之前，便已杜絕欲念，有宴安豫樂之情則甚速去之、不俟終日，如此動與吉合，可說是知幾之君子。

四、補過無咎

聖人繼性成善，於念慮未動之際即純乎至善，與道同體，故無有不善。知幾之君子有不善未嘗不知，知之未嘗不改。賢人之心，則修其本善，以全復性之功，虞翻說：「幾者，神妙也。顏子知微，故殆庶幾。孔子曰：回也其庶幾乎。」（注〈繫辭下傳〉「顏氏之子」）、又說「謂顏回不遷怒，不貳過。克己復禮，天下歸仁」（注〈繫辭下傳〉「知之未嘗復行」），又說：「有不善未嘗不知，故自知也。」（注〈繫辭下傳〉「復以自知」）虞翻再三說明顏回庶幾之功，認為不遷怒、不貳過、克己復禮都是見微知著的道德工夫，當念慮發動，稍有間雜不善，即能察而改之，不待迷而後覺。

君子在「幾」、「介」之處用功，一旦有悔，良心省察之念起，動其補過之心，而後可以無咎，〈繫辭上傳〉說：「震無咎者，存乎悔」，虞翻注說：「震，動也。有不善，未嘗不知之。知之，未嘗復行。無咎者，善補過。故存乎悔也。」又說：「失位為咎，悔變而之正，故善補過。孔子曰：退思補過者也。」〔註25〕（注〈繫辭上傳〉「無咎者，善補過也」）悔是補過之源，震是修身之要，悔之，一念震動，則能自我反省、自我警惕，如此恐懼修省，反身修德，故能轉禍為福，轉危為安。干寶注〈乾・九三〉說：「凡無咎者，憂中之喜，

〔註25〕 此例也是虞翻援引其他經典以解《周易》經文者。虞翻說「孔子曰：退思補過者」，殆指《論語・為政》：「吾與回言終日，不違如愚。退而省其私，亦足以發。回也不愚。」因為《周易》一再讚揚顏子不貳過。又《論語・學而》：「君子不重則不威……過則勿憚改。」改過即補過，是以虞翻有「孔子曰：退思補過者」。

善補過者也。」憂患戒愼，敬修柔德，韜光養晦，以懷多福，故能無咎。因此欲處吉而不至於咎者，必憂患存心，遷善改過，敬愼不怠，如此便可遠害而無咎矣！

　　義理易學家對於吉凶之論述有幾點與象數學家是一致的：如（一）從應、據、承、乘的角度來看陰陽是否相應相生？當位或不當位？順或逆？然後判之以吉凶。〔註 26〕（二）從變化的角度來看吉凶。〔註 27〕（三）從乾乾惕厲的憂患意識論吉凶。（四）以德行爲吉凶的趨避之方。然而義理易學家卻極力擺脫象數學家以互體、動變之正、取象等易例說吉凶，他們認爲吉凶之情除

〔註26〕王弼注〈革・六二〉說：「二與五……陰陽相應，往必合志，不憂咎也，是以征吉而無咎」，此陰陽相應得吉。注〈頤・六四〉說：「履得其位，而應于初，以上養下，得頤之義。故曰顚頤吉。」此六四爻當位且應於初，故吉。又注〈萃六二・小象〉說：「居萃之時，體柔當位。處坤之中，已獨履正。與眾相殊，異操而聚。民之多僻，獨正者危。未能變體，以遠於害，故必待五引，然後乃吉而無咎。」此從位之當否言吉凶。注〈巽・六四〉說：「得位承五而依尊履正。以斯行命，必能獲強暴，遠不仁者也。獲而有益，莫若三品，故曰有功也。」又注〈大有・上九〉說：「餘爻皆乘剛，已獨乘柔順也。五爲信德，而已履焉，履信者也。居豐富之代，物不累心，高尚其志，尚賢者也。爻有三德，盡夫助道，故〈繫辭〉具焉也。」此以乘承論吉凶。王弼在《周易略例・明卦適變通爻》說：「故觀變動者，存乎應；察安危者，存乎位，辯逆順者，存乎承乘；明出處者，存乎外內。遠近終始，各存其會；辟險尚遠，趣時貴近。比復好先，乾壯惡首；明夷務闇，豐尚光大。吉凶有時，不可犯也；動靜有適，不可過也。」其實這些體例也是象數學家判斷吉凶之要素，如虞翻注〈師・六三〉說：「坤爲屍，坎爲車多眚。同人離爲戈兵，爲折首：失位乘剛無應，屍在車上，故輿屍，凶矣。」虞翻注〈繫辭上傳〉說：「得正言吉，失位言凶也。」（注「吉凶者，言乎其失得也」）；注〈蒙・六五〉爻說「艮爲童蒙，處貴承上，有應於二，動而成巽，故吉也。」注〈蒙・六三〉說：「謂三誠上也。金夫謂二。初發成兌，故三稱女。兌爲見。陽稱金。震爲夫。三逆乘二陽，所行不順，爲二所淫。上來之三，陟陰。故曰勿用娶女，見金夫矣。坤身稱躬，三爲二所乘，兌澤動下，不得之應，故不有躬。失位多凶，故無攸利也。」干寶注〈震・六二〉說：「六二木爻，震之身也。得位無應，而以乘剛爲危。此托文王積德累功，以被囚爲禍也。故曰震來厲。」從承乘據應當位與否論吉凶是象數易學家與義理易學家共同的特點。從觀察事物的變動當中，視其應與不應，應則吉，不應則凶；從處境的安危視其當位不當位，當位則吉，失位則凶；再從陰陽剛柔之順逆判吉凶，剛乘柔爲順、爲吉，柔乘剛爲逆、爲凶。當然，也有不符合承乘據應當位與否仍爲無咎者，以德故也。

〔註27〕王弼說：「是故用無常道，事無軌度，動靜屈伸，唯變所適。故名其卦則吉凶從其類；存其時，則動靜應其用。尋名以觀其吉凶，舉時以觀其動靜。」（《周易略例・明卦適變通爻》），見樓宇烈校釋《王弼集校釋》（台北：華正書局，1992 年 12 月初版），頁 604。

了因時、因位、因勢而變外，對情性道德的依違才是決定吉凶的重要因素。如王弼、韓康伯、阮籍都有詳盡的吉凶之論。〔註28〕

　　象數學家論吉凶之情基本上與義理易學家並無太大的差別，然而以象數爲主體，仍是詮解《周易》最重要的方式，故有虞翻所謂「陽象動內，則吉見外，陰爻動內，則凶見外也。」（注〈繫辭下傳〉「爻象動乎內，吉凶見乎外」）的說法產生。

第三節　權變合道

　　天地萬物無不在變化當中，聖人相應天地的變化也要隨之權變，陸績說：「天有晝夜四時變化之道，聖人設三百八十四爻以效之矣。」（注〈繫辭上傳〉說「天地變化，聖人效之」）宇宙萬物皆處於運動變化過程中，聖人順應天地之變也要因應改革，這個變通思想便是《周易》吉凶憂患之原由，因爲一旦闇於變易之理，不能與之偕行或行權通變，將至否塞不通而悔凶至矣，故〈繫辭下傳〉說：「《易》之爲書也不可遠，爲道也屢遷。變動不居，周流六虛，上下無常，剛柔相易，不可爲典要，唯變所適。其出入以度，外內使知懼。又明於憂患與故，無有師保，如臨父母。」憂患之因即在此變化不定當中，由好變壞則凶，由凶變好則吉，吉凶之情在變通之道，因此「明於憂患與故」則須「唯變所適」，陸績說：「庖犧作網罟，教民取禽獸，以充民食。民眾獸少，其道窮，則神農教播殖以變之。此窮變之大要也。窮則變，變則通，與天終始，故可久。民得其用，故無所不利也。」（注〈繫辭下傳〉「《易》窮則

〔註28〕阮籍以「定性制情」之法來避凶趨吉。〈通易論〉說：「卦居方以正性，著龜圓通以索情。情性交而利害出，故立仁義以定性，取著龜以制情。仁義有偶而禍福分，是故聖人以建天下之位，定尊卑之制，序陰陽之適，別剛柔之節。順之者存，逆之者亡，得之者身安，失之者身危。故犯之以別求者，雖吉必凶；知之以守篤者，雖窮必通。」吉凶利害是出自於情性之交，所以就不可不對性與情作一貞定的工夫，著未撰之前圓通無窮，蘊藏一切變化，神妙莫測；撰著之後生乎所值之卦，卦之德燦然備陳，方正不移。因此阮籍主張以卦之德立人之道、正人之性，以著之神斷人之疑、制人之情，〈繫辭上傳〉說：「著之德圓而神，卦之德方以知」，〈說卦傳〉說：「立人之道，曰仁與義。」陰陽剛柔是天之道，仁義尊卑是人之道，聖人心中之易如神明之圓通不滯，推天道以成人事，啓天下人之蒙昧，以卦德正人之性，以著神導人之情，使尊卑之制無悖陰陽之性、剛柔之情，適得其時，各得其所，情性俱宜，如此依順天地之理自然吉而無凶。阮籍〈通易論〉，收錄在《漢魏六朝百三名家集》（第二冊）（江蘇廣陵古籍），1990年3月第一次印刷，以上所引諸段見頁203～207。

變，變則通，通則久」）當時機處於窮厄之時，則須變通以求解困，不變則窮，故聖人因時而變，因勢利導，隨時運轉，隨勢通達，如此窮途可解，閉塞可通，合乎天地窮變通久之道，故說自天佑之，無所不利。因此，從憂患意識出發，必然懼以終始，隨時注意時勢之變化而有所改革因應，〈乾·文言〉說：「終日乾乾，與時偕行，或躍在淵，乾道乃革。」權變得宜，則可通達事理；不得其正，則反至凶險，故君子終日乾乾，審時度勢，因勢利導，變通趣時，順天應人，皆謹乎革新之道！

一、通權達變、巽以行權

〈繫辭上傳〉說：「變化者，進退之象也；剛柔者，晝夜之象也。六爻之動，三極之道也。是故君子所居而安者，《易》之序也。」又說：「一闔一闢謂之變，往來不窮謂之通。」（同前），人類社會與天道一樣，一闔一闢、一進一退、一剛一柔，人們要安頓自己的生命就必須思索天道之秩序，以便能順應自然的變化規律而隨時變通改革，虞翻說：「六爻之動，三極之道，故定天下吉凶之象也。非天下之至變，其孰能與於此。」（注〈繫辭上傳〉「極其數，遂定天下之象」）從天地之消長變化得知一切之事物皆由陰陽二氣之相因相盪而來，吉與凶、福與禍、得與喪並非一成不變，因此想要常保通泰就必須「唯變所適」，事物無法通暢就要有所變革，唯有變革，才能推動人類社會之發展。虞翻又說：「四時位正，故四時不忒。通變之謂事，蓋此之類。」（注〈豫·象〉）天地無一息之間斷，萬事萬物亦無一刻之不變，人應如天地四時一般，順應事物發展之規律，建立各種合乎時宜之制，此謂之事業，故〈繫辭上傳〉說：「富有之謂大業，日新之謂盛德，……通變之謂事」，窮通天地人三道，通古今之變，故而能使天地萬物生生不息，故謂之「大業」、「盛德」。

事物變化的規律與天地運行同一理序，干寶說：「凡國於天地有興亡焉」（注〈豐·上六〉），又說：「明道非常道，事非常事也。化而裁之存乎變，是以終之以決。言能決斷其中，唯陽德之主也。故曰：易窮則變，通則久。」（注〈雜卦傳〉「夬，決也，剛決柔也」）從天道到人類社會都不離開變化之規律，干寶特別重視變易之思，並援歷史事件予以說明，他說：「革天地，成四時，誅二叔，除民害，天下定，武功成，故大矣哉！」（注〈革·象〉），又說：「改殷紂比屋之亂俗，而不易成湯昭假之法度也。故曰改邑不改井。二代之制，各因時宜，損益雖異，括囊則同。」（注〈井〉卦辭）隨著時移勢變，事物就必須要有所改

革，如周公誅二叔，周朝取代殷商改其亂俗卻不改成湯之法，這些都是人道變易之結果，因為變革，故能推動歷史往前邁進，然而改革並非一味革新，有因循、有變革，全視當時之實際狀況而加以變通，只要有利於社會整體之發展，雖違經反常，亦可行權宜之變，干寶說：「固有如桓文之徒，罪近篡弒，功實濟世。六三失位，而體奸邪。處震之動，懷巽之權，是矯命之士。爭奪之臣，桓文之爻也。故曰益之用凶事。」（注〈益六三・小象〉）桓文立位有爭奪之情及篡奪之嫌，然處震之世，有權變之用，雖奪得其位，卻能保社稷，愛撫人民，成濟世之功，故說「處震之動，懷巽之權。」〈繫辭下傳〉說：「巽以行權」，在非常之時機，有非常之權變，為了更好的發展，不得已而為之，干寶注〈乾・九四〉說：「或之者，疑之也。此武王舉兵孟津，觀釁而退之爻也。守柔順，則逆天人之應；通權道，則違經常之教。故聖人不得已而為之，故其辭疑矣。」李道平在《周易集解纂疏》說：「守柔順，則逆天人之應，故欲退不能；通權道，則違經常之教，故欲進不可。進退兩難，不得已而為奉天伐暴之舉，故疑而不果。」〔註29〕舉周武王在孟津退兵之例以說明權宜之變。人臣本應謹守柔順之道，然紂王昏淫有違天理，若不討伐，則不足以順天應人；若順天應民以伐紂，又違背君臣之禮，經綸之教。故知武王伐紂乃不得已也，因此有或之猶疑之辭。然審視形勢，伐紂利益全民，符合上天愛民之旨，故權宜從事。又當周文王為商紂所囚時，干寶也主張不必遵守君臣之義，可以權智相救，這些都是干寶反經用權的變易之思，他注〈蹇九五・小象〉說：「在險之中，而當王位，故曰：大蹇。此蓋以托文王為紂所囚也。承上據四應二，眾陰並至。此蓋以托四臣能以權智相救也。故曰以中節也。」以歷史事件來肯定《周易》變易之思是干寶史觀的重要特色之一。

　　然而反經用權是否要回歸於道？干寶的變易思想提出肯定的答案，他在注〈坤上六・小象〉說：「天道窮，至於陰陽和薄也。君德窮，至於攻戰受誅也。柔順窮，至於用權變矣。」天道、君德、柔順至窮則變，〈繫辭下傳〉說：「窮則變，變則通，通則久」，窮盡之時必然要應之以「權變」，然不管如何權變都必須貞正《易》道，若是變之不以其道，干寶亦非之矣，如坤卦說：「用六，利永貞。」干寶注說：「陰體其順，臣守其柔。所以秉義之和，履貞之幹。唯有推變，終歸於正。是周公始於負扆南面，以光王道，卒於復子明辟，以

〔註29〕李道平此疏乃針對干寶之注而發。見李道平在《周易集解纂疏・卷一》（北京：中華書局，2006 年 2 月第 4 次印刷），頁 32～33。

終臣節，故曰利永貞也。」雖然推變，仍然歸於正道，故周公居攝，負扆南面而朝諸侯，目的爲了光大王道；並且制禮作樂，復子明辟，以誠其信。故知所謂推變乃審於情勢的權宜之法，最終仍以道德爲依歸，而非隨意變通，故又說：「君子之行，動靜可觀，進退可度，動以成德，無所苟行也。」（注〈乾・文言〉）通達事理，掌握時機，適時改革，凡此權宜之變皆須以道德爲準則，故說：「動以成德，無所苟行」。

二、吉凶適變、與時偕行

「時」與「變」之間關係爲何？簡而言之，時間的運轉就是一種變易的體現，才說此秒，此秒已然成爲過去，無一刻靜止，孔子所謂「逝者如斯夫！不舍晝夜」（《論語・子罕》）時間流轉不息，變易則與時隨行，「時」與「變」二者相因相成，意謂宇宙萬物會隨著時序而變化，變化也總在「時」的流轉中呈現，二者表現在天象則爲消息、盈虧，表現在人類社會則爲得失、吉凶，因此陸績注〈乾卦〉之「六位時成」說：「十二時分六位，升降以時，消息吉凶。」〔註30〕因時機、時序、時勢改變，吉凶之情也隨之而變，《京氏易傳・噬嗑》說：「吉凶適變，隨時見也」，得其時則順，失其時則逆，人們體會四時變更、消息盈虛之理，當知通變隨時，與時消息，虞翻說：「謂天施地生，其益無方。凡益之道，與時偕行」（注〈繫辭下傳〉：「益長裕而不設」），配合天地消息盈虛之理，人們當進退隨時，俟時而動也。

「與時消息」是因應《周易》變易思想最重要的主張，因此不管是義理派、象數派或術數派皆表達「與時偕行」的觀念。義理派的王弼在《周易略例・明卦適變通爻》說：

> 卦者，時也。爻者，適時之變者也。夫時有否泰，故用有行藏；卦有小大，故辭有險易。一時之制，可反而用也；一時之吉，可反而凶也。故卦以反對，而爻亦皆變。是故用無常道，事無軌度，動靜屈伸，唯變所適。故名其卦，則吉凶從其類；存其時，則動靜應其

〔註30〕京房詮解「六位時成」說：「降五行，頒六位」，而陸績注《京氏易傳》則說：「十二時分六位，升降以時，消息吉凶。」強調爻位升降變化的觀點，說明人事吉凶則存乎爻象消息的變化動盪之中，與其一向主張的動爻論是一致的說法。見陸績《京氏易傳注》，見嚴靈峯編輯無求備齋《易經集成》第 177 冊，（台北：成文出版社，1976 年臺 1 版）（無月份），頁 4。以下凡引陸績《京氏易傳》皆同此本，故不再作註。

用。尋名以觀其吉凶，舉時以觀其動靜，則一體之變，由斯見矣。

〔註31〕

時之變化有屯有夷、有凶有吉，人觀時之變當知時之用，該行該藏、宜顯宜隱都應適時偕動；出處存亡，皆應與道配合。天道盈虛條理而不紊亂，故四時變化而能久成，然人事亦有吉凶悔吝之情，故應配合時勢、時序、時機之變化而進退得宜，動靜有度，方能持盈保泰。

象數派也從天地盈虛之象推出與時偕行之理，干寶說：「觀運知時，所以順天；氣用隨宜，所以利民。」（注〈乾卦・文言〉）天地萬物與社會人生之周流不息、變動不居，都離不開時之因素，故〈繫辭下傳〉說：「變通者，趣時者也。」能趣時變通，就可掌握進退之幾而予以合宜應變。陸績說：「時通則道亨合正匹也。」（注〈屯〉，《京氏易傳注》），蜀才則說：「剛自上來居初，柔自初而升上，則內動而外說，是動而說隨也。相隨而大亨無咎。得於時也。得時，則天下隨之矣。故曰隨之時義大矣哉。」（注〈隨・彖〉）君子得時，知進退存亡之道，故能通變隨時以順其吉凶，虞翻說：「鬼神與人，亦隨進消息。謂人謀鬼謀，百姓與能，與時消息。」（注〈豐・彖〉）、「體兩離象，照天下也。日中則昃，月盈則食，天地盈虛，與時消息。」（注〈豐・卦辭〉）、「乾為君子，乾息為盈，坤消為虛，故君子尚消息盈虛，天行也。」（注〈剝・彖〉）四時變化不斷天地才能恆久不已，君子尚消息盈虛知隨時順勢才能存身遠害，故君子有俟時之智，時在屯難則艱辛以對，處在遯世則隨時隱退，陸績說：「謂陽氣退，陰氣將害，隨時遯避，其義大矣！」注（〈遯・彖〉）與時偕行即隨應時勢，有所進退，因時應變，有所為而有所不為，處危難之世則宜因時順勢，處遯以應之，翟元也說：「晦者，冥也。雷者，陽氣，春夏用事。今在澤中，秋冬時也。故君子象之。日出視事，其將晦冥，退入宴寢而休息也。」（注〈隨・彖〉）變存乎時，日將出而作，將冥而息，此宇宙自然之理，人事順應天行，及時合德，與時進退，方能無咎。姚信說：「時在屯難，是天地經綸之日，故君子法之，須經綸艱難也。」（注〈屯・彖〉）智者善趣時之行，處冥昧未見、屯遭險阻之時，必須與之偕應，姚信以為處屯難之時則宜同乎險難，務時經綸，以艱苦卓絕之毅力應變之，先艱後通，乃因時立德之功也。

〔註31〕引自王弼《周易略例・明卦適變通爻》，見樓宇烈校釋《王弼集校釋》（台北：華正書局，1992 年 12 月初版），頁 604。

術數派的管輅更是以高深道行展現審時度勢、趨吉避凶的智慧，〈管輅別傳〉說：

> 輅處魏、晉之際，藏智以朴，卷舒有時，妙不見求，愚不見遺，可謂知幾相遯也。〔註32〕

知幾乃於初始階段便得見吉凶之端倪，管輅可謂得「神明之德」者。郭璞擅長於術數、納甲諸法之運用，推測疾病禍福，占斷墓中之事、生死之期以及判斷堪輿墓地等，無不從占筮的干支日月、時日候辰當中曉悟吉凶悔吝之機，感通「時變」之妙，以便因時順應，趨吉避凶。象數學家不管在易例的運用或者致力於《周易》之注解，無不表現「隨時」之大義。

魏晉象數易學家在注解《周易》時往往強調「時行」與人事趨避、功業通變的密切關係，干寶說：「藏器於身，貴其俟時，故陽有潛龍，戒以勿用。防禍之原。欲其先幾」（注〈坤・初六〉），先幾為時之始，是福禍之源，處於潛藏幽隱之時則宜韜光養晦，此俟時之智也。干寶又說：「天地將閉，賢人必隱，懷智苟容，以觀時釁，此蓋甯戚、蘧瑗與時卷舒之交也。」（注〈坤・六四〉）人類歷史離不開時變之更迭當中，應變隨時，故有甯戚、蘧瑗與時卷舒之事，此「時行」之功也。

把「與時偕行」運用在人事功業上也是此時期象數易學家注《易》的要點，虞翻說：「事謂變通趨時。以盡利天下之民，謂之事業也。」（注〈繫辭上傳〉「通變之謂事」）陸績說：「變通盡利，觀象制器，舉而措之於天下，民咸用之以為事業。」（注〈繫辭上傳〉「舉而錯之天下之民謂之事業」）天理人事本不相離，皆融攝在窮通變化、生生不息的易道當中，然而將無方無體、無形無色的天道運用在有形有體的人事舉措及禮樂刑政上，則往往有各種變因，若能以神明之德舉而措天下之民，使民不知所以裁變之道卻能與之通變，因時推行，相生相養，運用無窮，此謂之大事業，故干寶說：「易窮則變，通則久。總而觀之，伏羲、黃帝，皆繫世象賢，欲使天下世有常君也。而堯、舜禪代，非黃農之化，朱均頑也。湯武逆取，非唐虞之跡，桀、紂之不君也。伊尹廢立，非從順之節，使太甲思愆也。周公攝政，非湯武之典，成王幼年也。凡此皆聖賢所遭遇異時者也。」（注〈雜卦傳〉「夬，決也，…小人道消也」）堯、舜禪代，湯武逆取，伊尹廢立，周公攝政這些事蹟與常君之說相悖，

〔註32〕見盧弼《三國志集解》（台北：漢京文化事業有限公司，2004 年 3 月初版），頁 702。

說明人事是遷流不息、變動不居，離不開時變之規律，聖賢揆變通之理歸諸於事業，則有種種裁化與變革，乃因遭遇時異所致耳！

故知君子順天應人，掌握時機，審時度勢，因勢利導，動靜不失其道，方能使事物得其理序，生民得其居所，各得其位，各安其分，推吉凶於陰陽，定運數於歲時，尚消息盈虛，知進退存亡，然後趨避以德也。

三、蓍卦之德、至神至變

造化之功本在天地之道，達外見用則顯發於萬事萬物之上，於是就產生了吉凶悔吝之情。有吉凶就有趨避，欲趨避就須因卦之變而通乎事之變，不可局於一方、囿於一體，因爲有方有體則囿於形迹，爲形器所限，而無法範圍天地、曲成萬物，所以要盡天下之至變就必須要有圓活不滯的神道，那麼神者爲何？

通變者至神，神爲何物？虞翻曰：「顯道神德行，乾二五之坤，成離日坎月，日月在天，運行照物，故顯道神德行。默而成，不言而信，存於德行者也。」（注〈繫辭上傳〉「顯道神德行」）道不與聖人同憂，在陰陽不測的變化之中無心而成化，聖人有憂則冥會萬化之感而莫知爲之者，酬酢曲盡、默應天機而不知其所以然，故能順變而動，動必合道，不言而信，默而成，此至妙至精至變之德，可稱之爲神也。虞翻以不疾而速，不行而至來說明神之所爲，他說：「務，事也。謂《易》研幾開物，故成天下之務，謂卦者也。唯神也，故不疾而速，不行而至。」（注〈繫辭上傳〉「唯幾也，故能成天下之務」）說明日月天象之所爲，有自然而然，不行而至之妙，將天道、天理應用在可見之人事器用上，則可化成天下之務，故聖人在人事器物上顯天地變化之理，使百姓日用處於推衍變化之中而人莫之見，如神一般，至精至妙，故說：「不疾而速，不行而至」。陸績也說：「聖人制器以周民用，用之不遺，故曰利用出入也。民皆用之，而不知所由來，故謂之神也。」（注〈繫辭上傳〉「利用出入、民咸用之謂之神」）聖人效法天地之道，思變通之宜，裁化制用種種禮政法度，修明立教，使民用之而不知其所以然，此稱之爲神也。故知神者，其特性必包含一陰一陽變化之規律與法則，其作用必在「聖而不可知」的情況下完成萬物化育之妙，顯「不見其事而見其功之妙」。〔註33〕

〔註33〕《孟子‧盡心下》說：「聖而不可知之謂神」。《荀子‧天論》說：「不見其事而見其功，夫是之謂神。」

　　然而此奧妙之神又是如何化用的呢？神乃用著也，藏變化之妙。而著又何從而生乎？虞翻曰：「深謂幽贊神明。無有遠近幽深，遂知來物，故通天下之志，謂著也。」聖人用著立卦，隨感而應，凡所有吉凶得失之理與盈虛消長之數皆昭顯無遺，爲何能如此呢？以其有神智也，因爲其德圓通不滯又神妙莫測，故能因時變通、隨時化裁而通志成務，虞翻又說：「凡應九筮之法，則筮之，謂問於著龜，以言其吉凶。爻象動內，吉凶見外。著德圓神，卦德方智。故史擬神智以斷吉凶也。」（注〈繫辭上傳〉「是以君子將有爲也」）神者，易之靈德，易之靈來自於聖人之心，聖人以其心之神明冥合天地萬物之神明，故能明天道，洞吉凶之原，通造化之理並與之酬酢而應變無窮，此著之所由生也。陸績說：「神物，著也。聖人興著以別吉凶，先民而用之，民皆從焉，故曰以前民用也。」（注〈繫辭上傳〉「是興神物以前民用」）聖人神知能審盈虛吉凶之情，因此制定揲著求卦之法以通天下之志，斷天下之疑，行濟萬民而前民用，故能吉凶與民同患。虞翻也說：「聖人謂庖犧。以著神知來，故以先心。陽動入巽，巽爲退伏，坤爲閉戶，故藏密。謂齊於巽以神明其德。陽吉陰凶，坤爲民，故吉凶與民同患。謂作易者有憂患也。」（注〈繫辭上傳〉「吉凶與民同患」）虞翻藉象闡述義理，先心即是洗心，就是齋戒純一的工夫；巽與坤則代表藏密，就是聚精會神，退藏於密的修練；聖人澄澈思慮，履權達變不失其道，從而生著立卦，自可知來而藏往，因此洗心之功成爲著神重要的道德修養理論，所以陸績也說：「聖人以著能逆知吉凶，除害就利，清潔其身，故曰以此齋戒也。吉而後行，舉不違失其德，富盛見稱神明，故曰神明其德也。」（注〈繫辭上傳〉「聖人以此齋戒，以神明其德夫」）著之所以神者，在於神明之德。人但恐心之蔽塞而昏昧不知，無法清明，故無法察知吉凶之原。聖人齋戒洗心，清潔其身，靈明昭然，故有吉凶之睿照，知善知惡之先見，正因爲聖人之心即爲天地萬物之心，所以其心與天不隔，與物無間，自能斷天下之疑，定天下之業，干寶說：「言伏羲用明於昧冥之中，以求萬物之性，爾乃得自然之神物，能通天下之精，而管御百靈者。始爲天下生用著之法者也。」（注〈說卦傳〉「幽贊於神明而生著」）以著神之德通乎天地萬物之性，所以能知來藏往，此聖人之妙智，用著德不用刑殺，自可威服萬民，管御百靈。然而著草本是枯草之莖，並無神性可言，今稱之爲神，其實是藉聖人靈明之德極深研幾，決其疑而後成其爲神者，所以說神物興於聖人而生於天地，是假借此物以詔百姓，使先事而知吉凶，這是作易者的憂患所在，所以著卦之妙，不在於卜，在於聖人之心、聖人之德，寄妙天

地之心，其德圓神不測，其妙屢遷不居，不被一切理數所拘，不被一切形器所限，流行旋轉，動用無窮，無一毫凝滯，經權達變，不膠於一方，故能與時偕行，與道合德，至神，至變，至精，至妙，故使天地人三才都能在《易》中交通流行矣！

　　綜上所述，聖人通變得當與否，都影響著吉凶之情，關乎著民生利用。故要與天地同趨消息，恆久不息者，必須靈活變化，不可固執一法，干寶說：「否泰盈虛者，神也。變而周流者，易也。言神之鼓萬物無常方，易之應變化無定體也。」（注〈繫辭上傳〉「故神無方而《易》無體」）天地之道動極復靜，靜極復動，不違變化之理，人事之道亦復如斯。義理易學家同樣也主張反經合道而後可行權，如韓康伯說：「權，反經而合道，必合乎巽順，而後可以行權也。（注〈繫辭下傳〉「巽以行權」）一切通變皆以道為權衡之法度，權變之時仍不可違理悖道，故說反經合道而後可行權。阮籍也認為政教之設立，必須洞審其中之原委，因時、因位、因人、因勢、因事等而，所謂「反用應時，改用當務」，順應道的自然法則就可惠生萬物，故說：「易之為書也，覆燾天地之道，囊括萬物之情，道至而反，事極而改。反用應時，改用當務。應時，故天下仰其澤；當務，故萬物恃其利。澤施而天下服，此天下之所以順自然，惠生類也。」〔註34〕明白天地萬物變化的法則，聖人洞澈夭壽不二，終始無窮，故不違逆自然之道，不悖離仁義之德，通權合變，與道同行，自然無所憂悶。

第四節　論道與神

　　「道」是什麼？《周易》屢屢出現天道、地道、人道、乾道、坤道、臣道、妻道、君子之道、小人之道等說，基本上這些都是道作用在不同方向之異名，總而論之，其實就是一個道而已。道是一種形而上的原理，就《周易》而言，就是一陰一陽變易的法則，〈繫辭上傳〉說：「一陰一陽之謂道」，陰陽絪縕、相盪的規律與原理便是道，經由絪縕相盪產生可見的形象則稱之為器，〈繫辭上傳〉說：「乾坤，其《易》之縕邪？乾坤成列，而《易》立乎其中矣。乾坤毀，則無以見《易》。《易》不可見，則乾坤或幾乎息矣。」天地之道就

〔註34〕引自阮籍之〈通易論〉，收錄在《漢魏六朝百三名家集》（第二冊）（江蘇廣陵古籍），1990 年 3 月第一次印刷，頁 204。

是乾坤、陰陽、剛柔藉由陰陽合德生成萬物的原理，因此沒有乾坤、陰陽之剛柔摩盪，就沒有宇宙萬物。然而把這種準則運用在人道上就是仁義之德，人類社會的倫理道德可說是繼承自然變化的規律而來。道與器本一而不二，落在人事的實質意義則為事業，〈繫辭上傳〉說：「是故形而上者謂之道，形而下者謂之器，化而裁之謂之變，推而行之謂之通，舉而錯之天下之民謂之事業。」無形之道賦存於有形之器物中，有形之器物反映出無形之道，道透過變化與生成的作用，於是產生種種禮法刑政，仁義秩序，儘管這些禮秩法制呈現在每一個卦都各自形成不同的道，而其實都是道在形而下多樣化的表現形式而已。魏晉易學家不管是義理派或象數派，二者皆論「道」，義理學家因受到時代風尚的影響，強調了道自然的特性，以道為最高的標準，確立為天地萬物的本原，重視道的那種超驗、超形象的客觀理則。而象數易學家卻以人道為依歸，以儒家道德為訴求，二者的方向是迥然不同的。

至於「神」是什麼？神在《周易》出現的次數三十二次，朱伯崑在《易學哲學史》提出神的四點特色：1. 從神道論神 2. 從不疾而速論神 3. 從思想深刻處論神 4. 從事物妙變論神。〔註35〕神明指的是鬼神，不疾而速指的是神的作用，思想深刻指的是神明之德，事物妙變實際上也是屬於神的作用之一種。一般而言，玄學易學家論神，大都有意識的將神之觀念結合當時流行的新老莊學說，藉由無形無迹、無方無體的變化之功來論神，使神之作用成為顯示道之功能的一種性質，故韓康伯說：「神則無物，妙無物而為言也。明則雷疾風行，火炎水潤，莫不自然相與，而為變化，故能萬能既成。」（注〈說卦傳〉「神也者，妙萬物而為言者也」）神在這裡可視為變化之道，它是一種形上抽象的理念，能作用萬物卻無形無狀，能主宰乾坤之運卻不見其迹，不滯於物又不離乎物，不離乎物又不倚於物，雷動風行、火炎水潤，相為變化，莫不自然，然卻又不知其所以然者，此之謂神，藉由神的變化之功，便可看到道的功業，道不見其迹，卻可從萬物的生化中見之，之所以能見，窮神知化之功也，因此韓康伯會說：「神無方而易無體，而道可見矣。故窮以盡神，因神以明道。」（注〈繫辭上傳〉「一陰一陽之謂道」），於是神與道就成為一種獨特的形上學。

反觀象數學家論易義，大都借助象數思維方式來把握義理之精妙，因此對於「道」與「神」的發揮仍然不離開這樣的路向，所以表現出來的哲理風

〔註35〕見朱伯崑在《易學哲學史》(台北：藍燈文化事業，1991 年 9 月初版)，頁 110。

格大多表徵天地或社會人生的各種物象禮秩，多切人事，少暢玄風，凸顯儒家務實的哲學理念，故特立一節以闡述象數易學論道與神的義理精蘊。

一、論　道

　　義理易學家著重在道的本體意義，主張以「無」作爲宇宙本體論，認爲萬事萬物最終的歸宿在反本於無，故王弼注〈復卦〉說：「寂然至無，是其本矣」，〔註36〕會通《易》《老》，以玄學觀點解《易》，對於道的認知，表現出有的價值就在於無的體會當中，以老子的無作爲宇宙的本源，這是從本體論的角度來把握道。王弼說：

> 夫物之所以生，功之所以成，必生乎無形，由乎無名。無形無名者，萬物之宗也。不溫不涼、不宮不商，聽之不可得而聞，視之不可得而彰，體之不可得而知，味之不可得而嘗，……故能爲品物之宗主，苞通天地，靡使不經也。〔註37〕

王弼主張天地萬有皆因「無」而生，由此建立其「以無爲本，以有爲末」的貴無思想。他說：「萬物無形，其歸一也。何由致一？由於無也。」〔註38〕體用不能分離卻統一於體，體即是道、即是無，無在體用關係中起著決定性的作用，「無」是宇宙萬事萬物存在的根源和本體，「有」則是宇宙萬事萬物的具體存在，包括一切人類社會的典章制度。前者是「體」，後者是「用」；前者是「本」，後者是「末」。「本末有無」之間並無間隔，「無」的本體特質，是要通過「有」的作用呈現才能掌握，故「有」「無」是互爲本末體用的。

　　韓康伯承繼王弼以無爲本的思想，並以此注解《易傳》，他說：

> 道者何，無之稱也。無不通也。無不由也。……況之曰道，寂然無體，不可爲象。必有之用極，而無之功顯，故至乎。〔註39〕

〔註36〕王弼在注解《周易》時也往往體現這種貴無思想，並以此爲本體、爲道。他注〈復〉卦說：「復者，反本之謂也。天地以本爲心者也。……然則天地雖大，富有萬物，雷動風行，運化萬變，寂然至無，是其本矣。」以「寂然至無，是其本矣」詮解〈復〉卦，顯然是受到老學以無解道的影響，表現出由有顯無的思想。王韓之注見《周易正義》引。

〔註37〕引自王弼《老子指略》，見樓宇烈校釋《王弼集校釋》（台北：華正書局，1992年12月初版），頁195。

〔註38〕引自王弼《老子道德經注·42章》，見樓宇烈校釋《王弼集校釋》（台北：華正書局，1992年12月初版），頁117。

〔註39〕注〈繫辭上傳〉「一陰一陽之謂道」，引自孔穎達《周易正義》。王、韓之注皆

從「有必始於無」一語看來,「無」成了創生萬物的本源。但道是何物?韓康伯說道是無,因爲無形無象,故須藉由「有之用極」來顯無之功能,於是「無」又成了萬物得以存在的本體根據,也就是無必須通過有才能體現出來,因此無的本體就存藏在萬有之中。故又說:「夫物之所以通,事之所以理,莫不由乎道也。聖人,功用之母,體同乎道,盛德大業,所以能至。」(注〈繫辭上傳〉「盛德大業至矣哉」)。聖人君子因與天地合德,與道同體,故從百姓日用、盛德大業中來體現道。〔註40〕

象數易學家論道雖然也是從天道的理念轉化而來,但不重視道形上學的普遍意義,反而重視蘊含在卦爻象當中的道,並以一陰一陽爲道的基本內涵,強調乾坤剛柔的變化規律,故有別於王、韓論道以老子的無作爲本體之論。

(一)從陰陽變易的法則論道

天地之運行規律,日月四時之變化,一陰一陽之絪縕,然後推至人道之行事準則,完成所謂的三才之說,這些才是象數易學家所關心的道。虞翻論道著重在以象解《易》,雖然有義理的發揮,然皆據象數而呈現,主要集中在象數體例的發明,故其闡揚的義理自然不及玄學易之全面且具邏輯性,這不但是虞翻釋《易》的特色,也是整個魏晉象數易學家解《易》的方向。他說:〔註41〕

> 天得正爲泰,天地交通。故亨以正,天之道也。(注〈臨·彖〉)

> 謂易廣大悉備,有天地人道焉,故稱備也。(注〈繫辭上傳〉「以言乎天地之間則備矣」)

> 乾稱易道,終日乾乾,故無咎。危者使平,易者使傾,惡盈福謙,故易之道者也。(注〈繫辭下傳〉「危者使平,易者使傾,其道甚大」)

> 天道虧盈而益謙。(注〈繫辭上傳〉「德言盛,禮言恭」)

> 道有變動,故曰爻也。(注〈繫辭下傳〉「則非其中爻不備」)

引自此本,故不在作註。

〔註40〕〈繫辭上傳〉說:「百姓日用而不知」,韓康伯注說:「君子體道以爲用,仁知則滯於所見,百姓日用而不知。體斯道者,不亦鮮矣乎。故常無欲以觀妙,可以語至而言極矣。」道深微不可見,每日與之交通,卻不見其貌,然它卻又是萬事萬物所以通達的根本。道不僅是抽象無形之理,也具體存在於事物當中,所以只要「體道以爲用」,就能顯出道體在萬事萬物的作用。韓康伯承王弼之說亦以道爲萬物之本體。

〔註41〕此段所引的注文皆自李鼎祚《周易集解》(台北:商務印書館,1996 年 12 月臺 1 版第 2 次印刷)。

　　懼以終始，其要無咎，此之謂易之道也。（注〈繫辭下傳〉「其道甚
　　大。百物不廢」）

道是陰陽剛柔消長、上下往來之理，變動不居，周流六虛，其所蘊含的變易
法則爲天地人三才所共同遵守，爲道的主要內涵，因爲陰陽相盪的主要功能
在於變化，有「危者使平，易者使傾」的特質，故人與天道偕行，則宜終日
乾乾、懼以終始，方得謂爲易之道。然而對於《周易》所展現的人道觀，虞
翻仍是不忘藉由象數易例來闡述天人合德之思，他說：

　　謂乾五變之坤成大有，有天地日月之象。文王則庖犧，亦與天地合
　　德，日月合明。天道助順，人道助信，履信思順，故自天右之，吉
　　無不利也。（注〈繫辭上傳〉「是以自天佑之，吉無不利」）

觀察日月星辰、寒暑陰陽的迭變，便知道天地四時的變化是順著一定理路進
行的，人與天合德，自然是要順天道而行，何謂順天道？信也，誠信篤實，
不悖於天，自然能獲得上天的福佑，所謂天助自助者。

　　同樣的，陸績對道的描述也是特別強調其陰陽消長、盈虛交變的特徵，
並由此天道運行之理而推展於人事之道，如說：〔註42〕

　　陰窮則變爲陽，陽窮則變爲陰，天之道也。（注〈繫辭下傳〉「《易》
　　窮則變，變則通，通則久」）

　　此三才極至之道也。初、四，下極：二、五，中極：三、上，上極
　　也。（注〈繫辭上傳〉「三極之道也」）

　　天有晝夜四時變化之道。（注〈繫辭上傳〉「天地變化，聖人效之」）
　　言天地正，可以觀瞻爲道也。（注〈繫辭下傳〉「天地之道，貞觀者
　　也」）

　　言日月正，以明照爲道矣。（注〈繫辭下傳〉「日月之道，貞明者也」）

以陰陽變易的法則爲道主要的內涵，而不去強調形而上的普遍意義，相反的，
象數易學家更重視道的推用功能，亦即如何從天道下推人事，然後從六十四
卦三百八十四爻可見的形器中找出各別的道，加以效法學習，故陸績以陰陽
晝夜四時變化爲道，以此作爲人道之表率，故說「觀瞻爲道」、「明照爲道」。
不同的是他對〈繫辭上傳〉所謂的「三極之道」提出了下極、中極、上極之

───────────────

〔註42〕此段所引的注文皆自李鼎祚《周易集解》（台北：商務印書館，1996 年 12 月
　　　　臺 1 版第 2 次印刷）。

說，實爲天地人三才之道的新說。

（二）從社會道德禮秩論道

干寶注《易》留思漢易，致力於五行干支、八宮世魂、卦氣德刑等象數易例的推衍，但他以象爲工具，詮釋經文，卻十分重視人事義理的闡述，甚至大力發揚以史論義理的方式，表現出強烈的人文關懷及政治理想。故對人道、三綱、六紀頗爲關注，主張端正禮義教化必自夫婦始，故說《周易》咸恆兩卦是人道之首。〔註43〕他把道從生生之源的地位，落實在人道的綱常倫理上，所以有夫婦配合之道、有父子之親、有上下之序，最後則定之以禮義。顯然這個道，也沒有如義理學家所指稱的無的本體義，更沒有濃厚的形上學色彩。

干寶的道是一種儒家的人文精神價值，務實不談玄，重器用不專於道體，故每每以德性代之，他說：「聖人治世，威德和濟」（注〈乾・上九〉）、「君子通之於賢也。凡勉強以進德，不必須在位也。」（注〈乾・象〉）、「陰出地上，佐陽成物，臣道也，妻道也。臣之事君，妻之事夫，義成者也。……士該九德，然後可以從王事；女躬四教，然後可以配君子。道成於我，而用之於彼。」（注坤六二爻）、「女德光於夫，士德光于國也」（注〈坤六二・小象〉）、「能外親九服，賢德之君，務宣上志，綏萬邦也」（注〈比六四・小象〉）、「制禮作樂，復子明辟。天下乃明其道，乃信其誠。」（注〈未濟・六五〉），天下之人「明道」、「知道」就要「行其道」，進德、忠信、篤敬，進而制禮作樂，綏服萬邦，德被四海，這和儒家所要求的以人道爲依歸是一致的方向，因此可以肯定的說干寶的道是側重於有爲的人類社會道德禮秩，與義理學家所倡導的貴無玄風是大相逕庭的。

〔註43〕在本章第一節「正其性命」已提過干寶以人事成天地之功，他說：「此詳言人道、三綱、六紀有自來也。人有男女陰陽之性，則自然有夫婦配合之道。有夫婦配合之道，則自然有剛柔尊卑之義。陰陽化生，血體相傳，則自然有父子之親。以父立君，以子資臣，則必有君臣之位。有君臣之位，故有上下之序。有上下之序，則必禮以定其體，義以制其宜，明先王製作，蓋取之於情者也。上經始於乾坤，有生之本也。下經始於咸恆，人道之首也。易之興也。當殷之末世，有妲已之禍；當周之盛德，有三母之功，以言天不地不生，夫不婦不成，相須之至，王教之端。故《詩》以《關雎》爲國風之始，而《易》於咸恆備論，禮義所由生也。」（注〈序卦傳〉：「有上下，然後禮義有所錯」）表示干寶之道乃是指一種透過天道引申出人道所應繼承的軌道、律則。

二、論　神

　　魏晉象數學家論神的性質、意義、功能等，大約有如下幾點摘要：

（一）神的性質與功能

　　天地變化，四時運行，而無絲毫差錯，這就稱之爲神，〈觀·象〉說：「觀天之神道，而四時不忒。」虞翻注說：「忒，差也。神道謂五。臨，震兌爲春秋，三上易位，坎冬離夏，日月象正。故四時不忒。」因爲天地日月的運轉，奧妙神秘、變化莫測卻又合乎一定的法則，這種玄妙的道理，超乎人們的感官經驗之上，於是稱之爲神，這是以天道的運行規律來論神。然而虞翻詮釋神道不忒之妙之前，先運用易位、旁通與取象之說。觀卦九五爻處於上卦之中爲尊位，又虞翻每以乾陽爲神，〔註44〕故說：「神道謂五」。臨卦是觀卦之反覆卦，將整個觀卦翻轉過來即成臨卦，故以臨卦上下之象及其互體之象以通解觀卦，臨卦上坤下兌，三爻互爲震卦與坤卦，因爲有震象與兌象，故說「震兌爲春秋」。又觀卦三、上互易其位成〈蹇〉，蹇卦上體爲坎，三至五爻互爲離，故說：「坎冬離夏」。藉由這些易例得到春夏秋冬、四時日月之象，再由此天象說明「日月象正，四時不忒」的奧妙，表現出天地運行無有差錯之神妙。這就是象數學家藉象論義理的方式。

　　然而這個天地運行的法則爲何如此神奇呢？干寶說：「否泰盈虛者，神也。變而周流者，易也。」（注〈繫辭上傳〉「故神無方而易無體」）一陰一陽之道以進退往來、盈虛消長、出入行藏等方式進行種種變化，在天有日月星辰之運行，在人事有尊卑順逆之秩序，這種種的變化都有著神妙作用，讓人無從掌握卻又能感通，故說「陰陽不測」便是神。姚信說：「陽稱精，陰爲義。入在初也。陰陽在初，深不可測，故謂之神。變爲姤復，故曰致用也。」（注〈繫辭下傳〉「精義入神，以致用也」）一切事物的發展變化都在陰陽相互的

〔註44〕虞翻注〈乾·文言〉：「乾神合吉，坤鬼合凶」，注〈謙·象〉說：「神謂三。坤爲鬼害，乾爲神福。」，注〈觀·象〉說：「中正謂五。五以天神道觀示天下」、「神道謂五」，注〈豐·象〉說：「乾爲神人，坤爲鬼」，注〈繫辭上傳〉說：「乾神似天，坤鬼似地」（注「是故知鬼神之情狀」），注〈繫辭上傳〉說：「乾神知來，坤知藏往」（注「神以知來」），注〈繫辭上傳〉說：「武謂乾。睿知謂坤」（注「古之聰明叡知神武而不殺者夫」），注〈繫辭下傳〉說：「神謂乾。……坤爲民也」（注「神而化之，使民宜之」），注〈說卦傳〉說：「乾爲神，兌爲通」（注「兌……爲巫」）。虞翻與荀爽一樣往往以乾陽爲君、爲神，以坤爲民、爲鬼。

作用下，永不停息的推盪摩感、動靜隱顯，上下消長之中發展出一種既有一定法則又不拘一格的特質，這就是神。神體現的是精妙之理，但姚信則以陽稱精，以陰稱義，以入表初，以乾坤二卦之初爻變爲姤、復二卦來顯示變化的奧秘，他藉著卦象的意義及爻象的推移來體現陰陽微妙變易的特質，目的都爲了說明神就是一種妙生萬物之道。

這個變易之神既可妙生萬物卻又看不見，雖看不見卻又能感通神速，故虞翻說：「神，謂易也。謂日月鬥在天，日行一度，月行十三度，從天西轉，故不疾而速。星寂然不動，隨天右周，感而遂通，故不行而至者也。」（注〈繫辭上傳〉「唯幾也，故能成天下之務」）從日月不測且神速的特質來表現神之功效，虞翻看到星辰似乎寂然不動，卻又忽焉「從天西轉」而形成天之象，故而發出「不行而至」的神妙之嘆。陸績更以「民皆用之，而不知所由來，故謂之神。」（注〈繫辭上傳〉「利用出入、民咸用之謂之神」）來讚嘆神的奇功妙用。然而象數易學家始終不忘從象數學的內涵來取材，故先以「日行一度，月行十三度」來表示日月運行的速度，再從肉眼看不見的自轉、公轉來說明「寂然不動」，然後再以星象垂天的結果來表示「不行而至」，故有「寂然不動、感而遂通」之神妙，這一方面代表古人尙無今人天文學發展之知識，故有如此之驚顫。另一方面則表示象數學家善於取資易象並藉此引申發揮，闡述義理。

（二）神的靈智與明德

當一個人的靈明德智與天地相侔、與著神卦德的神明合撰時，便可視之爲神，這個神指的是一種思想深度及精神境界，亦即德行與智慧達到窮神知化之境，就可稱之爲神。虞翻說：「以坤變乾，謂之窮神。以乾通坤，謂之知化。乾爲盛德，故德之盛。」（注〈繫辭下傳〉「窮神知化」）窮究神明之理，通達陰陽不測之變，非有盛德不能也，故〈繫辭下傳〉說：「窮神知化，德之盛」虞翻爲了注解經文，特別以坤變乾、乾通坤來表現陰陽變易的特色，並分別稱之爲「窮神」、「知化」。其實，乾之盛德就是與天合撰之天德，天德就是一種神明之德。

因爲有善繼天道的盛德，故能與天地相應，合德同化，凡動靜、晦明、存亡、進退、出入、向背、行藏等都與天道配合，故能幽贊神明。這說明德與智是不分的，神的內涵就是德智兼備的最高境界，所以虞翻說：

深謂幽贊神明。無有遠近幽深，遂知來物，故『通天下之志』，謂著也。（注〈繫辭上傳〉「唯深也，故能通天下之志」）

乾神知來，坤知藏往。來謂出見，往謂藏密也。(注〈繫辭上傳〉「神
以知來，知以藏往」)

神以知來，故明憂患。知以藏往，故知事故。(注〈繫辭下傳〉「又
明於憂患與故」)

庖犧在乾五。動而之坤，與天地合聰明。在坎則聰。在離則明。神
武謂乾。睿知謂坤。乾坤坎離，反復不衰，故而不殺者夫！(注〈繫
辭上傳〉「古之聰明叡知神武而不殺者夫」)

能洞見吉凶禍福者，就如同蓍神之用，陸績說：「聖人以蓍能逆知吉凶……吉
而後行，舉不違失其德，富盛見稱神明，故曰神明其德也。」(注〈繫辭上傳〉
「以神明其德夫」)圓通活潑的智慧配上方正不移的天德，所以能知來藏往、
明憂患、知事故，因此可以說神就是一種明德、神知，所以虞翻主張與要天
地「合聰明」。干寶也說：「能精義理之微，以得未然之事，是以涉於神道，
而逆禍福也。」(注〈繫辭下傳〉「精義入神，以致用也」)蓍神與神道未必指
稱為鬼神之事，在這裡只是借用來象徵神明之德與神明之知者，並非真有蓍
神與鬼神之說。

　　然而象數學家詮易的根本路徑仍是由卦爻、事物之象來把握義理的精
微，因此虞翻有以坎言聰、以離言明、以神武論乾、以睿知說坤之說法，皆
是取其法象以論卦爻之德，並從乾坤坎離的終始反復、變化無窮之處論神，
認為如庖犧之聖動變之際與天地合其聰明，這就是神。

（三）神學意味的鬼神

　　易學家對於神的闡釋，主要是從陰陽不測、不見其事而見其功、神明之
德等方向來立論，然而其中仍留有一些鬼神的觀念，如〈損‧六五〉說：「或
益之十朋之龜，弗克違，元吉。」虞翻注說：「十謂神靈攝寶文、筮山澤水火
之龜也。故十朋之龜。」又〈益‧六二〉說：「王用享於帝，吉」，干寶注說：
「聖王先成其民而後致力於神，故王用享於帝。在巽之宮，處震之象，是則
蒼精之帝同始祖矣。」虞翻之「神靈」與干寶之「神」、「帝」、「蒼精之帝」
已經有了鬼神、神明的意味，因為神靈具有神力，可以主宰萬物，賞善罰惡，
人們相信神的存在，就不敢為非作歹，違背天命，〈萃‧彖〉說：「王假有廟，
致孝享也。利見大人亨，聚以正也。用大牲吉，利有攸往，順天命也。」以
大牲祭祀神明及祖先，並致其孝享之心，其目的是為了敬天行德，希望自己

能順承天命，並得到上天的福佑。所以干寶又說：「言必忠信，行必篤敬，然後可以取信於神明，無尤於四海也。」取信於神明的方法是言忠信、行篤敬，可知神所幫助的對象是有德行的人，天輔佑賜福的依據是人的德行修養，因此《易傳》作者假借神道設立人道，希望老百姓藉由對天地鬼神的尊敬而產生對君命的服從，進而達到治理國家的功用。

透過神的教化力量，雖然表現出有神論的思想，但這並非迷信，而是藉著人神合一的理念去探索上帝與人皆必須共同遵守的自然法則，這個法則存在於天地人之間是如此合理不紊，自然而然，故能通天下之志、定天下之業，〈繫辭上傳〉說：「精氣為物，游魂為變，是故知鬼神之情狀。與天地相似，故不違；知周乎萬物而道濟天下，故不過。」如何提昇人的德慧術知去與萬能的神合而為一，這才是人道的工夫，所以虞翻說：

> 乾神似天，坤鬼似地。聖人與天地合德，鬼神合吉凶，故「不違」。
> （注〈繫辭上傳〉「是故知鬼神之情狀」）

> 乾為神人，坤為鬼，鬼神與人，亦隨進消息。謂人謀鬼謀，百姓與
> 能，與時消息。（注〈豐·象〉）

由鬼神的觀念進一步強調人道窮理盡性的理念，表示人可以從道德的修養功夫來冥合天道的生生不息，聖人與天地合德、與鬼神合吉凶才能順承天命。因為「鬼神與人」都是天道的表現，天人之間，一動一靜都有其規律及秩序，都必須隨進消息。所以藉由神鬼的探索進到人事的修德，這代表人們德與智的成長，可說是一種人謀之功，故虞翻說：「人謀鬼謀，百姓與能」。

以上為象數易學家之論道與神，著重儒家的道德修養論，認為人心深邃靈妙，因順自然之理，隨道所應則同乎道，隨變所化則齊乎神，德同乎天，智冥於神，此則為「道」與「神」之大要也。此與義理易學家有著本質上的差異，韓康伯說：「道，寂然無體，不可為象。必有之用極，而無之功顯，故至乎。神無方而易無體，而道可見矣。故窮以盡神，因神以明道。」（注〈繫辭上傳〉「一陰一陽之謂道」。）韓康伯認為神是無形無迹的，它不是指某種實體，而是指一種變化的道理，化成萬物卻具有又微妙莫測的功能，與道一樣無形無迹，卻可以用來明道，這就是神之功。換言之，道非用，但即用可見道，即器可通道，其「通」之方，則是借助神的變化之功，便可看到道的功業。又說：「原夫兩儀之運，萬物之動，豈有使之然哉！莫不獨化於太虛，欻爾而自造矣。造之非我，理自玄應；化之無主，數自冥運。故不知所以然，

而況之神矣。是……至虛而善應，則以道爲稱。不思玄覽，則以神爲名。」（注〈繫辭上傳〉「陰陽不測之謂神」）神之功能，精妙至極，自然而然，一切的變化都沒有主宰使之然，萬物都是自然變化，自然生成的，因爲不見其所以然的痕迹，所以把它稱之爲神。以寂然無體論道，以欻爾自造、不知所以然況神，這是玄理易論「道」與「神」的梗概，〔註45〕表現出與象數易學家截然不同的特色。

小 結

《周易》成書有其特殊的結構，義理易著重在哲理思想的發揮而忽略象數。象數易則關注其卦爻成象的依據以及卦爻文辭的由來，因此衍生出許多繁複的解經易例，在這些以象數體例爲本的注經方式下，其人事義理往往被忽略。當今許多研究象數易的學者，也殫精竭慮在注經易例的鑽研且擁有很豐碩的成果，然對象數易學所蘊含的義理精髓則較少闡發。因此本論文在鑽研象數體系之餘，也同時挖掘其中的人文精神。這些哲理內涵將歸納爲三點摘要，述之於下：

一、重視現實人生的義理內涵

象數易與義理易都主張《周易》不可脫離實際的現實人生，因此都有所

〔註45〕道雖寂然無體，無形迹可見，然並非空無，必在有之用極顯無之功，亦即從畫夜、四時、萬物之變化處求之，神之功鼓萬事萬物於變易之中，生意流行卻無一息間斷，條理昭晰卻無一毫紊亂，極盡自然卻莫知其所以然，莫知其所以然又可使四時行，百物生，故知道雖無迹，在萬物的生化中卻可見道，之所以能見，窮神知化之功也，因此韓康伯說「窮以盡神，因神以明道」。甚至韓康伯還提出「獨化」、「欻爾自造」、「理自玄應」、「數自冥運」等理念來譬喻「神」之功能。這個論點與郭象的獨化論有異曲同功之妙，郭象強調宇宙並沒有所謂的造物者，萬物之所以生成，乃「自生自化」，他既不贊成萬有世界是從「無」化生的，也不認爲「有」可以造物，因爲「無」不能生「有」，「有」就會有限制而無法造物，因此主張「無不能生有，有亦不能生有，有祇是自有」。那麼萬物究竟由何而生呢？他認爲天地萬物的生成不需借助外力，也非來自一己之力，而是獨化自得，故說「外不資於道，內不由於己」（注〈大宗師〉）一切萬物的死生變化，並沒有「道」的主宰，而是「自爾」、「自化」、「塊然自生」。韓康伯所謂「明八卦運動變化推移，莫有使之然者。神則無物，妙無物而爲言也。」說的便是這個道理。從這個論述很明顯得看到韓康伯論神的理論其實是結合了兩個觀點，一個是以道爲無的說法，另一個則是獨化自造的理念。

謂的天人合德之學。如韓康伯說：「人倫之道，莫大夫婦。故夫子殷勤深述其義，以崇人倫之始，而不繫之離也。先儒以乾至離爲上經，天道也；咸至未濟爲下經，人事也。夫易六畫成卦，三材必備，錯綜天人，以效變化，豈有天道人事偏於上下哉。」（《周易集解》引）天道與人事亦是一而不二，人道社會生存的法則來自於天道，推天道的自然規律目的亦是爲了明人道，因此陰陽消長，剛柔相推，仁義相成都是同一道理之運用，沒有不同，故說：「豈有天道人事偏於上下哉？」不同的是，義理易學家凸顯道的形上價值並將天道人事闡揚爲體用、本末的關係，建立一套完整的形上形下邏輯學。然而象數易學家雖然執著在象與數的詮解上，但在詮解《周易》時往往從實際人生出發，所以對於道的闡發，也不涉及形上形下之間哲思的探討，直接以人類社會所具存的道德來表現，道雖然是天地運行之法則與軌道，但同時也是人們行事依據的理路，因此虞翻在注〈序卦傳〉「有上下，然後禮義有所錯」時，不說形上之理，而改以天、君、父、夫及地、婦、臣、子之象來表現道的特徵，並用「地道、妻道、臣道」來表現道在不同的時、位有不同的體現，這是針對形而下的萬事萬物所說的。干寶也唯恐人們只重視自然宇宙的道，而忽略人類社會生活的秩序，因此以君子著稱，提醒人們要憂患存心，時時按照天地之道去把握人事之理。

從二派論人事道德的角度而言，二者都是從發明陰陽變化的原理來說明人事，又由人事的盡性正命復歸於天道。然而義理派因對漢易象數的繁瑣感到排斥，故強調《周易》的義理特性。象數易學家雖以人事爲依歸，然主要的著重點仍在卦爻象與陰陽奇偶之數的發揮上。

二、以道德爲吉凶趨避的依據

象數學家論吉凶基本上乃承襲《周易》本身的憂患意識而來，然其最重要的特色仍是以象數論人事吉凶，如姚信解〈謙・六二〉說：「三體震，爲善鳴，二親承之，故曰鳴謙。得正處中，故貞吉」，謙卦䷎上坤下艮，中三、四、五爻互體爲震卦，故說「三體震」；震動則鳴以此解善鳴，二爻陰能承陽，故稱「鳴謙」；又因二爻處下卦之中，又陰爻居陰位，故稱「得正處中」；從互卦之震鳴，二陰之承三陽，二爻之得正處中，可探知其吉之兆，此乃從象數例論人事吉凶。又如虞翻注〈井〉卦辭說：「羸鉤羅也。艮爲手，巽爲繘，離爲瓶，手繘折其中，故羸其瓶。體兌毀缺，瓶缺漏，故凶矣！」井卦䷯上

坎下巽，中三、四、五爻互體爲離卦，二、三、四爻互體爲兌卦，然因二爻本應爲陰爻在此卻爲陽爻，此爲失位之象，故動變使之正，成艮手之象。整體視之，羸象爭鉤掛纏繞之象，巽爲井索之象，離爲瓶之象，艮爲手之象，兌則有缺毀之象，以井索汲水，結果瓶被鉤住，繩索折毀瓶於井中，故有凶之象。顯見象數易學家解《易》，不直接就事理或德行論吉凶，而改以種種物象或易例來譬喻吉凶之道，故孔穎達發出感慨地說：「計覆一瓶之水，何足言凶？但此喻人德行不恒，不能善始令終，故就人言之凶也。」（疏〈井〉卦辭，《周易正義》引）

以象數或繁複的易例來判別吉凶，這是象數易學家的特色。雖然如此，他們仍能從天道之理歸本於人事，不忘闡發《周易》的憂患意識，故主張以恐懼修省、知幾待時、補咎無過等道德修爲來作爲吉凶的趨避。

三、闡揚《周易》知幾偕時、通權合變的精神

易之道不可爲典要，人之出入往來皆應有個法度，順其度則吉，反之則凶，因此因順之方就是必須與道偕變，虞翻說：「艮止則止，震行則行，故不失時。五動成離，故其道光明。」（注〈艮·象〉）艮爲靜、爲止，震爲動、行，不失其時就是要與時相偕行，當行則行，當止則止，當動則動，當退則退，此皆艮卦安身立命之道，艮非一味靜止不動，而是動靜不失其宜，此乃人謀合於天謀者。故陸績又說：「變通盡利，觀象制器，舉而措之於天下，民咸用之以爲事業。」（注〈繫辭上傳〉「舉而錯之天下之民謂之事業」）聖人仰觀天文，俯察地理，體天道變化之功，亦使人類社會的種種倫理制度與生活規範符合自然變化的規律，做到變通盡利，觀象制器，使民皆能安居樂業，此之謂大事業。故翟元說：「化變剛柔而則之，故謂之變也；推行陰陽，故謂之通也。」（注〈繫辭上傳〉「化而裁之謂之變，推而行之謂之通」）懂得剛柔化變，陰陽消息之道，就能裁成天下之務，惠施天下之民，此爲聖人「變通」之業，亦爲《周易》「變易」精神之要義也。

四、以靈明之德窮神知化而德侔天地

象數易學家論神之義約有三：（一）從陰陽不測論神之性質與作用。（二）從靈明之德智論神。（三）從宗教鬼神處論神。天地日月的運轉，奧妙神秘、變化莫測卻又合乎一定的法則，人見其速且至卻不見其疾且行，於是稱之爲

神。虞翻說：「在陽稱變，乾五之坤；在陰稱化，坤二之乾。陰陽不測之謂神，知變化之道者，故知神之所爲。」（注〈繫辭上傳〉「故知神之所爲」）此以天道的運行的規律以及陰陽不測的變化之功論神的性質與作用。同時，象數易學家也以神知、德智來論神，虞翻說：「爻象動內，吉凶見外。蓍德圓神，卦德方智。故史擬神智以斷吉凶也。（注〈繫辭上傳〉「是以君子將有爲也」）」德侔天地，智合蓍神，窮神知化，便能從爻象動變的情況察見吉凶之幾，知來藏往，而以憂患處之，此則從神明之德智來論神。然爲了神道設教，教化百姓，象數易學也以鬼神之說論神，如虞翻指稱的「十朋之龜」以及干寶所謂的「蒼精之帝」都是「神靈」之象徵，「鬼神與人」都不能違反天道之規律，因此聖人必須無心無爲，妙應無窮，與天地合德、與鬼神合吉凶，人謀鬼謀，百姓與能，然後藉由對鬼神之敬畏以達到敬德修己的目的，這就是象數學家的鬼神觀，與義理易學家「窮以盡神，因神以明道」的神道觀則有本質上的差異。